人工智能法律理论与实务

周丽娜 主编

中国国际广播出版社

图书在版编目（CIP）数据

人工智能法律理论与实务 / 周丽娜主编. --北京：中国国际广播出版社，2024.11. --ISBN 978-7-5078-5670-5

I. D912.17-53

中国国家版本馆CIP数据核字第2024DY2774号

人工智能法律理论与实务

主　　编	周丽娜
责任编辑	霍春霞
校　　对	张　娜
版式设计	邢秀娟
封面设计	赵冰波

出版发行	中国国际广播出版社有限公司［010-89508207（传真）］
社　　址	北京市丰台区榴乡路88号石榴中心1号楼2001 邮编：100079
印　　刷	环球东方（北京）印务有限公司

开　　本	710×1000　1/16
字　　数	360千字
印　　张	24.5
版　　次	2024年11月 北京第一版
印　　次	2024年11月 第一次印刷
定　　价	89.00元

版权所有　盗版必究

前　言

《人工智能法律理论与实务》是第二届文化法治论坛部分优秀学术论文的汇集，也是继2023年首届文化法治论坛后阶段性学术成果。

文化法治论坛是由中国传媒大学文化产业管理学院发起并每年举办的学术品牌活动。首届文化法治论坛于2023年6月召开，是学习中共中央办公厅、国务院办公厅联合印发的《关于加强新时代法学教育和法学理论研究的意见》（简称《意见》）的重要学术活动，也是贯彻落实6月在北京召开的文化传承发展座谈会上习近平总书记重要讲话精神的重要行动。《意见》强调，要加快构建中国特色法学学科体系、学术体系、话语体系，加强文化法学等学科建设。2023年6月，习近平总书记在文化传承发展座谈会上指出："在新的起点上继续推动文化繁荣、建设文化强国、建设中华民族现代文明，是我们在新时代新的文化使命。"

中国传媒大学是我国较早从事文化法相关教学科研的高校之一，一直以来都将学科建设和我国文化行业的繁荣发展紧密联系起来。文化法治论坛作为文化法教学和科研活动的重要品牌活动，召开伊始，便得到中宣部、国家网信办、文化和旅游部、国家广电总局等国家主管部门的深切关心和大力支持，民主与法制网、中国经济网、中国社会科学网、中国新闻出版广电网等国内多家主流媒体关注并报道了该学术活动。

2023年，人工智能技术发生深刻变革，被称为生成式人工智能发展元年。大语言模型（LLM）彻底颠覆了内容生产方式，也为文化领域的内容生产和传播带来新的机遇与挑战。为回应社会发展需求，深化文化法治研究和治理能力，2024年第二届文化法治论坛以"人工智能时代的文化法治"为主题，于6月22日至23日在中国传媒大学召开。会议邀请全国人大教科文卫委员会、中宣部法规局、中央网信办网络法治局、国家广播电视总局政策法规司、文化和旅游部政策法规司、国家文物局政策法规司、北京互联网法院、北京市东城区人民法院、北京市海淀区人民检察院等党政机关及司法机关，全国20余所高校、科研机构、文化传媒企事业单位的近60位专家与会发言。此外，会议还收到高校、法院、检察院、公证处、律所等65家单位98篇投稿，形成学术界、产业界和司法界共话人工智能相关法律问题的良性互动。

此外，本届论坛还新增了"青年学者论坛"环节，主要是为青年法官、律师、博士研究生和硕士研究生搭建理论与实践结合的交流平台。他们作为未来文化法治事业高质量发展的新生力量和推动者，显示出充满创见、活力、新锐的研究热情和成果。

为总结阶段性研究成果，会议组织方将部分优秀投稿论文结集出版。此论文集围绕文化法学的"文化"内涵、人工智能在国际法上的法律角色定位、生成式人工智能赋能艺术创作的风险及应对、自动化决策算法的伦理、传媒大数据治理等理论问题，以及人工智能生成内容、虚拟数字人、算法行政、影视创作、网络平台责任等文化产业领域的司法和实务问题进行研讨。此论文集还选取了部分优秀硕士研究生论文，以鼓励后辈勤学敏思之精神。

编者

2024年7月14日

目录

理论篇

文化法学研究中的"文化"意涵探析　　　　　　　李丹林　吕烨馨 / 002

我国演出行业的监管实践与理论逻辑　　　　　　　　　　郑　宁 / 023

人工智能在国际法上的角色定位探讨　　　　　　　　　　戚春华 / 037

生成式人工智能赋能艺术创作的特点、风险与应对　　　　周丽娜 / 053

回溯人本：审判辅助自动化决策算法的法伦理反思
　　与规制　　　　　　　　　　　　　　　　　余亚宇　肖明倩 / 072

数智时代背景下我国传媒大数据治理路径研究　　　　　　谢　欣 / 099

突出"艺术"：基于人工智能技术下的电影法价值重塑　　　徐　晴 / 112

法理视角下人工智能参与创作的著作权认定与探究　SHAWN RICH / 122

国内外人工智能法律的研究热点与思考
　　——基于2014—2024年3116篇文献的可视化分析　　庄昕昊 / 139

人工智能时代下数据库的确权研究　　　　　　　　　　　容　非 / 165

实务篇

技术正当程序：行政行为中算法应用的司法审查　　张丽颖　余亚宇 / 182

司法大数据应用事务外包的风险与防范
　　——以数据和外包两大风险来源叠加为视角　　刘连康 / 205

AI 生成内容的著作权归属及其保护机制构建　　赵永刚 / 226

人工智能创作的著作权挑战及应对　　陈　茜 / 245

人工智能技术在影视创作中的应用场景及其法律风险分析　　吕烨馨 / 262

AI 对文化产业的影响与著作权法保护分析　　王雪妍 / 271

人工智能生成内容的可版权性检视与反思　　陈宏湲 / 282

浅析人工智能生成内容的可版权性及权利归属　　罗　楠 / 290

人工智能生成内容的刑法规制路径
　　——以侵犯著作权罪为视角　　陈一诺 / 303

虚拟数字人的著作权保护
　　——以马栏山多豆乐数字人公司为例　　谷　伟 / 314

以真人为原型生成 AI 虚拟数字人的人格权侵权问题研究　　龚泊榕 / 324

算法推荐机制下网络平台的注意义务探究　　崔璐瑶 / 337

论算法推荐下网络服务提供者在著作权侵权中的注意义务　　林　鹏 / 348

生成式人工智能数据训练的合理使用问题研究　　陈昌沛 / 361

人工智能背景下声音权益的法律保护模式研究　　孙一娇 / 373

理论篇

文化法学研究中的"文化"意涵探析

李丹林　中国传媒大学文化产业管理学院法律系教授　博士生导师
吕烨馨　中国传媒大学文化产业管理学院　博士研究生

摘　要：文化法的本体问题是文化法学的基础性问题，其中厘清"文化"是基础性问题。文化法学中，研究"文化"的意涵可以从三个方面进行，一是文化的词源意义和学科意义，二是相关学科理论中法律与文化的关系论述，三是法律文本中的文化意义。从一国实定法的角度界定文化法的范围，需要明晰这一特定语境下的文化意涵。在中国，文化法是中国特色社会主义法律体系的组成部分，是规范文化行为、调整文化关系的法律规范的总称。作为文化法调整对象的文化行为是主观性文化内容的生产、传播、交易、保护、享有的活动，以及基于特定的价值观对相关文化活动进行管理的活动。主观性文化内容是人类精神活动中情感、意志活动的结果。这一结果需要以各种可见的形式表现出来。

关键词：文化法；主观性文化内容；意义性文化内容；文化行为；文化活动

一、法学语境下的"文化"考察

（一）文化的词源意义与学科意义

1."文化"的词源意义

（1）汉语中"文化"的含义

《说文解字》对"文"的解释："文，错画也。象交文。今字作纹。"化"的古代汉字形式是"匕"。《说文解字》对"化"的解释是"匕，变也"。"文"与"化"连在一起，最早可追溯到《周易·贲卦·象传》："贲亨，柔来而文刚，故亨。分刚上而文柔，故小利有攸往，天文也。文明以止，人文也。观乎天文，以察时变。观乎人文，以化成天下。"① "化"作为"变化"为宇宙之道，"变化"进而演绎为"教化"。在中国古代，"文化"二字组合起来的表意是"以文教化"，即通过教育和引导影响与改变人们的思想和行为。刘向在《说苑·指武》中提到"凡武之兴，为不服也；文化不改，然后加诛"，将"武力"和"文化"并列，提出君主治理天下应当以礼仪德行教育、感化、引导人民而不是崇尚武力。②

（2）西方语言中的"文化"的含义

在外语中，与"文化"一词对应的词语是英语"culture"、德语"kultur"等词汇，来源于拉丁文"cultura""cultus"，拉丁语词根是"colere"，源于拉丁语动词 colo，意为培育、耕耘。其所表达的意义不仅指描述与自然有关的人类活动及其农业劳动结果（culture agri），也指对超自然事物的宗教式维护（cultus deorum）——这一点与希腊语 paideia（希腊语"教育""课程""培养""学术""教养"）相符——以及从教育、学术和艺术上对人类生活本身、对个人前提与社会前提实施的"维护"。③

由此可以发现，在汉字、西文中，"文化"二字或一词，其原初意义都和对精神领域施加影响有关。这种影响可以是"教化"，也可以是"维护""教养"。能够对人的精神世界进行教化、维护、教养的东西被称为"文"，包括礼仪、道德、文学、艺术、学术等。

---

① 许慎.说文解字[M].汤可敬，译注.北京：中华书局，2018.
② 刘承韪.我国文化法学的内涵与原则[J].山东大学学报（哲学社会科学版），2023（5）：181-192.
③ 纽宁 A，纽宁 V.文化学研究导论：理论基础·方法思路·研究视角[M].闵志荣，译.南京：南京大学出版社，2018：25-26.

2.学科领域中"文化"的意义

进入近代,"文化"成为哲学、社会学、人类学、文化学、艺术学等学科领域的研究对象。综合这些学科研究对"文化"所做的界定,我们可以看出,关于文化的意义有着不同范围的界定。

最广义的解释是,文化是指人类社会的生存方式以及建立在此基础上的价值体系,是人类在社会历史发展过程中所创造的物质财富和精神财富的总和。广义的文化揭示的是人类与一般动物、人类社会与自然界的本质区别,说明的是人类超越自然界的独特生存方式,其涵盖面非常广泛,所以又被称为"大文化"。[1]

马克思主义哲学和政治经济学中对"文化"的阐释,首先是一种广义上的理解。马克思认为,文化是人的本质力量的对象化,是实践活动的结果和产物。文化是人类在社会生活和交往中所创造的一切物质的和精神的成果。文化的范畴不仅包括人类在社会生活实践中创造出来的意识、精神的产物,而且包括在这个过程中所创造出来的物质财富。[2]

在社会学理论中,特穆指出:"如果文化的原始意义好似耕作,那么它既暗示着规范,又暗示着自然生长。文化是我们能够改变的东西,但是被改变的材料有其自己独立的存在,这又给予了它类似于自然之反的东西。文化还是一个尊重规则的问题,二者也涉及被规则物与未被规则物之间的相互作用。"[3]

在文化学研究中,英国文化人类学者泰勒在1871年出版的《原始文化》一书中提出,文化是"包括知识、信仰、艺术、道德、法律、习惯以及其他人类作为成员而获得的种种能力、习性在内的一种复合体"[4]。中国文化学者钱穆所解释的文化是"人生""人类的'生活'""集体的、大

---

[1] 黄健云.美学的实践转向与文化转向[J].学习与探索,2012(7):129-133.
[2] 郝智浩,许春玲.马克思的文化观及其现代价值意蕴[J].人民论坛,2016(14):182-184.
[3] 伊格尔顿.文化的观念[M].方杰,译.南京:南京大学出版社,2003:4.
[4] 庄锡昌,顾晓鸣,顾云深,等.多维视野中的文化理论[M].杭州:浙江人民出版社,1987:1.

群的人类生活""时空凝合的某一大群的生活之各部门、各方面的整一全体"[①]。"个人只在文化中生活""文化尽管必须在每一个个人人生上表现,但个人人生究竟无法超脱其当时的集体文化而存在。文化规范着个人人生,指导着个人人生,而有其超越于每一个个人人生之外之上的客观存在"[②]。

针对文化的划分,学界有两分理论、三分理论。

两分理论认为,文化有广义和狭义之分。李德顺认为:"广义的文化,即从哲学层面上界定的文化,是相对于自然、天然、原初的状态而言,指人类改造世界使之符合人的本性和尺度的全部方式、过程及成果的总和。狭义的文化,则是相对于经济、政治等而言,特指精神生活领域的文化,即社会精神生产和精神生活的方式、过程及其成果,例如哲学社会科学研究、文学艺术创作、科学、教育、新闻出版、大众传播、文博事业、文体活动、休闲娱乐等。简言之,狭义的文化即是指人的文字、语言、符号、精神化的生活样式。"[③]

三分理论则又有不同的具体划分方式。

钱穆将文化(也就是人生)划分为三个阶层。第一阶层是"物质的",或称"经济的","一切衣、食、住、行较多隶属于物质方面者"。第二阶层是"社会的",或称"政治的","家庭组织、国家体制、民族分类等,凡属群体关系的,全属此阶层"。第三阶层是"精神的",或称"心灵的",此一阶层的人生,全属于观念的、理性的、趣味的,如宗教人生、道德人生、文学人生、艺术人生等。这是一种无形累积的人生;这是一种历史性的、超时代的人生。[④]由此,钱穆还将文化的构成要素分解为七个方面:经济、政治、科学、宗教、道德、文学和艺术。[⑤]

---

① 钱穆.文化学大义[M].北京:九州出版社,2012:4.
② 钱穆.文化学大义[M].北京:九州出版社,2012:5.
③ 李德顺.法治文化论纲[J].中国政法大学学报,2007(1):6-14,158.
④ 钱穆.文化学大义[M].北京:九州出版社,2012:8-10.
⑤ 钱穆.文化学大义[M].北京:九州出版社,2012:33-57.

另一种三分理论是将文化划分为微观、中观和宏观三层次。熊文钊等在其著述中指出，"文化似可类分为三个不同的层次，即微观之文化、中观之文化与宏观之文化。微观之文化乃为精神文明之纯粹精神与思想；宏观之文化乃融物质与精神文明为一整体的人类社会之文明；中观之文化乃根据不同文化功能与作用所取舍的宏观文化之部分"[①]。

还有一种三分理论是将文化划分为表层、中层、底层三层次。郑毅认为，文化的三个层次是"一是表层文化（又称为物质文化）；二是中层文化（又称为制度文化），包括风俗、礼仪、制度、法律、宗教、艺术等；三是底层文化（又称为哲学文化），就是人们个体和群体的伦理观、人生观、世界观、审美观"[②]。

前述不同划分理论中的"精神文化""微观文化""狭义文化""底层文化"，还有一些属于"制度文化"的部分都具有相同的内容，那就是人类的精神活动的结果外化的直接呈现。这些结果外化之后，通过传播，被人类进一步运用，于是有了属于中观文化、中层文化范畴的制度文化及宏观的、表层的文化范畴的物质文化。

为了便于为后续的研究和阐释提供相应的理论基础，在此，我们也使用三分法对广义的文化进行分类，即精神文化、制度文化、物质文化。精神文化是人的内在精神活动的结果外化的直接呈现；制度文化是人类以精神文化的内容为基础，将其运用于人际关系，服务于处理人际关系的结果；物质文化是人类将精神文化运用于改造自然、服务自身需求的结果。

（二）法学研究视域中的"文化"

其中涉及文化与法律的关系的思考方面的问题。按照前述文化类别划分理论，法律属于运用精神活动结果的成果——制度化的文化。因此，法学研究视域会涉及法律与不同类别或意义上的文化的关系的认识和思考。

[①] 熊文钊，杨凡，等.文化法治基本理论研究[M].北京：中国社会科学出版社，2021：2.
[②] 郑毅.文化法若干基本范畴探讨[J].财经法学，2018（1）：62-77.

关于法律与微观意义的文化的关系的思考，认为二者是并列关系，主要看其区别性；关于法律与中观意义上的文化的关系的思考，认为二者是包含关系，主要看其同一性；关于法律与广义上的文化的关系的思考，则主要看其互动性。

有学者从文化与法律处于并列地位来看待法律与文化的关系。比如我国学者谢晖提出人类文化—精神领域为何需要法律调整，人类文化—精神领域如何展开法律调整。[①]

在西方首次提出"法律文化"概念的劳伦斯·M.弗里德曼（Lawrence M. Friedman），从文化与法律为一体的角度思考法律与文化的关系。他认为法律的活体不是教条、规则、术语和警句的集合。它不是一本辞典而是一种文化并且它必须依其本身而被理解。[②] 英国学者罗杰·科特威尔同样指出："一切有关法律制度和法律概念的特征的问题都需要与产生法律的社会条件相联系来加以领会，在这种意义上，法律确是文化的一种表现形式。"[③] 也有人从法律是文化的一部分的角度来看待法律与文化的关系。德国法学家萨维尼曾言："任何法律制度都是其共同文化不可分割的一部分，它同样对共同文化的历史产生作用。"[④] 美国法理学家德沃金认为，文化不仅涉及共享的记忆或价值，还涉及共同的制度和实践，即"一种文化的成员有一套共享的传统和约定好的词汇表"[⑤]。

（三）法学文本中的"文化"

在法学研究语境下理解"文化"，必然的一个方面就是探究了解各种立法文件的文本中出现的"文化"的意义。在属于《中华人民共和国立法法》规定的各种具体的法律形式的文本中，出现"文化"一词的情形很

---

① 熊文钊.文化法治体系的建构［M］.北京：中国社会科学出版社，2021：13-61.
② 贝尔，康家昕.法律文化中的文化［J］.清华法治论衡，2012（2）：498-533.
③ 科特威尔.法律社会学导论［M］.潘大松，刘丽君，林燕萍，等译.北京：华夏出版社，1989：20.
④ 《西方法律思想史》编写组.西方法律思想史［M］.北京：北京大学出版社，1983：30.
⑤ DWORKIN R. A matter of principle［M］. Cambridge, MA: Harvard University Press, 1985: 231.

多。在属于国际法的构成部分的国际公约中、一些重要的国际人权文献中也经常会有"文化"一词。

1. 国内法律文本中的"文化"

（1）《中华人民共和国宪法》中出现的"文化"

《中华人民共和国宪法》（简称《宪法》）中共出现"文化"二十余次。在序言部分，"文化"出现三次："中国各族人民共同创造了光辉灿烂的文化，具有光荣的革命传统"；"经济建设取得了重大的成就，独立的、比较完整的社会主义工业体系已经基本形成，农业生产显著提高。教育、科学、文化等事业有了很大的发展，社会主义思想教育取得了明显的成效"；"发展同各国的外交关系和经济、文化交流，推动构建人类命运共同体"。在总纲部分中，共出现十次：如第二条第三款"人民依照法律规定，通过各种途径和形式，管理国家事务，管理经济和文化事业，管理社会事务"；第四条第二款"国家根据各少数民族的特点和需要，帮助各少数民族地区加速经济和文化的发展"；第十四条第三款"国家合理安排积累和消费，兼顾国家、集体和个人的利益，在发展生产的基础上，逐步改善人民的物质生活和文化生活"；第十九条第一款和第三款"国家发展社会主义的教育事业，提高全国人民的科学文化水平""国家发展各种教育设施，扫除文盲，对工人、农民、国家工作人员和其他劳动者进行政治、文化、科学、技术、业务的教育，鼓励自学成才"；第二十二条"国家发展为人民服务、为社会主义服务的文学艺术事业、新闻广播电视事业、出版发行事业、图书馆博物馆文化馆和其他文化事业，开展群众性的文化活动"，"国家保护名胜古迹、珍贵文物和其他重要历史文化遗产"；第二十四条第一款"国家通过普及理想教育、道德教育、文化教育、纪律和法制教育，通过在城乡不同范围的群众中制定和执行各种守则、公约，加强社会主义精神文明的建设"。

在"公民的基本权利和义务"一章中，有两个条款出现了"文化"，即第四十七条"中华人民共和国公民有进行科学研究、文学艺术创作和其他文化活动的自由。国家对于从事教育、科学、技术、文学、艺术和其他文化事业的公民的有益于人民的创造性工作,给以鼓励和帮助";第四十八条第一款"中华人民共和国妇女在政治的、经济的、文化的、社会的和家庭的生活等各方面享有同男子平等的权利"。

在"国家机构"一章中,有七个条款中出现了"文化"。如第八十九条规定的国务院职权之一是"领导和管理教育、科学、文化、卫生、体育和计划生育工作";第一百零七条第一款"县级以上地方各级人民政府依照法律规定的权限,管理本行政区域内的经济、教育、科学、文化、卫生、体育事业、城乡建设事业和财政、民政、公安、民族事务、司法行政、计划生育等行政工作";等等。

(2)法律文本中出现的"文化"

在全国人大制定和通过的法律中,其文本中"文化"出现的情形也很多。比如《中华人民共和国公共文化服务保障法》《中华人民共和国非物质文化遗产法》中,"文化"二字贯穿这两部法律文本的始终。还有很多法律文本的条款也都涉及"文化",如《中华人民共和国爱国主义教育法》《中华人民共和国英雄烈士保护法》《中华人民共和国电影产业促进法》《中华人民共和国黄河保护法》《中华人民共和国长江保护法》《中华人民共和国中医药法》等。

《中华人民共和国爱国主义教育法》中共出现二十五次"文化"。该法第二条规定"中国是世界上历史最悠久的国家之一,中国各族人民共同创造了光辉灿烂的文化、共同缔造了统一的多民族国家";第五条规定"爱国主义教育应当坚持思想引领、文化涵育,教育引导、实践养成,主题鲜明、融入日常,因地制宜、注重实效";第六条规定了爱国主义教育的主要内容,其中包括"中华优秀传统文化、革命文化、社会主义先进文化"及"祖国的壮美河山和历史文化遗产";等等。

(3)法规和规章文本中出现的"文化"

我国行政法规、地方性法规、规章文本中出现很多"文化"的字样。

比如在行政规章《互联网文化管理暂行规定》中，"文化"字样贯穿始终，共出现一百六十六次，用以表达如下概念：文化产品、文化活动、文化单位、文化服务、文化管理等。

2. 国际法律文本中的"文化"

国际社会签订了诸多名称中带有"文化"字样的国际公约，相关国际公约有《经济、社会及文化权利国际公约》《保护世界文化和自然遗产公约》《保护和促进文化表现形式多样性公约》。也有许多公约的具体条款中含有"文化"字样，如《经济、社会及文化权利国际公约》第十五条规定，本公约缔约各国确认人人有权："（甲）参加文化生活；（乙）享受科学进步及其应用（所产生的利益）；（丙）对其本人的任何科学、文学或艺术作品所产生的精神上和物质上的利益，享受被保护之利"；"本公约缔约各国为充分实现这一权利而采取的步骤应包括为保存、发展和传播科学和文化所必需的步骤"；"本公约缔约各国承担尊重进行科学研究和创造性活动所不可缺少的自由"；"本公约缔约各国认识到鼓励和发展科学与文化方面的国际接触和合作的好处"。在联合国层面还有一些人权文献中都会涉及"文化"字样，如《世界人权宣言》《世界文化多样性宣言》等。

在前述各种立法文本和相关文献中提到的"文化"，显然，其表达的意义并非完全相同。《宪法》序言中第一次出现的、《中华人民共和国爱国主义教育法》第二条[①]中的"文化"，应是广义上的"文化"。在各种不同形式的法律文本中，那些作为规则性条款中的"文化"，其表达的意义范围的宽窄并不完全相同。

在此，我们要追问的是：虽然其表达的意义宽窄范围不尽相同，但是作为进入法律文本的"文化"，有没有内在规定性一致的地方？不同语

[①] 《中华人民共和国爱国主义教育法》第二条："中国是世界上历史最悠久的国家之一，中国各族人民共同创造了光辉灿烂的文化、共同缔造了统一的多民族国家。国家在全体人民中开展爱国主义教育，培育和增进对中华民族和伟大祖国的情感，传承民族精神、增强国家观念，壮大和团结一切爱国力量，使爱国主义成为全体人民的坚定信念、精神力量和自觉行动。"

境下的"文化"的意义的差别又是什么？如何揭示其差别？法律文本中的"文化"意义的差别的意义又是什么？

在具体法律文本和规则性条款中，我们发现，有的条款中，"文化"与"政治、经济、社会"并列；有的条款中，"文化"与"科学"并列；有的条款中，"文化"与教育、科技、卫生、体育等并列。如果说"政治"属于制度文化部分，"经济"属于物质文化部分，而法律文本中的"文化"与"政治""经济"并列，那么此文本中的"文化"属于广义文化中的底层文化部分，也就是精神层面的文化部分。但是"文化"与"科技""教育"并列，甚至还有把"文化"与"传媒"并列的，其中的并列之理是什么呢？因为"科学""教育"等也属于精神层面的文化部分，依据什么进行区分呢？在法律文本中，"文化"与不同的范畴并列，不仅意味着"文化"本身的意义范围宽窄不同，还会影响我们认识特定立法的调整范围。这也是我们从学理上建构文化法的调整对象、调整范围的理论的"元问题"。

二、文化法调整对象语境下的"文化"探析

从现实国家的实定法层面来说，纳入法律视野的"文化"属于法律要干预的文化事务、法律要调整的文化社会关系、法律要规范的文化活动。这是前述哪种意义或层次的"文化"呢？换言之，在现实国家的法律体系中，如果存在"文化法"这样一个部分，那么文化法的调整对象是什么呢？

（一）文化活动与法律调整

社会关系形成于一定的社会活动中，由人的行为结成。法律是社会关系的调整器，是以国家强制力保证实施的人的行为规范。根据马克思主义的观点，人的一切行为的目的主要是实现特定的利益。人们从事特定行为结成相应的社会关系，这些关系中包含着行为主体之间的利益交换和分配的问题，在此过程中也会引发各种利益之争。因此，确定利益交换和分配的规则、解决利益之争，都需要法律的介入和干预，这种介入和干预就是

法律调整。所谓法律调整，就是国家通过法律确定特定行为的规则，进而引导或要求人们按照法律原则处理利益关系，实现行为目的；同时，对于违反那些行为规则的行为还要确定其法律责任，直至刑事处罚。从逻辑上来说，广义的文化涵盖了人类活动的全部领域，显然，文化法调整对象中的文化活动之"文化"不是广义的。若如此，文化法就等同于人类社会法律的全部，或一国实定法意义上法律体系的全部。结合前述对文化的意涵和法律文本中"文化"的意义的考据，应该纳入文化法调整范围的文化活动主要是与精神文化层面直接相关的活动。

（二）精神文化的意涵

1. 精神文化的内容与表现形式

（1）精神文化的内容

精神文化是人类精神活动的结果及其外化呈现。精神活动的结果就是精神文化的内容，其外化后呈现出来才能够为外界所感知。外化呈现就是以一定的形式表现出来。精神文化内容的外化可以有各种不同的外化形式表现，也就是文化内容有各种不同的表现形式。人类精神活动包括认知、情感、意志三种情形。这些不同情形的精神活动的结果便是产生认识、情感、意志。认识既有精神主体对外界的了解、理解以及所表达的态度，也有对包括自身在内的认识客体的了解和反映；情感是人之为人的特有的心理活动；意志是人之为人的基础。因此，精神活动的结果的外化表现具有使人之为人的意义。

（2）精神文化的表现形式

精神活动的结果，也就是精神文化内容生产出来后，以不同的形式和借助不同的载体表达或展示出来。精神活动的结果可以通过具体的口头语言、文字、图案和身体动作表情表现，也可以通过更为高级的形态表现。这种高级形态包括表现形式的高级形态，语言提升为系统的演说形式，文字从碎片粗糙状态提升为文章、著作形式；图案从简陋涂鸦提升为绘画美术形式；动作表情提升为表演。精神活动的结果表达也由混沌笼统的形式逐渐形成不同的精神文化领域，并且每个领域都有新的表达形式，比如哲学、科学、文学、艺术。与此同时，艺术本身的表达形式也在丰富，如绘画、诗歌、音乐、舞蹈、雕塑、戏剧、影视等。除了表现形式的高级形态，内容本身也在不断走向高级形态。在文化内容的不同领域，每一领域的表达特性也由低级走向高级，比如，艺术中的审美性提高，由简单粗陋提高到给人各种深刻审美感受的程度。比如，属于认知结果的文化内容从简单初级走向学术性、理论性、系统性等。

2. 精神文化内容的类别

人类的精神活动的三大部分——认知、情感和意志的活动结果，产生出人作为精神活动的主体对其所存在的世界的认识而形成的知识，产生出人作为一个生命体对自己内在的情感和意志的表达而形成的主张、态度、观念、情绪等。据此，我们可以把精神文化内容大体划分为两大类。

（1）客观性文化内容

这是人类对世界认识的结果。换言之，它是人类运用智力活动对世界和自身的状况的描述、揭示其运行的因果关系的文化内容，即关于宇宙、社会和人自身的客观知识，通过观察和经历而获得的，是经验；通过观察思考分析而获得的，并且是系统化、可验证的，是科学。"客观性文化内容"，是一种对客观世界原本是怎样的，客观世界中不同事物、不同现象之间的因果关系的反映，是人作为认识主体对认识对象的一种"再现"，也可称为"知识性文化内容"。对于客观性文化内容的外化和表达，我们称之为"客观性文化表达"。

（2）主观性文化内容

这些内容是人的内在情绪、情感、意志的呈现，是人作为行为主体对自身的主观世界的一种表现。由此可知，文学、艺术、哲学、伦理、道德、宗教等都是主观性文化内容。主观性文化内容是表达者对于自我的"表现"。人正是由于能够将自己内在的情感和意志表达出来，才能够被识别为人,这样的表达活动对于人成为人具有直接的意义。"主观性文化内容"也可称为"意义性文化内容"。对于主观性文化内容的外化和传播,我们可以称之为"主观性文化表达"。

如今我们可以欣赏的文化内容、消费的文化产品,有各种不同的表现形式,如传统的各种文学艺术形式,小说、诗歌、绘画、音乐、戏剧等。在工业时代到来后,出现了新的形式,如电影、电视剧、电视综艺、动画片等。随着信息时代的到来,出现了长短视频、直播、游戏等文化内容的新兴表现形式。再到如今 AI 时代,出现了各种艺术和技术支撑的虚拟性、沉浸式的表现形式等。在一个现代国家,文化内容除了当下的生产成果,还有经过世代相传保留下来的反映特定文化群体的思想情感和审美的各种非物质文化成果。

3. 不同文化内容类别之间的转化——"客观性"向"主观性"的转化

客观性文化内容,本是人类认识客观世界、在探求客观世界的本真过程中对客观世界的"再现",但其往往不是纯粹的"客观再现"。人类的一切活动都是有目的的,都是一种包含着对特定利益追求的活动。人类通过认知活动了解客观世界和人本身,通常也包括在此基础上建构符合理想秩序的世界的目的。因此,本来属于"客观再现"的精神活动的结果常常也融入属于认识主体的情感和意志活动结果的因素,或者原本属于"客观再现"的知识性文化内容,其问世会影响现行的观念和秩序,被认为属于"主观性文化内容"。由此,原本属于"客观性文化内容"转化为"主观性文化内容"。其表达也由再现性表达转换为主观性表达。

在人类活动中,人们对他人精神活动直接产生的"主观性文化内容",可以进行模仿和传授。

比如,对艺术作品的模仿——这种模仿也会产生特定的外化结果,如通过临摹、训练,可以画出同样的作品,一个手工匠人可以雕刻出很多一样的物品。这种临摹和批量的复制不是表现性的文化行为,而是再现性的文化行为。需要注意的是,再现性的文化表达通过时空的变化也可以转换为"主观性文化表达"。比如，一件形成于隋代的临摹图画或批量打磨的石器，虽然按照我们的"主观性文化表达"的界定，在其生产出来的时候不能纳入"主观性文化表达"的范围，但是历经1000多年后，在当今时代，我们通过这件画作和石器，可以了解那个时代的创作特点、审美风格甚至造纸笔墨的状况和特点等。在今人看来，这些构成了那个时代人们的思想和情感、审美的表达形式，于是，这便具有了某种"主观性文化表达"。从这个意义上讲，这便是文物和非物质文化遗产需要保护的根据所在。

又如，在新闻传播领域，单纯的事实性消息的采写是记者精神活动外化的表现，它属于再现性文化内容。但是，如果记者采写的报道除了提供单纯的事实性消息，还增加了作者认为应该呈现的内容，加入了评论，这就不是一个单纯的再现性行为，而成为一个主观性文化内容。主观性内容的表达的原则，更多是基于一般人伦道德的要求、善良风俗的要求，以及相关立法的要求形成的。这也为我们理解文化法与传媒法的关系奠定了基础。

再如，关于教育的问题。教育活动本身不是教育者对自身内在思考的表达和描述，而是教育者通过向被教育者传递既有的文化内容（包括意义类的和知识类的），使受教育者获得相应的知识和训练。所以教育主要是一种教育者把原本已经存在的文化内容通过学习和备课存储于大脑中，然后传授给被教育者。因此，就教育者来说，教育的过程既没有产生新的"文化内容"，更不是教育者自身的主观性文化内容的外化行为与传播行为。从这个意义上，我们可以了解为什么在有些法律文本中要将教育、科技与文化并列。

由此可知，精神领域的文化成果带动了制度层面的文化发展，推动了整个物质形态的文化的发展。换言之，文化就是人类施加于自身、施加于物质世界的影响和痕迹。但是，这不是一般的痕迹，它包含人类基于对自身生命的珍视去追求一种更为符合审美的、更为符合伦理的价值目标，这些直接体现在属于"意义性文化内容"之中。正是由于文化内容的意义性,在人类进入国家形态后,人们基于不同的利益诉求以及生存生长的文化环境形成不同的价值观,对同一项文化内容会形成不同的态度和价值判断,进而形成现实社会的利益冲突。这种冲突的解决、平衡,对文化诉求的满足,都需要法律发挥相应的作用。

综上,我们可以进一步清晰法律文本规则条款中的"文化"的本质意涵。当法律文本中"文化"与"政治""经济"并列时,"文化"涵盖了"主观性文化内容"和"客观性文化内容";如果把"文化"与"教育""科学""体育"等并列,这时的"文化"主要指"主观性文化内容"。具体到对我国现行法律体系中文化法律的范围的界定的意义上,我们认为将文化法的调整对象限定在基于"主观性文化内容"的外化和传播引发的各种文化活动范围为宜。

(三)精神文化活动

1. 文化行为及其具体表现

文化法是社会关系中文化社会关系的调整器,是针对结成文化社会关系的行为发生作用的规范体系。结成社会文化关系的行为,我们可称之为文化行为,文化行为就是文化内容成为其构成要素的行为。

文化行为作为文化法上的一个概念具有抽象性,其具体表现就是在社会生活中,人们从事的、进行的各种各样的文化活动。从发生学的意义来看,最初始的文化活动就是人类的精神活动的结果的外化,这种文化活动可称为文化生产活动。这种活动可以是个人的表达活动,也可以是组织的、机构的活动。这些表达,如果其内容本身具有不同于外部世界既有的文化内容的部分,就可称为创作。在文化实践中,相关活动主体将含有文化内容的具体表达,借助技艺、技术、多种专门活动,运用特定载体生产文化产品,也可称为制作。

从人类社会活动的经验来说,文化内容的精神性使文化内容生产出来后可传达至他人与社会，可以被接受和记忆，因而可以被传承。所以在文化生产活动发生后，就会有文化传播活动和接收活动，传播活动与接收活动作为一个整体就是文化交流活动。如果文化内容以商业性方式提供，这种文化内容就被称为文化产品。文化产品和服务的提供行为是一种销售活动，接收方则是一种消费活动。《保护和促进文化表现形式多样性公约》指出文化活动是指"借助各种方式和技术进行的艺术创造、生产、传播、销售和消费的多种方式"。

2. 文化内容的表现形式与文化行为在具体法律文本中的呈现

在此，我们可以通过我国原文化部修订的《互联网文化管理暂行规定》这一行政规章的文本内容进一步理解文化产品——文化内容及其具体表现形式、文化活动的具体类型。

《互联网文化管理暂行规定》第二条规定："本规定所称互联网文化产品是指通过互联网生产、传播和流通的文化产品，主要包括：（一）专门为互联网而生产的网络音乐娱乐、网络游戏、网络演出剧（节）目、网络表演、网络艺术品、网络动漫等互联网文化产品；（二）将音乐娱乐、游戏、演出剧（节）目、表演、艺术品、动漫等文化产品以一定的技术手段制作、复制到互联网上传播的互联网文化产品。"这里所列举的文化产品的具体类别，其实就是互联网环境下的文化内容的表现形式。

《互联网文化管理暂行规定》第三条第一款规定："本规定所称互联网文化活动是指提供互联网文化产品及其服务的活动，主要包括：（一）互联网文化产品的制作、复制、进口、发行、播放等活动；（二）将文化产品登载在互联网上，或者通过互联网、移动通信网等信息网络发送到计算机、固定电话机、移动电话机、电视机、游戏机等用户端以及网吧等互联网上网服务营业场所，供用户浏览、欣赏、使用或者下载的在线传播行为；（三）互联网文化产品的展览、比赛等活动。"第三条第二款规定："互联网文化活动分为经营性和非经营性两类。经营性互联网文化活动是指以营利为目的，通过向上网用户收费或者以电子商务、广告、赞助等方式获取利益，提供互联网文化产品及其服务的活动。非经营性互联网文化活动是指不以营利为目的向上网用户提供互联网文化产品及其服务的活动。"

我们也可以通过《保护和促进文化表现形式多样性公约》的相关规定进一步理解文化内容和文化活动的意义。该公约对"文化内容"的解释："指源于文化特征或表现文化特征的象征意义、艺术特色和文化价值。"对"文化表现形式"的解释："指个人、群体和社会创造的具有文化内容的表现形式。"对"文化多样性"的解释："指各群体和社会借以表现其文化的多种不同形式。这些表现形式在他们内部及其间传承。文化多样性不仅体现在人类文化遗产通过丰富多彩的文化表现形式来表达、弘扬和传承的多种方式，也体现在借助各种方式和技术进行的艺术创造、生产、传播、销售和消费的多种方式。"对"文化活动、产品与服务"的解释："是指从其具有的特殊属性、用途或目的考虑时，体现或传达文化表现形式的活动、产品与服务，无论他们是否具有商业价值。文化活动可能以自身为目的，也可能是为文化产品与服务的生产提供帮助。"对"文化产业"的解释："指生产和销售上述第（四）项所述的（从其具有的特殊属性、用途或目的考虑时，体现或传达文化表现形式——作者注）文化产品或服务的产业。"对"文化政策和措施"的解释："指地方、国家、区域或国际层面上针对文化本身或为了对个人、群体或社会的文化表现形式产生直接影响的各项政策和措施，包括与创作、生产、传播、销售和享有文化活动、产品与服务相关的政策和措施。"这一解释说明了相关文化管理或监管的活动为何。该公约对"保护"的解释："名词'保护'意指为保存、卫护和加强文化表现形式多样性而采取措施。动词'保护'意指采取这类措施。"

文化活动既是历史的也是现实的。历史上的文化活动为我们留下了丰富的文化遗产；现实社会的文化活动是我们进行文化建设、满足自身文化需求、行使文化权利的具体体现，是我们走向中华民族伟大复兴的具体步伐。

三、作为语境的"文化法"

虽然，我们在上文分析了如何在一国实定法的意义上看待文化、文化内容、文化活动的问题，但是，在一国全部实定法构成的法律体系中，如何对文化法做出一个既简明又能够揭示冠以"文化"的"法"的特性，依然是一个需要继续探究的工作。唯有如此，提出的加强文化法学建设、推进文化法治建设以及基于此手段需要达到的更高目标才可能更好更快地接近和实现。

（一）作为学术概念的文化法

文化法，首先是作为一个学术概念出现。作为学术概念的文化法，可以指相关特定的知识领域，此种意义上与"文化法学"相同；也可以指这个特定知识领域的研究对象，这个对象涵盖了作为实定法领域的现行相关法治的全部以及与之相关的历史、理论、观念、心理等内容。这些问题我们在文化法学的相关研究中进行过探讨。在此，我们聚焦于作为一国实定法全部构成中的特定领域的文化法的概念界定。

（二）作为表达特定领域的法的术语的文化法

依据我国通行的法律调整对象和范围界定的理论，调整特定领域的社会关系的法律规范的集合体，就形成特定的法律部门或法律领域。这些社会关系的总体区别于其他种类社会关系的边界就构成了特定法律部门或领域法的调整范围。

作为表达一国实定法中特定法律领域的术语的文化法，在我国是指在我国整个法律体系中，调整基于主观性文化内容的外化而发生的相关文化行为的那一部分法律规范的总和。

主观性文化内容源自人自身内在的情感与意志活动，决定着人之所以为人的这一终极性价值的根基，也是决定或影响人的身份认同、民族文化自信、社会文明程度的因素，即主观文化内容的意义性。因此，一个国家在制定法的时候会依据其主流价值观和现实利益诉求，对具体的主观性文化内容的生产和传播活动作出相应的法律规定，避免消极性文化内容的传播，促进优秀的文化内容的传播。与此同时，依据相关立法进行的管理活动，文化管理行为、监督行为，这也是文化法意义上的文化行为。同时，为了使优秀的传统文化内容得以恰当地保护和传承，通过运用国家力量、规范民间力量对传统文化保护的活动，属于文化法意义上的文化行为。

在我国，文化法的调整对象是基于主观性的文化内容的生产、传播、保护、交易、享受和消费、管理活动而形成的文化关系。这样的关系涉及人们基于文化内容的保护、生产、获取、应用、接受而产生的利益问题。

（三）文化法的特征

1. 文化法调整对象的意义性、自在性、决定性

鉴于文化生产活动的精神性，只有在承认精神活动的自由性、自主性的前提下，才能为精神活动提供良好的、社会的、制度的环境和空间。文化立法不同于其他领域的立法，对文化创作和制作主体、消费主体，应予以充分的自由和权利保障。但是文化产品的价值性和意义性，决定着在现实国家中对于不符合现实主流价值观、会损害社会成员公共利益的或国家主流意识形态的文化内容要规定不能传播或限制传播。文化是历史性的，所有传承下来的文化遗产都是经过漫长的历史演变而来的，不因现实某一种具体因素的变化而随意改变。同时，文化内容的生产取决于精神活动主体自我内在认知、情感和意志状态，这也是文化的"自在性"的前提。若强行用一种外在尺度去决定其活动的结果，则是对意义性文化内容的扭曲和伤害。因此，在进行文化保护、文化建设、文化监管方面，我们必须充分认识到这是文化的"自在性"，但是在进行文化保护、文化建设方面，

需要现实的建构性行为。文化本身的特性决定着文化法的调整理念和调整方式、手段都有自己的特殊性。

2. 文化法规范的复合型

通过我们对文化法的对象和调整范围的分析，文化法领域实际上既包含硬法规范，也包含大量的软法规范。比如关于文化生产行为，我们的立法规定有内容禁载条款，若文化内容违反了这些标准，其生产和传播行为就要受到法律制裁。这些条款便是硬法规范。但是大量的关于文化保护、文化传播的规范都属于软法规范。比如，立法文本中关于文化内容生产的积极性条款都是软法规范。除了立法文本中的软法规范，文化法领域中的很多政策、纪律、自律、习惯、平台规则等也属于软法规范。

在硬法规范中，既有公法性法律规范，也有私法性法律规范。因为作为文化法规范的行为对象既有公法性行为，也有私法性行为。公法性规范的主要调整对象是公共权力机构对文化事务的管理、服务行为，具体包括政府基于保障和促进公共文化服务采取的措施和行为；对文化传播活动、文化产业活动进行的推动、促进和规范活动；基于文化遗产保护，具有职责或职权的公共权力机构以及相关机构对不同类型的文化遗产保护采取的措施的规范；对违反文化保护、文化传播、侵害他人文化权益行为采取的制裁活动。私法性规范的调整对象是关于文化产品的权属的确认、特定文化产品和物品的交易行为，如知识产权的确权与转让、许可行为、特定文化物品，具有特定载体和表达形式的艺术品的交易等。

因为文化行为既有公法性行为，也有私法性行为，所以文化法作为领域法也由公法规范、私法规范集合而成。因为文化产品本身含有文化内容，是具有"意义价值"的产品，所以即使是属于私法活动领域的创作、传播、交易行为，也往往会有公法的介入和干预。

3. 文化法价值目标的多样性

文化法领域涉及多种法律价值范畴，不同文化法领域的价值取向、同一领域的立法的不同价值范畴的选取会发生冲突。因此，在文化活动领域，需要协调平衡的各种关系，牵涉法律价值取向和平衡的问题，牵涉具体原则的确立、具体行为规范的设计问题。

在文化传播领域，有传播自由与监管如何取舍的问题；在文化遗产保护领域，有保护与发展目标如何协调的问题；在公共文化服务领域，有均等化与实质公平如何平衡的问题；在文化产业领域，有效率与公平、自由与秩序如何并行的问题；等等。因此，文化法领域存在的价值冲突问题也是极为突出的。

结　语

文化兴国运兴，文化强民族强，文化是民族生存和发展的重要力量。由精神文化作为原动力带动的制度文化和物质文化的发展，构成了文明进步的形态。本文通过对文化意涵的研究和辨析，区分不同类别的文化所指，由此明确了我国文化法作为一个实在法的领域，其调整的对象和调整的范围，这对我们深化文化法学的研究、推进文化法治建设都具有雏形的意义。如果说客观性文化内容更多为推动物质文化的发展奠定了知识和能力的基础，主观文化内容则是构成民族精神、身份认同、特定民族国家制度形态的决定因素。主观文化内容中包含的价值观以及由此塑造的习俗、制度、规则，也制约着客观文化内容的生产。所以，现代社会，一个国家如何通过立法对主观性文化内容的生产、传播、保护的行为予以恰当的对待，换言之，一个国家重视文化法治建设，注重文化立法，这是极为重要的事情。文化法的宗旨就是通过文化立法和文化法治建设，更好地维护和保障文化权利，进而实现文化的传承和繁荣，使本民族、本国家能够可持续发展。

我国演出行业的监管实践与理论逻辑

郑　宁　中国传媒大学文化产业管理学院法律系教授

摘　要： 我国演出行业监管实践主要集中于规范网络演出、加强演出资质管理、强化内容监管、加强对演出票务监管、扶持演出行业这五个方面。演出行业监管的理论逻辑可以概括为双效统一、合作治理和包容审慎监管三个原则。演出行业应当加强协同监管和精准监管，推动演出行业健康有序发展。

关键词： 演出行业；监管；双效统一；合作治理；包容审慎监管

引　言

近年来，以演唱会、音乐节为代表的我国演出市场复苏并呈爆发式增长态势，成为文化产业的突出亮点。《2023中国"演出+旅游"消费趋势报告》显示，2023年前三季度全国各类演出共34.24万场，累计观演人次达1.11亿人次，超过2019年全年水平，其中演唱会和音乐节是观演人次最多的两种业态，演唱会观演人次超过6000万人。[①] 据艾媒咨询估计，2023年中国演唱会行业规模较2022年增长270.9%，较2019年增长

---

① 中国演出行业协会."演出+旅游"小切口看大趋势［EB/OL］.（2023-11-30）［2024-07-03］. https://mp.weixin.qq.com/s/LnNd2YPWSDA7gjwCuiEIfw.

67.9%，整体规模为 903.46 亿元。① 各地政府纷纷将演出作为拉动文旅和经济复苏的增长点，给予了大力扶持。在演出行业蓬勃发展的同时，也出现了"黄牛炒票"、擅自举行演出、内容违法违规等一系列问题，主管部门及时出台了相关监管措施，加以规范。本文通过回顾近年来我国演出行业的监管实践，力图总结演出行业监管的理论逻辑，为演出行业监管升级和合规运营提供有益参考。

一、演出行业的监管实践

近年来，针对演出行业的现状和问题，文化和旅游部出台了一系列监管措施，并公布了典型案例，按照调整的领域和方式的不同，主要可以分为以下五个方面：

（一）规范网络演出活动

疫情发生以来，网络演出日益增多，为消除网络演出新业态存在的安全隐患，明确管理要求，2023 年 1 月，文化和旅游部发布《文化和旅游部关于规范网络演出剧（节）目经营活动 推动行业健康有序发展的通知》（以下简称《通知》），明确了网络演出剧（节）目的概念，同时要求以四种形式从事演出剧（节）目经营活动的，应当根据《互联网文化管理暂行规定》有关规定，向所在地省级文旅主管部门申请取得经营范围包含"网络演出剧（节）目"的网络文化经营许可证。

报审报备是对网络演出事前监管的重要方式，根据《互联网文化管理暂行规定》第十五条，文化和旅游部负责对进口互联网文化产品开展内容审查，对国产互联网文化产品实行备案。为了深化"放管服"改革，《通知》又规定，"已取得营业性演出许可的演出剧（节）目通过互联网传播的，无需按照网络演出剧（节）目再进行报审或者报备"，从而降低了演

---

① 艾媒智库报告中心. 2023—2024 年中国演唱会行业发展趋势研究报告［R/OL］.［2024-07-03］. https://report.iimedia.cn/repo13-0/43411.html.

出经营机构的合规成本，体现了便民服务的精神。

确保内容安全是网络演出剧（节）目的经营的首要任务。《通知》重申网络演出剧（节）目不得含有《互联网文化管理暂行规定》第十六条①规定的内容。经营单位应当建立健全内容管理制度，一方面，配备专业人员管理网络演出剧（节）目的内容，实时监控评论、弹幕等用户产生的内容；另一方面，对于直播内容采取延时直播方式播出，发现内容问题第一时间阻断并及时处置。②

《通知》对于明确网络演出经营活动的事前、事中、事后监管要求，推动演出新业态健康发展具有积极意义。典型案例如某知名歌手全资控股的北京某文化传播有限公司，在 2018 年 11 月至 2023 年 4 月期间，未经批准擅自从事经营性互联网文化活动，违反了《互联网文化管理暂行规定》，被北京市文化和旅游局警告并罚款 1000 元。

（二）加强演出资质管理

为确保相关单位符合开展营业性演出的基本条件，我国对营业性演出实行事前许可制度。根据《营业性演出管理条例》第六条规定，文艺表演团体申请从事营业性演出活动，应当获得省级文旅部门颁发的营业性演出许可证。《营业性演出管理条例实施细则》第十九条第一款规定，非演出场所经营单位需要在本场所内举办营业性演出的，应当委托演出经纪机构

---

① 《互联网文化管理暂行规定》第十六条规定：互联网文化单位不得提供载有以下内容的文化产品：（一）反对宪法确定的基本原则的；（二）危害国家统一、主权和领土完整的；（三）泄露国家秘密、危害国家安全或者损害国家荣誉和利益的；（四）煽动民族仇恨、民族歧视，破坏民族团结，或者侵害民族风俗、习惯的；（五）宣扬邪教、迷信的；（六）散布谣言，扰乱社会秩序，破坏社会稳定的；（七）宣扬淫秽、赌博、暴力或者教唆犯罪的；（八）侮辱或者诽谤他人，侵害他人合法权益的；（九）危害社会公德或者民族优秀文化传统的；（十）有法律、行政法规和国家规定禁止的其他内容的。

② 朱宁宁. 网络直播采取延时直播方式播出［N］. 法治日报，2023-02-14（7）.

承办。① 主管部门对于无营业性演出经营资质，擅自从事演出的行为进行了严厉惩处。例如，2023年1月，北京某餐饮公司未取得营业性演出经营资质，擅自在其经营餐馆内组织乐队从事营业性演出活动，北京市文化市场综合执法总队依据上述相关规定，对该公司作出罚款5万元的行政处罚。②

（三）强化内容监管

演出内容关系到文化安全，根据《营业性演出管理条例》第十六条规定，演出内容需要向文旅部门提前报备。然而演出往往具有临场即兴发挥、与观众互动的特点，报备的内容与实际演出内容可能存在偏差。监管部门对于内容违法违规的行为进行了惩处，并公布了一些典型案例。

2023年5月，根据群众举报，上海某文化传媒公司及其某演员肆意篡改演出申报内容，在连续两场演出中出现严重侮辱人民军队的情节，造成恶劣社会影响。北京市文化市场综合执法总队认为该文化公司的行为违反了《营业性演出管理条例》第二十五条③、第二十六条④规定，依据第四十六条规定，对该公司作出警告、没收违法所得1325381.6元、罚款

---

① 《营业性演出管理条例》第六条规定，文艺表演团体申请从事营业性演出活动，应当有与其业务相适应的专职演员和器材设备，并向县级人民政府文化主管部门提出申请；演出经纪机构申请从事营业性演出经营活动，应当有3名以上专职演出经纪人员和与其业务相适应的资金，并向省、自治区、直辖市人民政府文化主管部门提出申请。文化主管部门应当自受理申请之日起20日内作出决定。批准的，颁发营业性演出许可证；不批准的，应当书面通知申请人并说明理由。《营业性演出管理条例实施细则》第十九条第一款规定，歌舞娱乐场所、旅游景区、主题公园、游乐园、宾馆、饭店、酒吧、餐饮场所等非演出场所经营单位需要在本场所内举办营业性演出的，应当委托演出经纪机构承办。

② 北京市文化市场综合执法总队.北京市文化市场综合执法总队发布文旅市场行政处罚典型案例［EB/OL］.（2023-09-11）［2024-07-03］.https://whsczfzd.beijing.gov.cn/zwxx/gzdt/202309/t20230913_3313214.html.

③ 《营业性演出管理条例》第二十五条规定，营业性演出不得危害国家统一、主权和领土完整，危害国家安全，或者损害国家荣誉和利益；不得有法律、行政法规禁止的其他情形。

④ 《营业性演出管理条例》第二十六条规定，演出场所经营单位、演出举办单位发现营业性演出有本条例第二十五条禁止情形的，应当立即采取措施予以制止并同时向演出所在地县级人民政府文化主管部门、公安部门报告。

13353816元的处罚。北京市文旅局和上海市文旅局也决定暂停涉事公司在京、沪所有演出活动。涉事演员被公安机关立案调查。① 演出场所经营单位某剧院因为未尽到监管职责，违反了《营业性演出管理条例》第二十六条规定，被北京市文旅局罚款10万元。中国演出行业协会根据《演出行业演艺人员从业自律管理办法》，启动行业道德自律评议程序，决定对涉事演员的违规行为进行严厉申斥，要求会员单位对其进行从业抵制。②

同年7月，石家庄市文化广电和旅游局接到群众举报，河北某文化公司组织的商演中某乐队歌手有不当行为，该局立即依法进行了立案调查。经查，该文化公司在商业演出中存在"危害社会公德"等问题，造成不良社会影响。该局依据《营业性演出管理条例》，责令该公司停业整顿，并依法对其作出警告、罚款20万元的行政处罚，同时对涉事乐队严厉训诫。石家庄市公安机关依据《中华人民共和国治安管理处罚法》对涉事歌手进行了行政拘留。③

这两个案例存在两个共性：第一，处罚程序的启动都是由于社会公众举报，说明社会公众监督在演出内容治理中发挥着重要的作用；第二，都由多个监管部门（文旅、公安等）对演出举办单位和演员进行了严厉制裁，包括警告、罚款、停业整顿、拘留等，对相关演出单位和演员造成的影响都是巨大的。

此外，主管部门对未按照审批内容进行演出的行为也进行了惩处。2023年4月，北京市文化市场综合执法总队发现，某文化传播公司在营业性演出活动中未组织演员按照审批内容进行演出，存在擅自变更演出节目、无现场演唱（演奏）记录两项违法行为，违反了《营业性演出管理条

---

① 叫停在京演出、罚款1335万，笑果"祸从口出"未完待解［N］.北京商报，2023-05-18（3）；上海暂停笑果文化在沪全部演出，责令其深刻反省整改！［EB/OL］.（2023-09-11）［2024-07-03］.https://whlyj.sh.gov.cn/wlyw/20230517/85bc1ff0a3bb4046a655a59ed36ef4e0.html.

② 中国演出行业协会.中国演出行业协会公告［EB/OL］.（2023-05-17）［2024-07-03］.https://mp.weixin.qq.com/s/A6r8rHU-X3THlVLG5AQG0w.

③ 光明网.石家庄文旅局通报：歌手丁某，行拘！［EB/OL］.（2023-07-25）［2024-07-03］.https://baijiahao.baidu.com/s?id=1772358919368793767&wfr=spider&for=pc.

例》第十六条第三款、《营业性演出管理条例实施细则》第二十六条第三款的规定。总队依法对其作出罚款72000元的行政处罚。[①] 12月，某歌手的北京演唱会主办方某文化传播公司在举办该歌手的巡回演唱会期间，存在变更演出举办单位、参加演出的文艺表演团体、演员或者节目未重新报批的违法违规行为，违反了《营业性演出管理条例》第十六条第三款，被北京市朝阳区文化和旅游局罚款5万元。9月，广州某文化公司因举办TF家族演唱会擅自变更演出曲目，未按报批内容组织演出，被广州市文化和旅游局处以6.1万元罚款。[②③]

根据《营业性演出管理条例》第二十六条和第四十六条第三款，演出场所经营单位、演出举办单位负有及时制止违法演出内容的义务。[④] 12月，北京某文化公司因举办营业性演出有禁止情形，未立即采取措施予以制止，未向文化主管部门、公安部门报告，被北京市东城区文化和旅游局罚款26.3万元、没收违法所得1.53万元。[⑤]

（四）加强对演出票务监管

在演出市场加快恢复的同时，部分热门演出存在"黄牛"炒票等问题，导致官方开票秒空，高价黄牛票源充足的现象，严重影响观众体验，破坏市场秩序，2023年4月，文化和旅游部办公厅印发《关于进一步加强演出市场管理规范演出市场秩序的通知》，要求各地文化和旅游行政部门

---

① 北京市文化市场综合执法总队.北京市文化市场综合执法总队发布文旅市场行政处罚典型案例［EB/OL］.（2023-09-11）[2024-07-03］. https://whsczfzd.beijing.gov.cn/zwxx/gzdt/202309/t20230913_3313214.html.
② 荆楚网.因变更演出曲目未报批TF家族演唱会举办方被罚6.1万元［EB/OL］.（2023-09-15）[2024-07-03］. https://baijiahao.baidu.com/s?id=1777088336799783767&wfr=spider&for=pc.
③ 大张伟北京演唱会被罚5万［EB/OL］.（2023-12-08）[2024-07-03］. https://baijiahao.baidu.com/s?id=1784680134661613237&wfr=spider&for=pc.
④ 《营业性演出管理条例》第四十六条第三款规定，演出场所经营单位、演出举办单位发现营业性演出有本条例第二十五条禁止情形未采取措施予以制止的，由县级人民政府文化主管部门、公安部门依据法定职权给予警告，并处5万元以上10万元以下的罚款；未依照本条例第二十六条规定报告的，由县级人民政府文化主管部门、公安部门依据法定职权给予警告，并处5000元以上1万元以下的罚款。
⑤ 红星新闻.单立人演出含禁止情形被罚26万［EB/OL］.（2023-12-18）[2024-07-03］. https://baijiahao.baidu.com/s?id=1785599239262810318&wfr=spider&for=pc.

将社会关注度高、票务供需紧张的营业性演出作为重点监管对象，提前进行研判。督促演出举办单位、演出票务经营单位面向市场公开销售的营业性演出门票数量不得低于核准观众数量的70%，从供给端保障票务市场的供需平衡。

为加强观众人数在5000人以上的大型营业性演出活动的规范管理，2023年9月，《文化和旅游部 公安部关于进一步加强大型营业性演出活动规范管理促进演出市场健康有序发展的通知》发布，从票源管理、规范售票、现场执法、行业自律等方面加强管理，要求大型演出活动实行实名购票和实名入场制度，每场演出每个身份证件只能购买一张门票，购票人与入场人身份信息保持一致。演出举办单位应当设定合理的梯次退票收费标准，保障购票人的正当退票权利。演出举办单位面向市场公开销售的门票数量不得低于核准观众数量的85%。对其余15%的门票，应当在演出前24小时进行个人信息绑定，做到"实名绑定、实名入场"。从实践效果看，实名制提高了非法倒票门槛，在一定程度上遏制了"黄牛"炒票行为。2023年6月开展营业性演出票务专项整治行动以来，广东省文化和旅游厅先后督促指导属地文化市场综合执法机构查处了7起大型营业性演出违规案件，依法对演出主办方、票务方等经营主体进行了立案查处，共计罚款35.3万元，对违规开展营业性演出经营活动的违法行为形成了震慑。典型案例包括：上海某网络科技公司在其运营的票务平台上不履行应尽义务，未核验在其平台上从事营业性演出票务经营活动的票务经营单位资质，为未取得营业性演出许可证的经营主体提供服务，且为机构和个人倒卖门票提供服务，违反了《营业性演出管理条例实施细则》第二十三条第（七）项的规定。文化市场综合执法部门依法给予没收违法所得人民币2.1万余元，并处10倍罚款，罚款人民币210770元的行政处罚。深圳某文化传播公司营业性演出许可证过期后，仍通过上海某网络科技公司运营的票务平台对外从事演出票务经营活动，涉及多场热门演唱会，其行为构成了擅自从事营业性演出经营活动，违反了《营业性演出管理条例》第十一条第三款的规定。文化市场综合执法部门依法给予没收违法所得人民币1174元，罚款人民币5万元的行政处罚。①2024年2月，北京市文化市场执法总队对北京某演艺经纪公司、北京某文化传媒公司、北京某文化传媒发展公司未经批准擅自出售演出门票的行为分别予以罚款3万元的处罚。②

（五）扶持演出行业

演出行业出现井喷式复苏，成为拉动各地经济的强心针。因此，在严格监管的同时，各级政府也把演出行业作为鼓励性的文化产业，采取了各种扶持政策。2023年12月，国家发展改革委修订发布《产业结构调整指导目录（2024年本）》，自2024年2月1日起正式施行。演艺业、沉浸体验、数字音乐、云转播开发应用等位列鼓励类目录。对鼓励类投资项目，按照国家有关投资管理规定进行审批、核准或备案；鼓励金融机构按照市场化原则提供信贷支持。对鼓励类投资项目的其他优惠政策，按照国家有关规定执行。

2023年9月，文化和旅游部办公厅发布《关于开展全国演出市场社会效益和经济效益相统一优秀演出项目申报工作的通知》，对于营业性演出项目思想性、艺术性强，受人民群众欢迎，有良好的社会效益和经济效益，2019年以来累计演出场次在120场以上或现场观众累计在6万人次以上，申报主体2年内无违反《营业性演出管理条例》的情形，文艺表演团体、演出经纪机构、演出场所经营单位可以进行申报，文化和旅游部市场管理司统筹开展全国演出市场社会效益和经济效益相统一优秀演出项目名录审核工作，对纳入名录的演出项目将采取内容免审、优化审批、加大宣传等支持措施，充分发挥优秀演出项目的示范带动作用。此举明确了演出行业的监管导向，对于演出行业的创作和运营具有示范意义。

---

① 广东文旅部门重拳整治演出市场［EB/OL］.（2023-09-06）［2024-07-03］. https://www.mct.gov.cn/preview/whzx/qgwhxxlb/gd/202309/t20230906_947055.htm.
② 未经批准擅自出售演出门票 大麦、猫眼、开心麻花被罚［EB/OL］.（2024-02-28）［2024-07-03］. https://baijiahao.baidu.com/s?id=1792110625362214381&wfr=spider&for=pc.

旅游演艺是全国演出市场的重要组成部分，疫情后增长迅速。2023年9月，文化和旅游部在全国演艺博览会"新时代演艺高质量发展"主题交流活动上发布全国旅游演艺精品名录入选项目名单。包括宋城千古情、冰秀演艺、《拈花一笑》《文成公主》《只有河南·戏剧幻城》《魅力湘西》《云南映象》等在内的40个项目入选。11月，《文化和旅游部关于印发〈国内旅游提升计划（2023—2025年）〉的通知》提出，拓展旅游演艺发展空间，发展特色旅游演艺项目，推动旅游演艺提质升级。

各地政府还纷纷出台演出行业扶持政策。2023年1月，"着力打造'演艺之都'"首次写入北京市政府工作报告，要求推进"大戏看北京"，精心组织创作一批文艺精品，办好惠民文化消费季。2023年北京市全年营业性演出达4.9万场，相比2019年演出场次翻了1倍，票房收入超23亿元，创历史新高。[①]

2023年4月，福建省文化和旅游厅发布通知，落实落细《新形势下促进文旅经济高质量发展激励措施》，鼓励各地开展丰富多彩的文艺演出、街头文化艺术等活动；加大对戏剧节、音乐节、艺术节等文旅活动的支持力度，鼓励各地将其纳入财政相关补贴和鼓励消费范畴。优化商演审批流程，缩短审批时限和审批环节，营业性演出许可证压缩至5个工作日办结。

2023年11月，广州市政府办公厅印发《广州市加快培育建设国际演艺中心实施方案》《广州市"文旅体一证通"行政审批改革工作方案》《广州市促进演出市场繁荣发展实施办法》，明确广州将加快培育建设国际演艺中心，促进演出市场繁荣发展，提出打造包括国际文艺精品智创中心、国际演出中心、国际演艺消费中心和国际演艺会展中心在内的"四个中心"；同时启动"文旅体一证通"行政审批改革，将文化、旅游、体育行业相关经营许可审批事项整合为一个准入项目，市场主体实现"一次申

[①] 中国日报网.北京加快打造"演艺之都"步伐［EB/OL］.（2024-01-25）［2024-07-03］. https://baijiahao.baidu.com/s?id=1789030235263484196&wfr=spider&for=pc.

请、一证准营"。

人工智能（Artificial Intelligence，AI）技术在演出中的运用日益普遍，数字虚拟人在各大电视台、平台的晚会、演出中频频出现，深圳市委宣传部、市文化广电旅游体育局出品的原创舞剧《深 AI 你》亮相 2023 成都世界科幻大会开幕式，让现场观众"大感震撼"。上海民族乐团与腾讯音乐娱乐集团（TME）战略合作《零·壹|中国色》，应用了琴乐大模型，在深度学习基础上通过"文本成曲"指令生成高质量音乐，发掘民族乐器的组合编制，不断探索与拓展民乐的艺术维度。各地政府纷纷出台鼓励措施，如《广州市促进演出市场繁荣发展实施办法》明确提出，推动大数据、人工智能、区块链等新技术与剧院行业深度融合，运用互联网、大数据、人工智能等创新监管方式，推进线上线下一体化监管。中共福建省委办公厅、省人民政府办公厅发布的《新形势下促进文旅经济高质量发展激励措施》提出，鼓励各地加快推动大数据、区块链、人工智能、混合现实等现代科技在文旅领域应用。

概言之，各级政府采取的扶持演出行业的措施包括深化文旅融合、优化审批手续、评优选先、加大宣传等，从而优化营商环境，刺激演出创作和消费市场。

二、演出行业监管的理论逻辑

我国演出市场监管具有主体多元性、对象复杂性、手段多样性的特点，主管部门主要基于以下三个原则开展监管。

（一）双效统一原则

把社会效益放在首位、社会效益和经济效益相统一原则（简称"双效统一原则"）是我国文化行业的基本原则。早在 2015 年，中共中央办公厅、国务院办公厅就印发了《关于推动国有文化企业把社会效益放在首位、实现社会效益和经济效益相统一的指导意见》。党的十九大报告、党的十九届四中全会决定、党的二十大报告、《"十四五"文化发展规划》都重申了这一原则。这一原则既是演出行业供给侧结构性改革的准绳，又是优秀文艺作品创作和演出企业经营必须遵循的内在规律；既是保证演出行业健康、有序发展的基石，又是激发演出市场活力、繁荣演出生态的前提。全面正确理解这一原则，应当把握两个方面。

1. 社会效益具有优先价值

社会效益包括政治效益、思想文化效益、生态环境效益等，是确保文化安全的根本。演出行业绝不能片面追求经济效益而忽视社会效益。当市场价值和社会价值发生矛盾时，市场价值应当服从社会价值，经济效益服从社会效益。因此，唯票房论、唯收视率论、唯流量论都是不符合这一原则的。

2. 应当把社会效益和经济效益有机统一起来

社会效益和经济效益不是对立的，而是内在统一的。片面追求经济效益，忽视社会效益，触碰法律底线，从长远来看也会丧失经济效益。经济效益突出的优秀作品也会产生良好的社会效益。

因此，演出行业应当将社会效益和经济效益有机统一，演出单位、经纪公司应当建立健全对演出内容的审查机制，加强从业人员的培训，提升从业人员的政治素养、法律素养和职业道德素养，使其了解红线和底线，在创作和演出时自觉避开禁区。此外，要建立健全突发情况的应急处置机制，对内容违法违规行为果断采取应对措施，及时消除影响。

（二）合作治理原则

合作治理是多中心、多手段的新型治理模式，能够适应主体众多、复杂多变的新业态。传统监管强调政府的控制和主导，主要通过设定许可、限定禁止内容、设定相对人的各种义务等，以干预行政为主。

1. 合作治理是多主体治理

合作治理强调政府、企业、行业协会、公民、专家等多元主体的合作与参与。政府监管部门负责设定最低标准，严格执法，支持和鼓励各方主体参与协商，并进行最终的监督。政府和企业共同制定标准并执行，企业发挥主观能动性建立健全合规制度，行业协会开展行业自律，公民积极进行监督，各主体各司其职，相互配合和支持，形成合力。

2. 合作治理是多手段治理

合作治理要求政府从传统的刚性手段转变为刚柔相济，既要采取行政处罚、行政许可、行政强制等硬法机制，也要灵活运用包括行政指导、行政资助、行政奖励等软法和非强制性监管手段，引导行政相对人纠正违法行为，鼓励他们积极创新和提升守法意识。柔性监管手段具有平等协商性和自由选择性，从挖掘和满足行政相对人的需求入手，符合民主行政、建设服务型政府的趋势，更容易取得行政相对人的认同和配合。①

前文所述某些案例就体现了合作治理的理念，由社会公众举报启动该案调查程序，文旅部门、公安部门、文化市场综合执法部门配合予以查处，行业协会采取行业自律措施，企业积极整改并对涉事演员进行处理，形成了一套组合拳。2023年9月，北京市文化市场综合执法总队还组织在京六家头部脱口秀企业进行座谈交流，主要围绕脱口秀行业经营情况、艺人管理、演出内容自审、演出现场管理和风险防控措施建立实施等情况开展交流，执法人员分别从规范经营和风险提示两个方面，结合案例分析对脱口秀企业进行了警示提醒。②这就是政府开展的行业行政指导，着力于预防风险和系统性解决问题。

（三）包容审慎监管原则

演出行业创新不断，需要采取更加灵活的监管方式。包容审慎监管原则要求政府尊重新事物的内在规律，而不能简单地把传统的规制方法套

---

① 郑宁. 网络人权的理论和制度：国际经验及对我国的启示［J］. 人权，2016（5）：40-58.
② 北京市文化市场综合执法总队. 北京市文化市场综合执法总队组织召开脱口秀内容监管工作座谈会［EB/OL］.（2023-09-14）［2024-07-03］. https://whsczfzd.beijing.gov.cn/zwxx/gzdt/202309/t20230914_3313217.html.

在新事物上；还要求政府对创新中的不足予以容忍和合理引导，给予一定的试错空间，不能在新事物刚冒头出现一些问题的时候就"一棍子打死"，这与国际社会普遍倡导的敏捷治理（Agile Governance）[①]理念异曲同工。包容审慎监管原则最早于《优化营商环境条例》第五十五条中确立，党的十九届五中全会也提出对新产业新业态要实行包容审慎监管。演出行业要坚持包容审慎监管原则，平衡好维护国家和社会公共利益、促进演出产业创新发展以及保障从业人员、观众合法权益这些价值目标的关系。监管部门应当尊重演出创作和传播规律，充分评估监管的成本和收益；当存在多种监管手段时，应选择侵害最小的监管手段，而且监管手段的收益应当大于成本。应当保持开放态度，积极与企业、行业协会、公民、专家合作，丰富治理工具箱，保持适度弹性和韧性。[②]例如，利用人工智能、虚拟现实等技术展示虚拟形象进行营业性演出的，演出假唱标准，二者都存在着一定的争议和监管空白地带，应当尊重行业规律，可以先鼓励行业协会出台行业标准，之后根据实际情况灵活调整。

结　语

我国演出市场拥有广阔前景，但当前的监管还存在着协调性不够、精准度较低等问题，存在较大提升的空间。一方面要加强协同监管，理顺监管的体制机制，建议由宣传文化部门牵头构建"大文化"监管格局，通过跨部门联席会议、信息共享等机制协同不同部门联合执法，实现违法线索互联、执法标准互通、处理结果互认，提升执法效率，增强监管的可预期性。另一方面要强化精准监管。充分运用人工智能、区块链等数字技术创新监管机制，对新技术、新业态引入专家鉴定机制，实现事前、事中、

[①] Agile governance reimagining policy-making in the Fourth industrial revolution［EB/OL］.［2024-07-03］. https://www3.weforum.org/docs/WEF_Agile_Governance_Reimagining_Policy-making_4IR_report.pdf.

[②] 郑宁. 新闻出版与文化数字化战略法治体系构建初探［J］. 中国出版，2023（3）：11-16.

事后全链条监管，加强风险研判和预测预警，对企业进行精准画像，实施差异化监管，推行风险＋信用监管制度，对整改完毕的企业和从业人员推动有序复出。演出行业的从业主体应当增强风险防范意识，建立健全合规制度，积极响应监管要求，做到发展与安全并重。此外，应当发挥行业协会、社会公众等主体的积极作用，实现监管的法治化、系统化、智能化。

人工智能在国际法上的角色定位探讨

戚春华　中国传媒大学文化产业管理学院法律系讲师

摘　要：人工智能技术的迅速发展和广泛应用造成许多法律问题。其中，人工智能是否应享有法律主体地位是一个突出且争议很大的问题。因为人工智能的风险和规制是国际社会面临的共同任务，人工智能在国际法上的法律角色定位也很重要。以人类为中心建立的法律制度赋予实体法律人格是基于人类社会的最终目标和现时需要。赋予自然人法律人格仅因为人是人，赋予公司法人人格是工具理性的体现，给予某些非生命体的物以权利主体地位是因其有需要保护的利益。国际法主体从国家扩展到包括国际组织、个人、非生命体等多种类型主体，是以国际条约或国际习惯法、国际组织决议等大量文件，国际司法以及各国法律实践确立下来的。取得国际法主体地位是一个长期的过程。通过考察人工智能技术的本质属性和目前的类人智能水平，我们发现人工智能不具备国际法律主体的条件，无伴随法律主体资格的具体权利义务，也无承担国际责任的能力。因此，目前赋予人工智能国际法律人格不可能，定位其在国际法上的角色只能是客体物，应依国际法防范和规制其产生的风险。

关键词：人工智能；法律人格；国际法主体

引　言

随着人工智能技术的飞速发展，它被广泛应用于民事领域和军事领域，带给人们极大便利的同时，也引发了许多法律问题。在民事领域，问题主要体现在侵权法领域人工智能致害的责任承担问题和知识产权法领域人工智能生成内容的性质与权利归属上。在军事领域，问题主要体现在自主性武器系统的应用给国际法带来的挑战上。人工智能武器可以自主决定作战方法与手段，如胡乱扫射已经投降的士兵，对国际人道主义构成挑战。对其进行犯罪责任判定时，究竟是将责任归咎于设计师、战斗员或上级指挥官，还是经销商、生产商、国家，目前没有明确的答案。[1] 这些问题成为引起讨论人工智能是否应被赋予法律主体地位的原因。国际社会积极应对，尝试通过国际规则规制人工智能的发展和应用；然而国际法上仍然没有关于人工智能的定义或概念的清晰立场，也不清楚目前的规则是否足够或有效，以及是否有必要制定新的规则（如在人权等方面）。在这种情况下，人类是否以及如何能够保持对人工智能的控制，进而是否需要对此制定新的规则，成为一个重要而备受讨论的话题。[2]

因此，在法律框架下对人工智能进行合理的定位已成为紧迫的现实问题，即人工智能是什么，它能否被赋予权利、能否承担责任，也就是说，人工智能能否被赋予法律人格。这个问题的答案争议很大，各家莫衷一是，甚至针锋相对。

人工智能的法律人格问题众说纷纭，有诸多探讨，而在国际法视阈下如何定位人工智能少有涉及。本文试图从人工智能的定义角度明晰其本质属性及其局限性，这是讨论法律定位的基础；从法律和国际法赋予实体以法律人格的理由角度考量赋予人工智能法律人格的依据；从国际法实践看赋予人工智能法律人格的条件。从以上几个方面探讨赋予其国际法律人格的可能性，以明确如何在国际法上定位人工智能。

---

[1] 周倩文.人工智能和其他新技术发展的国际法问题［J］.长春师范大学学报，2020，39（3）：74-77.

[2] 罗旷怡，黄志雄.《国际法的数字挑战》白皮书［J］.武大国际法评论，2023，7（3）：1-26.

一、人工智能的定义和属性

人工智能是什么，从技术的角度和法律的角度认识人工智能，了解人工智能的发展水平，是明确人工智能在国际法上的角色定位的基础。

（一）人工智能的定义

1. 从技术角度认识人工智能

著名的图灵测试法把人类作为测试人工智能的手段，当我们不能分辨与我们互动的是计算机还是人类时就说计算机获得了智能。其他人要求机器拥有某些形式的自我意识或意识，围绕约翰·塞尔"中文房间"论证的争论，涉及我们对认知与理解的定义，以及是否有可能设计出能够实现这些能力的机器。[1] 我们可以把人工智能描述为运用技术使通常需要人类智能的任务自动化。这个定义强调人工智能技术关注特定类型任务的自动化，那些任务在完成时需要运用与人类智能相关的高阶认知过程。[2] 目前，人们认为人工智能是思考机器，其实现在的人工智能系统还达不到这个水平，达到或超过人类认知的高水平的强人工智能或通用人工智能只是激励人的想象。[3]

人工智能技术方法有两大类：一是机器学习；二是逻辑规则和知识表达。机器学习是今天的人工智能占主导的技术，它是具有共同特征的一个技术体系。实质上，机器学习的工作方法是通过在大量数据中找寻有用的模型。[4] 人工智能是一种技术体系。当人工智能应用与区块链技术、纳米技

---

[1] CHINEN M. The international governance of artificial intelligence [M]. Northampton, MA: Edward Elgar Publishing Inc., 2023.

[2] SURDEN H. Artificial intelligence and law: an overview [J]. Georgia state university law review, 2019 (35): 1305-1337.

[3] SURDEN H. Artificial intelligence and law: an overview [J]. Georgia state university law review, 2019 (35): 1305-1337.

[4] SURDEN H. Artificial intelligence and law: an overview [J]. Georgia state university law review, 2019 (35): 1305-1337.

术等其他智能技术深度融合时，便形成了复杂的技术集群。这些智能化系统和机器被广泛应用于人们的生活领域，不仅拓展了人类能力的边界，也推动着技术向更高级别演进。从技术的意义上说，人工智能是计算机技术的集合，被用来执行描述性、诊断性、预测性和规定性任务。由此，一般来说，规制人工智能就是规制这些技术的应用。[①]

2. 从法律角度定义

目前，在国际上人工智能还没有统一的法律定义。经济合作与发展组织（以下简称经合组织）的关于人工智能的理事会建议表明人工智能系统是一个机器基础上的系统，可以针对人类设定的特定目标，作出影响真实世界或虚拟环境的预测、决策，或给出建议。

人工智能系统被设计为具有不同程度的自主性。在国家法律框架内，美国立法对人工智能给出较生动的定义，其中阐述了一系列定义人工智能概念的特征，这些特征体现了人类与控制论的交互水平。在此水平下，人工智能能够自主寻找解决任务的方法、独立对人类作出反应，且至少具备可训练性。[②]

2023年12月8日，欧盟理事会主席和欧洲议会代表就《人工智能法案》（以下简称《法案》）达成了临时协议。《法案》采用了经合组织已经使用的定义，在第一部分第三条第一款将"人工智能系统"定义为"使用本法案在附件一中列举的一种或多种技术和方法的软件，且该种系统可以根据人类设定的目标，生成会影响和系统交互的环境的内容、预测、建议或决策等信息"。基于法律确定性和人工智能的关键功能特征，将定义缩小为"机器学习或基于逻辑和知识的系统"。[③]

中国法学界对人工智能的定义大致可以分为两类：一类主张人工智

[①] CHINEN M. The international governance of artificial intelligence [M]. Northampton, MA: Edward Elgar Publishing Inc., 2023.

[②] PROKHAZKA H, MELNYK O. Implementation of AI in international law and administrative law [J]. Revista amazoni investiga, 2023 (12): 66-77.

[③] 司伟攀. 欧盟和美国人工智能立法实践分析与镜鉴 [J]. 全球科技经济瞭望, 2023, 38 (7): 6-14.

能是一种非实体性客观存在的"科学技术论",另一类主张人工智能是一种实体性客观存在的"系统(程序/机器)论"和"类人论"。[①]在学理上,有学者给出一个定义,人工智能是依托算力基础设施,通过控制系统的算法处理输入的数据,以软件或硬件等多元集成方式嵌入系统后输出,或者直接在具体场景中输出对人类某种理性功能的模拟状态,在环境中进行交互,并在目标约束下经过反馈修正,最终完成预设任务的信息系统。该种信息系统的法律本质为"理性智能体",是界定其法律地位的主要依据。该定义的法学构造主要包括网络、数据、算法、软件/硬件、目标/任务、反馈、输出等相互影响、互为制约的基本要素,以及这些要素在"系统—控制论"原理下的各种内生性或外显性的行为。

(二)人工智能技术的局限性

人工智能从本质上说是技术。人工智能技术本身尚处于不断完善的进程中,不可避免地会存在内在缺陷;即使技术日臻完善,但技术的不当使用同样会造成巨大社会风险。

有学者指出,现在的人工智能还没有发展到与人类智能水平相提并论的程度,不能给予和人同样的法律地位。[②]其引证了多位专家的观点,比如中国工程院院士、欧亚科学院院士、中国人工智能学会名誉理事长、军事科学院系统工程研究院李德毅研究员认为,"新一代人工智能将从传统的计算机智能跃升为无意识的类脑智能,是人类智能的体外延伸,不涉及生命和意识,由人赋予意图,通过有指导的传承学习和自主学习,能够与时俱进地解释、解决新的智力问题,形成有感知、有认知、有行为、可交互、会学习、自成长的新一代人工智能——智能机器""原始的自我意识是低级意识,只有自身才能体验到这种意识的存在,正所谓'我思故我在',在此之上,才谈得上高级意识或更高级的群体意识""而要制造出类

---

① 陈亮,张翔.人工智能立法背景下人工智能的法律定义[J].云南社会科学,2023(5):162-170.
② 王燕玲.技术与法学共视下人工智能体的角色定位[J].南都学坛,2024,44(2):62-72.

似人类皮肤这样敏感的人工感知膜、电子皮肤甚至量子皮肤，还来日方长，也许要一百年""对于高等生物而言，意识和智能是智慧的基础""新一代人工智能不触及意识""当前的人工智能都是专设智能，它们只能按照程序员的设定，完成特定的任务目标"。国际核能院院士、中国人工智能学会不确定性人工智能专委会主任张勤教授指出，"事实上，计算机只能执行人事先设定的程序（包括算法和数据），不具有真正意义上的智能，至少目前如此"。人工智能和人"一个显著的区别是：人能够通过自我意识理解事物，而计算机没有自我意识，也理解不了事物（缺少理解主体）。从这个意义上讲，学习（Learning）这个词用在计算机上是不恰当的。拟合（Fitting）更准确，但不够吸睛"。中国工程院院士、清华大学信息学院院长戴琼海教授指出，"人工智能的问题所在——难以理解场景与对象间的关系，人工智能能干成年人干的活，但理解能力不如一岁的孩子"。在2022年11月6日第五届世界顶尖科学家论坛开幕式上，首届世界顶尖科学家协会奖"智能科学或数学奖"得主——美国计算机科学与统计学家迈克尔·I.乔丹在其主旨演讲中认为，"到目前为止，计算机还不能像人类一样进行思考，因为人类是很复杂、精妙的""'机器学习'是让计算机辅助人类，而不是开发一个和人类一样的'类人计算机'，是把人和人、人和市场、人和物件等联系起来"。在2022年10月22日"智行中国"系列论坛第一期"迈向教育科学研究新范式"上，美国科学院院士、中国科学院外籍院士、世界著名数学家丘成桐在其主旨演讲中认为，DeepMind的工作的确是人工智能进展的里程碑，"开始可以解决一些比较理论的问题，但是离人类思考的能力还是相当的遥远""到目前为止，人工智能还没有能力问一个既有意义又有深度的问题"。[1]但也有学者指出，从发展的视角看，人工智能的未来应是更为自由的智能体，进而逐步摆脱人机关系的束缚。人类或许终要不可避免地退出人机关系的舞台，从而让人工智能独立

---

[1] 王燕玲.技术与法学共视下人工智能体的角色定位［J］.南都学坛，2024，44（2）：62-72.

地从事社会活动。① 实际上，人工智能作为技术，目前还没有达到强人工智能的水平，而且还有本身的内在缺陷。人工智能的内在缺陷体现在其具有不可解释性及算法漏洞的不可避免性两方面。人工智能的不可解释性源于其自身的技术逻辑。建立在大数据学习基础上的人工智能，在方法论上依赖于概率论而非因果论。②

二、赋予人工智能国际法主体的可能性探讨

（一）赋予国际法律人格的理由

1. 法律主体资格

法律主体是"人"在法律关系中的总称，它是指在法律关系中，既有权利能力又有行为能力，能够以自己的名义维护和行使自己的权利，履行自己的义务，承担法律义务。法律主体资格就是所谓的法律人格，它的核心内容是具有理性价值和责任承担能力。③ 法律人格就是权利义务的主体，给予法律权利和施加法律义务就是赋予法律人格。这个界定意味着，首先，法律人格的享有本质上是法律制度承认某个实体具备法律人格。当授予该实体这一法律地位符合法律制度的需求时，这种承认才会发生。其次，法律人格是权利义务的集合，因此它是可分的。即使在同一个法律体系内的法律人格者也不一定享有同样的权利和义务。最后，法律人格者即使享有广泛的权利和义务也不必然有效实施。一个实体的固有特征不能决定它是不是一个法律人格者，决定因素是法律制度采取的方法。一个法律制度必须考虑的是授予法律人格是有利于还是阻碍最终目标的实现。④ 自然

---

① 王玮. 人工智能的角色定位及责任表达 [J]. 湖北经济学院学报（人文社会科学版），2023，20（8）：71-77.
② 雷鸿竹，曾志敏，熊帅. 人工智能武器的全球发展、治理风险及对中国的启示 [J]. 电子政务，2019（11）：112-120.
③ 周义. 人工智能体法律主体资格的法理学思考 [N]. 山西科技报，2024-03-18（B07）.
④ BRYSON J J, DIAMANTIS M E, GRANT T D. Of, for, and by the people: the legal lacuna of synthetic persons [J]. Artificial intelligence and law, 2017, 25（3）：273-291.

人的主体资格具有目的性,是价值理性的体现;非自然人主体资格具有手段性,是工具理性的体现。①法律人格目前不仅赋予自然人,还扩展到公司法人,有些国家还延伸到非生命体的物。

随着人工智能变得越来越复杂,在社会上扮演越来越重要的角色,至少有两个我们应该赋予它法律人格的不相关的原因。第一,便于在出现错误时有人承担责任。这表现为,需要有人担负因人工智能的速度化、自动化和透明度而产生的潜在责任间隙。第二,事情做得好,有人获得褒奖。比如,人工智能创作的作品获得知识产权。关于这个问题的对立是赋予人工智能法律人格是工具主义理由还是固有的属性的原因。②

2. 国际法律人格

国际法主体是指能够享有国际权利与承担国际义务且具有为维护其权利而提起国际诉讼的能力的实体。这个定义令人费解,因为其标志取决于法律人格者的存在。法律人格者是指得到习惯法承认能够享有权利和履行义务,并能够提起国际诉讼,以及具有赋予其这些能力的实体。如果不能满足第一个条件,那么依据已获得承认的法律人格者的协议或默许,有关实体仍然可以具有受到某些限制的法律人格。国家具有这些资格并享有豁免权,国家依据习惯法的产生方式为其他实体提供了标志和法律人格存在的方式。在联合国求偿权案中,国际法院的阐述表明了国际法主体产生及其特征。③《牛津法律大辞典》将国际法主体定义为"国际法赋之以权利并加之以义务的实体"。④

国际法主体范围从国家作为唯一的有完全主体地位的主体,扩展到国际组织逐渐取得国际法主体地位——有限的主体地位。个人的国际法主体

---

① 瞿灵敏.人工智能法律主体资格否议:基于主体资格变迁的视角[C]//郑智航.人权研究:第二十七卷.北京:商务印书馆,2023.
② CHESTERMAN S. Artificial intelligence and the limits of legal personality [J]. International and comparative law quarterly, 2020, 69(4): 819-844.
③ 布朗利.国际公法原理[M].曾令良,余敏友,等译.北京:法律出版社,2007.
④ 沃克.牛津法律大辞典[M].北京社会与科技发展研究所,译.北京:光明日报出版社,1988.

地位一直存在争议，但跨国公司和国际非政府组织的国际法主体地位仍然没有被认可。

国际法在其制定者和内容等方面都呈现出明显的分散性，很难通过条约或习惯对国际法律人格作出类型化的一般规定。政府间国际组织的国际人格可能在各该组织的章程中得到明确承认，或得到其他方式的承认。各国可能在其国际法实践中以其"实际行为"肯定其他实体的国际人格。这一点在个人的国际人格问题上更为突出。①李浩培先生强调："国际法的主体，是其行动直接由国际法加以规定因而其权利义务直接从国际法那里发生的那些主体。"②

国际法主体的产生方式不同于国内法，缺乏一个超国家的实体或合适的权力机构，国际法的主体和它们拥有的法律人格的特征"有机地进化"正如支持它们的法律人格的通常是大量的文件所陈述的。比如个人的国际法主体地位：一方面是大量国际人权法条约和国际软法文件支持；另一方面是个人承担国际刑事责任的实践和联合国安理会决议与相关条约的适用加强，还有多个国际刑事法庭的实践。获得国际法主体地位不是短期内就能达成的，而是一个长期的过程，分层理论是适合国际社会目标的结果。③1948年，联合国大会要求国际法院发表关于联合国是否有起诉国家的资格的意见，区分了国家和国际组织的法律人格，国际组织的主观性法律人格和联合国的客观性法律人格。国际法院咨询意见确认了国际组织的国际法主体地位。在咨询意见中，国际法院注意到法律制度中的人的不同特征，任何法律系统中的法律主体的性质或权利的程度不是必然一致的，它们的性质取决于社会的需要。联合国是一个国际法律人。这并不意味着它是一个国家，也不是说它的法律人格、权利和义务与国家一样，也不能说它是"超国家"组织，不能认为它的权利和义务总是在国际层面，比国家层面

---

① 张军旗.个人的国际法主体地位辨析[J].东方法学，2017（6）：2-13.
② 李浩培.国际法的概念与渊源[M].贵阳：贵州人民出版社，1994.
③ HARS A. AI and international law-legal personality and avenues for regulation[J]. Hungarian journal of legal studies，2021，62（4）：320-344.

更高一等。这只是说，它是国际法主体，享有国际权利和义务，有资格通过国际求偿维持它的权利。国家拥有国际法承认的全部的权利和义务，如联合国这样的实体的国际权利和义务取决于实体的目的和职能专门或默示在宪章性文件或实践中发展。①

法律体系是灵活的，授予什么行为者法律人格，不需要证据来推断行为人的固有性质。同理，非人类实体的固有属性并不取决于是否被承认为法律人格。事先，我们必须审查潜在的冲突，非人类实体可能的那些与原来法律人格者已经拥有的法律权利。②

（二）赋予人工智能国际法主体地位的可能性

1. 被认为是物、是客体，是否可赋予权利保护

目前，最为大多数法律体系接受的是将人工智能看作非生命的物，作为法律客体，并将人工智能作为风险规制的对象。欧盟《产品责任法》在法律修订中，欧盟一改传统立场，在归责原则上，允许基于产品缺陷，而不是过错来严格追究提供者的法律责任。该法第九条规定，只要存在供应商未披露系统信息，或受害人证明系统存在明显缺陷，或供应商违背了安全保障义务，则会引发损害和缺陷之间存在因果关系的推定。欧盟关于人工智能的法案对人工智能的监管方法主要是通过将人工智能可能带来的风险区分为四种不同等级，从而采取不同层次的监管措施，也把它界定为监管的对象。在美国2022年10月发布的《人工智能权利法案》中，人工智能也不是被当作主体进行确认与保护，而是基于问责将人工智能作为风险防范的对象加以控制，并倡导公民权益与技术服务于社会的宗旨。2024年3月21日，联合国大会通过首个关于人工智能的全球决议《抓住安全、可靠和值得信赖的人工智能系统带来的机遇，促进可持续发展》所称的人工

---

① International Court of Justice. Reparation for injuries suffered in the service of the United Nations［EB/OL］.（1948-12-07）［2024-10-14］. https://www.icj-cij.org/case/4.
② BRYSON J J, DIAMANTIS M E, GRANT T D. Of, for, and by the people: the legal lacuna of synthetic persons［J］. Artificial intelligence and law, 2017, 25（3）: 273-291.

智能系统也被看作技术产品。人工智能不是普通的物,是有一定类人智能的特殊的物。作为特殊的物,它是否可被赋予国际法上的权利保护呢?

非生物体的物享有法律人格的情况是有的。在近年来国际法的发展中,印度法院授予恒河和亚穆纳河法律主体的地位予以保护,对污染河的行为可以提起诉讼。新西兰对乌雷威拉国家公园和河流如旺加努伊河赋予法律人格的权利。厄瓜多尔的整个生态系统赋予权利保护。

从几个方面来看人工智能是无法适用赋予国际法律人格作为非人类主体给予权利保护的。第一,不符合赋予权利保护的原因。赋予河流和自然等国际法律主体地位是因为它们有利益需要保护。赋予法律人格是与把保护制度并入现有的规范框架的好处相关的。由此,它使环境保护主义者和开明的法院将保护水道作为生态系统的组成部分更容易。但是人工智能被看作工具或威胁,不可能被保护,而是使用或限制发展,以防产生对人类的威胁。第二,没有国际法上的依据。国际上有保护土著居民的国际公约和国际宣言,也得到了许多国家的响应。其中厄瓜多尔还立法给予任何人可以诉讼的权利以维护自然生态系统的权利。国际法主体地位的认可要获得国际社会的一致认同,或者通过签订条约或通过国际习惯法形成,对于人工智能法律地位的认同目前来看不会在短时间内达成。人工智能被赋予法律人格目前只有几个国家,是例外,没有达到一致。2017年机器人Sofia定为一个女人被沙特阿拉伯授予公民资格,这一做法与许多确定不同条件的法律关系主体的行为模式的法律相抵触。日本2017年给予聊天机器人Shibuya Mirai特定规范下的居民身份。然而,这一行动与日本准予居民身份的相关程序法规相抵触。[1] 2016年5月31日,欧洲"电子人"动议引起世界轰动,欧洲议会法律事务委员会发布《就机器人民事法律规则向欧盟委员会提出立法建议的报告草案》,其中建议将最先进的自动化机器"工人"的身份定义为"电子工人"(Eletronic Person),并通过法律赋予其

---

[1] ATABEKOV A, YASTREBOV O. Legal status of artificial intelligence across countries: legislation on the move [J]. European research studies journal, 2018 (21): 773-782.

劳动权等特定的权利和义务,并建议为"电子人"开立资金账户以使其享受劳动者的相关权利、履行相关义务。[1]但是,这个动议不是有效的法律陈述,也没有支持方案,只是提到考虑在未来赋予复杂机器人"电子人"法律地位的可能性。"法律地位"不等于"主体资格","电子人"也不等于人,而只是引起注意的一个称谓。第三,与相关国家的国内法相抵触,同时也没有规定具体的人工智能体享有的权利,更没有保证实施的法律途径。根据国际法院关于联合国求偿权案的咨询意见,法律体系应参考法律人与法律体系的目的的相关程度来决定一个新法律人的法律权利和义务。意图赋予法律人格而没有更具体的权利义务给予,是把法律人格看作一个黑箱。即使一个法律体系确定了给予一个法律人格者的权利和义务,如果没有设立实现的途径,也是虚无。[2]

2. 看作类比公司或国际组织的组织体,可否赋予法律人格

人工智能体在某些方面与公司或国际组织相似。公司或国际组织具有有限的、章程范围内的权利和义务,如巴塞罗那机车案。公司法人人格开始是没有的,随着公司要求充分理由证明履行功能的需要的权利义务,赋予了某些权利义务。这是民法法系和英美法系通用的注册成立规则。[3]

对比人工智能与法人组织体,有许多相似之处,比如人工智能的运行模式与法人的运作思路,甚至从结构上看极具相似性。二者都围绕特定的核心协议设立,法人的核心协议是章程,人工智能的核心协议是算法。考察确定法人的独立人格的必要性:一方面,通过股东个人财产与企业整体财产相互分离,有助于确立投资者的有限责任;另一方面,在诉讼或争议解决的过程中,某个自然人无法代表法人整体意志,需要法人的整体

---

[1] 吕凯,张净雪.人工智能机法律主体资格论[J].唐山师范学院学报,2019,41(4):125-128.

[2] BRYSON J J, DIAMANTIS M E, GRANT T D. Of, for, and by the people: the legal lacuna of synthetic persons[J]. Artificial intelligence and law, 2017, 25(3): 273-291.

[3] HARS A. AI and international law-legal personality and avenues for regulation[J]. Hungarian journal of legal studies, 2021, 62(4): 320-344.

意志。[1]

公司法人不同于人工智能系统主要在于公司是由人组成的，需要通过人来运作，而人工智能是由人制造的。[2] 因此，组织体法人的国际法律人格类型不适合人工智能体。第一，赋予公司法人法人资格的理由最终是它背后的人的利益，公司只是实现人的意志的工具。人工智能体只是人创造的产品，是辅助工具。第二，赋予人工智能如公司法人一般的法律人格，人工智能获得有限的权利，却成为所有者或使用者逃避责任的工具。根据传统国际民法，对突发意外或数据失控造成的事件风险，如果将责任定位在智能机器人身上，判定其承担相应的法律责任，鉴于智能机器人没有承担赔偿的能力，这些责任的承担最终都要让机器人所有者来履行。《联合国国际合同电子通信使用公约》相关条款规定，计算机系统的当事人对这个机器产生的任何信息最终负责，这样的解释符合国际法的一般原则，即工具的所有者应对利用工具获得结果承担责任，因为工具没有自己的独立意志。如果赋予人工智能公司法人资格，所有人就可以将责任转嫁给人工智能。作为法人，其责任与所有人是分离的，所有人责任是有限的，因此自然人不能把自己违法行为的后果转嫁给人工智能。虽然有刺破公司法人面纱的救济制度，但很难援引。也不能如公司由法人代表行使权利并履行义务，没有自然人代表人工智能体进行诉讼。比如，作为国际组织的联合国的国家主体资格也是逐步建立起来的。国际法院的咨询意见只阐述了国际组织的诉权，而在半个世纪后才建立了被诉的义务，一直到现在还未建立相应的程序规则。

3. 可否赋予人工智能与自然人相同的法律人格

人工智能技术和机器不断发展更新，目前某些类型已具备了和自然

---

[1] 齐劲洋. 人工智能的法理定位与风险规制[J]. 数字法治评论，2023（2）：19-38.

[2] SOLAIMAN S M. Legal personality of robots, corporations, ldols and chimpanzees: a quest for legitimacy [J]. Artificial intelligence and law, 2017, 25（2）: 155-179.

人类似的思考和决策能力，但即使最先进的人工智能产品也和自然人有本质的区别，主要在于自我意识和感情。人工智能能自主决策是它们与自然人最重要的相似点，这也是很多人主张它们可以为自己的行为承担责任的基础。法律赋予个人以法律人格仅仅因为他是人。人工智能永远不会成为人。

个人的国际法主体地位是在国际实践中逐步确立的。大量的国际人权法条约文件和安理会决议以及国际刑事法庭的实践支持个人的权利保护和责任尤其是刑事责任。人工智能被赋予自然人的法律人格地位是不可能的。第一，赋予自然人的法律主体地位的依据是人的本质属性，但人工智能没有人的意识和理解能力，本质是机器学习和逻辑结构及知识系统。人工智能建立在机器学习的基础上，依据预先输入的规则和知识，利用算法能力，得出结论，但并不理解这个结论的意义。因此，我们可以推断出人工智能不可能理解价值基础上的权利制度。[1] 即使像接近人的大猩猩，美国的法院仍然没有承认其法律人格。因为它不是人类。第二，人工智能没有感情，不可能享有人类的人权。赋予自然人一样的法律人格意味着要确定相应的权利和义务，比如结婚权利、劳动与休息权利、知识产权、诉讼权利等。不会疲惫、不会觉得不公平、不会争取权利、不懂权利侵犯，这些权利便难以落实，只会造成现有法律制度的困境。世界知识产权组织（WIPO）签署文件承认了这个两难选择，指出排除这些作品有利于"维护人类的创造性在机器创造性之上的尊严"，却让消费者失去获得大量创造性作品的机会。中间的方案就是缩短保护期限或其他限制。[2] 第三，没有承担责任的能力，不具备可惩罚性，尤其无法实现自然人承担的刑事责任。现行国际法及国际刑事司法实践都承认犯罪意图或故意作为战争罪的主观构成要件，如1998年国际刑事法院《罗马规约》对战争罪的构成要件明

---

[1] HARS A. AI and international law-legal personality and avenues for regulation [J]. Hungarian journal of legal studies，2021，62（4）：320-344.

[2] SAUTOY M D. The creativity code：art and innovation in the age of AI [M]. Cambridge, MA：Harvard University Press，2019.

确规定,"只有当某人在故意和明知的情况下实施犯罪的物质要件,该人才对本法院管辖权内的犯罪负刑事责任,并受到处罚"。[①] 人工智能存在算法黑箱,不可预见性大且难以解释,因此人工智能没有责任能力。另外,在以人为中心设计的法律制度下,人工智能具有不可惩罚性,各类惩罚手段均无法适用。由于人工智能的本性,某些惩罚手段(如拆毁)失去了处罚目的和意义,因此即使是开明的欧盟决策者也建议不赋予人工智能法律人格。[②]

结　语

现阶段赋予人工智能国际法律人格是不可能的,或许将来有这个可能,但不会在很短时期内;相应地,赋予人工智能法律主体地位也不可行。在现有法律框架下,赋予法律人格的理论依据无法适用于人工智能,同时伴随法律人格的权利和义务也难以确定,更没有相应的实行法律制度的保证。如果只是简单地赋予人工智能法律主体地位,不但不能解决问题,而且会被滥用,使问题更加复杂。

很多赋予人工智能法律主体地位的主张源于其应用造成的法律困境。如在民事责任领域,人工智能致害责任问题及人工智能创作的知识产权问题。在军事领域,关于自主武器系统产生的国家责任,尽管有人认为,在自主武器系统的研发和致命决策系统使用时,编程的程序员、战斗指挥员对自主武器系统自行作出目标打击决定产生的结果并不一定知情,也不一定能够预测,因此,人类对自主武器系统失去控制可能会导致违反国际人道法下的"问责盲区"。[③] 针对这些问题,国际社会尝试以赋予人工智能法

---

① 李寿平.自主武器系统国际法律规制的完善和发展[J].法学评论,2021,39(1):165-174.
② HARS A. AI and international law-legal personality and avenues for regulation[J]. Hungarian journal of legal studies, 2021, 62(4): 320-344.
③ 李寿平.自主武器系统国际法律规制的完善和发展[J].法学评论,2021,39(1):165-174.

律人格的方法解决。2016年，欧盟出台了民事法来限制人工智能生产、流通与使用，其中建议将机器人作为电子人享有一定的法律地位，同时制定相应的法律制度，这引起相关人士的争议。但是，这一提议并没有使智能机器人的风险问题得到解决。其实，无论人工智能技术如何智能，都应立足于人类的利益需要，为人的目标和政策服务。因此，国际社会应以法律工具规制人工智能的发展方向，降低风险。在军事领域，国际社会对自主武器系统的"有意义的人类控制"原则达成了共识。在民事领域，国家和国际组织积极通过对人工智能的研发和应用进行监管和风险规制的法案和决议，使人工智能的发展在人类掌控范围内，为人类利益服务。

生成式人工智能赋能艺术创作的特点、风险与应对

周丽娜　中国传媒大学文化产业管理学院法律系教授

摘　要：生成式人工智能技术的出现和应用，为艺术领域带来很大变革。一方面，该技术广泛应用于视频、音频、文本等内容生成领域；另一方面，因为生成内容的能动性、工作原理不可解释性和实践应用场景的广泛性，可能会带来侵犯人类创造力、创作内容同质化、滋生文化霸权、生产有害内容等风险。本文建议从理论价值层面和实际操作层面两个维度防范风险，力图实现技术服务人类、造福人类的根本目的。

关键词：人工智能；AI；艺术创作；风险

随着人工智能技术快速迭代发展，生成式人工智能不仅能识别和分类数据，还能创造出新的数据，使人工智能基础发生颠覆性变革。从我国目前的应用来看，生成式人工智能技术被广泛应用于智能写作、代码生成、有声阅读、新闻播报、语音导航、影像修复等领域，通过机器自动合成文本、语音、图像、视频等方式推动互联网数字内容生产的变革。[1]

2023年被称为"生成式人工智能元年"。人工智能技术通过促进内容生产向智能化转变，迅速催生了全新的科技革命系统，促进了科技互动和

---

[1] 中国信息通信研究院.人工智能白皮书（2022年）[EB/OL].［2024-07-04］.http://www.caict.ac.cn/english/research/whitepapers/202205/P020220510506258498240.pdf.

知识共享。学者们亦从多个角度阐释人工智能生成内容（AIGC）的价值意蕴，尤为关注文化内容生产的颠覆性变革。[1]人工智能已深刻影响文化内容生产的各个环节，文化生产在内容创作流程上比之前更为简化，在生产渠道和传播载体上也随着信息通道的迁移而发生了改变。[2]生成式人工智能因其独特的创造能力，应用于许多创意和生成类场景中，如新闻生产、艺术创作、工业设计、代码编写等。在艺术创作领域，因其基于科技与艺术相结合的特点而有别于其他领域，需要额外关注。在电影艺术领域，人工智能目前已广泛应用于图像识别、图像分割、目标检测、图像生成等领域，并能协助完成人物的建模、场景的重构、物理效果的模拟等计算机视觉技术。[3]在媒介内容创作方面，人工智能可以通过对大量人类作品进行融合与再造，打破人类固有的思维惯性，使创作者得到灵感和启发，促进作品质量与创作水平的提升。[4]数字音乐产业在人工智能的加持下，逐渐体现出生产端、传播端以及消费端三者相连的特性，用户可以自主参与音乐创作、音乐传播以及音乐消费的环节，极大地改变了数字音乐产业的商业模式。[5]

一、生成式人工智能概念、工作逻辑及应用场景

（一）生成式人工智能与人工智能、人工智能生成内容的区别

作为一个专业术语，"人工智能"可以追溯到20世纪50年代。美国计算机科学家约翰·麦卡锡及其同事在1956年的达特茅斯会议上提出，

---

[1] 周建新.人工智能时代的中国文化产业发展研究报告（2023）[J].艺术学研究，2024（2）：35-43.
[2] 王熠.人工智能与数字创意产业：融合、发展与创新[J].上海大学学报（社会科学版），2023，40（3）：100-111.
[3] 赵宜.人机共创、数据融合与多模态模型：生成式AI的电影艺术与文化工业批判[J].当代电影，2023（8）：15-21.
[4] 张蓝姗，唐慧婷.AIGC：媒介内容创作的新变革[J].中国电视，2023（5）：94-100.
[5] 周建新.人工智能时代的中国文化产业发展研究报告（2023）[J].艺术学研究，2024（2）：35-43.

"让机器达到这样的行为，即与人类做同样的行为"可以被称为人工智能。[①]此后60年间，人工智能总体上经历了"三起两落"发展阶段，直至2016年，以AlphaGo击败围棋世界冠军李世石为标志的新一代人工智能，在强大的计算能力、更先进的算法、大数据、物联网等诸多因素共同作用下，成为政府、产业、科研机构以及消费市场竞相追逐的对象。

2023年随着ChatGPT在全球范围爆火，以生成式人工智能为代表的人工智能问世，改变了人工智能技术与应用的发展轨迹，加速了人与AI的互动进程，成为人工智能发展史上新的里程碑。

生成式人工智能属于人工智能的一个子集，是人工智能中作为技术手段的机器学习的一个进阶阶段，也被认为是下一代的人工智能。如果说传统人工智能在于能够从海量数据中学习并作出最优决策或预测，但不发明新的规则或者策略，那么生成式人工智能则可以创造新的东西。例如AlphaGo知道所有围棋规则，并且能够根据对弈者行为作出最明智的对策，但是不发明新的下棋方法。生成式人工智能可以根据人的一个提示，例如一个故事的起点，"很久很久以前，在一个遥远的星系……"，生成完整的太空冒险故事，包括角色、情节和结局。它就像一个富有想象力的朋友，可以想出原创的、有创意的内容，包括文本、图像、音乐、视频、程序代码等。

人工智能生成内容，即我们通常所说的AIGC，是生成式人工智能生成的客体，可以是文本、音乐、视频等。如果说人工智能生成内容是一种外在的有形客体，那么生成式人工智能更多的是一种模型或者算法的进阶，两者是生产结果和生产过程的关系。

（二）生成式人工智能工作逻辑

生成式人工智能逻辑内涵是指人工智能创作中的逻辑规则、算法模型和自我学习能力。首先，训练过程主要依赖于海量数据的"投喂"，通

---

① 腾讯研究院，等.人工智能［M］.北京：中国人民大学出版社，2017：4.

过对大规模数据集的学习，能够捕捉到投喂艺术作品中的模式、风格和特征，并在生成过程中进行模仿和创新。数据驱动的创作使生成式人工智能能够从投喂的艺术作品中获取灵感，并将其融合、转化为新的创作内容。其次，生成式人工智能的核心是机器深度学习的规则和算法。深度学习算法在生成式人工智能创作中发挥着重要作用，通过多层次的神经元网络模拟人类的认知和创造过程，实现对艺术创作元素的理解和创建。最后，生成式人工智能能够自我学习和迭代进化。通过引入反馈机制和迭代训练，它能够根据创作结果满意度进行自我调整和优化。它能够累积成功和失败的经验并从中进行学习，逐步改进生成的作品。这种自我学习和进化的过程，使生成式人工智能具备了适应性和创新性，能够不断改进和提高创作水平，从而不断探索新的艺术形式和创作风格。

生成式人工智能能够生成内容，或者说创新内容，需要经过前期"投喂"、深度学习和自我迭代，需要用户通过输入提示词（prompt）与之互动，从而激发 AI 的创造性。生成高质量艺术作品的关键是创建提示词的精准性，通过对提示词精准语义分析和把握，合理设计和编写，从而引导深度学习模型生成高质量的艺术内容。提示词可以包含主题情感、作品风格、创作方式、条件限制等多领域内容。对于不同的生成内容，如图像、音乐、视频等，提示词还需要显示个性特征。在图像生成中，提示词多是表示图像类型、图像特征、图像风格、图像细节等方面的描述。在音乐生成中，提示词需要更加注重音乐素材（旋律、节奏、和弦等）的语义相关性，以保证生成的音乐作品符合音乐理论和审美标准。在视频生成中，提示词需要更加注重时间维度上的控制，并注意连贯性和逻辑性。

（三）生成式人工智能赋能艺术创作的应用场景

早期专用人工智能在专业内容生成（PGC）领域已经可以替代人类完成重复性和机械性的工作。如在特效制作方面，电影《指环王》《狮子王》《摩根》都成功将人工智能技术运用于电影制作中。在用户生成内容（UGC）领域，随着人工智能技术普及，如 AI 剪辑、AI 配音、AI 字幕、

AI换脸等更加平民化的人工智能技术的成熟和流行，自媒体和短视频行业迅速繁荣，一键式AI创作，真正实现了艺术平权。

在影视艺术创作中，类GPT人工智能可以完成如创意、角色表现、拍摄和编辑等最能反映艺术价值的过程，特别是具备了剧本写作的能力。以菲律宾28 Squared工作室和Moon Ventures工作室创作的6分钟短片《安全地带》（The Safe Zone）为例，这是一部使用ChatGPT创作剧本的影视作品。[①] 28 Squared工作室的首席执行官理查德·胡安曾在采访中说："人工智能将彻底改变我们制作电影的方式，它将自动生成文本、分镜，来帮助电影制作者节省时间和资源、激发新的创意，并真正给我们提供讲故事的新方法。"[②] 可见，人工智能在《安全地带》中实质上扮演了编剧和导演的双重角色，在人机协同创作模式中，人在影视艺术创作中主要起到引导、把关、表演、筛选、审核的作用，艺术的生产权几乎被全部赋予人工智能。

二、生成式人工智能赋能艺术创作的独特之处

人工智能系统可以应用于多个行业和场景，包括医疗保健、农业、食品安全、教育和培训、媒体、体育、文化、基础设施管理、能源、运输和物流、公共服务、安全、司法、资源和能源效率、环境监测等。人工智能技术在文化领域，尤其是艺术创作领域的应用，有其独特之处。

人工智能技术在艺术领域的应用以创作型为主。如果说人工智能在医疗、交通、能源、安全、物流等领域的应用，更多的是提供整合数据、提高效率、优化方案等功能，那么在传媒、文化等领域的应用，其发展趋势

[①] 张雪. ChatGPT来了，我们离AI生成电影还有多远？[J]. 现代电影技术，2023（3）：53-55.

[②] PANDEY K. First film ever written and directed by AI：the safe zone [EB/OL].（2023-04-01）[2024-07-04]. https://www.jumpstartmag.com/first-film-ever-written-and-directed-by-ai-the-safe-zone.

是更注重生成式人工智能的应用，例如生成信息、视频、音频、虚拟人物等。因此，生成式人工智能一方面有创造性贡献，另一方面也对人类的创造性能力形成制衡。如何更好地使生成式人工智能赋能人类的艺术创作，是未来需要面对更要解决好的问题。

人工智能艺术创作与人类艺术创作存在多重差异，如艺术家在创作过程中注入了自身的情感和感受，而人工智能只能依赖算法和数据处理；传统绘画强调艺术家的创作新意和技巧，而人工智能绘画注重对传统经验的提炼和融合；艺术家在传统绘画过程中能享受创作的乐趣，而人工智能绘画更在意创作的结果；传统绘画讲求造型语言的变换，而人工智能讲求造型语言的使用。从某种程度上讲，传统绘画所展现的"手工价值"是人工智能无法替代的，而人工智能所展现的"智能价值"也是传统绘画无法替代的。虽然人工智能的艺术创作是基于人的经验而进行的，但艺术创作需要创造力和想象力，这些能力超出了算法目前所能涉及的范畴。

艺术创作是艺术工作者展示艺术技能和技巧、抒发情怀、表达感情、实现创意的主要途径。[1] 从艺术创作的共性模式来看，艺术的创作过程可以划分为审美体验、艺术构思、艺术表达三个阶段。[2] 尽管人工智能在技术层面越来越完善，但是它目前仍然无法完全替代人类的艺术创作。如前所述，艺术创作不仅包含技术和工具，还涉及人类特有的直觉、本能、天性、创造力、想象力，以及人类情感和人文等方面的因素；但是，人工智能在其能力和发展速度方面的革命性进展会超出我们的预想，这就为人工智能创作在艺术创作领域内引发的进一步变革预留了无限的可能性，也会推动艺术创作的变革性发展。

---

[1] 姚建东.艺术创作领域生成式人工智能逻辑内涵与语义要素的应用研究[J].新楚文化，2023（26）：54-56，79.

[2] 胡智锋，谢霜天.人工智能技术赋能影视艺术创作的观察与思考[J].电影新作，2023（4）：4-10.

(一)艺术创作的核心要义是人的"创造力"

与其他领域应用生成式人工智能场景不同,如果说应用于新闻生产的重要性在于真实、快捷,应用于代码编写的特点在于24小时不间断工作,那么应用于艺术领域的显著特点便是"创新",需要体现的只有人类独有的"创造力"和"想象力"。那么AI具有创造力吗?

美国国家艺术基金会(NEA)将创造力定义为"超越传统观念、规则、模式、关系或类似事物的能力,并且能够创造有意义的新想法、形式、方法、解释等"[1]。《创造力研究杂志》将创造力定义为"产生既具有新颖性(即原创性、意外的)又具有恰当性(实用性、针对任务约束的适应性)的作品的能力"[2]。原创性并非创造力的唯一要素,原创性的事物必须是有效的。[3]

最为著名的被广泛应用于该领域的框架之一是1961年罗德斯提出的4P框架,即产品(Product)、过程(Process)、出版物(Press)和主体(Person)。该框架强调了创新的多面性,每一个P代表了创新的一个独特维度。[4] 后来,格拉韦迭代了新的版本,称为5A模型,即人工制品(Artifact)、行为(Action)、供给(Affordance)、受众(Audience)、行为人(Actor),将焦点转向社会文化和分布式的视角。[5] 5A模型综合考虑了文化、背景、行为和社会影响等多个因素。总的来说,这两个框架/模型共享许多核心思想(见表1)。

---

[1] SONNTAG D. Introducing creativity connects [EB/OL]. (2016-01-20) [2024-07-04]. https://www.arts.gov/stories/blog/2016/introducing-creativity-connects.
[2] PURYEAR J S, LAMB K N. Defining creativity: how far have we come since plucker, beghetto, and dow? [J]. Creativity research journal, 2020, 32 (3): 206-214.
[3] RUNCO M A, JAEGER G J. The standard definition of creativity [J]. Creativity research journal, 2012, 24 (1): 92-96.
[4] RHODES M. An analysis of creativity [J]. The Phi delta kappan, 1961, 42 (7): 305-310.
[5] GLĂVEANU V P. Rewriting the language of creativity: the Five A's framework [J]. Review of general psychology, 2013, 17 (1): 69-81.

表1 4P框架/5A模型与生成式人工智能对比

因素	4P/5A定义	生成式人工智能
Product/产品（Artifact/人工制品）	人类制作/生产的产品/制品	人工智能生成内容（文本、图画、音乐等）
Process/过程（Action/行为）	人类创作过程，该过程无法具体了解	生成式人工智能工作原理
Material Press/出版物（Affordance/供给）	影响人们创造性工作的已出版素材、供给和约束因素	训练数据
Social Press/社会影响（Audience/受众）	创造性工作给社会带来的社会影响	人类利用人工智能构建的应用程序及收集的知识和更多信息
Person/主体（Actor/行为人）	作为社会的个人	未知

注：为了与5A对应，4P中的"出版物"（Press）在表格里被拆分为出版物（Material Press）和社会影响（Social Press）。

弗里德曼（Fridman）认为，创新感觉就像是一种飞跃，而不是线性的积累。梅斯（Mace）和沃德（Ward）认为，艺术品构思、创意发展、制作和完成艺术品是一个复杂的过程，各个阶段之间存在持续的反馈循环，并受到众多外部和物质限制的影响。杜威（Dewey）指出，艺术是一个"发展的过程"和一种愿景，它不是通过完美的机械的方式，而是通过试错、观察以及调整行动方向来实现的。创意过程的流动性和动态特性源于支撑创新的社会文化的本质。① 兰伯特（Lambert Zuidervaart）提出，艺术具有自主性，艺术应该是一个独立的价值来源。②

（二）艺术创作侧重于情感抒发和思想表达

生成式人工智能可以运用于一般的问答、聊天、信息播报等，这是

---

① AI有创造力吗（Are AIs Creative）？[EB/OL].（2023-07-28）[2024-07-04]. https://zhuanlan.zhihu.com/p/646627543.
② ZUIDERVAART L. Creating a disturbance: art, social ethics, and relational autonomy [J]. The Germanic review: literature, culture, theory, 2015, 90 (4): 235-246.

根据算法或者规则指令而输入的一段数据的表现形式，它不具有任何的情感意涵，也提供不了情感价值。艺术创作通过艺术家的艺术表达，可表现出对过去的留恋、现实的评价或者未来的憧憬，重在引发人的共鸣和共情。

"艺术一词的用意，无论是在古代还是中世纪……它不只包括美术，也包括手工艺。"① 在西方传统美学语境中，艺术的定义主要有模仿说和表现说。发源于古希腊的模仿说，将艺术定义为模仿，将模仿自然看作艺术的本质，强调艺术反映现实，艺术是人模仿自然的产物。亚里士多德认为艺术是真实的，是对现实世界的本质和规律的模仿；柏拉图则认为艺术是对模仿的模仿。此后的巴托、达·芬奇、莱辛等都在各自的立场上继承了模仿说。然而，随着浪漫主义运动的兴起，主体性日渐凸显，模仿说式微，表现说逐渐占据上风。克罗齐提出"艺术即直觉，直觉即表现"，科林伍德认为"艺术表现即情感表现"，等等，都强调艺术是人的情感的表达。虽然模仿说和表现说所强调的内容不同，但两者都突出了人的主体性和能动性，是人在模仿自然、表现自然，艺术是人的作品。② 正是因为艺术创作能够表达情感、传递思想，杜尚展示小便池的行为才被视为艺术，表明人类可以通过多种行为方式表达某种观点、情绪、感情等。

（三）人类进行艺术创作的目的是对美的精神需求及知识的价值赋能

人类要了解、学习艺术，甚至通过艺术进行创作，是为了发展欣赏美、了解美、创造美的能力，而这种能力或者精神需求不是通过与机器的互动，并产生自己可能都无法预知内容的过程或结果。

芬兰学者对文生图的人工智能在手工艺教育中的应用进行研究，他们怀疑生成式人工智能的使用会造成全新的技能差距（skill gap），即人工智能创建的可视化和可使用的材料资源，无法满足学生对实际技能和知识需

---

① 塔塔尔凯维奇.西方六大美学观念史[M].刘文潭,译.上海：上海译文出版社,2013：15.
② 周丰.人工智能的艺术创作可能吗？[J].上海大学学报（社会科学版），2023,40(6)：79-90.

求。[1]工艺创作离不开创意、实践、材料选择、可视化呈现等过程，且很多创意或者想法是在实践及材料选取过程中，通过失败、尝试、再失败的经历而产生或者建立的，因此只对着电脑、利用提示词的生成，无法完成创作最实质的核心要求。有学者表示，人工智能应用的门槛低（low floor），不需要经过特别培训或者技能，就能有高产出（high ceilling）甚至可以获奖的作品，同时，其应用能够扩展到更广领域（wide walls），[2]这些特点使任何人都可以"创作"。如果人工智能应用于艺术的作用只限于此，那么人类真正能称为创作的水平和创作的本质又是什么？[3]生成式人工智能创作时代已经来临，其背后的运转逻辑仍然基于人工智能的大数据模型和人类以往的经验去理解作品、解释作品，并进行创作。它似乎可以完成基于人类以往经验的艺术创作，并形成与艺术家的竞争。但是，艺术家作品中展现出来的是人类文化的精神境界，有自身情感作为依托，包含着独特的审美判断，这是艺术家创作的源泉，也是未来人工智能艺术创作的重要依靠。

三、生成式人工智能赋能艺术的风险

风险是一种可能带来损失的不确定。新技术快速迭代，生成式人工智能可能给艺术创作带来何种威胁？从业者和研究者基于目前对世界的认识以及生成式人工智能的应用经验，总结其可能会给艺术创作带来以下风险。

---

[1] VARTIAINEN H, TEDRE M. Using artificial intelligence in crafteducation: crafting with text-to-image generative models [J]. Digital creativity, 2023, 34（1）: 1-21.

[2] RESNICK M, SILVERMAN B. Some reflections on designing construction kits for kids [C] //IDC. IDC '05: Proceedings of the 2005 conference on interaction design and children. [S.l.: s.n.], 2005: 117-122.

[3] OPPENLAENDER J. The creativity of text based generative art [EB/OL].（2022-10-31）[2024-10-12]. https://doi.org/10.48550/arXiv.2206.02904.

（一）艺术创作主体认定风险

就传统而言，艺术创作是人专有的一种智力活动，它是人类基于审美经验、经过艺术构思，通过艺术表达的方式，传递、呈现出来的一种人类思维活动。正因为人具有思维能力，所以才与其他生物有了本质区别。

人区别于其他生物的一个显著地方，即人具有创造性和想象力。黑格尔曾明确指出，"真正的创造就是艺术想象的活动"，"最杰出的艺术本领就是想象"[1]。"想象是人创造活动的一个必要因素"，"想象，或想象力，也像思维一样，属于高级认知过程，其中明显地表露出人特有的活动性质。如果没有想象出劳动的已有结果，就不能着手进行工作。人类劳动与动物本能行为的根本区别在于借助想象力产生预期结果的表象。任何劳动过程必然包括想象。它更是艺术、设计、科学、文学、音乐以及任何创造性活动的一个必要方面"[2]。

有学者指出，要重视"人"对科技的重要导向作用。"人的存在是衡量生成式人工智能的价值尺度"，因此，我们要将人类与人工智能的关系视为"智能关联主义"[3]，正确理解人工智能所带来的数字化人文的命题。

（二）艺术创作单一性风险

生成式人工智能工作逻辑的起点，在于先有投喂的数据、资料或者素材，然后再进行学习。尽管每个生成式人工智能被投喂的数据都声称是海量的、巨大的，但是相比于人类创造、想象的空间，似乎又是渺小和微弱的。首先，被投喂的数据需要满足能被数据化的最低要求，那些蕴含于人类文明的古老的、口头传承的、没有文字记载的内容则遗落于被"投喂"的范围之外。其次，被投喂的内容需要是人类之前能够理解、解释或者知道的知识、数据，这样才能将之进行有意义的投喂，否则便仅是数据化的

---

[1] 黑格尔.美学：第一卷[M].朱光潜，译.北京：商务印书馆，1979：8.
[2] 彼得罗夫斯基.普通心理学[M].朱智贤，伍棠棣，卢盛忠，等译.北京：人民教育出版社，1981：373.
[3] 蓝江.生成式人工智能与人文社会科学的历史使命：从ChatGPT智能革命谈起[J].思想理论教育，2023（4）：12-18.

符号。但是作为开发人工智能的人类，对知识的认识毕竟是有限的，对所投喂内容的理解或者语言表达方式的认识也是有限的，这种知识的有限性，决定了投喂的数量、质量和多样性的有限性，进而影响机器学习和生成的内容。例如，有学者研究表明，Midjourney 等工具自然倾向于呈现、复制分析数据中最常重复的构图和美学解决方案。这意味着 Midjourney 并不倾向于尝试并想出违反其所掌握的美学标准的视觉解决方案。① 又如，波兰概念艺术家格雷格·鲁特科夫斯基（Greg Rutkowski）的风格成了 Stable Diffusion 最受欢迎的模仿对象之一。2024 年 3 月初，格雷格·鲁特科夫斯基做客《华尔街日报》AI 专题访谈时表示，上次检索时，他的名字已经被 AI 使用了 300 万次。一方面，对他个人著作权存在潜在侵害；另一方面，当成千上万的人在与计算机互动，促使人工智能绘制并输出格雷格风格时，进一步放大了训练数据中已经流行的风格的数量，② 他的作品在 AI 中的应用已经远远超过了达·芬奇和毕加索。③ 这导致一个有趣的现象：当该艺术家本人用谷歌搜索自己的名字时，出现的不是他自己的作品，而是人工智能生成的画作。④

（三）产生文化霸权的风险

如前所述，生成式人工智能的工作原理是基于语料、算法规则以及与用户互动而时时迭代的自我学习能力，但从逻辑原点来看，其所生成的内

---

① MITKUS T, SEMĖNAS R, JABLONSKYTE R, et al. AI in visually based creative industries: impact, challenges, and predictions [C] //CONFIA·10th international conference on illustration & animation. Caldas da Rainha, Portugal [S.l.: s.n.], 2023: 672-680.

② HEIKKILÄ M. This artist is dominating AI generated art. And he's not happy about it [EB/OL]. (2022-09-16) [2024-07-04]. https://www.technologyreview.com/2022/09/16/1059598/this-artist-is-dominating-ai-generated-art-and-hes-not-happy-about-it/.

③ HOPLEY A. An artist's work has been stolen by AI more times than Picasso [EB/OL]. (2023-07-21) [2024-07-04]. https://www.gamereactor.eu/an-artists-work-has-been-stolen-by-ai-more-times-than-picasso-1287763/.

④ MITKUS T, SEMĖNAS R, JABLONSKYTE R, et al. AI in visually based creative industries: impact, challenges, and predictions [C] //CONFIA·10th international conference on illustration & animation. Caldas da Rainha, Portugal [S.l.: s.n.], 2023: 672-680.

容受到语料和互动者的很大影响。

根据世界经济论坛统计，全球有7000多种语言，而人工智能机器人接受的语料训练是100多种。英语虽然占世界人口不足20%，但是在大语言模型中的占比超过2/3。[1]

联合国教科文组织（UNESCO）表示，随着语言以每两周"消失"一种的速度，生成式人工智能可能会成为许多语言的丧钟，抑或救世主。

此外，拥有类人响应能力的生成式人工智能，无可避免地会带有人类思维与文化中的固有偏向。特别是以生成"话语"为主要目的的ChatGPT等大型语言模型，在掌握话语灵活度、创造力的同时，会无意识地学习预训练阶段文本所在时空的文化观念特征。这些偏向隐藏于人机对话文本中，对越发依赖人工智能进行信息收集和内容创作的领域产生形塑作用。例如，由于英文内容在互联网世界占据主导地位，ChatGPT等大语言模型表现出与美国、英国等西方国家文化价值观更强烈的一致性。[2] 由于西方国家"先发"的现代性曾赋予西方价值观深远而持久的影响力，这一倾向不仅出现在英文互联网中，也可能出现在其他国家的互联网语料中，干扰基于该国语言训练的人工智能的价值判断，并进一步对其施加话语权力。[3] 虽然ChatGPT等模型自称不具有情感、价值观、信仰的偏好，旨在为输入的信息作出客观和信息性的回应，但其学习的海量文本来源于书籍、新闻、社交媒体等网络公开信息和电子资源，而特定文化价值观在时空维度中的主导优势"折叠"于互联网话语中，使建立在特定价值观文本内容和逻辑上的生成式人工智能天然带有一定的偏向。生成内容理应具有多样性特点，被具有绝对时空话语权的价值观覆盖，人工智能生成的知识被"合

---

[1] NORTH M. Generative AI is trained on just a few of the world's 7,000 languages. Here's why that's a problem-and what's being done about it［EB/OL］.（2024-05-17）［2024-07-04］. https://www.weforum.org/agenda/2024/05/generative-ai-languages-llm/.

[2] JOHNSON R L, PISTILLI G, MENÉDEZ-GONZÁLEZ N, et al. The ghost in the machine has an American accent：value conflict in GPT-3［EB/OL］.［2024-10-12］. https://arxiv.org/abs/2203.07785.

[3] 马文，陈云松. 文化主体性与生成式人工智能的价值导向干预［J］. 江苏社会科学，2024（1）：66-74，242.

法"文化裹挟,并将符号权力进一步投射至话语和知识所指导的行为实践中。

迄今为止,已经有多项研究证实了自然语言处理技术可能会捕捉、传播和放大社会歧视,包括种族、性别、国籍的倾向等。[1]有学者测试,无论是文心一言还是ChatGPT,都更偏向美国文化背景和其推崇的主流价值观,并没有充分展现基于中国文化主体性的价值观,且这些价值判断并没有社会事实依据,而是直接复制已存在于互联网海量语料中的根深蒂固的态度倾向,说明目前版本的生成式人工智能尚未产生近似于人类的逻辑思考能力。对互联网情境的"模拟"不可避免地带有数据主体所在时空的文化观念:ChatGPT主要基于英文语料进行训练,受西方互联网中自由主义价值观的强烈形塑;文心一言主要建立在中文语料上,但由于中文互联网"时空折叠"的特征,也会产生一定程度的文化偏向。[2]

(四)艺术创作存在同质化、规范化风险

如果技术或者工程讲究规范化、整齐划一,那么创作,尤其是艺术创作,看重的则是百花齐放、各美其美。艺术创作是艺术家认知世界和表达世界的一种既具模式化又具个性化特征的操作[3],因此个性化是传统影视艺术创作的重要特征。人工智能以算法为基础,在形式美的创造上具有比较统一的规格,人工智能科学家通常将审美标准以数学公式的方式予以表达。例如,当下影视作品中大量演员形象的美颜、修图就是人工智能依据黄金人脸比例、光学数据等数学参数进行的自动调整。人工智能的自动调光、白平衡、滤镜、曝光等都是规范化、公式化地制造美,而这种美缺乏艺术创作所蕴含的多样性、情感性和表达性等特点。

---

[1] BLODGETT S L, BAROCAS S, DAUM H, et al. Language (technology) is power: a critical survey of "Bias" in NLP [EB/OL]. [2024-10-12]. https://aclanthology.org/2020.acl-main.485.pdf.

[2] 马文,陈云松.文化主体性与生成式人工智能的价值导向干预[J].江苏社会科学,2024(1):66-74,242.

[3] 邰杰."图式":艺术创作中的本源问题[J].民族艺术研究,2010,23(3):86-92.

（五）人机关系取代人类真实实践的风险

艺术创作包括艺术和工艺的创作。工艺需要人类动手实践，需要人类动用触觉、知觉、味觉等五官去体验、探索，甚至获取灵感。人工智能时代的人机关系如果使用过度，则会阻止人类对未知世界的探索，遏制发现更多可能性的机会。人工智能系统是为响应人类主动性而创造出来的，但系统有自己的决定，因此，人类试图建立一个系统，以满足他们的欲望或要求时，还需要一个适应的过程。[①] 同时这种人机语言也会给创作带来评价难题。对于一个创作结果，评价的是其生成内容的艺术性，还是评价"提示词"的准确性或者艺术性？

芬兰教育者在对 15 名艺术教育工作者采访中发现，许多参与者强调了人工智能的设计不是"制作"本质。安妮塔教授认为，"不是所有的东西都要自动化……人类需要客观的存在感或制作、修改原材料……或至少能物理地修改原材料"。她说："我需要感觉到我手中的工具和材料质地。"艺术教师在思考如何触摸、塑造材料，如何亲手制作，从而给孩子们带来丰富的感官体验，并激活对儿童发育至关重要的大脑区域。人类也是通过动手、制作、激活内啡肽，从而获得满足感。人类能够处理复杂或者负面的情绪，本身也是创作过程非常重要的一部分。"简单点击几下鼠标，就能迅速产生非常壮观的可视化图像，这在某种程度上规避了一些挫折感，但与此同时，也让使用者错过了一个机会，一个可以通过这种挫折学习的机会。但这对发展、成长和学习是至关重要的。"[②]

（六）人工智能固有技术无法规避的风险

人工智能固有技术风险持续放大。以深度学习为核心的人工智能技术正在不断暴露由其自身特性引发的风险隐患。一是深度学习模型存在脆弱

---

① AUDRY S. Art in the age of machine learning [M]. Cambridge, MA: The MIT Press, 2021: 128.
② VARTIAINEN H, TEDRE M. Using artificial intelligence in crafteducation: crafting with text-to-image generative models [J]. Digital creativity, 2023, 34（1）: 1-21.

和易受攻击的缺陷，使人工智能系统的可靠性难以得到足够信任。二是黑箱模型具有高度复杂性和不确定性，算法不透明容易引发不确定性风险。三是人工智能算法产生的结果过度依赖训练数据，如果训练数据中存在偏见歧视，则会导致不公平的智能决策产生。

此外，对数据大量需求而导致的数据安全，也是重要原生风险之一。近年来，各国纷纷出台更严格的数据安全保护法律，使客观上利用人类产生的数据训练人工智能变得更为烦琐。这些数据中不仅可能隐含个人信息，其中的许多数据还受著作权保护。在互联网隐私与著作权保护尚未形成统一标准与完善架构的当下，使用互联网数据进行训练，极易导致大量法律纠纷。若考虑对这些数据进行脱敏，又面临筛查识别准确率方面的挑战。两难之下，合成数据就成为最惠而不费的一种选择。

早在 2021 年，一群来自大型科技公司的研究人员，如谷歌、苹果、Open AI 等，就开始对大语言模型（LLM）泄露个人隐私的情况进行了调查。他们发现当时最先进的 LLM——GPT 2，在面临恶意前缀注入时，模型会返回疑似训练数据中包含的敏感信息的内容，包括某机构与某人的名称、邮箱、手机号、传真号。即便现在随着 GPT 的演化，不断注重隐私风险方面，但仍然有不法分子尝试在 LLM 中进行恶意序列注入，企图获取其训练数据的一些特征或信息。这些不法分子通过黑客攻击获取用户信息，借助仿真模拟，利用合成的虚假信息等进行诈骗，通过互联网及大数据追踪用户，造成了一系列财产损失。

最后，使用人类数据进行训练，还可能导致人工智能学到有害内容。一些诸如使用日用品制造炸弹、管制化学品的方法，另一些则包括许多人工智能本不应当出现的坏习惯，譬如像人一样在任务执行过程中偷懒、为了取悦用户而说谎、产生偏见和歧视。若改用合成数据，使人工智能在训练中尽可能减少接触有害内容，则有望克服以上使用人类数据训练时附带的缺点。作为一个未经管理（uncurated）的数据驱动系统，生成式人工智能创建的数字内容可以将社会中长期存在的偏见和刻板印象，比如基于种族、性别、性取向和其他属性偏爱或边缘化个人或群体的数据，纳入机器学习中。[①]

四、风险应对

（一）理论价值层面

1. 防止 AIGC 场景应用泛化

AIGC 应用的根本目的是更好地创造美、体验美；但是如果被不加区分地应用，如产生过度依赖，而失去创作灵感、激情，则适得其反，又如被应用于制造诈骗图像、视频等信息，则会危害公众合法利益。这类人工智能的滥用和泛化，应当被制止。

2. 保持人作为艺术创作主体的主体地位

尽管在人工智能技术加持下，人类能够达到以往无法实现的目标或者生成内容，但是毕竟人具备主体性，计算机化的算法生成内容始终是数据产出的结果，具有不可预测性和无法解释性。无论是最早召开的有关人工智能伦理的阿西洛马国际会议，还是我国制定的《新一代人工智能发展规划》，都强调"以人为本"。

"以人为本"包含两层含义：一是始终坚持人类是人工智能应用的主体，人—机协同合作时，一定是"人"在"机"前，人使用和利用"机"进行创作或者提供服务。人工智能的使用不能脱离，甚至离开人的控制和掌握，由人来决定"机"的应用场景、应用程度，以及是否最终使用其产出的内容。二是人工智能应用的场景是用来服务人、造福人或者便利人的，也就是"科技向善"，而不能用于诈骗、造假、逃避监管等。

3. 坚持文化多样性及传承性，弥合数字鸿沟

当投喂的技术模型和数据主要来自技术发达国家和数字化程度高的国

[①] VALTONEN T, TEDRE M, MÄKITALO K, et al. Media literacy education in the age of machine learning [J]. Journal of media literacy education, 2019, 11（2）: 20-36.

家时，我们需要警惕技术带来的更深的数字鸿沟。在博鳌亚洲论坛2024年年会——人工智能全球治理分论坛上，有学者指出，AI虽然是一种信息技术，能够让很多普通人更方便地掌握某些关键知识和技能，从而获得更多社会权力，但同时，AI也可以理解为一种通过利用能源来提高效率的技术。这就可能让那些率先掌握技术的人拥有更多优势，也可能让那些无法接触技术的人失去竞争力，也就是通常所说的数字不平等或数字鸿沟。因此，从全球治理角度来看，应该努力打破国家间的技术壁垒，促进发展中国家技术学习和扩散。不然，人工智能技术只能用来助长霸权国家扩大霸权优势。[1]

4.加强艺术教育和提高艺术素养

AI已来。无论人们愿不愿意接受AI，还是会不会、能不能使用AI，它都已渗透到我们的生活、教学、学习、社交等各个层面。对AI应用的媒介素养教育，急需纳入教育体系中，以正确认识AI的工作机制、存在的黑箱、无法解释、对数据过度抓取、生成内容不确定等其自身存在的问题，建立对待AI的正确和科学的态度。

（二）实际操作层面

人始终是人工智能的主体。关于人工智能生成内容的主体地位的讨论，目前热点主要集中在著作权领域。之前在法律层面讨论人工智能是否可以具有主体地位，或者能否成为拟制主体，主要是基于人工智能能否承担相应义务，享有相应权利。

人工智能生成内容是客体。人工智能生成的文本、音乐、图像、视频等各类内容，都需要人的主动介入，利用人的判断来分辨其中可能会涉及的歧视、隐私、淫秽、虚假、暴力等问题。不同人的判断力、审美力又有所不同，因此很难对生成内容有一个规范化的标准，这时就需要重新回

---

[1] 清华大学科技发展与治理研究中心.聚焦博鳌丨朱旭峰："数字平权"与"数字鸿沟"人工智能全球治理的必要性［EB/OL］.（2024-03-31）［2024-10-12］. https://baijiahao.baidu.com/s?id=1794975433318477482&wfr=spider&for=pc.

到价值判断层面去引导用户。首先，具备价值判断意识，对上述提到的可能出现的危害有问题意识和敏感度。其次，对于生成内容需要明确予以明示，表明系人工智能生成。最后，对生成内容的使用、传播等，应明确是否应当由生成人员或者平台负有一定的责任。

立法是实践中对人工智能风险管控的最直接、最有利的途径。目前只有欧盟通过了《人工智能法》。我国此后连续发布《互联网信息服务算法推荐管理规定》《互联网信息服务深度合成管理规定》《生成式人工智能服务管理暂行办法》等部门规章，专门针对人工智能。这三个文件在我国法律体系中虽然尚属于最低位阶的部门规章，但是有《中华人民共和国网络安全法》《中华人民共和国数据安全法》《中华人民共和国个人信息保护法》等法律为上位依据，具有权威性，正在积极实施。

此外，在实践应用的治理层面，也需要转变思维方式，构建从技术视角出发的新型治理模式和框架。突破权利义务二元结构或权利义务范式，建立动态的风险治理和防范模式。

结　论

生成式人工智能技术已应用于各领域，艺术领域的独特性决定了生成式人工智能在应用过程中，应当格外注意对人的主体性、创造性、情感性的识别和保护，将机器"智能"与人类"智慧"有机结合和统一，从而实现技术让人类生活更美好的愿景。

回溯人本：审判辅助自动化决策算法的法伦理反思与规制

余亚宇　北京市东城区人民法院法官
肖明倩　北京市东城区人民法院法官

摘　要：算法时代，智慧法院与之紧密结合，算法正日益嵌入审判权运行中。审判辅助自动化决策算法是为辅助审判，将审判与算法相结合的决策机制。然而，算法是机械输出的演算，审判是以人为本的权衡，两者差异明显、沟壑横亘，审判的算法还是算法的审判，引人不禁诘问，其所涉及的是算法的法伦理问题。权力外溢、权利归属、透明保障、公正维护、价值无涉是审判辅助自动化决策算法需要面对的法伦理诘问。对此，从人的自治自决、人的元认知规律、人的价值理性、人的自成目的性进行反思，以算法规制理念与域外公权力算法规制实践为起点，阐释审判辅助自动化决策算法中对权力制约、权利优先、透明保障、正义厘定及价值统合的必要性，进而从审判辅助自动化决策算法规制的顶层设计、决策者的内部规制、被决策者的外部规制等角度，提出规制理念与方法。

关键词：算法；审判辅助；自动化决策；伦理反思

引　言

未来已来，过去犹在。

大数据时代，一切皆是数据，一切即可用算法。数据、算法、算力三者结合，已经成为经济社会发展、人们生活水平提高的强劲驱动。以算法为核心构建的算法时代，正多维度解构我们的环境，全场景重塑我们的生活。然而，疑虑、困惑和反思也如影随形，算法笼罩下的诸多诘问，已经成为必须回应的人之为人、人生之为人生的伦理之问。

近年来，人民法院不断完善智慧法院建设，众多算法技术嵌入司法程序，为审判体系和审判能力现代化提供了有力支撑。与一般算法类似，司法算法也呈现应予伦理关切的端倪，尤其在审判辅助自动化决策算法中，这一关切更显紧迫和重要。审判辅助自动化决策，一方面通过个人信息自动化分析利用，对个人权益产生重大影响；另一方面与审判权紧密关联，对个人权益的影响程度比一般算法尤甚。当审判与算法结合，当判断性审判权与自动化计算力嵌套，当法理思维与算法逻辑遭遇，是审判的算法还是算法的审判？

算法之理未来已来，人伦之理过去犹在。我们当如何诘问、如何反思，又当如何作答。

一、审判辅助自动化决策算法的应用现状与法伦理诘问

狭义的算法是指为了快速实现目标，对数据进行处理的逻辑步骤，广义的算法被视为一种建构社会秩序的特殊理性形式。[1] 本文选取中观算法定义，将审判辅助自动化决策算法界定为，为辅助司法审判，通过代码设置、数据运算与机器自动化决策判断，采取的审判与算法相结合的决策机制。[2]

（一）审判辅助自动化决策算法的应用现状

审判辅助自动化决策算法分析利用当事人个人信息、法官个人信息、

---

[1] 丁晓东.论算法的法律规制[J].中国社会科学，2020（12）：138-159，203.
[2] 根据2022年1月26日印发的《人民法院在线诉讼规则》，智慧审判系统包括智能裁判辅助系统等类型，故本文采用此表述。

司法大数据信息，对审判权运行所涉主体的权益予以自动化决策，目前已在全国智慧法院建设实践中广泛运用。

1. 基于应用场景的考量

通过对全国智慧法院建设中包含审判辅助自动化决策算法的项目进行收集，基于算法应用场景，对此类算法的典型应用场景整理见表1。

表1 算法典型应用场景

应用场景分类	序号	建设法院	系统名称	审判辅助自动化决策算法功能描述
法规推送类案推送	1	最高人民法院	类案智能推送系统	以全量的司法大数据资源为基础，打造"司法+人工智能"的类案智能推送系统，"类案智能推送系统"实现了类案快速查询和智能推送、辅助量刑决策、规范裁判尺度、统一法律适用
	2	江苏省南京市中级人民法院	智能预审系统	利用司法大数据技术和人工智能分析引擎，对用户的纠纷进行智能分析，为用户提供智能案由识别、法律要素补充、参考案例推荐和诉讼风险评估
	3	上海市高级人民法院	智能辅助系统	该系统以案件办理为主要连接点，依托1轴9库22个辅助工具，向法官主动推送与案件相关的办理进度、法律法规、关联案件、参考案例、相似案件等方面信息
	4	湖北省高级人民法院	类案推送系统	为法官提供相似案例和法律法规相关信息，以案件的构成要素相似作为类案推荐机制。统计和分析类似案例中法律法规的引用次数，为办案法官推荐相关的法学论文及期刊

续表

应用场景分类	序号	建设法院	系统名称	审判辅助自动化决策算法功能描述
法规推送类案推送	5	北京市高级人民法院	睿法官系统	在法官办案过程中自动推送案情分析、法律条款、相似案例、判决参考等信息，为法官判案提供统一、全面的审理规范和办案指引
电子证据比对和电子证据核验	1	广州互联网法院	网络著作权纠纷全要素审判ZHI系统	基于知识图谱的知产全要素智能裁判。区块链电子证据在线核验、著作权电子证据侵权比对、辅助法官进行侵权事实的认定
电子证据比对和电子证据核验	2	上海市高级人民法院	刑事案件智能辅助办案系统	提供统一证据标准体系结构，实现对证据收集程序、形式、内容是否合法合规的自动校验，审查全案证据链条，确保证据链完整性，对犯罪嫌疑人、被告人的社会危险性程度进行评估，为量刑提供参考
要素式审判	1	云南省高级人民法院	毒品犯罪深度分析智慧办案系统	解析毒品案件的关键，让机器自行学习审理要素特征规律，实现裁判文书内容的全量精准的生成，并自动关联提供相似法律法条和案例文书参考，智慧辅助法官以法律规定、裁判规范进行对比
要素式审判	2	辽宁省高级人民法院	慧审系统	丰富法院知识图谱、要素式分析处理、争议焦点梳理归纳、类案精准推送、一键生成裁判文书，为法官当庭自动归纳案件事实及争议焦点、当庭精准推送相关案例及相关法律条文

续表

应用场景分类	序号	建设法院	系统名称	审判辅助自动化决策算法功能描述
要素式审判	3	四川省高级人民法院	要素式审判系统	对民间借贷、道路交通、劳动争议等案件，系统通过实体识别技术与法律知识图谱，智能识别本案诉讼文书，自动帮助法官解析当事人主张，自动匹配本案待审事实要素列表
要素式审判	4	上海市海事法院	海事案件智能办案辅助系统	整理可指引法官办案的审理要素，自动匹配原被告诉讼内容，提示争议焦点，推送类案及相应的法律法规，生成案件所需的笔录及判决书模板并反馈至审判系统，推动结案
要素式审判	5	江苏省南京市秦淮区人民法院	家事案件要素式智审系统	原告在起诉时通过简单勾选各类要素事实，即可一键生成"表格式起诉状"；被告同样在系统内可配套生成要素式答辩状。系统自动抓取双方当事人填写的要素信息，根据所查明事实与前期提炼的争议焦点，自动生成起诉式要素，起诉时简单勾选各类要素事实即可
辅助量刑	1	贵州省高级人民法院	司法大数据系统	针对具体案由建立案由模型，实现数据库对应，提供自动推送精准类似案例、提出量刑建议、自动生成裁判文书、对案件裁判结果进行偏离度分析等功能
辅助量刑	2	江苏省高级人民法院	江苏法院同案不同判预警平台	整合了相似案例推荐、法律知识推送、量刑智能辅助、文书智能纠错、量刑偏离预警五大功能模块。支持法官上传判决书自动预测判决结果及计算偏离度，智能预警同案不同判案件

续表

应用场景分类	序号	建设法院	系统名称	审判辅助自动化决策算法功能描述
辅助量刑	3	河北省高级人民法院	智审系统	推送直接相关的各类法律文献和权威案例，一键生成"判例检索报告"。在线解构起诉指控事实，推导定罪结论，自动分析提取量刑情节，计算规范量刑区间并推荐合理量刑结果
偏离预警	1	江苏省高级人民法院	江苏法院同案不同判预警平台	整合了相似案例推荐、法律知识推送、量刑智能辅助、文书智能纠错、量刑偏离预警五大功能模块。支持法官上传判决书，自动预测判决结果及计算偏离度，智能预警同案不同判案件
偏离预警	2	重庆市高级人民法院	易审平台	自动向法官推送法律法规、相似度较高的案例，自动向法官发送偏离度警示。裁判文书稿件与已有裁判规则较大偏离的，实时推送至院庭长管理平台，为院庭长开展管理提供智能辅助
偏离预警	3	贵州省高级人民法院	司法大数据系统	针对具体案由建立案由模型，实现数据库对应，提供自动推送精准类似案例、提出量刑建议、自动生成裁判文书、对案件裁判结果进行偏离度分析等功能
偏离预警	4	江苏省南京市秦淮区人民法院	家事案件要素式智审系统	收集整合公安接警、妇联接访、政法网格员报送以及社会综合治理指挥平台等涉家庭暴力类信息，实现立案时自动识别危机线索，预判家事诉讼中的暴力风险并"等级制"标识预警信号

续表

应用场景分类	序号	建设法院	系统名称	审判辅助自动化决策算法功能描述
审判权延伸治理	1	江苏省南京市秦淮区人民法院	家事案件要素式智审系统	自动生成起诉式要素，起诉时简单勾选各类要素事实即可。收集整合公安接警、妇联接访、政法网格员报送以及社会综合治理指挥平台等涉家庭暴力类信息，实现立案时自动识别危机线索，预判家事诉讼中的暴力风险并"等级制"标识预警信号
	2	浙江省高级人民法院	当事人信用画像系统	汇集公安、交通、房产等15个部门的婚姻、信用、社交、金融等45个维度近千个数据指标项，评价当事人的身份特质、行为偏好、资产状况、信用历史，多维度、全方面地展现被当事人的信息状况，为审判执行法官办案提供重要的参考依据
	3	广东省广州市中级人民法院	智审辅助裁决系统	推送裁判参阅信息，实现类案检索与类案推送。通过案件画像技术匹配在办案件案情相似、内容相关的案件，法官通过关联信息对案件全局进行判断，最大限度避免重复诉讼、虚假诉讼
	4	北京市高级人民法院	北京法院睿法官	实时整合当事人网上申请数据、北京法院历史案件数据，当事人历次来院数据等内容。在立案法官登记案件信息前，为立案法官呈现当前案件的"案件画像"，通过此"案件画像"判断案件管辖问题、判断案件是否重案、标记案件重大敏感信息、核实当事人身份信息等

续表

应用场景分类	序号	建设法院	系统名称	审判辅助自动化决策算法功能描述
审判权延伸治理	5	河南省高级人民法院	智慧画像系统	通过与办案办公系统的数据对接，全面展示员额法官、法官助理、书记员工作绩效画像，详细展示职级、群体特征、绩效排名、光荣榜、办案成效等评价指标，将人员质效数据进行全面系统梳理，进行模型构建、数据融合和可视化展示

通过表1可知，审判辅助自动化决策算法的应用贯穿法律规范查找、事实认定、裁判量刑、审判权延伸治理等重要环节，笔者将其分为以下四方面。

第一，辅助大前提规范查找。辅助规范查找主要体现在两方面。一是法律法规智能匹配和推送，如北京市高级人民法院的"睿法官系统"，其将算法与办案系统相互连接，为法官办理的在审案件自动推送法律法规。二是类案智能推送，通过算法向法官推送类案，法官可参照关联度高的指导性案例、公报案例、本地案例等，为运用类案检索机制提供便捷渠道。

第二，辅助小前提事实认定。事实认定以证据为基础，辅助事实认定包括两个方面：一是算法辅助电子证据核验和证据比对，如广州互联网法院的"网络著作权纠纷全要素审判 ZHI 系统"，算法可对图片的特征相似度或整体相似度进行计算，并据此判断是否达到侵权标准。二是要素式智能审理，算法将起诉状和证据要点拆解为代码数据，提取关键审理要素，归纳关键事实争议点，进而匹配待审要素列表，如四川省高级人民法院的"要素式审判系统"。

第三，辅助结论涵摄。审判需经过"涵摄"步骤最终作出裁判，算法辅助结论涵摄表现如下：一是辅助裁判量刑，算法在线解构指控的事实，自动分析和提取量刑情节，计算规范量刑区间并推荐合理量刑的结果，如上海市高级人民法院的"刑事案件智能辅助办案系统"。二是预测判决结果及计算偏离度，算法可自动预测判决结果，可评估案件结果偏离度，若偏离度畸高，还可自动发送预警提示，将案件同步推送至院庭长管理平台，如重庆市高级人民法院的"易审"平台。

第四，辅助审判权延伸治理。主要分为审理阶段的当事人社会风险评估，以及执行阶段的被执行人信用状况评估与应对两种：第一种是对被告既往刑事、行政案底等社会潜在风险因素的附加评估，并据此影响量刑轻重、缓刑适用或人身保护令作出，如江苏省南京市秦淮区人民法院的"家事案件要素式智审系统"，具有暴力危机预警功能。第二种由算法根据被执行人的婚姻、信用、电商交易、社交、金融等数据，评价其身份特质、行为偏好、资产状况和信用历史，执行法官可据此采取不同程度的强制执行措施，如浙江省高级人民法院的"当事人信用画像系统"。

2. 基于目的功能的分析

第一，审判权行使方面的质效提升与规范裁量。提升审判质量方面，传统方法主要通过法官群体（合议庭、法官会议、院庭长等）会谈决策，以及加强法官能力培养等方式实现。算法嵌入后，意图补足法官信息占有、补强知识谱系，通过差异分析及偏离分析，减少个案审理质量偏差及同案异判。在提升审判效率方面，法官在认定事实时，常遇耗时耗力的证据比对、事实归类及争点归纳工作。算法的嵌入，意图模拟法官认知过程，减少人力的重复工作时间，法官依据算法结果即可快速下判。在规范自由裁量权方面，法官在法律规定的酌定区间通常具有较大自由度。算法嵌入后，能够进一步抓取证据关键要素及证据校验标准，使裁量权行使过程可视、可控、留痕，减少审判任意性，减少冤假错案。

第二，审判权延伸方面的风险源头预警及控制。延伸治理是对审判权行使过程的补充和对行使结果的加固，法官对当事人既往经历的掌握和对后续结果的预判，易呈现碎片化和欠周延的短板。算法嵌入后，可全要素收集和评价当事人的个人信息，形成"个人画像"，得出诸如再犯风险、执行风险等结果，并辅助法官加以控制。如在江苏省南京市秦淮区人民法院的"家事案件要素式智审系统"中，算法收集整合了妇联接访、公安接警、社会综合治理指挥平台等涉家庭暴力类信息，实现自动识别危机线索，高效发现暴力风险，可协助法官提前采取控制措施。

3. 基于算法逻辑的检视

算法有着自身的运行逻辑和运行机理，自动化决策算法的数理逻辑与司法审判的推理逻辑之间，既具有融合基础，又存在显著差异，前者是算法能够辅助审判的基础土壤，后者则有待反思。

第一，算法数理逻辑与审判推理逻辑的融合。首先，两者的融合基础在于两者具有相似的逻辑基础，即命题演算[①]，采用"如果……则……"的基础推理建立命题，并完成命题间的逻辑演算。其次，审判要素具有可被拆解、提取并建模的可行性，审判过程具有形式理性，算法通过数据分享和集中管理，按照一定的标准建立模型，可辅助甚至替代法官得出案件结论。

第二，算法数理逻辑与审判推理逻辑的差异。两者差异更为显著，主要表现为自动化决策算法以模型的建立、深度学习、代码公式设置为基础，通过训练数据不断识别特征，然后建模学习，其关键在于特征的识别与模型的建立；司法审判的推理逻辑以"司法三段论"为基础，即大前提寻找法律规定、小前提认定案件事实、司法涵摄出结论，其关键在于严密的逻辑推理闭环。算法决策结果是机械输出的演算，司法审判结论是以人为本的权衡，两者之间沟壑横亘，难以弥合。

（二）审判辅助自动化决策算法应用的法伦理诘问

自动化决策算法的运行逻辑，正逐渐改变传统的审判权运行、审判权参与社会治理的思路和方法，然而，令人担忧的是，算法辅助的决策者

[①] 克卢格.法律逻辑[M].雷磊，译.北京：法律出版社，2015：30.

选取了自己并不理解的工具，被算法决策者受到了对自身权益并不知情的"审判"。这一过程并不清晰，结果难以预料，尚缺评价校验，令人不禁发出法伦理诘问。

1. 决策者的权力外溢诘问

自动化决策算法辅助下，审判权运行从原本"以法官为中心"开始转向"以数据为中心"[①]。审判结果一定程度依赖算法决策，算法成为权力圆心的组成部分且影响裁判方向。算法介入审判，虽能够提高审判效率，但算法开发及设计常需寻求外部主体的技术支持，算法运行和维护亦依赖外部技术主体，算法决策结果难免受到外部技术主体的影响。传统由公权力主体实施的行为，开始向特定技术主体及其设计的算法转移，似乎已与权力专属原则相悖。[②] 如果算法对资源配置及利益分配形成影响和控制，便带有了权力属性，此时被算法影响下的权力，是司法权力还是算法权力，审判辅助自动化决策算法是否已经超过边界，产生权力外溢，是首要法伦理诘问。

2. 被决策者的权利归属诘问

伦理意在维护人的价值和尊严、充分尊重个人权利，但在算法介入审判后，个人权利归属成为疑问。首先，个人权利或被歧视和侵犯。审判辅助自动化决策算法将数据按照既定公式运行，但基础数据的偏差、不完全归纳推理方式、算法设计者的有限理性，都难以避免存在不利于特定群体或个人的歧视，甚至产生对个人权利的侵犯。其次，个人认知或被影响和束缚。法官面对智能法规及类案推送算法结果，如不加选择被动接受，其认知和行为在不经意间受到影响，久而久之会像蚕一样桎梏于"信息茧房"中[③]。在此影响下，人从能动主体成为算法之下被决策和被操纵的客

---

① 中国社会科学院法学研究所，国家法治指数研究中心，法制指数创新工程项目组. 中国法院信息化第三方评估报告［M］. 北京：中国社会科学出版社，2016：5-7.
② 张凌寒. 算法权力的兴起、异化及法律规制［J］. 法商研究，2019，36（4）：63-75.
③ 桑斯坦. 信息乌托邦：众人如何生产知识［M］. 毕竞悦，译. 北京：法律出版社，2008：59.

体，主体本应享有的个人权利，如何被充分保障和尊重，权利归属何方是法伦理诘问之二。

3. 决策过程的透明保障诘问

算法技术要素密集，知识壁垒高企，"算法黑箱"挥之不去。一方面，算法具有强技术性，理解算法超出了普通人的认知能力范围，即使法官理解算法亦有难度。过程公开透明系审判权运行原则之一，其核心是通过公众的知晓和理解，来防止决策失误与不公正，[①]而算法黑箱对实现该原则造成直接障碍。另一方面，算法附着知识产权，如不加限制公开，可能出现他人"搭便车"现象，不利于知识产权保护。上述黑箱使算法决策过程和审判决策过程公开，陷入双向悖论。算法是否公开、如何公开、如何与审判公开呼应衔接，是法伦理诘问之三。

4. 决策结果的公正维护诘问

法律主体制度建立在对人的哲学理解基础上，其强调人除了具有认知、判断和选择等能力，还具备道德、良心、良知、伦理等要素。[②]摆在法官面前的定分止争是复杂的，需同时具备衡平、变通、辩证、系统等多重思维。算法介入审判，虽价值和裁量标准可代码后，再参与案件结果的推演过程，但其实质仍是步骤和指令的机械推演，输出结果亦为机械结果。法官的审判主体地位有被削弱之嫌，审判过程呈现"去人化"和公式化，审判结果亦客观存在错误和偏差，算法本身被设计为证成，但其未必能通过证伪的检验。算法能否担起公正天平，是否有损司法公平正义的本质价值，是法伦理诘问之四。

5. 决策校验的价值无涉诘问

一些典型观点将算法视作价值无涉的技术工具，认为技术作为一种征服自然和改造自然的力量，本身没有价值取向。国内较早采用推荐算法

[①] 郑智航. 人工智能算法的伦理危机与法律规制［J］. 法律科学（西北政法大学学报），2021，39（1）：14-26.

[②] 刘艳红. 人工智能法学研究的反智化批判［J］. 东方法学，2019（5）：119-126.

技术的大型网络平台也宣称:"没有采编人员,不生产内容,没有立场和价值观,运转核心是一套由代码搭建而成的算法。"[1]然而,算法是由委托者、设计者和使用者共同建构的,算法的应用部署、设计研发、决策转化,无一不受社会因素和主体因素的影响。算法在判断标准选择、数据提取、语用分析、结果解读等方面,都与价值负载和价值评价息息相关。审判辅助自动化决策算法更是如此,若排除价值因素,算法的众多功能可能无法运行。那么,算法依据的价值标准与审判秉承的价值权衡是否存在差异,标准如何统合,是必须历经的法伦理诘问之五。

二、审判辅助自动化决策算法应用的伦理反思

以法伦理诘问为准备,接下来进一步回溯和思考,探寻审判辅助自动化决策算法的伦理本质和伦理之基。

(一)审判辅助自动化决策算法的伦理本质

关于算法本质的讨论,可以从技术与社会两个层次深入。传统技术层面的算法曾被认为是一种价值无涉的技术解决方案。系统层面的算法更多运用在人类和技术交互决策之中,本质是人类通过代码设置、数据运算和机器自动化判断进行决策的一套机制。[2]当前,算法技术的发展阶段正处于系统层面,算法可增强人类决策能力,提升人类决策效率,但究其本质仍是一种"技术人造物",算法模型试图实现和执行的,始终是设计者和使用者的目的及期望,是人的目的和行为的延伸。[3]

和其他场景运用的算法不同,审判辅助自动化决策算法介入的是兼具

---

[1] 张一鸣.革新传播 打造平台[EB/OL].(2017-04-13)[2024-05-27].http://www.iprchn.com/cipnews/news_content.aspx?newsId=99185.
[2] 肖红军.算法责任:理论证成、全景画像与治理范式[J].管理世界,2022,38(4):200-226.
[3] 肖红军.算法责任:理论证成、全景画像与治理范式[J].管理世界,2022,38(4):200-226.

亲历性、中立性、程序性和可解释性的法定专属判断性权力，其实质会对人的基本权益进行双重决策，既是自动化决策算法本身的决策，又是审判权的决策。在双重决策属性下，审判辅助自动化决策算法的本质有二：其一，它是辅助审判权运行的"技术人造物"，既蕴含技术控制者的目的和期望，又关涉技术使用者的目的和期望；其二，它是审判权运行的辅助和延伸，既有提升审判质效的工具功能，又扮演法官"代理者"角色，是审判者目的和行为的延伸。

（二）审判辅助自动化决策算法的伦理反思——基于"四因说"的分析框架

"四因说"是哲学及逻辑学中，用以探讨事物或过程之原因的分析框架，分为动力因、质料因、形式因和目的因，笔者借此进行审判辅助自动化决策算法的伦理基础反思。

1. 人的自治自决应有途径之动力因

动力因，事物的产生为其结果。人的自治自决即可归为算法决策的动力因。人们对自主决策的坚持，其本质是维护人之为人的基本权利。回溯现代法律体系的起源，罗马法《学说汇纂》载有"所有的法都是为人而设立"的名言，这彰显了任何制度构建和法技术层面上的设计，是人；任何需要讨论和解决问题的原点，还是人。利益的享有、意志的自由均为体现人的本质所在。[1] 以"告知同意规则"为基础搭建起的个人信息保护体系，为算法运行提供了数据来源和授权基础，该规则所体现的法理本意和伦理本源，皆为人的自治和自决。一方面，审判辅助自动化决策算法中，关涉收集和处理个人信息的"告知同意"；另一方面，由于算法能微妙而有效地影响法官"用户"的思维和行动，进而影响审判权的判断独立以及审判亲历后的判断自决。如何让人的自治自决统摄算法行

---

[1] 费安玲. 我国民法典中的成年人自主监护：理念与规则[J]. 中国法学, 2019（4）：106-127.

为，应予反思。

2. 人的元认知规律应予契合之质料因

质料因，事物的组成以其为材料。人的基础认知规律可归为理解算法的基础"质料"。以牛顿力学为代表的"还原论"曾占据知识界的统治地位，[1]其以"大定律，小数据"的认知范式为核心，意图找寻以普遍性规律为代表的因果关系，构建起人们认知世界的基础。算法逻辑将效率性作为首要追求目标，算法试图挖掘的数据价值，不再是因果关系，而转为找寻"大数据，小定律"中蕴含的相关关系。[2]相关关系建立在概率统计的数理基础上，将分散的个体化数据重新聚集，作为形成未来决策的重要参数。算法建构的认知范式核心为高效率发现相关性，不再是科学要求下的可解释性。因此，算法必须弥合自身认知逻辑与人类认知规律的鸿沟，必须实现从算法的计算自洽到人的认知自洽，必须呈现得以证成又得以证伪的回溯，否则难堪信任。审判思维涵盖于人的认知框架内，其苦苦寻觅的"高度盖然性"和"排除合理怀疑"，皆与求索因果关系直接相连。如何实现审判"公理逻辑"与算法"数据逻辑"的认知契合，应予反思。

3. 人的价值理性应校验工具理性之形式因

形式因，决定事物非此即彼的特性。人的价值理性可归为验证算法结果的本质属性。算法属于"手段和程序"的工具理性范畴。与工具理性不同，审判属实质理性，更关注目的和结果的价值。[3]自动化决策进入审判流程，算法的工具理性带来高效和便利，但又时常与司法的价值理性不期而遇。审判中的价值判断，将凝聚在法律中的社会共识价值适用于生活，将主观社会正义标准融入纠纷解决。审判中精确的法律解释不会有，非此即彼的事实归类亦难以实现，法律与事实之间来回等置，充斥着动态的论证

---

[1] 谭璐，姜璐. 系统科学导论 [M]. 北京：北京师范大学出版社，2018：9.
[2] 郑智航. 人工智能算法的伦理危机与法律规制 [J]. 法律科学（西北政法大学学报），2021, 39（1）：14-26.
[3] 姚辉. 民法学方法论研究 [M]. 北京：中国人民大学出版社，2020：456.

和反复的试错。其中，随处可见工具理性和价值理性的不可调和的张力，即使对审判的价值理性不乏忧虑，但其在关注个体、关注变化、关注效果等方面，仍然更令人放心。如果算法的工具理性出现偏差，则会使"喂养"数据的偏差转换为决策的偏差，进而放大为机制的偏差。[①] 工具理性，必须经过价值理性的验证和纠偏。如何以价值理性克减及验证工具理性，应予反思。

4. 人的自成目的性应为依归之目的因

目的因，事物的目的和功用。人的自成目的性可归为算法的最终目的。在阐述人与物的关系时，康德曾将"事物"区分为无理性的存在物和理性的存在物。他认为无理性的存在物只具有相对价值，只能作为手段；而人是理性的存在物，具有绝对价值，人的本性即为目的本身。[②] 从某种意义上说，人类进步的历史、法治发展的历史亦是避免将人异化为财产、客体、物的过程。算法从解决具体问题、辅助决策到替代决策。我们从将事物作为手段，逐渐逆向被成为手段，成为被分析的对象和被数据化的客体，人的自成目的性开始模糊。人在这场由算法演绎日益高频的数字体系中，会否迷失，可曾反思，当何应对。践行以"人民为中心"的发展思想，是当前以及今后审判权力运行的最根本遵循和依归，亦是算法嵌入审判权运行的核心伦理目的。尤其在当事人成为被算法决策对象后，人的自成目的性更需回溯、关注和维护。如何实现人的自成目的性，应予反思。

三、审判辅助自动化决策算法规制的理论证成

经过前文的法伦理诘问和伦理反思，已为讨论审判辅助自动化决策算

[①] 算法一旦发生偏离就会形成机制并不断强化，从而使某一特定群体及其中个体招致常态化的区别对待。
[②] 俞吾金. 如何理解康德关于"人是目的"的观念[J]. 哲学动态，2011（5）：25-28.

法规制的问题作好铺垫。下面，笔者回应法伦理诘问，融合伦理反思，阐释对审判辅助自动化决策算法予以规制的必要。

（一）审判辅助自动化决策算法规制的理论起点

1. 从算法规制理念到审判算法规制理念

与本文第二部分对算法本质的阐释对应，算法规制理念也大致经历了从规制否定、规制关注到规制强调的过程，笔者选取三种对审判辅助算法有启发的理念加以阐述：技术中立视域下的责任否定观认为，算法是没有目的性的中立工具，因此可豁免价值评判。技术伦理视域下的道德算法观认为，技术并非与价值无涉，超脱于价值的算法不但无法产生更无法运行。社会责任视域下的"负责任的算法"观认为，算法作为人的"代理者"不仅需要符合透明和道德的行为要求，更要最大限度增进社会福祉。上述算法规制理念演变脉络，反映出从算法工具论到算法价值论的跃迁，启示我们有必要开始对审判辅助自动化决策算法人文"止境"的探讨。

2. 从域外公权力算法规制实践到我国审判算法规制实践

当前，世界各国已普遍开始关注对公权力算法的规制问题。2016年美国著名的卢米斯诉威斯康星州案件，引起美国社会对COMPAS量刑算法的普遍关注，目前美国对司法领域的算法规制目的，集中在避免算法将社会不平等，结构性锁定在司法领域。[1] 据此，美国多个州出台了针对公权力部门使用算法的规制法案。以2018年欧盟《通用数据保护条例》为代表的欧盟算法规制，主要通过更充分的个人信息赋权，将包括司法算法在内的算法，统一纳入个人信息权益保护的框架之下。2017年修改的《法国行政法典》规定，个人对涉及算法的行政决策享有系列知情权。[2] 2019年法国《司法改革法》（*Justice Reform Act*）禁止借助算法预测法官判决，认为该

---

[1] 张凌寒. 权力之治：人工智能时代的算法规制[M]. 上海：上海人民出版社，2021：349.

[2] 林洹民. 自动决策算法的风险识别与区分规制[J]. 比较法研究，2022（2）：188-200.

类智能算法的应用已经影响了法官独立审判。[①]

上述域外司法算法规制实践，对我国审判辅助自动化决策算法规制具有启示意义：一方面，作为算法的审判辅助自动化决策算法，必须融入算法的一般性规制理念；另一方面，作为审判的算法辅助审判，亦须经得起审判权监督制约实践的检验。算法与审判的结合体需要面对的规制，必然与权力制约、权利优先、过程透明、正义厘定和价值统合紧密相连。

（二）审判辅助自动化决策算法规制的理论证成

1. 决策者权力制约的需要

算法在多种场合辅助甚至替代公权力，作出具有类似法律效力的决策，逐渐成为社会建构力量，其可以直接变为行为规范，可以完成法律实施，甚至可以控制个体行为。然而，一方面，适用于公权力制约的权力专属、分权制衡、正当程序等原则，无法适用于算法决策。算法由于与生俱来的不确定性、难回溯性，加之受到公权力加持，权力滥用、权力旁落和权力操纵都可能牵涉其中。另一方面，基于审判权力监督制约的权责相当、分权制衡、心证开示、适度公开等原则，对算法亦难以触及或几近失效。传统法律体系中的"行为—责任"逻辑链条，被算法的难回溯性和难预测性等特性阻断。当算法嵌入审判权时，对审判权规制的需要和对算法权规制的需要都更加迫切。

2. 被决策者权利优先的需要

罗尔斯认为，权利的优先性理念是一个根本要素，该理念作为公平正义的一种形式具有核心作用。当前，对算法规制的语境更多集中在网络平台、商业媒体等领域，因此对其中个人权益保护的讨论，多集中于个人信息自决权层面。审判辅助自动化决策算法规制的必要性，与个人信息自决权关联，更与个人权益自决和意思自治密切关联，其基于"对象画像"等

[①] 王禄生. 司法大数据应用的法理冲突与价值平衡：从法国司法大数据禁令展开［J］. 比较法研究，2020（2）：133-146.

功能，可能触碰被决策者的财产权益、人身权益，还可能涉及基本权益的赋予、限制及剥夺。如何实现权利优先，对规制审判辅助自动化决策算法至关重要，至少包括"事关我的权益事项我能知晓""事关我的权益处置我须同意""贬损我的权益我可救济""维护我的权益我有途径""有碍我的权益我可拒绝"等面向。

3. 决策过程透明保障的需要

社会制度赋予权力不可避免，但权力的赋予并非具有存在即合理的先验效力，仍需经过道德上的证成。① 这一证成要求，必然包含过程公开原则，即透过对权力拥有者决策方式和决策过程的开示，来避免权力行使的任意或滥用。在对审判辅助自动化决策算法的讨论中，至少关涉两方面过程公开问题，即算法过程公开和审判过程公开。前者要求算法在设计层面、原理层面可予预期、可予公开、可予解释，后者对审判应用算法过程的要求亦同。算法嵌入后，应当采取必要措施，防范算法黑箱导致审判黑箱、算法滥用导致审判滥用、算法歧视导致审判歧视。此外，值得注意的是，审判辅助自动化决策算法规制还需避免纳入罗尔斯所言的"纯粹程序正义"，即只要一种正确或公平的程序得到遵守，结果的正当性即豁免评价。审判辅助自动化决策算法与人的基本权益密切相关，对其规制的思路不仅是过程性的，还是结果性的，需历经过程和结果的双重校验。

4. 决策结果正义厘定的需要

数字正义是指公平正义在数字时代实现的方式与程度，其中技术伦理正义是重要方面。② 算法秉承的正义观，属建立在统计奇偶性基础上的"群组正义观"，与现代社会普遍接纳的以个人为核心的社会正义观不同，群

---

① 陈景辉. 算法的法律性质：言论、商业秘密还是正当程序？[J]. 比较法研究，2020（2）：120-132.
② 何帆. 何帆|中国互联网司法是否世界领先，又有哪些中国特色？【斑斓·两会】[EB/OL].（2021-03-10）[2024-06-28]. https://mp.weixin.qq.com/s/k9jYwtLpujsg6M_0rCCH3Q.

组正义以确保效率为核心。[①] 这意味着算法很少考虑个体差异,而将群组作为分类单位,对归入同一群组中的个体作同质化处理。随之而来,审判权对于最需关注的个体差异和个人权益,在获得算法辅助后,却将这些关键因素排除出去,导致以个人权益为核心构建的"善",让位于审判决策效率的"快"——可能造成司法正义观乃至社会正义观的贬损甚至颠覆。此外,算法对个体的归类处理,本就带有身份化和标签化的效应,这一效应在审判权运行延伸领域的风险预警、行为预测类算法中,表现得更为突出,它忽略甚至无视人虽有过往,但仍存向善的可能。对个人过往行为给予改过机会,至少在机制设计上平等且中立地对待和评价当事人,这同样是正义正当的需要。

5. 决策校验价值统合的需要

审判常遇价值衡量的复杂命题,更多时候难以被纳入某种演算体系。审判要回答"应不应该"的问题,定然需不断超越描述性和公式化的纯粹逻辑结构,而进入某一不确定的领域。[②] 即使部分相对简单的法律命题可由算法加以辅助,但仍有待价值统合所涉的效果检验和结果校正。逐渐搭建而成的法秩序体系整体,犹如一条"特修斯之船",它不断演变、随时变化,但人们仍可从中找寻价值衡平的思维显现和脉络变迁。算法辅助审判中这一脉络亦不能断裂。复杂的价值评价和待统合的价值共识,必然在其中遭遇,审判的算法或算法的审判,也必须面对价值衡量的论证和检验。

四、审判辅助自动化决策算法的规制路径

对规制路径的探讨可尝试不同维度,为提升路径讨论的全面性和可操作性,笔者选取一般规制与特殊规制、规制理念与规制制度、所涉主体权

---

① 郑智航.人工智能算法的伦理危机与法律规制[J].法律科学(西北政法大学学报),2021,39(1):14-26.
② 孙笑侠.论司法信息化的人文"止境"[J].法学评论,2021,39(1):22-37.

利义务等维度进行阐释。

（一）现有制度基础上的伦理规制顶层设计

数据、算法和算力共同构成人工智能的基础，其中算法处于支配地位，针对算法的伦理规制实属必要。在对算法伦理规制的顶层制度构建上，需将规制理念与具体规则明确融入相关立法条款，适用于司法裁判，并纳入算法行业自律章程，构建层次明晰、维度结合的算法伦理规制之法律规定、司法规则和行业规约的规则体系。

1. 确立顶层规制理念

顶层规制理念包括正向倡导和反向规制两个方面：在正向倡导方面，应进一步确立审判辅助自动化决策算法的定位是"辅助"而非"替代"，明确法官应对算法应用和算法结果保持理性、谦抑；应将蕴含司法传统、司法文化和文明的司法人文理念，融入智慧法院应予坚持的基本原则和追求目标中，包括对当事人的尊重和对司法规律的尊重，更包括对算法决策下的人类尊严和独特价值的尊重。在反向规制方面，参照目前其他领域已予以规制的失控性、社会性、侵权性、歧视性以及责任性等算法决策一般伦理风险[1]，结合其在辅助审判中的特殊性，对权力外溢、权利归属、过程透明、结果公正、价值校验等特殊法伦理风险进行预警及重点提示。结合上述正反理念两个方面，最高人民法院可要求和指导全国各级人民法院在设计、开发、应用审判辅助自动化决策算法时，对其蕴含的伦理风险更加警惕和审慎，可以出台专门性指导意见，也可在涉及智慧法院建设部署及推进的重要文件的显著位置，确立对司法伦理和人文伦理更为重视、更应维护的思想观念和原则理念。

---

[1] 全国信息安全标准化技术委员会秘书处. 网络安全标准实践指南：人工智能伦理安全风险防范指引［EB/OL］.［2024-06-28］.https://www.tc260.org.cn/upload/2021-01-05/1609818449720076535.pdf.

2. 确立顶层规制制度

上级人民法院可配备专门人员或指定专门部门,备案并审查辖区各级人民法院开展的审判辅助自动化决策算法项目,也可委托外部机构、法学与伦理学专家等主体联合开展算法伦理风险评估。上级人民法院还可制定辖区各级人民法院运用审判辅助自动化决策算法的规划及建设"负面清单",将有悖于法理和伦理的运用场景及决策功能排除在智慧法院项目规划和项目建设范围之外。上级人民法院还可结合前述伦理风险评估意见,建议并指导相关法院建立算法项目伦理风险识别、应对及监控的前期机制;在算法运行一定时间后,相关法院应结合实际运用过程及成效,汇集法官及当事人等参与主体的反馈,对伦理风险规制的可行性和有效性,建立检验、评价及校正的中期机制;发现算法结果存在不准确和歧视性等重大偏差的,尤其可能影响当事人基本权益及法官公正裁判的,建立对此类算法"下架"清退的后期机制。

(二)算法决策者内部规制

算法决策者是进行决策的主体,处于算法应用的主动地位,算法委托者、算法设计者和算法使用者均属于算法决策者。

1. 算法委托者的规制:评估、数据和目的三维

一维,进行伦理风险评估。人民法院在部署算法应用之前,通常需委托第三方设计主体。一方面,从事具体委托事项的法院信息化建设主责部门,在算法立项计划中即需自行建立伦理风险评估机制;另一方面,还应要求第三方设计主体同样配备该机制,且具备法伦理和算法技术的跨界专业人员。二维,降低基础数据偏差。用于训练算法的数据库一般由委托者提供,为避免基础数据偏差导致算法决策偏差,委托者应尽可能剔除偏差数据,提供更全面的数据样本,确保算法计算和算法训练,建立在更优质的司法数据资源之上。三维,审核委托目的并获得算法功能解释。法院应对委托目的的实现效果进行审核,并获得算法实现这一

目的的基本原理解释，确保算法设计和应用效果不违背伦理规律和司法规律。

2. 算法设计者的规制：评估、准入和技术伦理三维

一维，进行算法影响性评估，尽职降低技术缺陷导致的伦理风险。设计者应先行评估、合理预见、有效排除由于技术漏洞和局限招致的伦理风险。在设计阶段，即对伦理风险进行分析、辨识并作最小化处理，配备紧急应对、设计问责机制，确保算法安全、可控、可责，符合伦理要求。二维，提高司法算法设计的行业准入门槛，进一步细分算法设计行业，对从事审判辅助自动化决策算法设计的技术主体，制定更高标准和更全要素的行业准入门槛。三维，建立更高的行业伦理标准及技术标准，审判辅助自动化决策算法设计者不仅要符合一般性的算法技术伦理标准，还需适配权力制约、权利优先、过程透明、结果公正、价值校验的特殊法伦理准则和技术规范。

3. 算法使用者的规制：审慎、开示、释明、拒绝四维

算法使用者主要为法官群体。一维，法官对算法应采取更为审慎的态度，认识到审判辅助自动化决策算法的伦理风险，在理解原理基础上，以理性和克制的态度，使用和处理算法结果。二维，法官应将算法结果使用纳入正当程序，在算法运用前告知当事人并取得同意，在算法结果得出后要求设计者对算法进行解释，也可自行向当事人作出解释。三维，法官应充分听取当事人对算法目的及原理、过程及结果的意见，认真对待、合理吸收当事人为维护自身权益提出的意见，并就予以采纳的算法结果释明理由。四维，如法官认为算法结果与司法理念、伦理观念不符，应对算法结果予以价值校正，说明理由后部分使用或拒绝使用算法结果。此外，法官在采纳算法结果之后，在合议庭评议、专业法官会议讨论、接受院庭长监督管理、向审判委员会汇报时，也需一并解释算法原理和说明采纳理由。

（三）算法被决策者外部规制——对伦理反思"四因"的回应

算法被决策者是被决策的对象，处于算法应用的被动地位。审判辅助算法的被决策者主要为当事人。

1.知情之中的自决：建立当事人对算法应用的告知同意规则

以个人意识自治为伦理基础，以个人信息自决为法理基础，各国均将告知—同意规则确定为个人信息处理行为的合法性基础，《中华人民共和国个人信息保护法》第三十五条规定，除告知将妨碍国家机关履行法定职责等情形外，国家机关为履行法定职责处理个人信息的，应履行告知义务。虽然审判辅助自动化决策算法必然涉及个人信息处理行为，但此前多被认为是单纯的审判辅助事务仅考虑其内部性效能，未考虑其对被决策当事人基本权益的外部性影响。因此，人民法院在应用审判辅助自动化决策算法时，不仅应依照告知—同意规则，告知当事人算法运用涉及对其个人信息的处理并取得同意；而且还应参照此规则，亦告知当事人算法可能对其财产权益（如算法涉及赔偿数额的确定）及人身权益（如算法涉及量刑建议）产生实质性影响。应当注意的是，告知的内容不限于算法伦理风险等负面影响的告知，也包括算法可适度制约法官在个案中的自由裁量权、减少法官渎职风险等积极因素的告知，以此实现算法伦理风险的个人知情与智慧法院建设有序推进之间的平衡。

告知形式包括：应针对性减少算法技术和审判专业结合下的双重知识壁垒，应以能引起当事人注意的显著方式，以清晰、易懂、简洁的语言，准确、完整地告知当事人。告知内容包括：算法决策的基础数据来源、选取的该当事人的数据类型、决策目的、基本原理、预期结果、积极方面及可能偏差等关键事项。

2.认知之下的穿透：建立当事人对算法功能的解释权规则

增加透明度是国际通行的最重要的算法规制方法之一，为此被决策者被赋予获得算法解释权。具体到审判辅助自动化决策算法解释权，对于权利内容，延续前文关于算法应契合人的元认知规律的思路，笔者将其界定为可获解释的一般性权利主张而非限制性权利主张；对于解释的可行性和必要性，前文已述被决策者可获解释是审判辅助自动化决策算法的正当性基础，因此笔者认为，难以解释或无法解释的算法，应该排除在审判辅助的应用范围之外。

关于解释内容，可区分为以"算法辅助审判原理"为中心的系统性解释和以"被决策当事人"为中心的个案性解释。系统性解释，即解释算法系统的设置意义、运行逻辑、预期结果和一般功能等，系统性解释应比上述告知—同意的内容更为翔实具体，侧重对算法系统运行的技术原理、代码模型、决策标准和分类结构等系统建构要素进行整体解释。① 个案性解释，即在算法系统一般性解释基础上，解释个案当事人决策结果的特征权重、个案区分标准、所属类别、结果导出过程等。关于解释程度和解释方式，为避免算法决策者承担过重解释负累，同时为引导当事人理性行权，可适当限制当事人提出算法解释要求的次数，如其可在算法决策运用之前提出一次系统解释，在算法决策得出结果后提出一次个案解释。在算法决策体量庞大的领域，目前有向被决策者进行机器解释的做法，但笔者认为，审判辅助自动化决策算法的解释方式，因其事关当事人重要基本权益，必须通过人际沟通的方式（如技术人员和法官的解释），才能充分取得信赖、有效消除疑虑，因此必须以人工解释的形式完成。关于解释限制和效果保障，在算法解释权行使之后，还面临算法公开导致的知识产权保护问题、解释的专业性壁垒问题。对于第一个问题，可采取"最必要"解释原则处理，如仅对涉当事人权益最关键的内容予以解释，如仅对提出疑虑的当事人进行个案解释；另可对当事人释明，对获知算法技术原理的使用仅限于参与本案诉讼，不得用于其他用途，否则或承担侵权风险。对于第二个问题，审判人员或技术人员应以简单易懂的用语，改造法律性和技

---

① 丁晓东.基于信任的自动化决策：算法解释权的原理反思与制度重构[J].中国法学，2022（1）：99-118.

术性过强的话语体系，以便于当事人理解和接受。如当事人对理解算法确需他人辅助，解释还可向当事人专门指定的、理解能力更强的其他人员（不限于诉讼代理人、法定代理人，也可以是仅协助当事人理解算法的诉讼外人员）作出。

3. 参与之间的衡平：建立当事人对算法过程的法律议论和价值校验规则

算法决策是公权力行使的辅助，审判辅助自动化决策算法行为是法官行为的延伸，算法逻辑是法官自由心证的组成部分或重要参照。不能让违反伦理的算法黑箱，成为违反法理的"审判黑箱"。应赋予当事人对算法嵌入审判权运行的参与权与议论权，将算法的工具性结论，纳入商谈沟通的传统法律议论框架之下，同时纳入双方当事人利益博弈和价值权衡的诉讼对抗模式之中。该项规则可具体分解为，了解审判辅助自动化决策算法的结论，对决策过程和结果表示同意并说明理由、提出异议并说明理由，发表对自身权益有利的意见，等等。当事人应重点就双方持不同意见的部分，进行重点说明和议论，寻求可予重叠的价值共识；或向法官表达算法结论应予以价值调整和价值校验的意见，以此确立采纳算法结果的价值正当性基础。

4. 拒绝之后的回归：建立当事人对算法结果的有限拒绝规则

当事人将自身权益交托审判，系基于对同类道德良知和怜悯同情的信赖，其有权选择不将自身权益甚至命运交由冰冷的计算。即使经过告知—同意规则，即使经过说明解释、参与论证及价值校验，如当事人仍旧认为算法决策难堪信任，也应为其保留行使"一票否决"的空间和路径。拒绝算法决策规则，是对上述所有规则的效果保障和最后救济，当事人行使拒绝权意味着，仍旧选择将是非判断、利益分配及价值权衡，交还作为审判主体的法官。为防止当事人不当使用这一规则而致智慧法院建设进程受阻、司法改革成效受损，行使拒绝规则的当事人须持合理、充分理由，且该理由需经法官审核并确认。

结　语

本文虽着重探讨审判辅助自动化决策算法的伦理规制，但不可否认的是，以算法为核心驱动的智慧法院建设，有效促进了人民法院审判体系和审判能力现代化进程。保持对审判辅助自动化决策算法的法伦理清醒和必要规制，数字正义的现在和未来，仍然值得期待。

数智时代背景下我国传媒大数据治理路径研究*

谢　欣　湖南大学法学院与美国明尼苏达大学法学院联合培养博士生

摘　要：数字化智能随互联网而诞生，加快数字化发展，规约数字化进程，是建设数字中国的时代要求。大数据作为数智时代的产物，它能够有效加快数字化传媒治理进程、促成传媒协同治理生态、重构新型的传媒治理范式。数智时代背景下的传媒大数据治理，必须遵循正确的传媒大数据治理思维、形成传媒治理的数智管理模式、推动传媒大数据治理的结构转型、搭建传媒大数据治理的保障机制，以建构传媒治理的现代化体系。唯其如此，统筹治理，立体联动，才能更大程度发挥大数据的传媒时代效能。

关键词：数智时代；传媒；大数据；治理价值；治理路径

数智时代是数字化智能时代的简称，随互联网而诞生，其要求对数据的运用更加智能化，更加体现人本主义。习近平总书记指出："建议更加重视运用人工智能、互联网、大数据等现代信息技术手段提升治理能力和治理现代化水平。"[①]在数智时代采用大数据的方式进行治理，已经逐步发

---

* 基金项目：中国国家留学基金资助（编号：202206130063）。
① 中共中央关于坚持和完善中国特色社会主义制度 推进国家治理体系和治理能力现代化若干重大问题的决定［EB/OL］.（2019-11-05）[2024-07-05］. https://www.gov.cn/zhengce/2019-11/05/content_5449023.htm.

展为一个重要的社会治理手段。①

2021年,《中华人民共和国国民经济和社会发展第十四个五年规划和2035年远景目标纲要》提出要加快数字化发展,建设数字中国。要充分发挥海量数据和丰富应用场景优势,壮大经济发展新引擎。《2022国务院政府工作报告》指出,要完善数字经济治理,培育数据要素市场,提高应用能力,更好赋能经济发展,并丰富人民生活。大数据作为一项新兴的技术,为人们带来了全新的思维模式,即大数据思考模式。②以科学技术为依托的社会治理体系,主要是利用互联网、大数据等现代化的信息化技术和网络技术,实现社会治理的精准化、便民化、高效化。大数据治理既可以从技术角度观照,也是我国新时代国家治理的新理念,是推动我国治理方式转型的关键动力。③

中共中央办公厅、国务院办公厅印发的《"十四五"文化发展规划》提出到2035年建成"文化强国"的目标,传媒业作为文化产业的重要组成部分,起着至关重要的作用。在我国市场经济不断深化的今天,传媒行业的发展也在不断变化,传媒的界限不断被打破,新的产业形态不断出现,并逐渐在数字化环境中构建起新的传媒生态体系。④因此,如何运用传媒大数据资源的规模效应,并在此基础上挖掘其数据潜力,为传媒治理的改革探索一条全新的道路,是一项崭新的研究课题。

引 言

梅尔(Meier)通过研究欧洲传媒产业跨国化探究了传媒控制"意识形态进攻"的关键作用,正式提出"传媒治理"概念,国外学界由此展开

---

① 秦强,蓝志勇.行政机构改革对经济发展影响的实证研究:以"放管服"改革成效为例[J].中国行政管理,2022(11):33-39.
② 闫欣洁.基于大数据的网络舆情治理策略[J].新闻爱好者,2022(11):92-94.
③ 王志刚,胡宁宁.国家治理研究进展、热点探析与趋势展望(1989—2022)[J].哈尔滨工业大学学报(社会科学版),2023,25(1):33-41.
④ 崔保国.中国传媒产业十年发展的成就与生态之变[J].传媒,2022(21):11-14,16.

了传媒治理的学术研究。近年来，随着研究的逐渐深入，该领域渐渐由传媒的"意识形态"治理转向对"传媒"本身进行治理，国外学者对传媒治理的研究正在采用更加独特的视角，如有学者从《服务贸易总协定》（GATS）的角度来探究自由时代的西方国家传媒治理。[1]学者英根霍夫等探讨了传媒治理和社交传媒组织的责任的关系问题，认为公共服务传媒组织与私人传媒组织相比，在传媒治理中与公众进行沟通的比例更大。[2]卡岑巴赫（Katzenbach）则讨论了传媒治理与技术的关联，他认为社会沟通在很大程度上一直是通过传媒技术实现的，并提出我们的日常生活已经深深嵌入媒体之中。此后，关于社交传媒治理的研究逐渐出现在视野中，如泰勒等考察了在社交传媒治理中，社交媒体是否能激励用户自愿作出遵循规则的行为。[3]另外，还有关于传媒治理的概念框架、传媒治理的非正式监管、公共服务传媒治理、各国别传媒治理等研究的出现。国内有关传媒治理主要的研究包括传媒传播治理面临的机遇及其挑战（王方正）、[4]传媒治理政策的演化路径（龚彦方）、[5]传媒治理的概念解析（刘禹卓）[6]等。

综上，当下国内外学者对传媒治理的研究，既有理论检视也有针对传媒治理实践的研究。总体来看，当前国内外传媒治理研究视角较为传统与微观，缺乏从数智时代入手的分析，尤其是对传媒大数据治理缺乏应有的关注，研究成果相对稀少。研究较多是从传媒治理的政治视角着眼，缺乏

---

[1] PUPPIS M. National media regulation in the era of free trade: the role of global media governance [J]. European journal of communication, 2008, 23（4）: 405-424.

[2] INGENHOFF D, KOELLING A M. Media governance and corporate social responsibility of media organizations: an international comparison [J]. Business ethics, 2012, 21（2）: 154-167.

[3] TYLER T, KATSAROS M, MEARES T, et al. Social media governance: can social media companies motivate voluntary rule following behavior among their users? [J]. Journal of experimental criminology, 2021, 17: 109-127.

[4] 王方正. 后疫情时代传媒传播治理面临的机遇与挑战 [J]. 声屏世界, 2022（18）: 14-16, 20.

[5] 龚彦方. 从"行政干预"到"国家治理"：新制度主义视域下传媒政策的演化路径研究 [J]. 传媒经济与管理研究, 2021（2）: 79-101.

[6] 刘禹卓. 传媒协同治理、媒介治理与传播治理概念辨析 [J]. 新闻研究导刊, 2020, 11（21）: 79-81.

对传媒治理与技术融合的分析。基于此，本文选取传媒大数据治理这一研究对象，对传媒大数据治理的价值进行全面分析，在此基础上提出若干传媒大数据治理进路的建议。为更好地剖析传媒大数据治理的价值并提出治理进路，综合已有研究成果，本文将传媒大数据治理的内涵界定为，利用互联网、大数据、云计算、人工智能等技术，从传媒大数据存储与计算、传媒大数据汇集、传媒大数据管理、传媒大数据决策、传媒大数据安全等方面，优化传媒治理体系和治理方式，提升传媒全流程治理效率和治理方式。

一、数智时代背景下传媒大数据治理的价值

在变幻莫测的数字智能时代，加强传媒大数据的治理对于加快数字化传媒治理进程、促成传媒协同治理生态、重构新型的传媒治理范式，具有巨大的时代价值。

（一）能够加快数字化传媒治理进程

《"十四五"国家信息化规划》提出，要建立健全规范有序的数字化发展治理体系。这将推动营造开放、健康、安全的数字生态，加快数字中国建设进程。目前，多个政策领域为大数据治理注入了强劲的动能，包括通信业、制造业和金融业等领域（见表1）。由表1可见，该类政策并未触及传媒领域。

表1 与数字化融合的政策领域与政策名称

政策领域	颁布机构	颁布时间	政策名称
通信业	工业和信息化部	2021年11月	《"十四五"信息通信行业发展规划》
制造业	工业和信息化部	2021年11月	《"十四五"信息化和工业化深度融合发展规划》
金融业	中国人民银行	2022年1月	《金融科技发展规划(2022—2025年)》

续表

政策领域	颁布机构	颁布时间	政策名称
金融业	银保监会办公厅	2022年1月	《关于银行业保险业数字化转型的指导意见》
交通业	交通运输部	2021年10月	《数字交通"十四五"发展规划》
农业	农业农村部办公厅	2022年8月	《农业现代化示范区数字化建设指南》

在后疫情时期,我国传媒领域除了要在国内发挥引导舆论的重要作用,还要应对当前全球传媒所面临的新形势和新挑战。[1]因此,如何转变传媒治理方式,成为亟待解决的关键问题。为了响应国家政策、满足社会与行业的需要,作为数智时代的信息技术——大数据能够为解决传媒治理方式的转变问题提出新的解决方案。我们目前正处于数智时代,规模海量、维度丰富(见表2)的大数据为传媒治理能力的提升提供了前所未有的契机,将为传媒治理方式转化提供技术支撑。我国部分传媒机构已对此进行了前期的实践。比如,某报业集团推动了媒介与信息技术的深度整合,逐步走出了建平台、汇数据、深挖掘的新路子;某融合大数据平台的建立,能有效帮助有线电视进行系统的数据采集并加以整合,进行多维度分析,精准掌握客户画像,搭起有线电视运营商与广告主之间有效广告投放桥梁,实现广告价值最大化。

表2 2016—2021年与数智时代相关的数据明细

年份	2016	2017	2018	2019	2020	2021
手机用户数量(亿户)	13.22	14.17	15.66	16.01	15.94	16.43
网民总人数(万人)	73125	77198	82851	90359	98899	103195
手机上网人数(万人)	69531	75265	81698	89690	98576	102874
移动互联网接入流量(亿GB)	93.8	245.9	711.1	1220	1656	2216

---

[1] 蔡雯,凌昱.中国新闻媒体发挥"建设性"作用的历程及特征:基于"中国新闻奖"重要获奖作品(1991—2021)的探析[J].中国广播电视学刊,2022(7):19-23.

（二）能够促成传媒协同治理生态

从我国当前传媒治理的角度来看，随着传媒技术的发展，人们可以时刻获得各种各样的资讯。[①] 但是，随着新兴媒介的出现与兴起，人们对信息的可靠性和真实性提出了质疑，而互联网的广泛存在使传媒行业治理受到了极大的冲击，并对我国的社会管理产生了深远的影响。在传媒治理日益复杂、多元化的今天，我们应该从根本上进行改革，以更好地为中国的社会管理现代化提供有益的借鉴。在目前的形势下，传媒治理各个环节必须加强协调和融合，从传媒大数据存储与计算、传媒大数据汇集、传媒大数据管理、传媒大数据决策、传媒大数据安全五个方面出发（见图1），构建一个整体的传媒大数据治理模式。

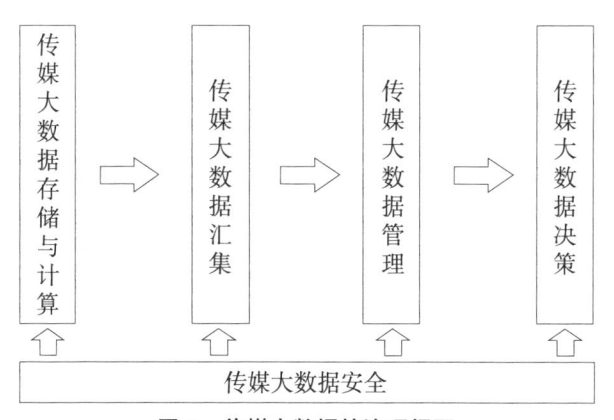

图1 传媒大数据的治理闭环

随着越来越多的国家对以大数据为代表的信息技术在国家社会管理中发挥着越来越大的作用的认知不断加深，以及通过大数据治理对各国社会治理方式产生的实践成果，[②] 实践的变化对传媒领域治理格局的改变提出了新要求。在中国，传统的传媒数据来源于传统媒体、自媒体、新媒体等传

[①] 王慧媛.探索元宇宙：思想政治教育媒介的进化与创新［J］.学术探索，2022（10）：145-150.
[②] 马平川.数字经济的治理转型与秩序塑造［J］.法制与社会发展，2023，29（1）：81-95.

媒机构，这些数据产生并存储于各自的数据库内，①数据库之间并未发生关联。随着新技术的不断完善，从社会治理领域开始，大数据治理逐步蔓延至传媒治理领域，这种新型的传媒治理模式正在形成。这种新的模式将使用信息技术、数字智能和大数据来创建传媒大数据系统，将传统媒体、自媒体、新媒体等传媒机构纳入其中，形成跨平台、多界面、宽领域的交互传媒治理平台。另外，新的传媒治理模式利用互联网技术与人工智能的精准化匹配功能，使党媒、民媒、自媒在舆论引导、技术创新引领、主流群体发声等领域均衡配置，从而促进党媒、民媒、自媒的有序竞合，营造我国传媒治理的新局面。

（三）能够重构新型的传媒治理范式

2021年，中国传媒产业规模呈恢复性增长态势，中国传媒产业总产值达29710.3亿元，增长率从上一年的8.4%提升至13.54%。由表3可知，2013—2021年，中国传媒产业总产值持续增加。

表3　2013—2021年各年中国传媒产业总产值　　　　单位：亿元

年份	2013	2014	2015	2016	2017	2018	2019	2020	2021
总产值	10637.4	12441.9	14198.4	16861.4	19506.9	21571.7	23688.6	25229.7	29710.3

新时代，新媒体持续发力，包括传统媒体、自媒体、新媒体在内的传媒用户也将稳步增加。显而易见，传媒治理的新模式将借助于传媒机构与传媒受众互动中产生的数据，推动自身发生根本性变化。结合算法、机器学习、大数据等多种技术，分析并分离各种形态的传媒受众，对其信息需求进行有针对性的推断，目的是在满足传媒受众信息需要的同时，为传媒治理提供原始数据。因此，利用大数据技术将传统媒体、自媒体、新媒体等传媒资源进行整合，构建起传媒交互数据供应链，整合不同类型的政府监管机构、传媒企业，对传媒大数据进行规范化处理，并且采用传媒大数

---

① 朱江丽.媒体融合背景下传统媒体组织结构调整的模式与策略［J］.传媒，2020（5）：73-76.

据重构传媒治理范式。

二、数智时代背景下传媒大数据治理的路径

数智时代的数据产品井喷呈现、瞬息万变，我们应该从思维视角、管理机制、结构转型、空间拓展、体系模式等方面统筹发力、综合治理、立体推进。

（一）遵循正确的传媒大数据治理思维

众所周知，将大数据技术运用至传媒治理的深度，无论是从时间跨度还是空间范围上看都不及其他领域，传媒治理与技术嵌入的程度还处于初始阶段。因此，我们应首先从技术哲学的价值角度审视大数据与传媒治理的融合，并在此基础上，从大数据技术的视野出发，提出更为合理的嵌入思维，推动大数据技术在传媒治理中有效应用。

从技术哲学的视角来进行审视，在传媒治理领域采用大数据技术虽然可以提高传媒治理效能和效率，但是我们不能无视技术运用过程中出现的价值偏向问题。[1]在使用技术时，需要保持谨慎态度。具体到传媒大数据治理，如果过多依靠数据，也有可能在价值问题上产生掣肘。在依靠传媒大数据作出治理决策时，需要着重将决策价值中立性考虑在内。传媒大数据的数据质量差异也是现实中需要着重考虑的问题，因为我国优质传媒机构主要集中于一线及准一线城市，在采用大数据进行传媒治理时，资源落差对治理决策的作出，将会产生重大影响。作为大数据的底层基础，各传媒机构的数据如何交互与互通，需要通过顶层设计打破数据藩篱，这就需要打破传统媒体治理思维，建立以大数据为导向的技术型治理思维，并需要加强治理机构拥抱大数据技术的心态。

2021年，国家网信办等九部门联合印发了《关于加强互联网信息服

---

[1] 赵爱霞，王岩. 算法推荐与新时代主流意识形态建设［J］. 云南社会科学，2021（3）：112-118.

务算法综合治理的指导意见》，进一步强调要制定完善互联网信息服务算法安全治理政策法规，使算法安全治理的主体权责明确，治理结构高效运行，形成有法可依、多元协同、多方参与的治理机制。在传媒大数据治理方面，我国对于传媒大数据治理在现实实践中存在若干问题，包括缺乏有针对性的顶层设计及其法律法规、传媒监管部门内部及其之间缺乏衔接机制、传媒机构之间的数据互通机制尚未建立。同时，治理的效能与效率低下在现实情况中也普遍存在。从法律法规和传媒治理实践中暴露出的问题，我们可以得到以下启示，即我们要树立正确的传媒大数据治理思维，破除传统媒体治理理念的禁锢。主要是从技术中立原则等方面入手，促使传媒治理范式加速转型。

（二）形成传媒治理的数智管理模式

我国传统意义上的传媒治理主要采用宏观行政监管范式进行。随着"ABCDT"（人工智能、区块链、云计算、大数据、物联网）新兴技术的兴起，传统的传媒治理模式亟须在新技术的理念与运用下进行机能再造。而传媒信息作为传媒领域的底层数据，可以为数智时代下新型传媒治理模式提供"新养料"。

数智治理理念的总体思想是，在"大数据"技术的加持下，社会各子系统的治理机构能够根据所治理对象，从规模庞大的数据中发现若隐若现的关联，治理人员可以依据这种关联作出更加准确的决策。传媒数据可以反映传媒机构与传媒受众产生联系的全过程。如果能将几乎所有的传媒数据进行汇集，那么，传媒大数据与传媒治理之间的通路将会打开，传媒大数据治理的新局面将会成为现实。大数据形成的过程本质上就是数据汇集的过程，也是数据突破条块分割进行汇集的跨域操作。政府作为传媒治理的总协调，需要在全局融通并融合广地域、宽领域的数据，将其纳入全国传媒大数据综合治理系统进行数据的全貌管理。在此过程中，必须遵循并采用数智时代的新技术，对传媒大数据进行数据挖掘、数据分析等治理步骤，在此基础上作出针对性的决策。

另外，要在顶层设计和法律法规的颁布方面布局传媒大数据治理。相关部门可将《"十四五"文化发展规划》《关于构建数据基础制度更好发挥数据要素作用的意见》等政策作为蓝本，来起草传媒大数据治理方面的顶层设计与法律法规，如"传媒大数据管理条例"，夯实治理体系，为传媒治理能力的发展提供制度保障，给治理体系的构建提供基本原则、工作流程，规制广电、新闻以及宣传等传媒治理部门公权力的行使，对数据收集等风险节点提前作出规范。在数据汇集后的数据使用阶段，法律法规出台传媒数据隐私保护政策，与《中华人民共和国民法典》相关条文对接，对数据在实际使用中可能出现的泄露风险进行规制。

接下来，传媒业界要在顶层设计的指导下制定并推进传媒大数据治理的具体工作条例的制定，使法律法规具体落地。在制定时可以《虚拟现实与行业应用融合发展行动计划（2022—2026年）》等已出台规定为范本，出台传媒机构之间和传媒机构与传媒监管机构之间具体数据传输的工作规范，详细规定工作的边界和具体步骤。同时，在条例中还应该规定相应的奖励措施，设立奖励池，对积极配合进行传媒大数据治理的传媒机构予以奖励，促进社会传媒机构积极参与传媒大数据治理。

（三）推动传媒大数据治理的结构转型

第一，打通部门间数据藩篱，确保广电、新闻、宣传、传媒机构等数据存储主体数据库处于实时连接状态。传媒关联机构之间要确保形成数据互联的沟通机制，特殊情况下可以由传媒监管部门组建一个控制中枢，保障传媒大数据互联不中断。同时，数据的传递形式可以采用端口式，由控制中枢接入各个储存主体的端口，最大限度地降低数据汇集时间。政府作为传媒大数据治理的召集人、统筹者，有责任在推动传媒大数据汇集方面发挥带头作用，使传媒监管主体以及传媒机构在大数据库建立方面，做好规划制定、工作实施，运用并创新大数据技术，赋能传媒治理，转型结构模式，形成政府监管格局下大数据传媒治理的新局面。

第二，构建按"权力层级"行政机构下的传媒大数据治理结构，确保治理体系与政府机构平行一致。在国家层面建立传媒大数据治理协同平台，构建治理中枢，指导与监督省市级传媒大数据治理的具体工作，在指导思想与任务方面保持高度一致。省市一级在传媒大数据治理中需要遵循的工作原则包括跟随国家层面政策、完善具体治理工作、履行治理评估等。针对传媒大数据汇集存在难度的区域，需要加强政策疏通和治理强度。

（四）搭建传媒大数据治理的保障机制

2022年5月，中共中央办公厅、国务院办公厅印发《关于推进实施国家文化数字化战略的意见》（简称《意见》），开启了传媒多元治理的新篇章。基于《意见》和传媒领域的特殊性质，大数据传媒治理保障机制的主要板块分为以下两方面：

一方面，在传媒治理安全保障体制方面进行流程化改造，使之与大数据技术的接口相匹配，塑造新的传媒治理方式。可以采取的路径包括，在国家建立传媒大数据治理指挥平台，统筹省市级传媒治理的宏观治理，在省市级展开传统媒体、自媒体、新媒体等传媒机构的数据收集、数据汇集与交互的具体工作，在遵循技术中立等原则的基础上开展传媒治理活动。与以上步骤相匹配，对传媒数据的安全防护保障工作要同步展开，要配备专门部门加强综合数据库数据入口与出口的综合管控，定时清除无效数据、虚假数据、重复数据，在出现高级别数据库安全风险时，配备相应的风险预案措施，以保障大数据传媒治理的正常运行。

另一方面，数据的来源具有地域性、割裂性、不易得性，因此需要建立数据融通保障机制，使传媒大数据治理能够真正落地。在构建数据融通保障机制时，要以顶层设计为基础提供政策保障，并同步进行人员培训，使治理理念嵌入各层级政府工作人员的日常工作中。另外，要提升传媒监管机构之间的数据汇集程度，并将政府数据、行业数据导入数据库内，使数据之间产生聚变效应，提升数据的研究和使用价值，为国家广电总局、中宣部、文化和旅游部、国家互联网信息办公室等传媒监管机构开展传媒治理提供基础资源。

（五）构建传媒治理的现代化体系

2022年8月，中共中央办公厅、国务院办公厅印发《"十四五"文化发展规划》。规划内容提及要注重总体布局，强化整体推进，构建网上网下一体、内宣外宣联动的主流舆论格局。在传媒治理现代化模式与体系的构建方面，首先要对传媒治理进行全局的组织和构建。政府要妥善做好政策的顶层设计、数据的有效汇集、个人信息的有效处理等工作，构建一个完善的治理体系。在大数据库的组成上，要打破数据藩篱，尽最大可能融合各方面数据，使各类机构的数据有效、全面进入数据库，形成传媒治理的"资源库"。在传媒大数据的基础上构建"生态库"，为传媒治理的子领域提供平台支撑。在广电、新闻、宣传等传媒监管机构原有数据库的基础上打造多元互通机制，为传媒大数据治理提供监管层面的底层数据。

另外，构建传媒治理现代化模式与体系的根本目标之一是打破条块治理的局面，进一步解除对传媒机构的过多束缚。在政府简政放权的背景下，减轻政府与社会机构的负担，并深化各领域的改革，旨在提升政府效率和社会治理的灵活性。在国家层面与不少地方政府，已通过技术手段达成了上述目标。国家可以牵头在传媒领域设立综合治理"大脑"，将传媒监管主体纳入，推动多元协同治理模式的形成。使用大数据赋能，可以使传媒治理的关联方进入治理体系内部，在此基础上采用机器学习、智能算法等新技术使传媒的整体性治理成为现实，反过来可以助推传媒治理的效果和效能提升。

党的二十大报告提出，"推进国家治理体系和治理能力现代化""健全共建共治共享的社会治理制度，提升社会治理效能"。大数据作为新兴技术的一种，已在社会治理的其他领域被证明是一种高效的技术手段，将其用于传媒治理必将提升该治理领域的治理水平。同时，传媒治理水平的提高反过来也会扩展大数据技术在我国的运用版图。新型技术与传媒大数据的融合能够为传媒治理赋予巨大的能量。具体来说，体现在传媒治理体制与传媒治理能力两方面。前者是作为传媒治理的"骨骼"出现的，具体包括顶层设计、技术架构、人员构成、数据框架等方面；后者是作为"血肉"出现的，更多体现的是"软实力"方面的因素。在运用大数据进行传媒治理时，必须统筹兼顾"骨骼"的构建与"血肉"的发力，才能更大程度发挥大数据的效用。

突出"艺术":基于人工智能技术下的电影法价值重塑

徐　晴　中国传媒大学文化产业管理学院博士研究生

摘　要:人工智能在电影产业中的应用正迅速改变我们理解和实践电影创作、分发以及观影的方式。从通过算法生成的剧本到使用 AI 进行影像编辑和特效制作,再到基于大数据的定制化观影推荐,AI 的潜力似乎无所不能。然而,随着这些技术的发展和应用,电影法律体系面临着前所未有的挑战。人工智能技术在电影产业的出现不仅彻底改变了电影的创作、分发和消费方式,还影响和制约了电影法律的立法与实施。本文旨在探讨人工智能对电影法的价值的改变,特别是对艺术价值的影响,以及电影法的文化以及价值观如何在 AI 时代被重新塑造。

关键词:人工智能;电影法;法的价值;艺术价值

电影作品具有艺术与经济价值相结合的属性。与此同时,电影法一直在艺术价值和经济价值两种价值取向中予以平衡。一方面,电影法通过对作品的作者权利确权等方式,保护电影艺术的原创性和独特性,激励创作者进行更多创新性的艺术创作。另一方面,电影法支持电影技术的创新和应用等,如数字化电影制作、虚拟现实等新技术的推广应用使电影作品的经济价值得到保证。而人工智能技术深入影响了电影产业的各个环节,尤其体现在带给电影作品艺术价值的挑战上,从而给电影法的价值取向的确定带来新的难题。

一、人工智能技术带给电影产业的变化

近年来，人工智能技术的爆发式跃进，使电影的制作方式、技术流程、创作思路都面临着革命性改变。电影从业人员已经认识到："今天的电影行业已经无处不'AI'了。"[①]尤其Open AI发布的视频模型Sora一经推出就引起了广泛关注，因为其生成的视频展现出较大的视觉连贯性，以至于很多人都担心会给电影产业带来颠覆性的变革。美国娱乐大亨泰勒·佩里在Sora推出后，他推迟了原定耗资8亿美元扩建亚特兰大工作室的计划。国际动画电影协会好莱坞分会临时执行董事奥布里·明茨也表示，动画界对Sora感到相当不安，因为它有可能使概念艺术和故事板制作等一些行业角色变得多余。[②]有学者认为Sora引领我们从"异世界美学"探索到"反物理美学"，预示传媒主体将从传统的半人工编辑转向语义智能体，传媒场景将更深层次地打破物理时空区隔，传媒产业价值将朝AI硬件化方向发展。[③]以Sora为代表的人工智能技术，已让电影产业整个产业链产生了新的变化，在电影制片环节，人工智能技术根据影片的故事和观众票房预测系统，帮助影视公司为影片制作作出决策；在电影拍摄和制作环节，人工智能技术可以辅助创作者在前期筹备阶段进行剧本创作、概念设计、市场预测，在拍摄和后期制作阶段提高制作效率；在发行放映环节，人工智能可以通过全方位的信息处理，提供更加科学合理的排片，使制作方获得最大收益。

（一）人工智能技术对电影制片领域的影响

电影制片是相当复杂的专业化工程，在影片开始拍摄制作前，需要

---

① 陈军，赵建军，鲁梦河.AI与电影智能制作研究与展望[J].现代电影技术，2023（10）：16-26.
② 刘霞.Sora向好莱坞发起冲击[N].科技日报，2024-04-16（4）.
③ 张诗瑶，沈阳.Sora：传媒生态镜像进化与认知变革[J].编辑之友，2024（6）：53-60.

组建拍摄团队，需要剧本以及投融资，以及做好拍摄准备的各项工作。因此，好莱坞电影工业形成了以观众消费为第一准则的基本逻辑，即以观众调研和票房预测的"绿灯系统"，也就是制片公司在对影片从各个维度的考量后，决定是否为其开启制作"绿灯"，将其投入创作和宣发的制作流程当中。这需要与电影有关的各种元素都是可计算的。由此，人工智能系统作为当前美国电影制片环节最新的"可计算设备"，通过"对影片内容和人员进行估值，以得出对影片发行策略的决策参考（inform decision-making）"。与传统电影制片逻辑相一致，人工智能系统影响电影票房的核心方式是预测票房和预测观众：一方面，人工智能系统通过预测电影票房，计算电影的收益与成本，从而得出影响电影收入的核心因素及其权重，以供制片公司作出利益权衡，如 Cinelytics、Script Book、Epagogix、Pilot 等；另一方面，人工智能系统通过预测目标观众，为电影类型、剧情走向、华彩段落、明星选取等方面的观众接受度，提供取舍和调整建议，如 Vault 和 Merlin 等。[1] 人工智能使电影制片业管理的"绿灯系统"逐步走向"机器化"。例如，当前票房预测准确率最高的人工智能系统是 Script Book 和 Cinelytic，均高于 80%，相比之下，人的预测准确率仅为 27%—31%，人工智能系统对票房预测的准确率是人的 2—3 倍。[2] 另外，在保证票房预测准确率的前提下，人工智能系统设法提高预测时间的提前量。Pilot 声称，其对电影票房的预测时间可提前至影片发行的前 18 个月，这对于人的预测提前量来说简直是一个天文数字。前者为预测电影票房的准确率提供了基本的技术保障，后者为制片公司提供了更长的制作调整时间和宣发筹备时间。

（二）人工智能技术对电影剧本创作的影响

Sora 采用了将视频和图像数据转换为统一表示形式的方法，使模型

---

[1] 王伟，董斌. "机器绿灯系统"与"算法矩阵电影"：人工智能对电影制片业的影响［J］. 当代电影，2020（12）：30-36.
[2] 王伟，董斌. "机器绿灯系统"与"算法矩阵电影"：人工智能对电影制片业的影响［J］. 当代电影，2020（12）：30-36.

能在大规模数据集上进行训练，能处理不同持续时间、分辨率和宽高比的视觉数据，获得大量配有描述文本的训练视频数据，进而提高了从文本到视频生成系统的质量，进而可以创造一个虚拟世界，高度还原甚至超越现实，为人工智能提供一个无限宽广、可控制且安全的实验和学习空间。[①]在电影制作领域，Sora具有剧本写作的能力，而且这种能力甚至可以改变叙事的方式，让观众参与到叙事中，增加故事的体验感。传统的视频制作需要编剧、导演、摄影师、演员等多方合作完成，耗费时间长、成本高。Sora可以通过理解简单的文本描述，自动生成视频内容。同时，Sora通过学习海量数据，掌握丰富的叙事元素和风格，自动生成有吸引力的故事情节、复杂的人物关系和丰富的情感表达，能根据不同文化背景和观众喜好，调整故事内容和叙事风格，使叙事更加个性化和多元化，甚至可以实时根据观众的反馈调整故事的走向。这种双向互动的叙事方式将使内容生产更加动态化，观众将从被动接受故事转变为参与创作故事的主体。

（三）人工智能技术对电影制作的影响

Sora等人工智能给电影行业的微型企业或从业者带来技术支撑信心，制作公司可在不涉及昂贵的实场拍摄、复杂场景搭建、天价明星加盟或高成本特效制作的情况下，无须昂贵的设备或实拍环境，包括剪辑、色彩调整和特效制作等，使创作者能够在不受传统制作资源限制的情况下实现最富想象力的视觉叙事呈现。此外，高度逼真的"换脸"效果不再是"大片"的专利，演员的表演不再受年龄和时空的限制。科幻电影《流浪地球2》便采用了深度伪造技术来对吴京、刘德华和李雪健等演员所饰演的角色进行面部减龄，该片共用深度伪造技术制作了784个数字减龄镜头，实现了无须替换演员即实现拍摄效果。[②]此外，在剪辑、视效合成、调色、声音和音乐制作、母版制作等环节中，人工智能工具也都有着广泛的应用。

[①] 陈光.Sora与未来叙事：AI如何颠覆内容创作［J］.传媒评论，2024（3）：34-36.
[②] 马驰，吕伟毅.系列科幻电影的影像探索和技术升级：与刘寅、魏明谈《流浪地球2》的视觉实现［J］.电影艺术，2023（2）：135-140.

人工智能在电影制作中的应用提高了创作效率，开启了新的艺术可能性，从而提高了创造自由度。例如，AI可以分析大量的电影数据，提供关于受欢迎的故事情节、角色设置或视觉效果的洞见，辅助创作者在创作过程中作出决策。

二、人工智能技术对电影艺术价值的侵袭与销蚀

当人工智能在电影产业中开始承担更多的创作角色（如编写剧本、创作音乐、后期制作、票房预测等）时，它挑战了传统关于作者身份和原创性的法律概念，也在隐私权和数据保护方面，带来了其他复杂的法律问题和挑战。现代技术扮演着社会与文化发展引擎的角色，发挥着引领与开拓功能。正如学者所担忧的，"我们既要看到技术对文化价值实现的支持与促进作用，也要看到技术对文化价值的侵袭与销蚀作用"。[①] 新技术成果最终要么进入传统文化形态，促进社会文化体系的升级换代、发展变化；要么转化为新兴文化形态建构与运行的基础，推动文化体系的外延拓展。在此过程中，技术对现代其他文化形态及其意义的挤压，容易堵塞文化意义的生发之路，不利于精神生活与社会的健康发展。

（一）著作权的确权问题

电影作品最重要的价值属性是艺术价值。艺术创作是人类为自身审美需要而进行的精神生产活动，是一种独立的、纯粹的、高级形态的审美创造活动。电影作品认定的基础是独属于人类的艺术创作。随着人工智能技术的爆发式发展，人工智能已经可以在没有人为干预的情况下，生成很多具有"创造性"的内容。由此，电影智能制作在著作权方面也面临挑战，主要涉及著作权归属和认定的问题。著作权要求作品具有独创性，尤其要求是智力成果。而人工智能生成内容是基于已有素材和数据，那么其原创

[①] 王伯鲁. 技术化时代的文化重塑［M］. 北京：光明日报出版社，2014：45.

性和独创性如何界定；当使用人工智能生成创作内容时，谁应该拥有该内容的著作权需要进行明确界定。人工智能技术发展以来，有关著作权的讨论已在电影界和法律界存在。大多数国家对著作权的归属问题，都认为需要是人类作者。如包括西班牙和德国在内的大多数国家规定，只有人类创作的作品才能受到著作权保护。

在一些国家，虽然未明确禁止对人工智能生成的作品授予著作权，在具体案例中，法院也对此持非常慎重的态度。2023年8月，美国法官贝利尔·豪威尔（Beryl A. Howell）驳回了企业家斯蒂芬·塞勒（Stephen Thaler）对美国版权局的诉讼，裁定由 AI 生成的艺术作品不受著作权保护，并强调人类创作是"有效著作权主张的重要组成部分"。同样，澳大利亚一家法院宣布，由于计算机生成的作品不是人类完成的，故不受著作权保护。此外，人工智能可能使用大量的数据和素材进行学习和生成，但这些数据的著作权该如何保护。同理，如果电影智能制作生成的内容是对其他作品的改编、转化或衍生，需要确保符合法律规定的派生作品条件。然而难点在于，由于电影智能制作所涉及的人工智能模型的复杂性和大数据特性，从技术上调查取证十分困难。电影智能制作有艺术创作者和人工智能协同创新工作的巨大空间，但是如何界定两者之间的著作权权益和责任分配也是一个问题。[1]

电影作为一种艺术形式，其中包含着不可或缺的人类情感。随着强人工智能技术开始介入内容创作，引发了其是否可能替代人类创作者的深刻思考。Script Book 首席执行官 Nadira Azermai 介绍，制片公司开始采用其 AI 技术，同时必须签署保密协议。2020 年 1 月，华纳兄弟宣布采用 Cinelytic 的 AI 项目管理系统，这是好莱坞公司首次公开宣布采用 AI 替代人进行创造性工作。Script Book 和 Cinelytic 等电影 AI 创作应用的先行者，强调用大数据建模的 AI 模型是客观体现创造力的工具，可以进行人工调

---

[1] 陈军，赵建军，鲁梦河. AI 与电影智能制作研究与展望［J］. 现代电影技术，2023（10）：16-26.

整，而且 AI 技术是对创作的客观评价或者参考启发，并不会影响艺术的人文性。[1] 然而使用人工智能生成的剧本、短片或者电影是否从人性的角度和情感出发，其作品是否缺乏人类创作者的情感和独特视角。换句话说，如果任由人工智能技术进行电影相关的创作，那么电影作品的艺术价值又该如何保证？

（二）肖像权的滥用问题

好莱坞电影产业很重要的是明星机制，通过明星带动电影票房。因为明星具有较高的商业价值，好莱坞不遗余力地推崇明星制。中国也同样存在这样的现象，为了提升电影票房的可靠度，影视公司倾向于使用流量明星，吸引大众粉丝。而人工智能深度伪造技术，使电影明星的脸能够在大银幕上"永生"，它能通过肖像数据的收集和训练，使"明星脸"容颜永驻，并经由他人身体不断在银幕、荧屏上呈现。正如好莱坞影星汤姆·汉克斯（Tom Hanks）所说："得益于人工智能和深度造假，死亡不再是演员的终点。"换脸和伪造技术，可以通过人格权的授权使用实现。其中，当然涉及未经权利人允许而被滥用的情况，通过包括肖像权等在内的人格权也可以进行维权。对于电影创作来说，则面临着限制电影艺术价值的难题。若"明星脸"通过深度伪造技术实现银幕或荧屏"永生"，或将持续增加观众对特定审美标准的依赖，进而造成观众审美及文化权利的固化，毕竟"明星脸"始终发挥着引导观众面部审美旨趣的功能。[2]

（三）隐私权的侵权问题

为了降低电影的商业风险，通常在制片环节通过人工智能技术对票房和观众喜爱作大数据分析，为制片和宣发提供决策参考，甚至业内为此

---

[1] CHOW P S. Ghost in the (Hollywood) machine: emergent applications of artificial intelligence in the film industry [J]. NECSUS_European journal of media studies, 2020, 9 (1): 193-214.

[2] 兰健华."深度伪造"换脸技术在电影中的应用研究 [J]. 电影文学, 2023 (24): 47-53.

提出了"智能仿生电影"的设想和实验。"智能仿生电影"产品由智能摄制、智能开发、仿生体验和智能消费四个方面组成,智能开发建立了数据采集、储存、管理、分析、判断、指令平台,通过观众数据的收集和分析,制定符合观众消费心理的产品方案。人工智能技术可以为电影产业带来革命性的改变并推动电影升级,提高电影制作效率、降低成本。① 在此过程中,对观众的数据进行采集,分析判断观众的需求和偏好,观众的隐私权被侵犯,且维权非常困难,加之传播速度迅猛,将导致风险被进一步放大。而通过人工智能技术确定观众的喜好,进而影响剧本创作和制片决策,使电影作品从开始筹备就沦为机器决策的产品,是否进一步限制了创作的自由,进而降低了电影作品的艺术价值,如何通过法律解决,也是新的问题。

三、人工智能技术下电影法价值重塑

电影是技术的产物,其发展历程与多种技术的进步密不可分。从图片到电影、从黑白到彩色、从无声到有声、从胶片到数字、从故事片到动画片,无一不是技术进步的结果。各个国家的电影法立法实践,也都对支持技术创新有所规定,体现出电影法的价值取向上的偏向。人工智能技术出现后,是否应对法的价值取向进行重新思考,值得我们深入研究。

(一)我国现有电影法的价值取向

《中华人民共和国电影产业促进法》为推动电影技术的创新与应用,提高电影制作、发行和放映的技术水平,作出了相关规定。支持和推动数字技术在电影制作和发行中的应用,提高电影制作的效率和质量。首先,关于电影的定义,法律从技术的角度进行确定。该法第二条第二款规定:"本法所称电影,是指运用视听技术和艺术手段摄制、以胶片或者数字载

---

① 郑子龙.人工智能时代的电影革新[N].中国电影报,2023-04-26(13).

体记录、由表达一定内容的有声或者无声的连续画面组成、符合国家规定的技术标准、用于电影院等固定放映场所或者流动放映设备公开放映的作品。"其次，法律直接提出鼓励技术创新。该法第六条规定："国家鼓励电影科技的研发、应用，制定并完善电影技术标准，构建以企业为主体、市场为导向、产学研相结合的电影技术创新体系。"尤其这里提到要以市场为导向，而没有提到电影的艺术价值的体现。此外，《"十四五"中国电影发展规划》提出要加快电影科技创新，充分应用虚拟摄制、云端制作、智能制作以及计算机动画等多元化电影摄制技术手段，推动建立电影创作、内容和数据共享技术体系。以上法律和国家规划都体现我国电影法关于鼓励电影技术发展，突出经济价值的取向。那么在人工智能技术，尤其面临Sora技术带给电影产业的挑战，电影法的价值取向是否应该重塑，需要我们讨论。在具体落地方面，国家电影局针对科幻电影出台了专门的扶持政策，并组织召开电影科技发展创新座谈会，强调加强电影产业链各端协同发展、优势互补，加快补齐补足我国电影科技的薄弱环节和发展短板，早日实现电影领域关键核心技术完全自主可控，共同提升我国电影科技的综合实力和整体效能。

（二）人工智能相关立法中的价值取向

欧洲议会批准的《人工智能法案》为欧盟内人工智能系统的开发、市场投放和使用制定了统一规则。尤其该法案禁止某些违背欧盟价值观、特别有害的人工智能做法，包括：使用人工智能进行"社会评分"、操纵人类行为以规避其自由意志等。美国加州通过的《加州消费者隐私法案》，对AI系统的数据使用也产生了深远影响，尤其针对依赖于大量的消费者数据进行训练和操作的行为要受到约束。企业必须向消费者披露其个人数据的收集和使用情况，包括收集了哪些数据、数据的来源、数据的用途以及是否与第三方共享。《中华人民共和国网络安全法》《中华人民共和国个人信息保护法》对个人信息的保护作了规定。国家新一代人工智能治理专业委员会发布的《新一代人工智能治理原则——发展负责任的人工智能》

提出了人工智能技术的开发和应用，要确保其符合伦理和社会价值，尤其强调人工智能的开发和应用应以人为本，服务于人类福祉，促进人类的发展。AI技术的设计和使用应关注人的需求和利益，尊重和保护人的尊严、权利和自由，提升人的幸福感和福祉。

（三）电影法的价值重塑

"对技术采取简单拒斥或全盘引进的态度都是不恰当的，也许趋利避害式的全方位价值盘算与重建，才是唯一可取的审慎态度。"[①] 针对电影产业，如何将上述关于人工智能开发和应用的原则贯穿到电影剧本开发、影片制作和制片等各环节，充分尊重电影的艺术价值，还需要具体的立法政策来予以规定。

首先，通过具体细则对创作行为予以明确。针对使用人工智能创作的作品，应明确作品需要体现自然人的独创性贡献。即构成著作权法下保护的作品，只能是AI辅助人类创作的内容，而非完全由AI自动生成的内容。当使用者利用大模型通过提示词构思、模型数值设定以及对生成内容的多轮选择和提示词修改等行为生成了内容，那么在这一系列行为中，使用者是否具有独创性层面的控制力和可预见性，是判定相关内容能否受到著作权作品保护的核心。

其次，在执法环节要严格保护用户个人信息。一方面，针对电影产业的各个环节，大量收集用户信息的行为要由国家的法律予以限制和约束；另一方面，在执法环节，要对人工智能技术收集观众信息的行为，严格执行相关法律，确保个人隐私权受到保护，进而进一步突出电影的艺术价值。

最后，充分发挥行业协会的作用，对深度伪造技术予以必要限制。针对电影产业中使用"明星脸"进行创作的问题，需要行业对此进行研究，是否采取必要的限制，制定法律规范，保护电影作为一种艺术形式应拥有的蓬勃的文化生命力。

---

① 王伯鲁. 技术化时代的文化重塑[M]. 北京：光明日报出版社，2014：45.

法理视角下人工智能参与创作的著作权认定与探究

SHAWN RICH 北京师范大学法学院博士研究生

摘　要：AI自主创作正在逐步降低人类在创作过程中的贡献。法律上是否承认AI创作作品享有著作权、如何界定这些作品的"作者"身份、创作过程中是否涉及侵权问题，都将直接影响AI技术未来的健康有序发展。通过分析AI的本质和类别，探讨模拟人脑工作机制的复杂神经网络模型。可以发现，结合前期人机交互准备工作与自动生成过程的整合性，有助于在自然人与AI生成内容之间建立间接智力活动的法律联系。因此，寻求普通民事主体作为AI的"管理人"以及认定AI为实际创作者并赋予其署名权，成为合理的解决方案。进一步地，设立AI生成内容版权登记管理制度，可以明确权利归属，保障创作者、投资者及使用者的合法权益。其最终目的仍是促进科技创新，激励更多创新活动，推动文化产品多样化。

关键词：AI；法律人格；著作权；侵权；署名权

一、人工智能创作背景下著作权从属关系的冲突

随着AI技术的不断进步，有必要思考其对传统著作权法律体系的影响。包括重新考虑原创性的定义、作者身份的归属以及AI在创作过程中所扮演的

角色。这一过程旨在构建一个能够适应未来技术发展的全新法律和伦理体系。

（一）创作权属关系的法理概念

著作权是指创作者对其创作的文学、艺术和科学作品享有的一系列专有权利。这些权利通常包括复制权、发行权、展示权、表演权、改编权和翻译权等。著作权的核心在于保护创作者的智力成果，并赋予创作者对其作品的控制权，以及从中获得经济利益的权利。作者是著作权的初始所有者。在著作权法中，作者是指创作了受著作权保护的作品的个人或群体。作者自作品创作完成之时起，自动获得对该作品的著作权。这包括道德权（如署名权、作品完整性权）和财产权（如复制权、发行权、改编权等）。著作权赋予作者一系列专有权利，用以控制其作品的使用，包括复制、发行、公开表演等。侵权是指任何未经著作权所有者授权的使用行为，这可能包括未授权复制、发行或公开展示作品等。当第三方未经许可使用作者的作品时，侵犯了作者的著作权，构成侵权。在法律救济上，作者可以依据著作权法对侵权行为采取法律行动，如要求停止侵权、消除影响、赔偿损失等。

国际上，多项国际公约和协议（如《保护文学艺术作品伯尔尼公约》《世界知识产权组织版权条约》）为著作权的保护提供了保障。1990年，中国颁布了第一部《中华人民共和国著作权法》，并在2001年、2010年和2020年进行了三次重要修正，以适应数字时代的需求。该法律规定了著作权的内容、著作权登记、著作权的保护期限、著作权的限制等方面。其中，著作权的保护期限通常是作者终身加50年。在中国大陆，著作权侵权的判定和处理相当严格。一旦发生侵权行为，著作权所有人可以要求侵权人停止侵权、消除影响、赔偿损失等。在严重的侵权案件中，侵权者可能面临行政处罚甚至刑事责任。随着数字技术的发展，著作权保护面临新的挑战。例如，网络盗版、数字内容的非法复制和分享成为常见问题。

（二）人工智能创作与著作权间的争议

随着大数据、云计算和大脑神经科学等前沿技术的飞速发展，AI已经从单纯执行人类指令的机械操作，演进为具备自主学习和认知能力的高级形态。这一转变使 AI 不仅能够执行复杂任务，更能够自主创作诗歌、绘画等艺术作品，这些作品在质量和创造性上足以媲美人类艺术家的作品。传统上，著作权法律制度的建构基于对人类创造性劳动的保护。然而，当 AI 开始涉足文艺创作领域并取得成就时，其对人类创作行为的替代或补充性质引发了对著作权归属、原创性和作者身份等核心概念的深刻反思。尤其是在 AI 自主创作的作品逐渐增多的背景下，现有的著作权法律框架面临着重大的适应性挑战。AI 创作的作品在法律上是否能被认定为具有著作权，以及如何界定这些作品的"作者"，成为需要重新审视的问题。

著作权法的核心是原创性的要求，这一点在著作权理论中至关重要。在当前的法律框架中，作品必须是"原创"的，才能获得著作权保护。然而，这种原创性的判定并非客观评估，而是一种主观评估，它更多关注的是创作过程，而非单纯的作品本身。在 AI 创作的情境下，如何界定这种原创性成为一个复杂问题。AI 技术的应用正逐渐减少人类在作品创作中的贡献比例，这一现象引发了对现行著作权法律体系有效性的深刻质疑。人工智能创作物是否属于智力成果的争论焦点在于人工智能创作过程中是否存在"智能"，反对派学者主张人工智能在创作过程中不具有"智能"，因此创作出的成果不具有智力成果的属性，而智力成果的属性应当在著作权法体系内，同时要将其在作品创作和传播过程中的激励功能纳入考量。[1] 如果未来我们达到了技术发展的"奇点"，即 AI 技术发展到一个难以预测的高级阶段，那么当前的著作权法律框架可能会面临更大的挑战。在这个阶段，区分人类和非人类的创作可能变得没有意义，而应当考虑赋予 AI 一定的权利，至少是有限的道德权利，以承认 AI 对其创作的贡献。程序员或开发者对 AI 生成作品的作者权利可能具有更强的主张，因为编程和程序输出之间的界限在当下尚可明确划分。但随着 AI 的发展，这种界限和

---

[1] 寇枫阳.人工智能生成内容的作品化，路径及其归属[J].中南财经政法大学研究生学报，2019（5）：9.

作者权利的主张将逐渐模糊。

在AI创作过程中，还会存在侵权的问题，AI技术的核心依赖大量数据的处理和分析，而这些数据的质量和可用性直接影响AI解决问题的能力。AI掌握的数据在创作过程中是否可能构成侵权，以及是否应该制定相关的法律框架以规范这一行为。正如在食品安全、药品审批、交通规则和制造领域政府所制定的安全标准一样，AI技术的应用也需要一套明确的法律和伦理标准。因此，建立一个合作的法律框架变得尤为重要，确保能够有效地处理与AI相关的著作权、隐私和伦理问题。同时，这一框架还应当鼓励创新和技术进步，确保公众利益和个人权利的保护。将计算机—AI生成作品的权利归属明确化，对于避免这些作品的潜在滥用、操纵和损害至关重要。此外，这也对维护知识的完整性和促进创新具有重要意义。

二、基于人工智能运行特性的针对性探讨

在探讨法律规制对象的规制问题时，首先需对此进行定义与深入的分析。概念的界定不仅是理解和探讨问题的前提，而且在法律规制的语境中尤显关键。这种区分对于法律领域的讨论尤为重要，因为它涉及如何准确理解和应用法律术语。对于法律规制对象的定义，其重要性在于提供了一个明确的参照框架，使法律的应用和理解更为准确和高效。

（一）人工智能的定义与发展

人工在这一词语中作为形容词修饰智能，所以人工智能意指人造的智慧和能力，这种智能只是强调来源为人造，而性质上或者说结果呈现上应当是拥有与人类一样的智慧。[1]智能涵盖了处理信息、学习、理解和形成基于理性的判断或观点的能力。AI的要素进一步深化了对其的理解。这些要素包括：一是具备学习能力，即能够根据经验和数据进行自

---

[1] 李红雨. 人工智能生成物著作权保护研究［D］. 大连：辽宁师范大学，2021.

我优化和调整；二是有效处理不确定性和概率信息的能力，表明AI能够在多变环境中作出合理决策；三是从感官数据和内部状态中提取有用概念的能力，以及将所得概念用于灵活的组合表示，以进行逻辑和直观推理。这些要素共同构成了AI系统的核心功能，也是其在法律规制背景下需考虑的关键特性。作为计算机科学的一个重要分支，其目标是改善机器和系统，使之能够更有效地推理、学习、收集信息、创造知识、自主交流。

在人类与AI的比较中，我们发现AI在信息处理速度和持续性方面有着明显优势。AI能够迅速分析大量数据，提取相关知识，尤其在数据挖掘、模式识别等方面远超人类。人工智能依托技术，是指机器在技术的控制下体现类似于人类的智慧和能力。其核心是机器中的程序带有模拟人类大脑的指令，最终产生可以类似于人类大脑的各种活动的结果。[①]在强人工智能领域，又可进一步细分为"人类形成人工智能"和"非人类形成人工智能"：前者指计算机具有类似于人脑的思考和推理能力，表现出与人类相似的行为；后者则指计算机具有与人脑不同的思考和推理能力，其行为与人类不具相似性。

（二）人工智能的内在运行原理

深度学习技术在人工智能领域的应用已经达到了前所未有的高度，它通过构建复杂的神经网络模型来模拟人类大脑的工作机制，体现了一种深刻的仿生学原理。使机器人模仿甚至主动学习，以及人和机器的交互，这三者是层层递进的过程。由此可见，首先，人工智能进行创作表现为对大量数据的汇总、分类及筛选；其次，人工智能执行在数据基础上发出的指令，甚至学习指令的规则逻辑，然后进行自主创作。深度学习，作为人工智能发展的顶峰，其核心竞争力在于机器能够自主学习运行数据中的特征，并通过不断地迭代训练，实现对输入信息的深层次理解和处理，最终

---

① 李屹，李曦.认知无线网络中的人工智能[M].北京：北京邮电大学出版社，2014：8.

达到自动化创作的能力。深度学习技术依托复杂的神经网络和大数据，通过模拟人脑处理信息的方式，使机器能够对特征量进行自我学习和自我优化。

在人工智能创作领域，这种技术能够依据已有的数据、规则和知识体系，自动产生与人类创作难以区分的作品。人工智能的这一创作过程具有高效性和低成本的特点，显著提高了创作的速度和数量，同时，由于其基于神经网络模型的不可预测性，人工智能生成的作品具备了一定的原创性和独特性。人工智能创作的核心特征包括创作的高效性、内容形式的不可区分性、创作种类的多样性以及明显的技术性。

然而，AI 的运行原理和法律规制的挑战在于其过程的内在复杂性。即使专业的计算机工程师也难以精确解释程序的确切过程，这在拉兹的法律理论框架下构成了一大挑战。AI 生成的法律系统或指令可能在表面上清晰，但其背后的逻辑和过程可能难以把握。此外，AI 的输入，即机器学习算法的训练，需要大量数据。这些数据使 AI 系统能够识别规律或模式，并据此进行预测和生成新的输出。即创作过程中特征变量与输出结果之间逻辑关系的不透明性，加剧了这一挑战，使传统的著作权法难以适用。使人工智能生成内容在形式和内容上与人类作品极为相似，为著作权法带来了前所未有的挑战。

（三）人工智能生成内容概念的提出

人工智能生成内容，本质上是通过计算机软硬件设备，特别是深度学习和神经网络技术的应用，为满足人类需求而生成的内容。这些生成内容不仅是技术的展示，更是人工智能技术在文学艺术领域具体应用的产物。随着技术的不断进步，AI 的角色已经从原先的辅助工具转变为具有独立创作能力的主体。通过对海量数据的学习和分析，AI 能够自主产生原创性作品，这些作品在形式上和内容上均展现了创新性和独创性。

在当代技术与艺术的交汇点上，AI 在创作领域的应用引发了广泛的法律与伦理讨论。AI 创作物分为两大类，第一类：AI 作为辅助工具。在此类情形下，AI的角色类似于传统的创作工具，其作用仅限于执行人类创作者的具体指令。例如，数字化相机在摄影活动中的应用，或AI绘图工具在艺术创作中的使用，均属于此类。这些情形中，AI没有独立的创作思想或创作能力，创作成果完全反映了人类创作者的意图和创造力。因此，这类AI生成的作品在著作权法下的保护对象明确为人类作者，AI仅作为创作过程中的一种辅助工具使用。第二类：AI担任创作者角色。相较于第一类，第二类情形中的AI具备了类似人类的自主学习、思考能力和逻辑思维，能够独立完成创作过程。这类AI创作物挑战了著作权法仅承认自然人创作的传统理念，引发了对著作权归属、创作主体资格等核心法律问题的重新审视。

（四）人工智能的法律人格

在现代法学视野中，AI是否也应被赋予类似的法律人格？首先，有必要强调人格权利与法律人格的区分。人格权利通常与道德、情感和自我意识等人类特质紧密相关，法律人格则是一种法律构造，用以赋予某实体一定的法律权利和责任。尽管动物与人工智能均为非人类主体，但在智能的本质上存在显著差异。人工智能在某些领域已经展现出超越人类的能力，其模拟人类智能的特性与动物智能形成鲜明对比。这一差异为AI法律人格的讨论增添了复杂性。由此，将AI简单归类于传统的非人类主体框架之内，可能忽视了其独特性。关于只有人类才有法律人格的观点，我们须从两个层面进行考量。一方面，自然人类的独特地位在法律传统中根深蒂固，但是在公司法领域，公司作为一种非自然人实体，却被赋予法律人格，这一事实揭示了法律人格概念的可扩展性。另一方面，关于AI的法律地位，我们不能简单地以人类与非人类的二元对立来定论，而应考虑AI的特殊属性。

人工智能法律人格说主张将人工智能视作法律主体，使其享有其独立创作物的著作权。部分学者是持否定态度的，其认为这样的创作活动无非只是算法、规则和模板应用的结果，并不体现创作者的不一般特质，虽具有一般作品外观,但并不是人类主体赖以表达的情感内容,并且缺乏内在人格基础。[①]而大部分学者认可其独创性,并且认为创作意志来自设计人工智能的主体。这一学说的提出基于几个关键的论点:根据《中华人民共和国著作权法》第十一条的规定,著作权属于作者。由于人工智能能够独立创作并在创作过程中体现出创造性,这一点已在前文得到充分证实,依此逻辑,人工智能完全有可能按照现有法律规定被认定为作者,从而享有其生成内容的著作权。

当前我国法律体系中并未明确排除人工智能成为新的法律主体的可能性。《中华人民共和国著作权法》在第十四条中规定了作品归属需遵循"出力规则",即只有"出力"的主体而非仅"出资"的主体可以享有相关权利。[②]依此规则,我国立法者认为作品的著作权归属于对创作有实质付出的主体,具体到人工智能创作中,是否以使用者为实质付出的主体,还需要考虑设计者和使用者是否具有同一性。[③]实际上,除了自然人主体,现行法律已经设立了法人作品制度、特殊职务作品制度等特殊制度,这些制度为人工智能获得法律主体资格提供了可能性与依据。

三、厘清人工智能参与创作的权益保障

AI技术的监管框架需要与时俱进。对于AI技术的未来应用及其对社会的影响进行深入研究和探讨,不仅能够促进我们对这一技术的理解,也为制定有效的管理策略和法律规范提供了理论依据。

(一)人工智能生成内容的可版权性

对于人工智能生成的作品,我们可以将其划分为两大类。第一类是

---

① 王迁.论人工智能生成的内容在著作权法中的定性[J].法律科学(西北政法大学学报),2017,35(5):148-155.
② 尹新天.中国专利法详解[M].北京:知识产权出版社,2011:188.
③ 刘维.人工智能时代著作权法的挑战和应对[J].上海交通大学学报(哲学社会科学版),2021,29(2):40-49.

人工智能作为辅助工具生成的内容，例如通过 Photoshop 或 AutoCAD 等软件辅助创作。在这种情况下，人工智能的角色更像是一个提高效率的工具，而创作的主导权仍然掌握在人类手中。第二类则是人工智能作为独立个体生成的内容，如微软小冰创作的诗集或文章。在这类作品的创作过程中，人工智能的自主性和创新性更为显著，人类的控制程度相对较低。对于第二类，即人工智能作为独立个体生成的内容，其著作权归属问题更为复杂。这类作品的创作过程中人工智能展现出较高的自主性和创新性，导致传统著作权法对于著作权主体的定义——自然人——变得不再充分适用。

根据著作权法对作品的规定，我们可知构成作品需要满足以下四点：一是具有独创性，二是具有可复制性，三是智力成果，四是在文学、艺术和科学领域范围内。人工智能生成内容集中在文学、艺术和科学领域范围内是毋庸置疑的，因此需重点判断的是前三点。[①]《中华人民共和国著作权法》第三条对作品的定义提出了智力成果的要求，但法律文本并未明确指出"智力成果"是否包含由 AI 间接创作的成果。考虑到 AI 生成内容是基于人类编程者提供的数据和算法通过 AI 系统自主创作出来的，这种间接的智力劳动被认定为符合作品定义中的智力成果，需要法律界给出明确的解释。

著作权的存在不仅依赖作品的创造过程，还涉及一系列地理和法律要求。这些要求通常与作品和特定国家或国际条约伙伴的关联性有关。例如，在加拿大，著作权的存在取决于作者在作品制作之日是否为条约国的公民或居民。《中华人民共和国著作权法实施条例》将创作行为定义为直接由人的智力活动产生作品，强调了智力活动与作品之间的直接因果关系。AI 生成内容的创作过程不仅包括自动生成过程，还涵盖了前期准备工作，如程序开发、数据选择和团队组织等。这些前期工作中蕴含的创意、想法和建议虽不直接转化为可感知的作品形式，但对最终生成内容的形成

---

① 韦之.著作权法原理[M].北京：北京大学出版社，1998：18.

起到了决定性作用。因此，这些间接的智力劳动应被视为创作过程的一部分，建立起自然人智力活动与 AI 生成内容之间的内在联系。任何创作过程都可以假想地分为三个时期，积累素材时期、构思和酝酿作品的时期、写作时期。在现行著作权法体系下，为 AI 生成内容提供法律保护需重新审视与适应 AI 技术的特点。通过整体分析 AI 生成内容的创作过程，认可前期准备工作与自动生成过程的整体性，可以为自然人与 AI 生成内容之间的间接智力活动建立法律上的联系。这不仅有助于精确界定创作行为的范围，也为 AI 生成内容的著作权归属提供了理论支撑。

（二）人工智能参与创作的主体资格认定

当代社会普遍接受的"常识"是，作者是一个具有思考能力的生命体，这一观念深植于早期案例和概念之中。然而，这一定义在面对 AI 时显得不足。创作并非一个完全个性化的过程，无论是长时间的研究和努力，还是突然的思维飞跃，都不是完全独立的。从技术角度看，AI 的创作能力和独立性正在逐步增强。这不仅表现在数据处理和分析能力上，还体现在创作和设计方面的独创性。AI 能够通过学习和模仿，创造新的艺术作品、音乐作品或文学作品，这些作品在某些情况下难以与人类作者的作品区分。是否应将著作权归属于 AI 机器本身、AI 的开发者（包括编程人员及其所属公司），还是 AI 机器的使用者，是著作权法"创作—保护—激励—再创作"四大环节中的关键环节。在当今法律与技术交织的复杂背景下，AI 创作物的著作权归属问题不仅触及著作权法的基本原则，也对传统的权利归属理念提出了挑战。

人工智能生成内容与其使用者之间的直接关联性构成了赋予后者著作权的主要基础。人工智能使用者通过输入相关数据，不仅参与了创作物的初步构想和方向设定，还负责了数据的收集和选择工作，此外，使用者在创作物生成后的检查、校对及发布等环节中的积极参与，进一步加深了其与 AI 生成内容之间的联系。独创性的标准只需满足客观独创性即可。对于大部分人工智能生成内容，已经很难区分是自然人创作还是人工智能创作，只要是独立创作且具有创造性就表明符合独创性客观标准。① 可以说人工智能使用者的数据输入、生成内容的校对和发布等行为，均可视为对AI生成内容价值的直接贡献。此外，与AI本身相比，使用者作为著作权的拥有者更有利于激励人类创造更多优秀作品，促进人类文明社会的进步。将著作权归属于人工智能使用者，不仅体现了对其劳动价值的认可，也符合人工智能发展的实际需要和社会法律的现实要求。

然而，现有的法律框架并不支持AI作为独立主体进行有效的纠纷解决。此外，如需进行权属转移等法律行为，AI作为主体的不可操作性同样成为难以跨越的障碍，但这种做法的代价较大。虽然赋予人工智能法律主体地位有一定的正当性，可以很好地解决人工智能生成内容的著作权归属问题，但由此带来的问题也比较显著，不能因为需要解决问题而创设更大的问题。创设新的民事主体代价过大，不适合我国目前的实际情况。② 在AI著作权归属问题上，寻找传统或普通民事主体充当AI的"管理人"成为一个较为合理的解决方案。AI使用者作为实际控制和指导AI运行的人，不存在法理上的障碍，享有AI生成内容的著作权。这种安排不仅符合著作权法上对作者身份的规定，也能有效避免对相关法律制度产生不利影响。AI使用者与AI生成内容之间的紧密联系，以及其在整个创作过程中的全程参与，使使用者代替AI行使权利成为一个实际可行且合理的选择。

另外，署名权作为人身权利的一种表现形式，不仅体现了作者身份的认定，也承载了一定的经济价值。这种蕴含极强人身属性的权利，其价值在于能够为作品的传播和认可提供无形的支撑。从AI的生成原理出发，AI在其生成内容的创作过程中扮演了关键角色，其所投入的智力劳动是创作过程中最为集中的部分。因此，认定AI为生成内容的实际创作者，并赋予其署名权，具有一定的理论基础和实践基础。事实上，现行的AI系统通常拥有自己的名称，这一点为其享有署名权提供了前提条件。重要的

---

① 熊琦.人工智能生成内容的著作权认定[J].知识产权，2017（3）：3-8.
② 朱梦云.我国著作权法视域下的人工智能法律主体资格论证[J].电子知识产权，2021（8）：63-75.

是要明确，署名权与著作权人身份是两个相互独立的概念。赋予AI署名权，并不等同于确认AI为法律意义上的作者。AI享有的是在其生成内容上署名的权利，具体权利的行使和保护则由AI的使用者来负责。这种区分不仅符合现有的法律框架，也避免了潜在的权利冲突和纠纷。AI作为权利的客体，本身不追求经济利益，因此赋予其署名权不会触发其他主体的利益冲突。相反，这种做法有助于明确区分AI生成内容与人类创作的作品，维护著作权市场的秩序稳定。

（三）人工智能创作中的侵权责任问题

当行为人违反著作权法的规定，实施严重侵犯著作权的行为时，不仅会侵犯著作权人的自身利益，还会破坏社会主义市场经济秩序，从而导致对社会公共利益和他人合法权益的严重侵害。[①] 即使在人工智能生成内容著作权归属并不明晰的前提下，仍应视作社会公有，这是公共秩序应当加以考虑的，如果对侵害行为放任为之，损害人工智能生成内容著作权的侵害行为便会猖獗，严重损害知识产权的秩序，进而影响社会公共利益的平衡。[②] 在AI的创作过程中，著作权侵犯的可能性并不局限于创作的最终产出。在整个数据收集和处理阶段，AI可能已经接触并使用了受著作权保护的材料，还包括了对这些材料的修改和再创造。这里涉及一个关键问题：如果AI在其输入过程中侵犯了著作权，其输出也可能构成著作权侵犯。然而，并非所有的数据都受著作权保护，事实和原始数据通常不符合著作权保护的条件。AI可能在以下几个层面侵犯著作权。一是制作受著作权保护作品的数字副本，并将其存储在硬盘驱动器或"云"中。目前，法院尚未明确解决为训练AI而制作的未经授权副本是否构成侵权的问题。二是以创建衍生作品的方式修改数据。三是使用网络爬虫或文本和数据挖掘（TDM）技术收集数据，可能提取照片、电子书等受著作权保护的信息。

---

① 刘宪权.人工智能生成物刑法保护的基础和限度[J].华东政法大学学报, 2019, 22(6): 60-67.
② 陈禹衡, 尹航.论侵犯人工智能生成物版权的刑法规制[J].山东行政学院学报, 2020(1): 56-61.

在 AI 生成内容所需承担的责任方面，关键在于明确一个具备独立责任能力的主体来承担相应的责任。根据权利义务相一致的法理原则，权利的赋予与责任的承担应当是相互对应的。然而，由于 AI 本身缺乏独立意志和财产权，其作为一个工具的属性决定了它无法直接承担法律责任，因此必须由自然人、法人或其他组织承担责任。在 AI 生成内容可能引发的著作权法上的侵权行为中，考虑 AI 的依赖性和工具性，实际控制 AI 的投资者或实际使用者应当承担相应的责任。这一责任的确定应基于实际情况，依照实际控制人的角色和作用来分配。综上所述，对于 AI 生成内容相关的侵权责任分配，应依据权利义务相一致的原则，明确责任的承担者为 AI 背后的实际控制者，即投资者或使用者。这种责任分配机制既考虑了 AI 技术的特性，也符合著作权保护的基本目的，即弥补被侵权人的损失，并通过责任的承担来规范市场行为，维护著作权法的正当价值。未来的法律实践和理论探讨应进一步明确 AI 生成内容侵权责任的承担机制，以适应技术发展的新趋势，保障权利人的合法利益。

四、制度走向与制度建设

随着 AI 技术的快速发展，AI 生成内容在文化产业中所扮演的角色日益重要，其法律地位的明确化成为当务之急。从促进人工智能产业和文化产业的发展角度出发，对 AI 生成内容进行法律调整和保护，不仅有利于激励技术创新，也对维护市场秩序、保障投资者和创作者权益具有重要意义。

（一）人工智能规范制度应偏向激励原则

在当前经济和科技条件下，应当给予 AI 生成内容与人类作品相同的著作权保护。同时，对 AI 生成的电子新闻等即时性作品进行著作权保护，可以激励用户创造并及时发布，提高社交媒体的点击量和关注度。因此，对 AI 生成内容赋予著作权保护有助于促进科技创新、保障公众利益，并推动文化发展。赋予 AI 生成内容著作权保护能激发消费者对 AI 产品的购买意愿,从而引导资本流入 AI 领域,促进 AI 开发者进行更多研发、优化和维护工作。这种保护机制不仅鼓励创新,还有助于科技进步。此外,由于 AI 生成内容通常是对现有人类文化成果的再利用,这种保护能提高已发表作品的效用,使孤儿作品、公共领域作品等得到更好的利用和价值发掘。同时,明确 AI 生成内容的著作权归属有助于保护权利行使,并在侵权问题上明确责任主体。然而,否定说指出,机器本身不存在创造动力,因此赋予机器著作权保护违背了著作权法激励创作的目的,并可能引发法律的不确定性。此外,人工智能生成内容被越来越多的人所选择,人类作者会丧失创作的欲望,最终导致体现人类特有精神价值的人类作品渐渐退出文学艺术作品的历史舞台。[①] 保护 AI 生成内容可能导致反公地悲剧,即权利的过度保护阻碍利用,从而导致创新停滞。

随着工业产权的发展,作品权利归属的焦点逐渐从自然人作者转向机构投资者,这一转变对 AI 生成内容的法律保护提出了新的要求。在权利归属的问题上,应当将人工智能设备的所有者置于核心位置,同时,遵循"约定优先"的原则进行权利配置。在没有明确约定的情况下,AI 生成内容的权利归属应默认为 AI 设备的所有者,从而为投资者提供保障。此外,"约定优先"原则也体现了对参与 AI 生成内容创作过程各方意愿的尊重,为权利的自由配置提供了空间。明确 AI 生成内容的权利归属,不仅是对 AI 技术创新成果的认可,也是对投资者投入的一种回报。这种法律调整有助于吸引更多的投资进入人工智能和文化产业,促进产业的健康发展。同时,通过合理的权利配置和保护机制,可以激励更多的创新活动,推动文化产品的多样化,从而丰富社会文化生活。

另外,AI 生成内容之所以在市场上具有交换价值,归根结底是因为它凝结了人类劳动者的剩余价值。这一过程体现了劳动者所付出的社会必要

---

① 孙山.人工智能生成内容的著作权法规制:基于对核心概念分析的证成[J].浙江学刊,2018(2):113-120.

劳动时间的减少，即通过 AI 的应用，减少了创作过程中的具体直接劳动，从而在保持社会必要劳动时间不变的情况下获得竞争优势，进而实现超额剩余价值。激励理论作为知识产权法的核心原则之一，强调通过法律手段激励创作与传播，以促进社会福利和经济发展。可以说，著作权法制度设立的目的是保护著作权人的利益，激励著作权人源源不断地创作，为精神社会提供更多作品。从激励理论出发，给予人类作者一定的经济报酬，保护其相关权利不受侵害都是为了鼓励其创作更多优秀的作品，丰富整个社会文化生活。[1] 在 AI 生成内容的著作权保护问题上，虽然 AI 本身不具备功利主义的选择和行为倾向，但其背后的自然人、法人或其他组织可以通过法律保护获得激励，从而投入更多资源于人工智能的开发与应用方面。从长远和整体的角度看，对 AI 生成内容赋予著作权保护，以激励市场主体的投入，不仅能促进技术开发和内容产出，还能推动文化产业的繁荣和健康发展。通过保护这些智力成果，法律制度有助于激发更多的创新活动，满足日益增长的文化市场需求。通过人工智能创作就可以很轻松地解决这种需求，也由此成为对人创作的补充，把人的精力从低层作品创作中解放出来，转而投入高层次艺术作品的创造。[2]

（二）制度的建设与应用

人工智能的开发需要耗费大量的人力、物力、财力，这都需要强大的资本支撑，如果不保护投资人的利益，人工智能就有可能停滞，更何况生成内容。[3] 但是著作权的过度保护目前可能对 AI 技术的研究、开发、训练和透明性构成风险。如果没有适当的限制和例外来保护文本和数据挖掘免受著作权责任的束缚，著作权法可能会阻碍技术的发展。设立著作权的主

---

[1] 陈曦.激励理论视野下的人工智能生成物著作权归属研究［J］.知识产权与市场竞争研究，2020（1）：222-237.
[2] 邱润根，曹宇卿.论人工智能"创作"物的版权保护［J］.南昌大学学报（人文社会科学版），2019，50（2）：35-43，113.
[3] 黄姗姗.论人工智能对著作权制度的冲击与应对［J］.重庆大学学报（社会科学版），2020，26（1）：159-169.

要目的是鼓励文学、戏剧、音乐和艺术作品的创作。AI技术在不需要持续的人类智力努力和昂贵投资的情况下生产作品的能力，可能为公共领域带来比之前更多的成果。同时，机器学习和文本及数据挖掘技术在创造性问题解决和新知识生成方面展现出巨大潜力。在这个时期，我们有机会确保一个平衡的版权生态，既提供必要的创作激励，又为AI技术的持续发展提供关键空间，以促进公共利益。AI系统可能很快取代人类成为原创文化作品的主要来源。

尽管AI本身不具备选择和行为的功利主义倾向，但其背后的人类主体——开发者、投资者或使用者——可以通过适当的法律激励获得显著的益处。建立法律制度的目的在于将自由流通的信息转化为特定主体的专有财产，以此激励作品的创作和传播，促进社会文化与经济的发展。通过给予AI生成内容的相关主体著作权保护，以确保他们能够获得合理的经济回报，是激励其持续投入技术开发和内容产出的有效手段。总的来说，对AI生成内容实施著作权保护，应当立足于激励市场主体投入、促进产业创新发展以及满足日益增长的文化市场需求。这种以激励为基础的保护机制，不仅符合著作权法的核心原则，也是推动社会经济发展、丰富文化生活的有效途径。

笔者认为，设立人工智能生成内容著作权登记管理制度，能在AI生成内容诞生之初就明确其权利归属，解决因权属不明确而引发的法律纠纷，保障创作者、投资者及使用者的合法权益。在具体制度设计上，可以借鉴成熟的商标注册制度。著作权登记要求每个AI生成内容进行明确署名，署名应指向AI机器本身，类似于商标，使每个AI机器都拥有独特的"身份证"，便于管理与识别。这种做法既不会与现行著作权法产生冲突，也为AI生成内容提供了创新的保护机制。一方面，设立著作权登记管理制度旨在防止AI生成内容垄断文化市场，保护人类创作空间，促进文化多样性发展。另一方面，著作权登记管理制度能够通过形式审查与实质审查，限制低质量AI生成内容获得著作权，从而实现著作权法激励创作、繁荣文化的目的。AI使用者是与人工智能生成内容联系最密切的自然人。将著作权分配给AI使用者能够减少交易环节，降低交易支出，实现经济效益的最大化。[①]设立人工智能生成内容著作权登记管理制度是对现有法律框架的必要补充和创新，旨在明确AI生成内容的权利归属，维护版权市场的健康发展，保护人类创作者的权益，同时促进AI技术的健康发展和文化产业的繁荣。这一制度的建立，将是法律适应新技术发展，实现社会公共利益最大化的重要一步。

结　语

本文旨在构建一个合理的法律框架，专门针对AI生成作品的著作权保护，以此应对由技术进步带来的新挑战。随着AI技术的不断演进，法律体系的灵活性与前瞻性显得尤为关键，其不仅需确保AI产出的作品能够被纳入现有的法律规范中，同时也要保障这些创新成果能够得到良性、持续的发展。因此，探索如何有效规范AI生成内容，构筑既能够促进技术与文化创新，又能确保公平正义的保护机制，成为法律学界未来研究的重要方向。此种努力，旨在平衡创新与保护之间的紧张关系，确保在促进科技发展的同时，也能保护创作者、使用者及社会大众的合法权益，推动构建一个更加公正、健康的数字创新环境。

---

① 魏远山，刘友华.人工智能生成物的权利归属及权利限度［J］.广东行政学院学报，2021，33（2）：62-70.

国内外人工智能法律的研究热点与思考

——基于2014—2024年3116篇文献的可视化分析

庄昕昊　中国传媒大学文化产业管理学院硕士研究生

摘　要：近十年人工智能技术深刻影响各个领域，从政策与法律层面探讨对人工智能的未来发展进行鼓励与规范的问题得到了国内外学界广泛的讨论。通过运用CiteSpace文献计量工具，对CSSCI与SSCI两类数据库进行发文量、研究作者、研究机构、研究热点与研究趋势的可视化分析，得出目前人工智能在法律领域的研究处于增长期；国内外均未形成核心作者群与成熟研究团体；国内研究热点主题集中在知识产权、责任与主体性、科技伦理、数字法治、大数据与算法上；国外研究热点主题集中在可持续性、人工智能监管、人工智能伦理、接入权与隐私上。研究得出，当前国内外在人工智能法律领域的研究与各国政策结合紧密，且基本问题缺乏共识，国内研究更注重宏观视角分析，国外研究更偏向具体领域的分析。本文在此基础上进行研究，旨在为未来人工智能法律的研究提供启示。

关键词：人工智能；法律；热点主题；趋势

引　言

2017年国务院颁布《新一代人工智能发展规划》，为中国人工智能领域发展提供了基本遵循。我国一系列政策的发布，表明我国在产业发展引导、教育制度改革、社会政策保障等方面正充分调动社会各方资源，全方位为2030年成为世界主要人工智能创新中心做准备。"人工智能"概念由计算机学者约翰·麦卡锡于1956年首次引入学术领域，[①] 经过几十年发展人工智能在技术方面涉及机器学习（Machine Learning）、深度学习（Deep Learning）、自然语言（Natural Language）、大数据分析（Big Data Analysis）等内容，且与计算机科学、数学、心理学与认知科学、神经科学、语言学、物理学等学科领域联系密切。随着人工智能技术的逐步成熟，其与社会生产活动、新兴产业经济、文化消费及社会发展的结合也愈加紧密，近十年人工智能已呈现产业化趋势并深刻影响各个领域，因此从政策与法律层面对人工智能的未来发展进行鼓励与规范的问题亟待解决。

我国目前从法律层面对人工智能进行的研究众多，但是缺乏时间纵向的、国内外对比的并运用文献计量等分析方法的研究，鉴于此，本文运用CiteSpace文献计量分析工具，通过发文量、研究作者与机构分布、关键词及研究热点主题的分析对比国内外人工智能与其法律问题的相关研究，为我国人工智能领域的规范发展提供启示。

一、研究设计

（一）数据来源

选取中国社会科学引文索引（CSSCI）与Web of Science（WoS）中的Social Science Citation Index（SSCI）作为文献数据来源。在CSSCI数据库中以"人工智能法律"为关键词进行主题检索，时间段设为2014—2024

[①] MCCARTHY J, MINSKY M L, ROCHESTER N, et al. A proposal for the Dartmouth Summer research project on artificial intelligence, August 31, 1955 [J]. AI magazine, 2006, 27 (4): 12-14.

年（数据库最早文献数据起始于1999年，但1999—2013年仅有15篇且与主题相关性差），通过检索初步获得2220篇文献数据，为保证数据的准确性和可靠性，剔除会议通知、卷首语以及与主题无关等文献123篇，最终确定纳入分析的有效文献共2097篇，以Refworks格式导出。在SSCI数据库中以"（artificial intelligence OR AI）AND law"为关键词进行检索，数据库中最早文献起始于2015年，初步获得2072篇文献数据，剔除与主题无关、会议报告、书评以及已撤回的文献共1053篇，最终确定纳入分析的有效文献共1019篇，以Plain text file格式导出。数据检索时间均为2024年4月24日。

（二）研究方法

采用文献计量分析法，运用CiteSpace工具进行可视化分析，绘制相关文献的发文量特征、研究力量分布、高频关键词、关键词突变与研究热点聚类的科学知识图谱，并基于对比分析，呈现当前国内外在人工智能法律这一研究领域所具有的历史脉络、热点话题及发展趋势。

二、研究现状分析

（一）发文量统计

通过对两个数据库各年度发文量的统计，得出近十年国内外研究人员在人工智能法律领域的发文年度分布（见图1），从发文年度分布图中可得出国内近十年人工智能法律研究呈现出"爆发增长、局部波动"的趋势，国外研究呈现出"逐年缓步上升"的趋势，足见近十年来国内外学术界均对人工智能法律研究投入大量关注。

根据发文量呈现的不同发展阶段，大体可分为萌芽期（2014—2017）与增长期（2018—2024），其中国内增长期又可分为快速增长期（2018—2019）与平稳发展期（2020—2024）。

图 1　国内外人工智能法律文献的发文年度分布（2014—2024 年）

1. 萌芽期（2014—2017）

国内外在萌芽期阶段的发文量较为相近，年发文量较少，国内年发文量平均数为 9 篇，国外年发文量平均数为 6 篇，表明这一阶段人工智能在法律领域的相关研究并未受到重视。值得注意的是在 2017 年，中国国务院关于印发《新一代人工智能发展规划》的通知明确提出，到 2025 年我国需"初步建立人工智能法律法规、伦理规范和政策体系"，并要求"重视人工智能法律伦理的基础理论问题研究""加强人工智能相关法律、伦理和社会问题研究，建立保障人工智能健康发展的法律法规和伦理道德框架"[1]，因此促成了我国学术界在 2018—2019 年间人工智能法律领域的研究呈爆发式增长趋势。

2. 增长期（2018—2024）

经过 2018—2019 年的爆发式增长，国内发文量趋于稳定并呈现波动态势，且我国网信办等 7 部门于 2023 年 7 月颁布《生成式人工智能服务

---

[1] 国务院关于印发新一代人工智能发展规划的通知[EB/OL].（2017-07-20）[2024-05-04]. https://www.gov.cn/zhengce/content/2017-07/20/content_5211996.htm.

管理暂行办法》，国内学术界发文量也在2023年显著增加，相较而言我国在2021年与2022年的发文量明显呈下降趋势。国外发文量在2018—2024年则稳步增长，2021年后发文量相比前几年有显著提高，且增长速度明显加快，说明对人工智能在法律相关领域的重视程度逐年提升。值得注意的是，2021年11月，联合国教科文组织通过《人工智能伦理问题建议书》，其为首份人工智能伦理问题的全球协议，且随着2022年OpenAI的生成式人工智能ChatGPT出现后，各国开始跟进人工智能大语言模型技术，并形成开发本土语言生成式人工智能的大趋势。2023年12月欧盟就《人工智能法案》达成协议，国内外关于人工智能法律监管的基本框架均已成型并投入实施。

（二）关键词共现分析

通过CiteSpace对人工智能法律研究文献的关键词进行关键词共现分析，得到人工智能法律相关文献的关键词共现图谱。合并处理出现的主题相近的关键词，获得国内外人工智能法律研究的关键词词频及中心度对比分析表（见表1）。对比分析可发现，当前国内外在人工智能法律领域的研究差异较大。从关键词词频来看，国内研究更偏向以法律关系为中心的权责分析研究，国外研究更偏向于信息技术及其管理、人工智能的潜在风险影响与法律基本框架的研究。

表1 国内外关键词词频及中心度对比分析

序号	CSSCI 数据库				SSCI 数据库			
	关键词	词频	中心度	首现年份	关键词	词频	中心度	首现年份
1	人工智能	1157	1.62	2014	Artificial intelligence	507	0.19	2015
2	算法	103	0.07	2018	machine learning	86	0.04	2016
3	大数据	82	0.03	2016	big data	96	0.08	2016
4	著作权	75	0.04	2018	law	71	0.05	2017

续表

序号	CSSCI 数据库				SSCI 数据库			
	关键词	词频	中心度	首现年份	关键词	词频	中心度	首现年份
5	法律规制	68	0.03	2018	technology	52	0.04	2020
6	独创性	39	0.01	2017	information	49	0.03	2020
7	法律主体	38	0.01	2018	impact	44	0.07	2015
8	刑事责任	31	0.01	2018	management	43	0.05	2020
9	法律人格	27	0.01	2018	decision making	41	0.08	2019
10	智慧司法	26	0.05	2020	privacy	40	0.08	2017
11	产品责任	26	0.01	2018	model	38	0.02	2020
12	伦理	26	0.00	2017	framework	37	0.02	2020
13	自动驾驶	25	0.01	2018	future	35	0.04	2015
14	合理使用	24	0.00	2019	challenges	34	0.04	2020
15	作品	23	0.00	2017	bias	33	0.02	2019
16	知识产权	23	0.02	2017	data protection	33	0.07	2016
17	数据安全	22	0.01	2021	health	30	0.02	2020
18	侵权责任	21	0.00	2018	innovation	28	0.04	2020
19	个人信息	21	0.00	2017	internet	27	0.02	2020
20	权利归属	19	0.02	2018	knowledge	26	0.02	2020

（三）研究热点主题分析

为进一步认识人工智能法律研究的主题热点及趋势，在关键词共现分析的基础上，运用 LLR 算法对关键词进行聚类分析，得到国内外关键词聚类图谱（见图 2、图 3）。国内聚类图谱模块值 Q 为 0.4388，国外聚类图谱 Q 值为 0.4257，均高于 0.3，说明形成的聚类图谱网络结果显著。国内图谱平均轮廓值 S 为 0.8068，国外图谱平均轮廓值 S 为 0.7587，均超过 0.7，说明生成的聚类图谱可信。

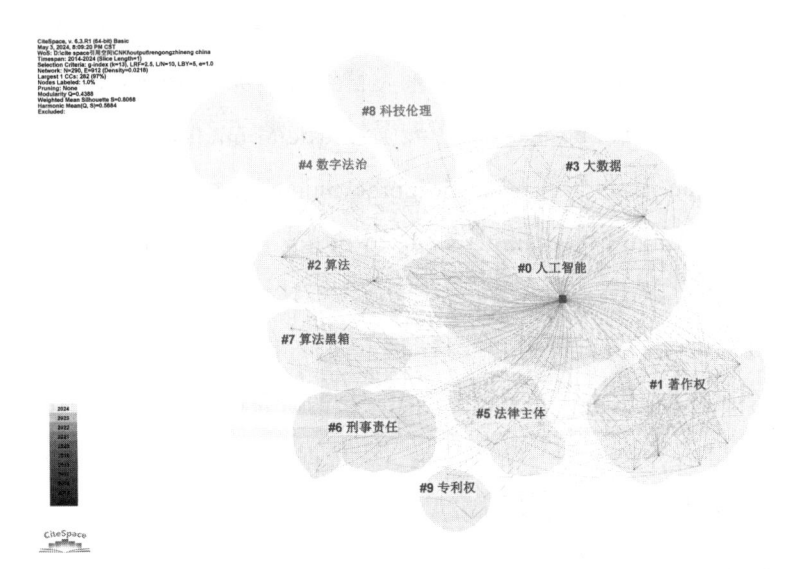

图 2 国内关键词聚类图谱

图 3 国外关键词聚类图谱

结果表明，国内外文献均形成10个聚类。国内的10个聚类群组分别为：人工智能（#0）、著作权（#1）、算法（#2）、大数据（#3）、数字法治（#4）、法律主体（#5）、刑事责任（#6）、算法黑箱（#7）、科技伦理（#8）、专利权（#9）。国外的10个聚类群组分别为：access（#0）、sustainability（#1）、machine learning（#2）、artificial intelligence（#3）、professional service firms（#4）、anthropomorphism（#5）、information（#6）、natural language processing（#7）、ai ethics（#8）、ai regulation（#9）。

结合关键词词频、关键词中心度与聚类图谱，且合并聚类图谱中的相似聚类，可得出当前国内在人工智能法律领域的研究热点主题有知识产权、责任与主体性、科技伦理、数字法治、大数据与算法。（国外的研究热点主题有可持续性、人工智能监管、人工智能伦理、接入权与隐私。）

1. 国内热点主题

（1）知识产权

人工智能与知识产权主题方面的文献，讨论话题主要集中在著作权与专利权方面，包括人工智能生成内容的可版权性与可专利性，人工智能创作物的独创性及创作主体性，以及运用人工智能创作独立于原物的孳息物及其权利归属等内容。关于人工智能生成内容著作权相关的文献集中在2019年、2020年与2023年，但早在2018年关于人工智能生成内容的著作权归属问题便已有讨论，[1][2][3][4] 彼时OpenAI也于2018年发布第一个GPT模型。随后2022年的ChatGPT发布，又促成2023年学界关于人工智能大语言模型的生成内容是否具有著作权的探讨。主要有人工智能生成

---

[1] 袁博.论文学领域人工智能著作权之证伪[J].电子知识产权，2018（6）：20-30.
[2] 李芳芳.人工智能创作物的著作权保护研究[J].出版广角，2018（9）：38-40.
[3] 秦涛，张旭东.论人工智能创作物著作权法保护的逻辑与路径[J].华东理工大学学报（社会科学版），2018，33（6）：77-87.
[4] 季连帅，何颖.人工智能创作物著作权归属问题研究[J].学习与探索，2018（10）：106-110.

内容作为孳息物及其邻接权问题的讨论、[1][2] 人工智能介入公共图书馆服务内容的思考、[3][4] 人工智能生成内容可版权性问题的讨论，[5][6][7] 以及人工智能创作物的独创性与侵权问题及其保护路径等。[8][9][10][11]

除著作权外，人工智能生成内容的范围并不仅限于文艺创作，也涉及发明与技术性方案等内容，由人工智能生成的技术方案是否具有可专利性的问题也广受关注。[12][13][14] 除技术方案外，关于人工智能生成发明创造是否可专利的问题，王正中认为应从推动发明创造应用的角度出发，构造以使用者为核心的权利归属模式，建议专利法在专利权归属方面作出适当的安排，以促进更多此类发明创造的生成，[15] 王迁则认为以未来将出现具有独立

---

[1] 林秀芹，游凯杰.版权制度应对人工智能创作物的路径选择：以民法孳息理论为视角［J］.电子知识产权，2018（6）：13-19.

[2] 刘银良.论人工智能作品的著作权法地位［J］.政治与法律，2020（3）：2-13.

[3] 麻思蓓，许燕.图书馆收藏人工智能创作物的法律思考［J］.图书馆建设，2020（增刊1）：12-15.

[4] 欧阳爱辉.人工智能时代图书馆面临的法律困惑及解决方略［J］.国家图书馆学刊，2020，29（2）：41-48.

[5] 黄云平.人工智能生成内容的可版权性问题辨析［J］.浙江大学学报（人文社会科学版），2024，54（2）：75-90.

[6] 王海蓓，杨馨淏.AIGC可版权性识别与权属配置：以"浅层解释"为出发点［J］.科学与社会，2024，14（1）：102-124.

[7] 陈虎.论人工智能生成内容的可版权性：以我国著作权法语境中的独创性为中心进行考察［J］.情报杂志，2020，39（5）：149-153，128.

[8] 冯晓青，潘柏华.人工智能"创作"认定及其财产权益保护研究：兼评"首例人工智能生成内容著作权侵权案"［J］.西北大学学报（哲学社会科学版），2020，50（2）：39-52.

[9] 张新宝，卞龙.人工智能生成内容的著作权保护研究［J］.比较法研究，2024（2）：77-91.

[10] 杨利华.人工智能生成物著作权问题探究［J］.现代法学，2021，43（4）：102-114.

[11] 吴昊天.人工智能创作物的独创性与保护策略：以"ChatGPT"为例［J］.科技与法律（中英文），2023（3）：76-86.

[12] 杨利华.人工智能生成技术方案的可专利性及其制度因应［J］.中外法学，2023，35（2）：346-364.

[13] 冯晓青，郝明英.人工智能生成发明专利保护制度研究［J］.湖南大学学报（社会科学版），2023，37（2）：143-152.

[14] 刘友华，李扬帆.ChatGPT生成技术方案的专利法保护探究［J］.知识产权，2023（7）：76-89.

[15] 王正中.论人工智能生成发明创造的权利归属：立足于推动发明创造的应用［J］.电子知识产权，2019（2）：21-30.

思维能力的强人工智能为前提研究强人工智能发明创造的可专利性过于超前，①人工智能法律问题的重点应在人工智能创作物的著作权保护上。

（2）责任与主体性

责任与主体性的研究主要包括人工智能法律人格及其法律主体性，刑事责任、产品责任、社会责任与侵权责任，自动驾驶风险及其刑事责任等内容。人工智能法律人格问题与科技伦理主题有一定联系，但在本话题中更偏向作为法律责任探讨的前提条件。法律主体与法律人格的话题主要探讨人工智能时代下人类与人工智能的关系，进而探讨人工智能的法律地位。②不少学者就如何实现人工智能的法律主体性进行了路径探讨，包括商事主体视角、③法律位格加等④或以责任作为人工智能主体性本质的思考⑤等方式为人工智能赋予法律主体性。学界也不乏明确反对人工智能具备法律主体性的文献，例如从法哲学的视角说明人工智能不具备欲望机制，⑥或反对为解释人工智能行为而赋予其法律主体性⑦等思考，可以看出当前国内学界对于人工智能是否具备法律主体性的问题争议较大。

除此之外，关于人工智能刑事责任的探讨是主要话题，主要有生成式人工智能产品投入流通后若发现缺陷对产品提供者的刑事责任追究，⑧以及生成式人工智能侵犯数据法益问题⑨（包括人工智能产品犯罪的刑事责

---

① 王迁.如何研究新技术对法律制度提出的问题？——以研究人工智能对知识产权制度的影响为例［J］.东方法学，2019（5）：20-27.
② 李爱君.人工智能法律行为论［J］.政法论坛，2019，37（3）：176-183.
③ 林少伟.人工智能法律主体资格实现路径：以商事主体为视角［J］.中国政法大学学报，2021（3）：165-177.
④ 张绍欣.法律位格、法律主体与人工智能的法律地位［J］.现代法学，2019，41（4）：53-64.
⑤ 郑文革.人工智能法律主体建构的责任路径［J］.中国应用法学，2022（5）：221-231.
⑥ 龙文懋.人工智能法律主体地位的法哲学思考［J］.法律科学（西北政法大学学报），2018，36（5）：24-31.
⑦ 吴习彧.论人工智能的法律主体资格［J］.浙江社会科学，2018（6）：60-66，157.
⑧ 刘杰.ChatGPT类生成式人工智能产品提供者之刑事责任［J］.法治研究，2024（2）：61-71.
⑨ 刘宪权.生成式人工智能对数据法益刑法保护体系的影响［J］.中国刑事法杂志，2023（4）：20-34.

任归属与认定），[1][2] 自动驾驶及其刑事责任认定问题也是主要研究热点，[3][4] 自动驾驶的刑事责任讨论与产品责任相联系，多数观点认为自动驾驶所造成的犯罪与交通事故责任应由使用者、产品提供商、算法编写者等多元责任主体共同承担。

（3）科技伦理

科技伦理话题主要涉及人工智能的道德判断标准、偏见、数据隐私、学术抄袭以及对各专业领域的冲击等内容。例如人工智能对新闻专业主义的冲击[5]以及深度伪造技术对各领域的负面影响。[6]大部分文献会将上述伦理问题合并讨论，主要针对生成式人工智能的潮流进行伦理方面的思考，[7][8]从宏观角度对人工智能所带来的伦理问题进行最基本的探讨，同时也不乏国内学者向国际借鉴科技伦理的监督启示，如肖红军便针对欧盟、英国、美国、澳大利亚与日本多个国家和地区的科技伦理监管办法进行梳理与探究，以为国内的科技伦理监管发展提供启示。

（4）数字法治

数字法治是当前学界研究的最新热点，主要包括数字法学学科的建构、智慧医疗的法治、政府对人工智能技术的治理、智慧司法等问题的讨论。目前我国数字法学学科构建处于起步阶段，尚在讨论数字法学的知识

---

[1] 王耀彬.类人型人工智能实体的刑事责任主体资格审视［J］.西安交通大学学报（社会科学版），2019，39（1）：138-144.
[2] 刘宪权.人工智能时代的"内忧""外患"与刑事责任［J］.东方法学，2018（1）：134-142.
[3] 卢有学，窦泽正.论刑法如何对自动驾驶进行规制：以交通肇事罪为视角［J］.学术交流，2018（4）：73-80.
[4] 龙敏.自动驾驶交通肇事刑事责任的认定与分配［J］.华东政法大学学报，2018，21（6）：77-82.
[5] 喻国明，侯伟鹏，程雪梅."人机交互"：重构新闻专业主义的法律问题与伦理逻辑［J］.郑州大学学报（哲学社会科学版），2018，51（5）：79-83，159.
[6] 龙俊，王天禹.人工智能深度伪造技术的法律风险防控［J］.行政管理改革，2024（3）：69-79.
[7] 段伟文.前沿科技的深层次伦理风险及其应对［J］.人民论坛·学术前沿，2024（1）：84-93.
[8] 令小雄，王鼎民，袁健.ChatGPT爆火后关于科技伦理及学术伦理的冷思考［J］.新疆师范大学学报（哲学社会科学版），2023，44（4）：123-136.

体系、范畴及方法，目的在于为未来数字法治培养人才。[1][2][3] 我国在智慧医疗话题方面的讨论度相比国外较低，但探索智慧医疗风险防控的法治化策略是数字时代亟须解决的时代课题，[4] 应基于数字法治视角，寻求以数字人权为本源维护医疗主体基本权利，以数字正义为基础引导智能医疗向善，并以数字安全为保障完善医疗算法运行机制，持续为医疗人工智能算法风险的防治增添法治力量。[5]

智慧司法也称法律大数据、司法信息化、司法人工智能等，其相关话题有智慧法庭、辅助量刑、司法效率与数字正义等内容，是数字法治话题的重点子话题。智慧司法话题的主要讨论点围绕司法决策是否会对技术过度依赖，技术质量与技术公司的算法黑箱，责任链条如何分配等问题，[6] 还包括人工智能对诉讼参与人的主观偏见、人工智能代替法官思考等忧虑。[7] 但法律大数据与人工智能介入司法过程并辅助法律决策，带来了司法效率的提升以及有助于司法公开透明等有利结果，也是当前各国推动智慧司法的重要原因，[8][9] 因此不论对智慧司法的负面评价还是积极展望，其最终落脚点都是为了实现数字正义，促进科技向善，打造良性发展的智慧司法。[10]

---

[1] 胡铭.数字法学：定位、范畴与方法：兼论面向数智未来的法学教育［J］.政法论坛，2022，40（3）：117-131.
[2] 马长山.数字法学教育的迭代变革［J］.中国人民大学学报，2022，36（6）：35-46.
[3] 曹全来."双重国家战略"引领下我国数字法学学科建设研究［J］.法律适用，2023（12）：74-82.
[4] 徐娟.智慧医疗运行风险防控的法治化策略［J］.甘肃政法大学学报，2024（1）：88-99.
[5] 徐明，韦俨芸.数字时代医疗人工智能的算法逻辑、风险及其应对［J］.中南民族大学学报（人文社会科学版），2024，44（1）：146-154，187.
[6] 张凌寒.智慧司法中技术依赖的隐忧及应对［J］.法制与社会发展，2022，28（4）：180-200.
[7] 刘雁鹏.智慧司法中的忧虑：想象、剖析与展望［J］.理论与改革，2020（3）：168-181.
[8] 闫志开.人工智能时代司法效率的理论逻辑与实践模式［J］.湖南社会科学，2022（2）：81-89.
[9] 周翔.刑事司法人工智能实现结果公正的技术方法和限度［J］.中国刑事法杂志，2023（4）：53-70.
[10] 马长山.司法人工智能的重塑效应及其限度［J］.法学研究，2020，42（4）：23-40.

（5）大数据与算法

大数据与算法是国内人工智能法律研究最基本的话题，本话题为不与上述话题重复，将重点落在针对人工智能、大数据与算法的治理方面，包括数字与技术治理、就业治理、全球治理、伦理治理等。随着2022年《中共中央、国务院关于构建数据基础制度更好发挥数据要素作用的意见》与2023年《生成式人工智能服务管理暂行办法》的发布，我国数字与技术治理问题受到广泛关注。

首先是从宏观层面讨论未来国家治理新形态，有的学者针对欧美国家的规制路径进行对比分析，[1][2][3] 有的学者则注重讨论未来中国治理新形态，例如张吉豫认为数字主权是"数字国家"新主权，是国家主权新形态，数字中国和法治中国相辅相成。何哲认为数智文明的治理要充分结合数智时代的技术、制度与文化变革，形成基于普遍个体参与和泛在智能辅助的多元平等高效民主法治的新的治理体系。其次是对具体领域的治理。如对ChatGPT等生成式人工智能技术的治理路径分析，[4][5][6] 金融领域与数字结合后在生产与消费两端的治理，[7][8] 以及人工智能发展对就

---

[1] 汤志伟，雷鸿竹，周维.中美人工智能产业政策的比较研究：基于目标、工具与执行的内容分析［J］.情报杂志，2019，38（10）：73-80.

[2] 曾坚朋，张双志，张龙鹏.中美人工智能政策体系的比较研究：基于政策主体、工具与目标的分析框架［J］.电子政务，2019（6）：13-22.

[3] 曾雄，梁正，张辉.欧盟人工智能的规制路径及其对我国的启示：以《人工智能法案》为分析对象［J］.电子政务，2022（9）：63-72.

[4] 郑世林，姚守宇，王春峰.ChatGPT新一代人工智能技术发展的经济和社会影响［J］.产业经济评论，2023（3）：5-21.

[5] 张凌寒.深度合成治理的逻辑更新与体系迭代：ChatGPT等生成型人工智能治理的中国路径［J］.法律科学（西北政法大学学报），2023，41（3）：38-51.

[6] 邓胜利，汪璠.AIGC治理的研究进展与发展趋势［J］.数字图书馆论坛，2023，19（11）：20-28.

[7] 程雪军.算法社会下金融消费者信息权的法律治理研究［J］.河南社会科学，2022，30（7）：51-60.

[8] 徐冬根，杨潇.三重变奏：法律语境下监管科技与金融监管数字治理变革创新［J］.南通大学学报（社会科学版），2023，39（3）：70-80.

业冲击的治理。[①][②] 最后是在全球视域下对人工智能治理的思考，例如讨论在人工智能技术成为全球各个国家发展的关键技术时，中国如何制定人工智能发展战略，[③] 以及中国在参与国际人工智能规则和标准设计时如何为人工智能全球治理贡献中国智慧，[④] 或直接对全球人工智能治理进行论述。[⑤]

2. 国外热点主题

国外研究中对人工智能引发的法律问题展开宏观分析的文献较少，更多是对人工智能技术及其在各个具体领域，如公共医疗、信息产业、智能合约、智慧城市管理等引起的问题本身进行研究，由此唤起政府或社会对于人工智能潜在或已知风险的管理。基于各国国情差异，国外研究较少将人工智能的法律监管放入战略层面进行探讨，各个主题的讨论角度也较为多元。

（1）可持续性

可持续性是国内外普遍关注的问题，无论是国内还是国际社会都将可持续性作为重要发展理念，并制定一系列政策法规文件。国外文献关于可持续性问题的研究集中于欧洲地区，涉及的领域也较为宽泛，主要可归纳为两大子话题：一是人工智能对农业领域可持续的影响及其监管，包括人工智能用于应对气候变化、解决能源危机、促进生物多样性等。二是人工智能对城市可持续发展的影响与监管，包括建筑用地可持续，公共医疗可持续等。

首先，关于农业可持续的研究偏向于说明人工智能对农产品供给可持

---

① 张元钊．人工智能发展与劳动力就业如何兼顾？——兼谈典型发达国家经验启示［J］.福建师范大学学报（哲学社会科学版），2024（2）：45-55，168.
② 何勤，邱玥，董晓雨．人工智能对就业影响研究的现状、热点与趋势：基于知识图谱文献计量方法［J］.科技管理研究，2020，40（17）：33-44.
③ 邓子纲．人工智能的全球治理与中国的战略选择［J］.求索，2020（3）：182-187.
④ 陈伟光．关于人工智能治理问题的若干思考［J］.人民论坛·学术前沿，2017（20）：48-55.
⑤ 赵申洪．全球人工智能治理的困境与出路［J］.现代国际关系，2024（4）：116-137，140.

续的重要性，并对政府监管进行呼吁。如 T. K. Amentae 和 G. Gebresenbet 认为区块链、物联网、大数据分析、人工智能以及相关数字技术的使用是推动粮食供给可持续性的重要因素，应制定政策和法规，支持基础设施发展，教育和培训人员，促进粮食系统的更全面数字化；①还有学者专门研究人工智能在水、能源与粮食三者关系中的作用，并提出政策法规的制定需要科学数据支持并研究可持续资源利用技术的可行性；② B. Garske 和 A. Bav 则对欧盟农业部门与数字化相关的法律行为进行了现状分析，结果表明现有的欧盟治理并没有充分利用数字化在环境保护方面的潜力，也忽略了可能存在的负面作用，呼吁其设计应与数字化相关目标、可持续性目标的联系更紧密。③

其次，关于城市可持续的研究同样是先说明人工智能在各领域的作用与影响，并为政策法规制定提供启示。主要有关于智慧城市建设的研究，有的学者侧重于交通、物流和流程的自动化的部署与治理，④有些学者则认为智慧城市的终点不在此，而是需要以人为本的设计方案，考虑伦理、法律与文化。⑤除此之外，还有建筑用地的可持续性问题、⑥公共医疗

---

① AMENTAE T K, GEBRESENBET G. Digitalization and future agro-food supply chain management：a literature-based implications［J］. Sustainability, 2021, 13（21）: 12181.
② D'AMORE G, DI VAIO A, BALSALOBRE-LORENTE D, et al. Artificial intelligence in the water-energy-food model：a holistic approach towards sustainable development goals［J］. Sustainability, 2022, 14（2）: 867.
③ GARSKE B, BAU A, EKARDT F. Digitalization and AI in European agriculture：a strategy for achieving climate and biodiversity targets?［J］. Sustainability, 2021, 13（9）: 4652.
④ STRIELKOWSKI W, ZENCHENKO S, TARASOVA A, et al. Management of smart and sustainable cities in the post-COVID-19 era：lessons and implications［J］. Sustainability, 2022, 14（12）: 7267.
⑤ HELBING D, FANITABASI F, GIANNOTTI F, et al. Ethics of smart cities：towards value-sensitive design and co-evolving city life［J］. Sustainability, 2021, 13（20）: 11162.
⑥ PACHOURI V, SINGH R, GEHLOT A, et al. Empowering sustainability in the built environment：a technological Lens on industry 4.0 Enablers［J］. Technology in society, 2024, 76: 102427.

领域的可持续性技术使用问题,[①][②] 以及产业可持续供给问题。[③][④]

（2）人工智能监管

国外文献关于人工智能的监管与治理研究可分为两方。一方强调人工智能的运用有其积极作用，在照顾到法律监管及安全问题的基础上抓住人工智能带来的机遇。另一方观点普遍保守，强调风险与治理的合理性，以及人工智能介入司法过程中产生的信任问题与其可解释性，后者在国外文献中占比高于前者。

在强调人工智能积极作用的研究方面，P. Borrellas 和 I. Unceta 从积极经济学角度讨论免费使用机器学习模型是否会最大限度地提高总体社会福利，还是应在制定限制的情况下去提出监管，并认为对现行侵权法和反歧视法的调整可以保证最佳的可解释性和公平性。[⑤] 还有学者对工程师群体进行深度访谈，工程师群体认为当前人工智能法律问题与安全问题融为一体，而安全问题本身就不如经济问题。[⑥] R. Van Loo 提到人工智能带来了新的通胀挑战，但政府可通过新的立法（如薪酬透明度法等）促进法律完善，将危机转化为经济机遇。[⑦]

在强调风险与治理的合法性以及人工智能介入司法过程中产生的信任

---

① HO C W L. Operationalizing "one health" as "one digital health" through a global framework that emphasizes fair and equitable sharing of benefits from the use of artificial intelligence and related digital technologies［J］. Frontiers in public health，2022，10：768977.
② LAU P L, NANDY M, CHAKRABORTY S. Accelerating UN sustainable development goals with ai-driven technologies：a systematic literature review of women's healthcare［C］// Healthcare. MDPI，2023，11（3）：401.
③ MANGLA S K, LUTHRA S, GARZA-REYES J A, et al. Sustainability and industry 4.0：the role of social，environmental and technological factors in the development of digital manufacturing［J］. Technological forecasting and social change，2024，201：123223.
④ JOSHI S, SHARMA M. Sustainable performance through digital supply chains in industry 4.0 era：amidst the pandemic experience［J］. Sustainability，2022，14（24）：16726.
⑤ BORRELLAS P, UNCETA I. The challenges of machine learning and their economic implications［J］. Entropy，2021，23（3）：275.
⑥ VAN ROMPAEY L, JONSSON R, JORGENSEN K E. Designing lawful machine behaviour：Roboticists'legal concerns［J］. Computer law & security review，2022，47：105711.
⑦ VAN LOO R. Inflation，market failures，and algorithms［J］. Southern California law review，2023，96（4）：825-880.

问题与其可解释性方面，一是关于政府治理合理性的讨论。观点包括：讨论使用算法系统作出公共政策决策是否合法，以及在什么情况下合法；[①] 描述一个"法律虚构情景"以预测欧洲《人工智能法案》的影响，以此审查当前政府所作出的监管选择是否合理；[②] 对人工智能的监管要超越对宪法的狭隘关注，转而涉及更广泛的行政法领域，在未来调整算法治理工具的使用。[③] 二是关于风险监管的讨论，M. E. Kaminski 认为类似风险监管这样的法律工具一般试图解决人工智能的技术问题，使其能在具体领域中运用，但没考虑使用人工智能是否合适；[④] D. F. Engstrom 和 A. Haim 认为政府使用人工智能时也使人工智能进入了充满自由裁量权的政策空间，包括行政自由裁量权与司法自由裁量权，但人工智能具有导致错误、偏见和不公平的风险。[⑤] 三是关注信任问题与司法过程中的算法可解释性。A. Deeks 提出当前法官在面对刑事、行政和民事案件时使用机器学习与算法技术的频率在提高。其认为法官应该要求这些算法结果说明算法是如何得出结论或预测的。[⑥] G. Yalcin 等调查了公众对"算法法官"的看法，个人对算法法官和人工法官的信任程度取决于案件的性质，当法律案件容易引起人的情绪时，对算法法官的信任度会降低。[⑦]

[①] WALDMAN A, MARTIN K. Governing algorithmic decisions: the role of decision importance and governance on perceived legitimacy of algorithmic decisions [J]. Big data & society, 2022, 9（1）: 20539517221100449.

[②] HELBERGER N. FutureNewsCorp, or how the AI Act changed the future of news [J]. Computer law & security review, 2024, 52: 105915.

[③] ENGSTROM D F, HO D E. Algorithmic accountability in the administrative state [J]. Yale journal on regulation, 2020, 37（3）: 800-854.

[④] KAMINSKI M E. Regulating the risks of AI [J]. Boston university law review, 2023, 103（5）: 1347-1411.

[⑤] ENGSTROM D F, HAIM A. Regulating government AI and the challenge of sociotechnical design [J]. Annual review of law and social science, 2023, 19（1）: 277-298.

[⑥] DEEKS A. The judicial demand for explainable artificial intelligence [J]. Columbia law review, 2019, 119（7）: 1829-1850.

[⑦] YALCIN G, THEMELI E, STAMHUIS E, et al. Perceptions of justice by algorithms [J]. Artificial intelligence and law, 2023, 31（2）: 269-292.

（3）人工智能伦理

关于伦理问题的研究，国外文献主要集中在两个应用性的领域。分别为医疗与自动驾驶。除此之外，国外学者也有从其他方面讨论人工智能的伦理问题，例如探讨国际人权法对于构建人工智能法律重要性，[1][2]算法偏见的危害与管控，[3][4]或从传播学视角讨论虚假议程设置与诽谤性新闻的问题及其监管。[5][6]

人工智能伦理治理在医疗领域分为精神性疾病与身体性疾病。S.Coghlan等认为聊天机器人引发的问题往往在精神疾病患者身上被放大。[7] H. Van Kolfschooten提出许多人工智能医疗设备都存在与年龄相关的偏见，带来了新的道德和法律问题。[8]在自动驾驶领域的伦理讨论，大都围绕"无人驾驶困境"展开，即自动驾驶在面临交通事故时是否应该自毁以保障他人生命。大部分文献的目的在于通过论证为自动驾驶的道德问题赋

---

[1] PIZZI M, ROMANOFF M, ENGELHARDT T. AI for humanitarian action: human rights and ethics [J]. International review of the red cross, 2020, 102 (913): 145-180.

[2] LANE L. Clarifying human rights standards through artificial intelligence initiatives [J]. International & comparative law quarterly, 2022, 71 (4): 915-944.

[3] WACHTER S, MITTELSTADT B, RUSSELL C. Why fairness cannot be automated: bridging the gap between EU non-discrimination law and AI [J]. Computer law & security review, 2021, 41: 105567.

[4] AKTER S, DWIVEDI Y K, BISWAS K, et al. Addressing algorithmic bias in AI-driven customer management [J]. Journal of global information management, 2021, 29 (6): 1-27.

[5] LEWIS S C, SANDERS A K, CARMODY C. Libel by algorithm? Automated journalism and the threat of legal liability [J]. Journalism & mass communication quarterly, 2019, 96 (1): 60-81.

[6] ILLIA L, COLLEONI E, ZYGLIDOPOULOS S. Ethical implications of text generation in the age of artificial intelligence [J]. Business ethics, the environment & responsibility, 2023, 32 (1): 201-210.

[7] COGHLAN S, LEINS K, SHELDRICK S, et al. To chat or bot to chat: ethical issues with using chatbots in mental health [J]. Digital health, 2023, 9: 20552076231183542.

[8] VAN KOLFSCHOOTEN H. The AI cycle of health inequity and digital ageism: mitigating biases through the EU regulatory framework on medical devices [J]. Journal of law and the biosciences, 2023, 10 (2): lsad031.

予法律上可接受的行为框架。①②

（4）接入权与隐私

本主题将接入与隐私并列讨论，接入权相关的话题主要为公民参与，隐私相关的主题包括数据保护、面部识别、医疗隐私数据、监视与反垄断。

在接入权的主题中，M. E. Gilman 指出美国几十年来的各种法定制度都要求公众参与，例如环境法、土地使用法和反贫困计划等，但被边缘化的那些利益相关者，其意见是否被纳入或者如何被纳入考虑的问题一直未受关注。③ P.Calvo 同样看到了这一问题，指出目前公民在起草法律、执行战略和公共政策等不同政治进程中的不满情绪，以及政治代表无法充分吸收公民的声音，已成为现代社会发展的负担。为了应对这些社会和政治挑战，学界与技术人员提出了一些参与性建议，如运用数字孪生技术实时关注社会意见。④

在隐私主题下，数据保护、监视与面部识别等研究较多，除此之外还有医疗领域的数据隐私问题，与伦理话题中的医疗不同，本主题下关于医疗的讨论更关注人工智能技术在患者临床判断中算法黑箱和知情权的问题，⑤ 伦理主题则更关注人工智能投入医疗后的偏见、医疗事故和其他涉及人权问题的伦理思考。在数据保护主题中，国外研究涉及种族歧视、移民人口以及个体与组织间的公平问题，如 M. Van Bekkum 等指出欧盟《通用数据保护条例》要求禁止使用如种族、宗教、性偏好等敏感数据，但是

---

① DE FREITAS J, CENSI A, WALKER SMITH B, et al. From driverless dilemmas to more practical commonsense tests for automated vehicles [J]. Proceedings of the national academy of sciences, 2021, 118 (11): e2010202118.

② ETIENNE H. A practical role-based approach for autonomous vehicle moral dilemmas [J]. Big data & society, 2022, 9 (2): 20539517221123305.

③ GILMAN M E. Beyond window dressing: public participation for marginalized communities in the datafied society [J]. Fordham law review, 2022, 91 (2): 503-555.

④ CALVO P. Digital twins and democracy [J]. Revista del clad reforma y democracia, 2022, 83: 41-70.

⑤ MOURBY M, CATHAOIR K Ó, COLLIN C B. Transparency of machine-learning in healthcare: the GDPR & European health law [J]. Computer law & security review, 2021, 43: 105611.

某些组织需要收集用户的种族信息时便出现了隐私与种族之间的矛盾。[1]T. Saheb 指出"公平"问题是一个重要因素，旨在解决大数据组织和个人数据主体之间的不平衡问题，需要评估其道德和社会影响。监视主题则主要探讨如政府、公司等管理者对公民或工人的数据监视过程中涉及的隐私权问题。[2][3]面部识别的相关研究一致认为应该受法律规范，并用于打击犯罪或应对社会潜在危机。[4]

三、研究趋势与启示

（一）关键词突现与研究趋势

为进一步分析人工智能法律领域的研究热点变化及未来发展，在关键词共现的基础上对国内外关键词分别进行突现分析，获得国内外关键词突现图谱（见图4、图5）。图谱显示国内文献中突现强度较高的关键词有：刑事责任、算法治理、元宇宙、数据安全，上述关键词为近十年国内人工智能法律领域的重点。突现时间较长的关键词为算法治理，突现时间较近的有：科技伦理、数字法学、数字法治等，从中可以看出人工智能与数字法治的结合是当前最新的研究热点与主题。

---

[1] VAN BEKKUM M, BORGESIUS F Z. Using sensitive data to prevent discrimination by artificial intelligence: does the GDPR need a new exception? [J]. Computer law & security review, 2023, 48: 105770.

[2] SAHEB T, SABOUR E, QANBARY F, et al.Delineating privacy aspects of COVID tracing applications embedded with proximity measurement technologies & digital technologies [J]. Technology in society, 2022, 69: 101968.

[3] BERNHARDT A, KRESGE L, SULEIMAN R. The data-driven workplace and the case for worker technology rights [J].Ilr review, 2023, 76 (1): 3-29.

[4] RAPOSO V L. The use of facial recognition technology by law enforcement in Europe: a Non-Orwellian draft proposal [J].European journal on criminal policy and research, 2023, 29 (4): 515-533.

Top 18 Keywords with the Strongest Citation Bursts

Keywords	Year	Strength	Begin	End	2014 - 2024
刑事责任	2018	4.54	2018	2019	
主体资格	2018	2.74	2018	2019	
机器人	2018	2.6	2018	2020	
算法歧视	2019	2.84	2019	2020	
国家治理	2020	2.66	2020	2021	
算法治理	2021	4.54	2021	2024	
智慧法院	2019	2.56	2021	2022	
元宇宙	2022	7.06	2022	2024	
数据安全	2021	4.64	2022	2024	
科技伦理	2022	3.7	2022	2024	
法律治理	2022	3.37	2022	2024	
数字法学	2022	3.12	2022	2024	
数字法治	2022	3.03	2022	2024	
计算法学	2022	2.73	2022	2024	
欧盟	2022	2.73	2022	2024	
数字经济	2020	2.69	2022	2024	
可解释性	2022	2.69	2022	2024	
智慧司法	2020	2.52	2022	2024	

图 4 国内关键词突现图谱

Top 16 Keywords with the Strongest Citation Bursts

Keywords	Year	Strength	Begin	End	2015 - 2024
human rights	2015	2.63	2015	2021	
moral machines	2015	1.59	2015	2020	
artificial intelligence (ai)	2016	1.71	2016	2019	
law	2017	3.44	2017	2019	
algorithms	2017	1.31	2017	2022	
legal	2018	2.53	2018	2019	
automated decision-making	2018	1.28	2018	2020	
explanation	2019	3.2	2019	2021	
driverless cars	2019	1.6	2019	2021	
health care	2020	2.57	2020	2021	
intellectual property	2020	2.54	2020	2021	
risk	2020	1.21	2020	2021	
algorithmic decision making	2021	1.28	2021	2022	
attitudes	2021	1.28	2021	2022	
experience	2021	1.28	2021	2022	
surveillance	2022	1.47	2022	2024	

图 5 国外关键词突现图谱

国外文献中突现强度较高的关键词有：human rights、law、legal、explanation、health care、intellectual property，说明上述关键词为国外人工智能法律研究领域的关注重点。突现时间较长的关键词为 human rights、突现时间较近的有 algorithmic decision making、attitudes、experience、surveillance 等,从中可以看出国内外关于人工智能法律研究侧重点不同。国内的研究更偏向于从宏观抽象的角度探讨一系列基本法律问题,或对人工智能与法学研究的结合、人工智能对司法过程的介入等问题进行价值讨论。国外的研究则偏向人工智能或算法对用户行为的影响,包括其对用户行为的"监视"是否侵害用户的数据隐私权或其他人身权利等问题,或分析个人主体与数据公司之间的矛盾;并且国外人工智能有较为侧重的应用领域,除了无人驾驶与知识产权为国内外共同关注的领域,国外关于医疗领域人工智能的监管研究也较为突出。

(二)人工智能法律研究特征

1. 国内外研究与各国政策联系紧密

国内外学术界在人工智能法律领域的研究与政策之间的关联度极高,主要体现在学术研究内容与政策制定方向的互相影响与互相促进上。通过近年来人工智能法律领域研究发文量的变化趋势可知,国内研究中两个具有明显增长趋势的年份(2018年与2023年)都为我国政府出台人工智能重要政策法规的年份。这一现象或由我国"政学一体"的机制造成,在公共政策制定的过程中,"专家路线"日益明显。[1] 值得注意的是,国外研究同样与相关政策的结合十分紧密,且多为欧盟与美国的数字政策有关,如欧盟的《通用数据保护条例》《人工智能法案》《欧洲人权公约》《数字市场法案》,美国的《开放政府数据法案》《美国数据隐私和保护法案》等,与我国学者不同的是,国外学者针对上述法案的研究多为批判视角,甚至有国外学者通过研究构建了一个法律机构与欧盟委员会进行对比。从中足以说明,国内外在人工智能法律方面的研究都不可避免地受各国政策影响。

---

[1] 张云昊. 中国公共政策过程中的专家参与机制研究:分析社会学的视角[J]. 社会学研究, 2023, 38 (1): 183-204, 229-230.

2. 基本问题呈多元化发展

通过关键词共现的中心度（见表1）即可看出，除"人工智能"这一关键词外，国内外学界的其他关键词中心度均未超过0.1，说明当前国内外学界在该领域的研究中，许多关键词词频高但并未形成大范围讨论，许多概念被提出后不能受到关注，热点话题下的各个研究也未能做到充分交流。例如，国内关于数字法治体系的构建有不少学者进行了路径分析，但不同学者对数字法学、智慧司法、智慧法庭等概念的定义存在差异，由此在数字法治体系构建中这些概念居于哪一层次也会存在偏差。国外研究存在同样的问题，或因数据库文献涵盖范围较广，同一热点主题下研究视角过于多元，研究领域较为广泛。单以种族问题为例，有些学者针对人工智能中如何定义种族歧视进行讨论，但有些学者将其作为前提直接讨论种族歧视的监管问题。由于人文社科领域的基本概念难以定义是常态，且对基本问题存在争议与讨论有益于理论发展，所以基本问题缺乏共识并非一项严重问题。落实到具体的立法与执行层面，基本概念与基本问题的分歧便不利于法律框架的建构。

3. 国内外研究侧重存在明显差异

国内外研究的最主要差异便是：国内研究更多是从宏观角度观察人工智能对国家整体的经济、社会及文化方面的影响，给出的解决办法与治理路径也颇为宏观；国外研究的问题则偏向于到各个领域中讨论"小问题"，突出个体权利，给出的解决办法较具有可操作性，但并非表示国内没有具体问题的研究，或国外没有宏观视角的分析。

当前人工智能的发展并未给人类社会造成剧烈冲击，换言之，其潜在的影响力还未完全展现，因此国内偏重宏观的视角往往只能点出人工智能在各领域潜在的风险与未来可能的作用，并有针对性地提前作出法律上的规范，从宏观视角下提出的意见也因变革的程度不够大而无法深入，浅尝辄止，由此看来大同小异。从宏观视角进行观察分析的好处在于，一方面，有利于整体把握人工智能对国家未来发展的作用，为政策一致性作出贡献，避免价值层面的分歧。另一方面，具体问题的研究有利于针对某一领域中出现的现象进行细致分析，并给出明确的、可操作的解决办法，能实际地为特定领域的监管提出建设性意见。由于不同学者对问题的研究存在方法、目的及价值判断上的差异，对法律在价值层面的框架构建有一定影响，不利于政策法规在价值上的一致，也会导致忽视特定领域受领域外因素影响的可能性，将问题的研究假设为静止状态来看待。

（三）反思与启示

无论是从数据结果还是从国家战略的角度出发，数字法治建设都成为我国未来在人工智能法律研究领域的重点。法治体系侧重于法律的运行状态和过程，以及对社会治理的影响和作用，强调的是法律的权威性和约束力，要求人们在日常生活中自觉遵守法律秩序，其建设要以完备的法律体系和法制体系为基础。其核心问题在于如何有效地实现法律体系及法制体系的全面数字化，以便更好地应对数字化社会中不断涌现的新挑战。

第一，构建数字法治体系需要实现法律体系的全面数字化，核心是使数字法律成其体系的方式问题，数字法律体系的构建是否要对我国现有法律部门进行全盘数字化，形成各类法律部门使其自成体系，还是应将数字化拆解成诸多概念放入各个法律部门分类中进行讨论，当前数字相关的法律都是在现有法律部门下，拆解数字化社会中的各类现象再进行监管的。如1999年《中华人民共和国合同法》（已废止）与2005年《中华人民共和国电子签名法》（已修正）等。然而随着人工智能等数字技术的发展，数字经济在国民经济中的地位日益凸显，人的社会行为也越来越受到数字技术的影响，法律的透明度和可预测性、数字技术的安全和隐私保护等新问题在当前的数字社会不断涌现，因此对于法律体系的数字化方式是否有必要进行更为深入的讨论和思考，以应对数字化社会带来的诸多挑战，成为一大问题。

第二，数字法治体系包含着立法、司法、执法、守法及法律监督等各环节的数字化，涉及面更为广泛，不同环节与数字技术的结合都会带来深远影响。从立法环节来看，数字化技术的应用可以极大地提高立法效率和质量，实现法律法规的精准制定和及时更新。在司法环节，数字化手段的运用有助于提升司法透明度和公信力，减少人为因素的干扰，确保司法公正。同时，数字技术在执法和守法环节的应用，能够强化执法力度和普法效果，提高公众的法律意识和守法自觉性。

当前国内外数字法治体系的研究可分为实证与规范两类。在规范研究方面，从宏观视角对数字法治的规范性研究已有不少文献，包括数字法治各类基本概念范畴的定义与解释，以及中国应该如何提升数字法治的能力等，对于人工智能技术的发展"应然"是什么模样的描述较多。在实证研究方面国内目前较为欠缺，主要是关于技术可行性的讨论，诸如可执行的人工智能立法模型，人工智能辅助法律服务对全民守法的推动，证据推理与取证的计算模型对执法过程的辅助，司法决策模型与裁判效果的研究等，未来在该领域的研究可以对国内人工智能在司法中的裁判效果进行实证分析，或对法律服务中人工智能的辅助与全民守法之间的相关性进行深入探讨，为数字法治建设提供直接的经验总结或数据结论。我国关于人工智能法律的实证研究更多是案例定性分析，或以逻辑推理的方式指出当前人工智能法律研究的发展方向，但对于推理前提是否为真、推理结论是否具有普遍性的问题并未深入考虑。在人工智能快速发展的时代，大数据、机器学习、深度学习等技术与各个学科领域深度融合，数据的收集与分析应成为人工智能法律研究的重要环节，应以科学统计的方式讨论多因素之间的相关性与因果性，并检验结论的普遍性，由此获得人工智能法律领域的新知。

结 语

国内外对人工智能法律领域的研究都是基于本国国情开展的，从研究主题及趋势来看没有孰优孰劣之分，且由于时代局限性，当前国内外在该领域的研究均处于增长期。由于人工智能技术本身的发展还不成熟，许多潜在问题尚未完全展现，因此法律的监管与促进也只能对现有情况进行整体规范，随着人工智能技术与社会发展的融合逐渐加深，人工智能法律的研究才会步入成熟阶段。

国内研究热点主题集中在大数据与算法、知识产权、责任与主体性、科技伦理与数字法治上。大数据与算法主题主要讨论对人工智能等技术的政府治理、技术治理、全球治理、伦理治理等内容；知识产权主题关注著作权与专利权保护问题；责任与主体性主题，以人工智能是否具有法律主体性为前提，讨论其刑事、产品等责任的归属问题；科技伦理主题讨论人工智能与道德判断的关系；数字法治主题讨论法治体系中的司法智慧化，包括数字正义、司法效率、智慧法庭等内容。数字法治也是当前我国人工智能法律研究的最新趋势。

国外研究热点主题集中在可持续性、人工智能监管、人工智能伦理、接入权与隐私。可持续性的研究多从农业领域可持续发展与城市可持续发展两个方面进行；人工智能监管主要分为强调机遇与注重风险治理两种对立观点；人工智能伦理多讨论算法偏见与人权话题，以及医疗与自动驾驶两个应用领域的伦理问题；接入权与隐私主要讨论公民参与个人数据隐私保护的问题。分析个体与数据组织之间的矛盾是国外研究的侧重点，包括但不限于政府、数据公司、平台等，且国外研究较为关注对各应用领域使用人工智能的监管。

随着人工智能技术的不断发展和广泛应用，我国将进一步提升在国际舞台上的竞争力，成为全球人工智能领域的领导者。完善人工智能法律促进技术及其产业健康发展，有助于我国设立相关的监管机构和审查机制，对人工智能技术的开发、应用进行监督和评估，确保技术的发展和应用在合法、合规、道德和可控的框架下进行，且我国人工智能法律的规范有利于推动国际合作，共享实践以及制定国际标准，建立合适的法律体系和指导框架，促进全球范围内人工智能技术的健康发展，并推动相关技术的标准化，促进不同国家和地区之间的技术交流和合作以降低技术壁垒。

人工智能时代下数据库的确权研究

容 非 中国传媒大学经济与管理学院硕士研究生

摘 要： 人工智能时代数据的重要性得到极大提升。数据既是人工智能三大基石之一，也是企业和法人采用人工智能收集整理的重要客体。数据通过收集、整理形成数据库，直接关系到科技、经济的发展与安全。本文通过分析人工智能时代下数据库的新特点和保护的必要性，深度阐述数据库保护立法的重要性。笔者通过对比国内外立法的不同观点、比较国内当前数据库保护模式，指出其中的局限性和不足。通过对比采用著作权法、反不正当竞争法以及特殊法等方式保护数据库的优势与不足后，本文建设性提出采用民法典对数据库确定权利，并创新性设计数据库权利内容，形成完整保护体系，为未来人工智能的发展奠定基础。

关键词： 数据库；邻接权；民法典；人工智能；不正当竞争法

一、数据库的定义与价值

（一）数据库定义

数据库是信息时代的重要技术性概念，在欧盟《关于数据库法律保护的指令》中定义为：经系统或者有序的安排，并可通过电子或其他手段单独加以访问的作品、数据或者其他材料集合。欧盟的数据库定义中强调编排整理的重要性，形式的独创性是重要因素。美国的 H.R.3531 号法案（数据库投资及知识产权侵权法）对数据库定义为："以系统的或有条理的方式对作品、数据或其他材料以现在或以后已知的或已开发的任何形式或者媒介进行的收集、结合或汇编。"[①] 其对数据收集整理的方式作出了基础的判断。由此可见，数据收集方式具有多样性，数据内容具有集合性、有序性等特点，从法律视角如何全面地定义数据库，仍存在一定难度。

目前，我国法律层面对数据库也没有一个明确完整的定义。在法律实践中，数据库或者当作商业秘密保护，或者作为著作权法中类比汇编作品来规范。《中华人民共和国著作权法》第十四条规定：汇编若干作品、作品的片段或者不构成作品的数据或者其他材料，对其内容的选择或者编排体现独创性的作品，为汇编作品，其著作权由汇编人享有，但行使著作权时，不得侵犯原作品的著作权。但是，以著作权法定义数据库存在诸多局限。当今人工智能辅助数据库的建立，让数据库的独创性在学界产生较大争议。本文讨论的数据库是指，不具备著作权法规定的独创性或独创性无法界定的数据库。[②] 笔者倾向于将数据库定义为：根据一定的目的和要求，按照一定的方式，经过一定的筛选，进行系统的编排而形成的一个信息的有机统一体；其内容是版权作品或版权作品之外的其他信息材料，可以通过电子手段或其他手段进行访问以满足用户需要。

（二）人工智能时代下数据库新特征

随着人工智能时代的到来，数据的收集、储存及数据库的建立产生诸多变化。对于数据库的生成方式、数据库的种类及数据库的保护都应有新的认识。

第一，数据库形成过程更高效快捷。弱人工智能时代，AI 尚不具有独创能力，但是通过数据投喂、关键词检索可以明显提高生成数据库的速

---

① 孙洁. 从国际数据库法律保护新进展看我国数据库立法之取向［J］. 情报杂志，2002（3）：2-3.

② 房慧颖. 论人工智能生成内容的法律保护［J］. 山东社会科学，2023（9）：179-184.

度。数据库生成难度降低，必然导致数据库的普遍性增加，内容、种类的多样性提高。例如关系型数据库、列式存储数据库、图形数据库等，具体应用也千差万别，如百度信息检索、企查查、商品推荐、地图软件等，其背后数据库都应纳入保护范围。

第二，数据库的独创性难以界定。在人工智能技术的广泛应用下，数据收集方式、手段具有多样性、数据内容纷繁复杂，存在侵犯商业秘密和数据来源虚假等多种可能。① 首先，数据库的保护需要综合考虑投入的智力劳动和实质性投入等因素，人工智能辅助信息选择、管理数据，大大降低了数据库管理者的实质性投入，从而其独创性程度应重新评估。其次，巨量数据往往无法逐条审阅分类，而其汇编而成的数据库在不了解详细数据内容的情况下证明其汇编过程具有独创性，举证和判断都十分困难。

第三，数据库具有实时更新的特点。随着人工智能技术的普及，数据库即时增减信息变得容易，随着数据库实时更新汇编，其汇编的独创性也会发生变化，内容的合法性也存在风险。如果以著作权法保护，汇编作品从汇编完成之日起保护50年，数据库可以不断更新，保护年限将不断重新计算而趋向无穷。② 由此可见，数据库的确权与保护因其特点无法通过著作权法得到满足。

（三）人工智能时代下数据库的价值分析

随着人工智能技术的发展，数据库的价值越发重要。人工智能的目标在于处理、判断和解决人们遇到的各个领域问题，例如无人驾驶、医疗诊断、视觉创作等等。每个领域的机器学习，都需要丰富的数据作为基础。所以，数据的挖掘和数据库的质量，直接决定人工智能技术的效果。

1. 促进人工智能发展

一方面，AI技术三大基石之一——数据，是人工智能学习的基础。人

---

① 生明君.现代数据库法律保护研究［J］.传播与版权，2022（1）：121-124.
② 黄腾.建立邻接权之数据控制者权研究：以数据库法律保护为视角［D］.南昌：华东交通大学，2023.

工智能需要大量的数据学习,从而提高其预测和决策的准确性。通过数据库,我们可以高效地管理和分析海量数据,为人工智能的深度学习提供强大的数据支持。①

另一方面,数据库和数据挖掘技术在与人工智能技术相互融合。例如,人工智能中的深度学习算法可以在数据库中进行应用,通过自动识别和预测模式,帮助我们更好地理解和利用数据。例如互联网每天收发3000亿封电子邮件,百度每天响应60亿次搜索请求,其背后数据库对企业营销、客户画像、身份识别等方面意义重大,其数据量已经远超人力所能处理,这使人工智能的算法与处理能力成为不可或缺的工具。②

美国法学家波斯纳从经济学角度阐述法律中财产性权利,他认为法律的本质既要考虑个人的利益,也要考虑社会资源的有效和最优配置。在将人工智能技术应用于数据收集、处理的同时,我们也应考虑人工智能技术研发、人工智能深度学习、数据投喂、大数据统计等流程存在巨大成本。数据库如果不纳入保护,会产生公地悲剧,形成对数据资源的掠夺与滥用。对于采用商业秘密保护的数据库,若数据库价值高于破解数据"保护墙"的价值,则变相鼓励了黑客、盗用、窃取等行为。③完全依靠市场自由调整必然滋生"搭便车"行为,而当所有人都选择"搭便车"时,便是经济与技术停滞之时。所以对数据库权利人的权利内容、期限、方式等内容的规定,是对数据库发展的重要保护手段,也是维护市场竞争的重要一环。

2. 数据库的稀缺性

数据库的价值来源于其稀缺性。一方面,数据库的形成需要经过数据收集、储存、处理等环节,数据来源有不同渠道、数据储存有不同分类、处理方式有不同算法,其结果是数据库含金量的差异。另一方面,一些

---

① 常鹏翱.体系化视角中的物权法定[J].法学研究,2006(5):3-16.
② 崔国斌.大数据有限排他权的基础理论[J].法学研究,2019,41(5):3-24.
③ 尹志宇,郭晴.数据库原理与应用教程:SQL Server[M].北京:清华大学出版社,2010.

重要数据的泄露可能对国家、社会公共利益造成重大危害。①例如 2022 年 7 月，国家互联网信息办公室依法对滴滴全球股份有限公司开出 80.26 亿元的巨额罚单。其背后体现了数据库涉及核心数据、重要数据、个人信息数据时，如果没有具体的规范管理制度，企业和个人缺乏对权利义务的认知，突发事件时便往往只能采用事后追责的方式。

3. 优化资源配置

数据库的保护从本质上说是对投资者、公共利益、社会的保护。从投资者来看，古典自然法学派约翰·洛克认为：只要使任何东西脱离自然所提供的状态，就已经掺进了人的劳动，掺加了自己所有的一些东西，成为他的财产，从而排除了其他人的共有权利。②从数据库的形成来看，虽然人工智能可以极大地降低劳动量和缩短周期，但是信息的选取、内容的投喂、信息的整理仍然离不开数据库管理者的实质投入，也是对数据库制作者付出劳动的认可。

从公共利益角度来看，数据库保护除了保护投资人的利益，还要保护公共社会的利益，防止数据信息带来的垄断。③但是过度的数据库保护也会阻碍社会发展。例如欧盟《关于数据库法律保护的指令》第九条规定：成员国可规定，以任何方式向公众提供的数据库的合法用户，在未经数据库制作者授权的情况下，可以提取或再利用其内容的大部分，条件如下：（a）对于非电子数据库的内容，为私人目的进行提取；（b）为教学或科学研究目的进行说明而提取，只要注明来源，且在为实现非商业目的合理的范围内，同时不损害指令（EU）2019/790 所规定的例外和限制；（c）为公共安全或行政或司法程序的目的进行提取或再利用。④以上内容对私人学习、科研目的、新闻报道、介绍评论等情形设立了合理使用权的规定。但

---

① 程冬灿. 我国数据库法律保护模式问题研究[D]. 蚌埠：安徽财经大学，2018.
② 覃雨田. 我国数据财产权利保护研究[D]. 南宁：广西民族大学，2023.
③ 尹志宇，郭晴. 数据库原理与应用教程：SQL Server[M]. 北京：清华大学出版社，2010.
④ 王国柱，袁帅. 创造性：数据与知识产权的联结点[J]. 华东师范大学学报（哲学社会科学版），2024，56（5）：103-115，172-173.

是对公民合理使用的规定，应随技术与使用方法变化而及时细化调整，其权利的范围不清晰，会造成个体独创性的保护困难，会阻碍社会的正常运行。

二、当前我国数据库保护面临的困境

（一）《中华人民共和国反不正当竞争法》保护的局限性

我国涉及企业数据侵权等纠纷，多采用《中华人民共和国反不正当竞争法》（简称《反不正当竞争法》）为法律依据，其具有一定的合理性。《反不正当竞争法》调节的是经营者在生产经营活动中，扰乱市场竞争秩序，损害其他经营者或者消费者合法利益的行为。例如饭友 App 数据抓取案。[1] 上海复娱文化传播股份有限公司未经许可，绕开技术保护措施而抓取新浪微博后台数据，并在其运营的饭友 App 中使用。因双方经营内容存在竞争，饭友 App 行为干扰了微博用户协议正常履行并造成微博平台用户流失，故认定为不正当竞争。饭友 App 被判处对新浪微博刊登道歉声明、消除负面影响，并赔偿经济损失 193.2 万元以及合理开支 16.8 万元。本案中，法官确定两者存在竞争关系，并且通过技术手段造成了原告新浪微博的实质损害，所以适用反不正当竞争法进行裁决。

采用《反不正当竞争法》具有几大优势。第一，绕过了对数据库是否具有独创性的判定，对于不具备独创性数据库也可以适用。第二，符合《反不正当竞争法》设立初衷。对于侵权形式多样的数据库侵权，可以采用公平诚信等原则，平衡当事人双方的权利义务，作出符合市场规则的公平裁决。

同时，《反不正当竞争法》保护数据库也存在几方面的不足。第一，案例中对数据侵权一般采用谁主张谁举证原则，对个人、个体工商户主体

---

[1] 郝思洋.知识产权视角下数据财产的制度选项[J].知识产权，2019（9）：45-60.

要求过高，尤其个体工商户与企业纠纷中，双方能力不对等，举证难度过大。第二，《反不正当竞争法》对数据并没有赋权式的保护，即没有提出数据库制作者的权利和义务内容，缺乏对公众的指引。具体案件中，往往在产生损害结果后才予以救济，在有效规范、指引企业和公民如何维护自己权利上存在不足。对于正在实行的侵权行为但没有造成损害结果的情况，无法有效界定。第三，保护主体局限，《反不正当竞争法》中经营者是指从事商品生产、经营或者提供服务的自然人、法人和非法人组织。但是对于非营利组织、公益组织或者个人等的数据侵害案件，无法有效保护。

（二）著作权法中邻接权保护的局限性

对于创新性不足的数据库，部分学者提出利用邻接权加以保护，[①]但仍存在几方面阻碍。狭义著作权与邻接权最大区别在于独创性（大陆法系对独创性要求较高），而邻接权不强调独创性，它的产生是市场、科学进步的必需。在人工智能技术的辅助与协同下，数据库的独创性难以界定，而数据库的商业价值大大提高。首先，邻接权内容具有法定类型，当前主要包含表演者权、录音制作者权、广播组织者权、出版者权、版式设计者权五类，当前无法涵盖本文所讨论的数据库类别。[②]其次，数据本身并非作品，邻接权设立的本质在于促进作品传播，数据库的保护明显不符合著作权法的调整对象。

在实践中，如果采用著作权法中邻接权相关规定来保护，则存在没有法条规定的客观阻碍。

（三）商业秘密法保护数据库的局限

司法实践中，很多诉讼以侵犯商业秘密作为案由。[③]商业秘密是指不为公众所知悉、具有商业价值并经权利人采取相应保密措施的技术信息、经营信息等商业信息。对其保护存在几个难点：第一，数据库的数据可以是

---

① 王超政.邻接权制度体系化研究［M］.北京：知识产权出版社，2021.
② 王融.大数据时代：数据保护与流动规则［M］.北京：人民邮电出版社，2017.
③ 张文显.法理学［M］.北京：高等教育出版社，2011.

社会上公开的信息,例如图书馆使用情况、人口普查信息等等,对于公开内容,很难纳入其中保护范围。第二,商业秘密保护无法预防反向工程[①]。数据库的收集和管理,不同的人工智能程序对同样的数据内容管理的结果每次都会有所不同,所以企业无法避免竞争对手通过反向工程或者凑巧拥有与自己类似或相同的数据库。诉讼中举证对方存在盗窃、敲诈、披露或者使用商业秘密的举证责任也十分困难。第三,商业秘密保护阻碍数据流通。数据库的保护意在促进数据流通,提升社会对数据的使用率。数据的过度保护则会形成垄断,不利于社会整体发展。

三、数据库确权的外国模式

(一)欧洲对数据库保护的模式

最早以特殊权利保护数据库的是欧盟于1996年颁布的《关于数据库法律保护的指令》,其中规定数据库虽然由事实资料组成,但是在选择编排上具有独创性,可以受到著作权的直接保护。独创性不足数据库通过对实质性投入的判断,仍可以受到特殊保护。采用"双轨制"的优势是考虑了数据库相比传统著作权作品在形式和内容上的独特性。[②] 例如,《关于数据库法律保护的指令》中创设了"摘录权"以及"再利用权"。可见,《关于数据库法律保护的指令》对数据库的权利人属于强赋权,重视其经济价值。

相比之下,德国在《著作权与邻接权法》第六章中规定了"对数据库制作者的保护"。[③] 第八十七条规定:本法所称数据库是指经有序和系统的排列,能通过电子或其他方式获取素材、数据信息或者其他独立材料的集合,且对材料的获取、检验或者表述方面有着定量或者定性的实质性投入。可见,德国继承了《关于数据库法律保护的指令》中的部分特点,对

[①] 丁晓东.数据公平利用的法理反思与制度重构[J].法学研究,2023,45(2):21-36.
[②] 詹赛君.邻接权视角下人工智能生成物法律保护研究[D].昆明:昆明理工大学,2023.
[③] 时明涛.大数据时代企业数据权利保护的困境与突破[J].电子知识产权,2020(7):61-73.

于存在实质投入的数据库，纳入邻接权保护。这意味着德国著作权法突破了邻接权鼓励作品传播的核心目的，将数据库与作品共同归入一个集合。

（二）美国对数据库保护的模式

美国于 1996 年国会审议 H.R.3531 号法案，即《1996 年数据库投资及反知识产权侵权法》，[①] 确定了以反不正当竞争法保护数据库的模式。反不正当竞争法保护数据库符合数据库的经济属性且适应数据现实应用的需要。其优势表现在以下几点：第一，对数据库侵权情形的保护具有包容性。实践中数据库的剽窃、复制、粘贴形式具有复杂性和多样性，很难穷尽。反不正当竞争法具有更大的包容性，对各种侵权手法进行惩戒。第二，绕过了数据库独创性的判断，司法实践中以存在竞争关系、非法手段、损害结果、因果关系等要件为判断标准，更容易判断是否侵权。

同时，反不正当竞争法保护数据库仍有局限。第一，数据库权利人享有的是一种法律利益，而无明确法律权利规定。第二，非竞争关系下的数据库侵权无法归入反不正当竞争法保护范围。由此可见，以反不正当竞争法保护数据库仍不是最佳方法。

四、民法典对数据库确权保护的可行性

数据库的保护本质是确权，进而确定其财产权利并规范、指引公民、法人遵守法律。采用民法典规范数据库，可以有效保护数据库并建立长效保护机制。民法典对数据库确权保护的优势表现在以下两方面。

第一，从民法典的定义来看，符合数据库确权的要求。民法典是规范平等主体之间司法关系的法典。数据库广泛应用于法人企业数据整理、数据库交易、人工智能数据深度学习等多个领域。对数据库的保护是时代发

---

① 刘昕凯.非独创性数据库法律保护模式的国际比较及我国应对［C］//施伟东.《上海法学研究》集刊 2023 年第 3 卷：上海对外经贸大学"国际法学"学术论坛文集.上海：上海对外经贸大学，2023：9.

展的必然结果，也是高新科技发展的基础。

第二，民法典中留有数据库权利规范的空间。《中华人民共和国民法典》在第一百二十七条规定：法律对数据、网络虚拟财产的保护有规定的，依照其规定。一方面，学者考虑到数据、数据库等具有无形性、可复制性，不同于一般意义上的有形物。另一方面，立法者也看到了数据以及数据库未来发展的可能性。如今数据相关诉讼数量攀升，民法典规范、引导公民合理使用数据库的需求也大大增加。①

五、人工智能时代下数据库权利主体设想

数据库的形成涉及几个主体的参与：数据内容的来源者、数据收集整理者以及数据整理的资金投入者等。数据库功能实现后，应当考虑权利的归属问题。

数据库权利主体应为实质控制者。由于数据库承载信息量的巨大，信息收集、处理、加工、存储各个环节都需要资金、时间等成本。② 我们可以借用《关于数据库法律保护的指令》中的实质投入者的概念理解。一个庞大的数据库往往由一个组织者或者法人组织成员分工建立数据库。因为存在意思联络，组织者投入最多构思、组织的成本，数据库的形成体现了他的意志。如果实际收集建立者与实质控制者存在委托关系，实际建立者接受委托完成任务同时获得收益，其并不当然具有数据库的所有权，数据库仍然体现实质控制者的意志与目的，实际控制者应当仍然为数据库权利人。数据库的实质控制者应当是组织者或法人。

综合考虑数据库的权利归属③，应当留给当事人意思自治的空间。当事人可以通过合同约定，在数据库完成前或者完成后确定其归属。有约定从约定、没有约定依照规定由实质控制者获得所有权。同时，其他投入成本

---

① 刘琳珂.数据财产权的归属认定研究［D］.郑州：河南大学，2023.
② 谢泽宇.数字环境下邻接权主体扩张研究［D］.北京：中国政法大学，2023.
③ 王利明.民法总则研究［M］.北京：中国人民大学出版社，2003.

的参与者可以获得相应的报酬。

六、人工智能时代下数据库权利客体设想

民法典要保护的客体应当是数据库本身。

首先，保护范围应当排除数据库的制作过程和技术。人工智能技术的辅助令数据库制作流程变得多元化。例如，数据库的人工智能辅助包含向量嵌入式、查询模型、数据分类、索引范例等多种方式，但是，相同方式生成的数据库往往在编排、格式、内容上存在巨大差异。所以数据库生成过程和方法应当由公众共享，才能促进数据库的迭代升级。

其次，数据库应当具有实时性投入和最小独创性。保护数据库的本质是维护投入者的权利，让投入者有回报形成产业良性循环，所以，民法典保护的应当是具有实质投入而产生的数据库。实质性投入可以是财产投入、技术投入、人力投入、时间投入等形式，因此生成数据库具有人的劳动从而具有价值。另外，对于数据库的独创性可以不用著作权法的独创性要求规定。但是，数据库仍然要反映数据库控制者的主观意识和思想，否则，保护过度会形成反公地悲剧，数据的收集和使用被过多限制，公共资源则会造成空置、浪费。[1]

数据库分类与确权，应根据不同的数据库采用不同的保护措施与权利主体。

（一）企业数据构成数据库

企业数据构成数据库的权利主体应当是企业本身。[2] 这是因为企业数据所有权属于企业，包括公司内部数据和客户数据等。在构建、管理和使用企业数据库时，企业作为权利主体，有权决定数据的处理目的、方式及使

---

[1] 杨宏玲，黄瑞华.个人数据财产权保护探讨[J].软科学，2004（5）：14-17.
[2] 时明涛.大数据时代企业数据权利保护的困境与突破[J].电子知识产权，2020（7）：61-73.

用范围等。

同时，企业作为数据库的权利主体，还负有保护数据库中数据安全的责任。企业需要采取必要的技术和管理措施，确保数据不被非法获取、篡改或泄露。此外，企业还需要遵守相关的法律法规和行业规范，确保数据使用的合法性和合规性。

需要注意的是，虽然企业是数据库的权利主体，但在实际使用中，可能会涉及与其他组织或个人的数据共享和交换。在这种情况下，企业需要与对方明确数据使用的范围、目的和方式等，并签订相应的协议或合同，以确保数据使用的合法性和合规性。

企业数据是指经营者依法收集、具有商业价值并采取相应技术管理措施的数据。企业数据的收集方式需要合法合规。收集到的数据具有公开性，同时保护他人商业秘密是企业和公民应尽的义务。对于企业数据的管理与保护，重点在于防止他人（组织、其他企业等）破坏、盗取企业数据，企业需要提高数据保护意识。

（二）个人信息构成数据库

个人信息构成数据库的权利主体是个人，一方面个人既是数据的生产者，对数据拥有使用、知情、更正等权利。同时，企业出于营利目的对数据进行合理使用，建立数据库并付出相应成本与投入。故数据库实际控制者享有一定程度的占有权和使用权，但并不享有处分、变更数据内容等权利。从权利义务的对等性来看，企业为自然人提供免费服务的目的在于收集和利用其个人信息数据，数据成为企业免费服务的对价而存在。因此，作为个人数据收集者的企业，应当对其所收集的个人数据履行相应的安全保障义务。

由此可见，个人与数据库实际控制者呈现一种权力博弈的关系。

七、人工智能时代下数据库权利内容

一方面，数据库权利内容的设定，因其投资本质属性可以参照著作权法中关于录音录像制作者邻接权设定。^①另一方面，数据库由数据收集、整理构成，《中共中央、国务院关于构建数据基础制度更好发挥数据要素作用的意见》(《数据二十条》)可以作为数据库设定的指导思想。该意见第八条指出：完善数据全流程合规与监管规则体系。建立数据流通准入标准规则，强化市场主体数据全流程合规治理，确保流通数据来源合法、隐私保护到位、流通和交易规范。由此可见，数据库权利设定应当以促进数据库交易、使用为目的。综上所述，数据库的财产性权利设想分为以下几方面。

(一) 数据库的复制、出租、发行权

复制权是指通过印刷、复印、拓印、录音、录像、翻录、翻拍等方式将作品制作一份或者多份的权利。在信息化高度发达的今天，复制的成本大大降低，准予权利人复制权利，一方面，允许权利人进行多次发行、出租以达到资金回流的目的；另一方面，市面上盗版产品层出不穷，单纯法律约束很难彻底消除盗版。如果不赋予权利人复制权利，而盗版无法根除，会造成劣币驱逐良币的结果。损害权利人利益的同时，不利于数据库的流转和正向传播。

出租、发行权是指权利人可将数据库原件或者复制品向公众出租、出售、赠与的权利。发行和出租是权利人将数据库变现的重要途径，对方当事人应向权利人支付相应的报酬。出租、发行的载体可以是光盘、硬盘、服务器等多种形式。

(二) 数据库通过信息网络向公众传播的数据库

网络作为 21 世纪重要的传播渠道，采用信息网络传播极大提升了数据库的利用率和实用价值。互联网大大扩展了数据库购买群体，法人、个人、非营利组织都可以了解数据库的价值和进行交易。^②同时，网络传播也

---

① 谢泽宇.数字环境下邻接权主体扩张研究[D].北京：中国政法大学，2023.
② 尹志宇，郭晴.数据库原理与应用教程：SQL Server[M].北京：清华大学出版社，2010.

最容易受到侵犯，数据泄露、窃取的行为屡见不鲜。而数据库的属性决定一旦数据被复制公开，其经济价值将被消解。所以，利用网络传播也应当注意数据库的保护措施。

（三）数据库登记权

鼓励采用数据库确权登记制度。[1]《数据二十条》中提出了数据产权登记制度，数据登记在山东数据交易公司推出后，形成了先登记后交易的数据交易模式。数据库交易可以借鉴其模式。但是今天，数据库的数量巨量增加，更新周期大幅缩短，使数据库实质控制者进行登记确权成本大大增加。可以类比动产登记的原理，数据库权利的设立、变更、转让和消灭，未经登记不得对抗善意第三人，达到数据库的多层级保护。

（四）权利终止日期

邻接权中对不同主体的保护时限各不相同。[2]其中，对录音录像制作者保护期限为 50 年，而版式设计保护期限为 10 年。保护期限的长短应当综合考虑其投入成本和流通价值。相比传统作品，数据库更多的是实用价值，在人工智能技术的加持下，其更新速度更快、成本也相应地得到了控制。如果采用长时间保护，会造成数据库不断更新，保护期限不断重新起算的无限保护陷阱。因此，数据库保护周期可以适当缩短，自数据库功能完善后起算，保护 3—5 年比较理想。

首先，应设置权利用尽原则，它指知识产权投放市场后，权利人丧失进一步控制权。对于数据库而言，权利用尽原则可以有效促进数据库的交易与更新。一个数据库须经过多次交易才能将实用价值最大化，如果此时所有交易者仍能限制数据库的相关权利，则极大降低数据库的实用价值。其次，应注意强制许可原则，鉴于数据库内容涉及公共信息数据、个人信

---

[1] 于光坤.个人信息权研究：以确权为中心的展开［D］.济南：山东大学，2023.
[2] 覃雨田.我国数据财产权利保护研究［D］.南宁：广西民族大学，2023.

息数据等，数据库需要平衡公共利益和私人财产权利的需要。类比专利法中的强制许可情况使用。

结　语

随着人工智能技术的进步，产业信息化成为必然趋势。而信息的收集与整理作为企业、科学技术的基础，必须予以关注与保护。2022年12月出台的《数据二十条》再次强调了数据的重要性，使数据库的确权与财产权利的规范成为重要一环。同时，数据库具有特殊性，数据内容涉及公共数据、个人数据，必须分类讨论分析。而数据库本质不同于作品，不能简单地纳入著作权法加以规定。纵观各国面对数据库的规定与讨论，笔者认为将其纳入民法典进行规范既符合民法典基本原则，也满足数据库特性的需要。本文对数据库权利主体、客体、权利内容进行分类讨论，试图寻找最优切入点，达到对数据库保护的适度而不过度，全面而不泛泛，希望能够为其他学者提供可参考的思路。

实务篇

技术正当程序：行政行为中算法应用的司法审查

张丽颖　北京市东城区人民法院法官
余亚宇　北京市东城区人民法院法官

摘　要：数字政府时代，算法通过参与行政执法，正改变着行政权的关系结构和运行逻辑。面对算法权力和行政权力结合，技术是否正当已不再是个案问题，个体权益维护比任何时候都更为重要紧迫。司法如若不能穿透算法"面纱"，就可能被技术控制甚至反噬，其对行政权的监督面临架空可能。如何避免算法黑箱成为权力黑箱，如何抵御技术支配成为权力支配，司法该如何走向更加能动，是必须回答的问题。

本文以行政行为算法应用司法审查为研究视角，第一部分剖析现状，发现传统审查模式，在权利行使方式、事实认定过程、法律适用过程及执法程序四方面存在正当性审查缺位。第二部分检视问题，从算法行权基础、算法决策过程及算法证据的生成及审查三方面，阐释算法行政与传统正当程序司法审查之间的张力。第三部分调适理念，认为行政审判应当进行技术正当程序的行政与司法规制、程序与技术正当的司法规制以及对过程和结果的司法规制。第四部分构建路径，从算法应用目的、算法应用前适当公开、应用中程序参与、应用后权利救济四方面展开，构建基于技术正当程序原则的算法应用司法审查路径。

关键词：数字政府；算法行政；司法审查；技术正当程序

数字政府时代，算法①通过参与行政执法实践，正改变着行政权力的关系结构和运行逻辑。随着算法参与的深入，它从行政权力行使的辅助者，开始充当行政活动的实质决策者。相当一段时间，算法身着"技术中立"的外衣，游离于法律规制、价值诘问乃至司法审查之外，以"人"为中心构建起的传统正当程序原则的制约作用日渐瓦解。一方面，当算法权力与行政权力强势结合，技术是否正当已不再是个案问题，算法行政能够控制和影响的密度和广度，使每个人都无处遁形，个体权益维护相比任何时候，都显得更为重要和紧迫。另一方面，司法如若不能穿透算法"面纱"，就可能被技术控制甚至反噬，其对行政权力的监督和制约面临架空可能。如何避免算法黑箱成为权力黑箱，如何抵御技术支配成为权力支配，当传统正当程序在算法行政中遭遇挑战，司法该如何从恪守谦抑走向更加能动，是必须回答的问题。

一、行政行为算法应用的正当性司法审查缺位

本文所指行政行为中的算法应用（以下简称算法行政），是指在行政执法的特定或所有环节，行政机关通过利用计算机程序自动分析、评估个人数据，为认定相关事实提供依据、为最终行政决定提供裁量参考或简化行政程序等，在没有人工介入的前提下自动化②作出行政决定的现象。

数字政府建设中，算法应用已遍布行政处罚、行政许可、资源调配等众多领域，其已从执法活动的辅助工具逐渐转变为主要决策者。例如食品安全、环境污染等领域的智能监管平台，能够远程监测辖区内违法违规

---

① 综合现有文献表述，算法为人类或计算机可以遵循的任何规则，是为将输入转化为输出而执行的一系列指令。
② 《中华人民共和国个人信息保护法》第七十三条第（二）项规定，自动化决策，是指通过计算机程序自动分析、评估个人的行为习惯、兴趣爱好或者经济、健康、信用状况等，并进行决策的活动。

行为，并实时向执法人员推送或直接向违规者作出处理决定。再如税务管理、人才落户等领域推行的"无人干预自动审批"系统，能够通过智能技术，自主核查申请材料的完整性和准确性，并作出行政决定，而因系统运行失效、数据采集错误引发的行政纠纷也已随之显现。例如，因在线监测系统有效性存疑导致环境处罚决定的基础证据不足，进而引发行政纠纷及诉讼；[1]再如，人才落户"智能审批"系统缺乏情景化判断能力，极有可能因裁量不当而引发行政纠纷。

目前，进入司法审查视野的相关案件主要集中于道路交通执法领域，其中以"电子眼""声呐警察"为代表的智能交通监控系统，是最为广泛的算法应用形式之一。虽然其对算法的应用更多体现在辅助行政执法层面，但与其他领域、部分或完全自动化行政的应用原理是共通的，我们可以借此探寻行政行为算法应用中引发争议的典型问题。本文以"自动化"为关键词，在法信平台搜索了 200 份涉算法应用行政争议的裁判文书，案件反映出算法技术在给行政执法方式带来变革的同时，也导致现阶段基于正当程序原则的司法审查缺位。

（一）权力行使方式层面

权力行使方式层面典型问题见表 1。

表 1　权力行使方式层面典型问题

典型问题	具体案例	相对人质疑	司法回应
以算法行使行政权力正当性存疑	朱某与绍兴市柯桥区公安局交通警察大队行政处罚一审行政案	行政机关利用"电子眼"执法并要求缴纳罚款，没有法律授权，属严重违法	根据《中华人民共和国道路交通安全法》规定，公安机关有权对违反道路交通管理秩序的车辆所有权人进行处罚

---

[1] 河南省濮阳县人民法院（2018）豫 0928 行初 90 号行政判决书。

续表

典型问题	具体案例	相对人质疑	司法回应
以算法行使行政权力正当性存疑	康某某与昌吉市公安局交通警察大队行政处罚二审行政案	行政机关无权利用测速取证设备查处机动车违反限速规定的行为	对于行政机关是否有权运用测速取证设备查处机动车违反限速规定的行为，二审法院未予回应

1. 算法用于权力行使的样态

一般而言，法律、行政法规会对行政机关行使职权的范围进行明确授权，但对权力行使方式并无明确规定，这是因为对于权力行使方式的认识之前主要限于传统人工执法模式，故无须额外规定。随着算法应用，相对人开始质疑行政机关将自身职权"委托"于算法行使的正当性。例如传统执法模式下，交警执法并开具罚单的全过程皆在现场进行，相对人能够知晓并理解；算法运用后，被罚行为究竟何时被"电子眼"抓取、如何进行违法事实认定、基于何种考量作出处罚决定等，相对人可能一无所知。此外，"电子眼"运行是否正常、违法事实认定是否存在偏差甚至错误，相对人亦无从知晓，甚至依赖算法作出决策的行政机关也并不确定其所作决定是否正确、是否妥当。

2. 司法审查态度

经考察样本案例，司法尚停留在行政机关对于管理事项的职权合法性审查上，对行政机关是否有权运用算法行使职权、运用算法限制相对人权利时目的是否正当、算法委托的过程是否正当，算法应用是否符合实质性正当程序要求，尚未建立应予审查的理念，更遑论从正当程序视角对委托算法行使职权的活动加以控权规制。

（二）事实认定过程层面

事实认定过程层面典型问题见表2。

表 2　事实认定过程层面典型问题

典型问题	具体案例	相对人质疑	司法回应
人脸识别算法认定事实错误	王某某诉北京市朝阳区市场监督管理局工商登记二审行政案	相对人称其是在被欺骗情况下，在公司登记实名认证系统中手持本人身份证进行人脸身份信息确认，属于被冒名登记为某公司的法定代表人、执行董事和经理，并非本人真实意愿	一审法院认为相对人无法就其在认证系统中所作人脸识别认证作出合理解释，且认证时间与被诉变更登记时间非常接近，故上述实名认证行为应为有效。二审法院认为认证页面无办理业务种类提示，现有证据亦不能证明该系统中的实名认证与后续办理登记行为存在一一对应关系
自动监测算法认定事实错误	某墙材厂诉濮阳市华龙区环境保护局处罚决定一审行政案	相对人称在线监测设备未经强制检定和适用性监测，电子数据显示情况与事实不符	一审法院认为在线监测设备未实行强制检定，当事人又对监测数据提出异议，仅凭自动监测数据不足以作为处罚证据

1. 算法用于事实认定的样态

在工商登记、环境监测等领域，行政机关可借助算法技术识别和固定相关行为，即通过对海量数据进行收集、分析，获取可成为行政执法中认定相关事实的"视听资料""电子数据"等证据，以此代替传统人工采集证据的过程。但由于算法运行原理的不透明性和算法取证过程的难追溯性，相对人对计算机技术取证结果的真实性、合法性普遍质疑。尤其通过"电子眼""声呐警察"生成的车速或声音图像信号等电子证据，往往超出公众对摄像头抓拍闯红灯照片等证据形式的一般认知，相对人不仅会质疑这些通过算法技术取得的证据"是什么"，还会质疑"为什么"，即这些证据是如何取得、为何可作为定案依据。

2. 司法审查态度

经考察样本案例，司法或未予以回应，或将举证责任不当倒置给相对人，或直接以检测合格为由采信电子设备所取证据，忽视了算法应用的程序正当性在算法实体结果形成中的重要作用。在涉专业技术问题面前，作为"技术外行"的法官可能存在专业知识上的短板和不自信，导致难以对算法取证结果的正当性做更多深入审查。

（三）法律适用过程层面

法律适用过程层面典型问题见表3。

表3 法律适用过程层面典型问题

典型问题	具体案例	相对人质疑	司法回应
自动抓拍算法适用法律造成处罚失当	朱某某与长沙市公安局交通警察支队一审行政案	相对人因正常上下人员临时停车，用时十几秒钟，被"电子眼"记录为"机动车违反禁止标线指示"的违法停车行为，该处罚决定过当，与法律相悖	未回应行政机关是否在法律适用中存在处罚过当问题，认可行政机关答辩意见，判决驳回相对人诉请
	宋某某与上海市公安局杨浦分局交通警察支队、上海市公安局杨浦分局行政公安其他二审行政案	相对人认可其存在停车行为，但认为依据《中华人民共和国道路交通安全法》规定，行政机关应该有"口头警告"和"令其驶离"行为，并指出"电子眼"警告牌上的书面警示不能等同于上述法律规定的警告、劝离行为	认可行政机关答辩意见，认为"电子眼"警告牌可以视为"监控告知"和"劝离警告"，判决驳回相对人诉请

1.算法用于法律适用的样态

算法亦被广泛应用于政务服务、行政处罚等领域为行政执法提供裁量参考，即以计算机技术和数学建模等科技手段为依托，以裁量因子、法律规范和案件事实三要素为基础，通过技术阐释法律规范中的不确定概念，将其与待决事实进行等置，利用大数据和算法技术为存在裁量空间的行政执法提供参考意见，但同时也引发了相对人对行政执法机械适用法律、缺乏人工执法灵活性的质疑。

2. 司法审查态度

经考察样本案例，司法倾向于尊重行政机关对法律规范，尤其是不确定法律概念的理解适用，及其对最终结果的裁量处理。然而，行政机关依托算法适用法律的过程，相对于传统现场执法，已大大扩展和提高了行政管理辐射的广度和密度，行政行为本应遵循的尊重人的合理需求和顾及人的真实感知的伦理正当性要求，在算法的控制下日渐式微。此外，算法技术固然能在规制法律与事实之间的"往返流盼"中发挥积极作用，但因法律规范转译为技术代码过程的封闭性，而缺乏必要的公众意志形成过程，使基于算法所作行政行为的正当性存疑。

（四）执法程序层面

执法程序层面典型问题见表4。

表4 执法程序层面典型问题

典型问题	具体案例	相对人质疑	司法回应
算法执法省却告知程序	杜某某诉北京市公安局公安交通管理局西城交通支队西单大队交通处罚一审行政案	相对人偶然得知其在同一地点违反禁行标志105次，均被"电子眼"拍摄记录在案，需交罚款10500元，交通违章记分210分，但从未有交管部门告知其有违法行为，该处罚违反法定程序	北京市交管部门以内部执法监督的方式，对被告的执法行为予以纠正后，相对人撤诉
算法执法告知方式存疑	韦某某与罗城仫佬族自治县公安局交通警察大队、罗城仫佬族自治县人民政府公安道路交通管理一审行政案	行政机关处罚前未进行告知，相对人至今不知违法内容	行政机关通过电子信息平台发送违章信息，已履行告知义务。相对人以手机未收到违章信息为由主张未告知，理由不充分，法律依据不足，不予采信

1. 算法用于执法程序的样态

在交通执法、行政审批等领域出现了程序实施和实体决定均由算法完成的完全自动化行政方式,即使有执法人员介入,一般也只是直接采纳算法决策结果,许多原本按照人的活动环节设立的程序步骤被省略。然而诸多算法行政并未匹配传统执法所采用的直接或邮寄送达等告知程序,导致同一相对人在同一地点连续受到行政处罚却未收到任何通知的情形频繁发生。即使有行政机关通过将违法信息上网或手机短信通知等方式履行决定前告知义务,相对人也往往会对告知内容的充分性质疑。

2. 司法审查态度

经考察样本案例,司法往往仅审查行政机关是否履行了告知义务,对电子化告知替代传统告知形式的有效性未予审查,导致相对人本应享有的程序权利流于形式。现阶段司法实践,或尚未意识到算法技术中立的伪命题性,或虽有意识但囿于专业不知如何跟进审查,审查模式仍局限在传统行政行为思维惯性之中,既未能直面社会公众的合理质疑,也未对算法应用的正当性予以实质审查。缺乏对于算法应用过程深刻认知的司法审查,无异于对技术权力的让渡和对审判权力的放弃,难以实现对算法行政的主动规制。

二、行政行为算法应用与传统正当程序司法审查的张力

算法对于行政执法的介入不只是决策方式的简单改变,而是经由决策的算法化导致了算法的权力化,并深刻改变着行政权力的关系结构和运行逻辑,不仅对个人权利产生普遍且持续的影响,也与秉承克制与谦抑、坚持传统正当程序原则的司法审查之间存在诸多紧张甚至冲突。

(一)算法行权基础多元性与权源审查单一性之间的矛盾

1. 算法应用使得行政权运行基础多元

传统行政权运行以国家强制为基础,权力行使范围及方式以法律规范

的明确规定为基本依托。算法行政场景中，数据处理和算法技术的应用改变了以制度权威为中心、以人工现场执法为权力行使方式的治理模式，夯实了权力运行的基础，其行使不仅源于法律的明确授权，还需借助数据处理和算法应用活动，对社会事实和法律规则进行数字化转换，形成了资本、技术与行政权力融合共生的治理格局。在这一过程中，行政权运行由"以行政主体为中心"开始转向"以数据为中心"，行政决策一定程度上依赖算法决策，算法成为权力运行的组成部分且可能实质影响行政决策方向。而算法系统的研发、设计、运行等需要大量技术主体参与，使传统由公权力主体实施的行为，开始向特定技术主体及其设计的算法转移，传统由行政机关与相对人组成的二元法律关系，也逐渐转变为技术主体、行政机关与相对人参与的多重法律关系。

2.权力行使方式正当性尚未进入司法审查视野

传统法治用以确定行政权运行基础的重要原则莫过于依法行政原则，其"决定着行政机关采取某种措施介入社会的容许性"[1]。首先，算法深度介入不仅改变了行政权行使的方式，还可能带来被算法影响的权力究竟是行政权力还是算法权力、是否应受依法行政原则约束及是否与权力专属原则相违背的诘问。其次，运用算法决策也是收集和处理个人信息的过程，其不仅应受行政处罚法、行政强制法等行为法意义上的职权合法性规制，也应受到个人信息保护法中有关保护个人信息权益规范的约束，而后者却鲜少进入传统司法审查视野。最后，技术主体一般受行政机关委托，主导算法系统的研发、设计等过程，相对封闭。技术主体主导下的算法系统是否如实准确复刻了实体法内容，在将法律语言转译成算法语言过程中，是否可能扭曲法律法规等都存在疑问。而局限于"行政机关—相对人"双边关系的传统司法审查，往往难以触及技术主体的算法参与过程及算法应用实质内容。

---

[1] 王贵松.行政活动法律保留的结构变迁[J].中国法学，2021（1）：124-144.

（二）算法决策瞬时性与程序正当审查之间的矛盾

1. 算法应用压缩了行政执法过程

与传统行政行为相比，算法决策压缩了行政活动各环节，将所有信息与内容糅进既定算法之中，相应结果在算法系统内瞬间完成，难以再分离出行政活动的程序、步骤和方法。可以说，算法决策过程不仅完全脱离相对人视野，还游离在行政机关掌控之外。对于相对人，其不了解算法行政决定过程，更遑论通过对过程的参与来表达意见进而影响最终决定形成。对于行政机关，未听取利害关系人意见作出的决定，难谓客观公正。此外，算法高封闭性和隐蔽性特征使应用其作出的行政行为通常只有结果，缺乏理由和过程的回溯。以"人"为中心构建起的行政正当程序被动摇，如事先告知、听取陈述与申辩、事后说明理由，这些旨在避免行政决策武断和恣意、保障相对人基本权利的制度，在算法决策面前均显失灵。①

2. 决策瞬时性使过程性司法审查无枝可依

"用程序控权取代实体控权，从注重行政行为的合乎实体法规则向注重行政行为的合乎程序性转变，或者说以正当程序模式的行政法来弥补严格规则模式之不足，已成为当代行政法发展的主流。"② 司法对于行政行为的审查，也逐渐从关注结果的实体性审查向更加注重结果作出过程正当性的过程性审查模式转变。尤其在专业技术问题面前，基于行政权与司法权的专业分工及司法谦抑原则，法院一般通过审查行政机关是否保障了相对人对于技术认定事实提出异议的程序性权利，来审查技术认定的可采性。然而，这一被传统法治奉为圭臬的正当程序原则，可能因算法而被部分或完全架空。算法决策的瞬时性，意味着数据一经输入便得到结果，并无过程可言，使通过对行政执法全过程进行考量的司法审查缺少支撑，算法决

---

① 张凌寒.算法自动化决策与行政正当程序制度的冲突与调和［J］.东方法学，2020（6）：4-17.

② 周佑勇.行政法的正当程序原则［J］.中国社会科学，2004（4）：115-124.

策方式与基于传统正当程序建立起的司法审查机制产生了明显偏离甚至冲突。

（三）算法生成证据非中立性与结果导向审查之间的矛盾

1. 算法应用改变了行政程序证据的生成及审查方式

传统执法模式下，行政机关需要对人工调查收集取得的书证、物证等进行审查判断、鉴别真伪。这些传统证据类型多以纸质保存，只要符合关联性要求，且不存在伪造、非法取得等影响证据真实性、合法性因素，基本可作为认定违法事实的根据。[①] 而在算法应用场景中，据以作出行政行为的根据，主要是依赖算法形成的、以数据信息为内容的电子证据，传统证据三性标准已不足以满足算法生成证据可采性的要求。《互联网信息内容管理行政执法程序规定》就要求，除满足证据三性外，行政机关还应保证其收集提取的电子数据全面且不存在被篡改或破坏的可能，否则不得作为定案依据。[②] 此外，算法初始规则的设定仍是以人为主导，即便设计的初衷中立，也很难避免行政机关自身偏见被无意识且无监督地嵌入算法系统，形成算法偏见，[③] 导致其产生的具有形式真实性的电子证据，可能并未体现客观真实。

2. 算法证据行为变化增加司法审查壁垒

计算机技术参与行政执法活动早期，行政机关认定违法事实的电子证据（如监控所拍闯红灯照片）符合公众常识，满足证据三性要求，一般可得到相对人及法院的认可。随着大数据应用及人工智能技术的进步，超出人们认知的电子证据形式开始出现（如智能审批），人们通常会对证据的可靠性存有疑虑，不仅要求解释算法证据"是什么"，还要求解释"为什

[①] 徐继敏.行政证据制度研究［M］.北京：中国法制出版社，2006：185.
[②] 参见2017年国家互联网信息办公室发布的《互联网信息内容管理行政执法程序规定》第二十一条第二款之规定。
[③] 李帅.人工智能的风险预测与行政法规制：一个功能论与本体论相结合的视角［J］.行政管理改革，2019（10）：50-58.

么",即其如何取得、为何可作为定案依据。然而,受技术与自身能力所限,目前司法还停留在对算法证据所附数据信息的真实性形式审查阶段,只要行政机关提交生产合格证明、相关部门认证,系统无技术性瑕疵的结论即可作出。至于证据形成过程,包括系统处理数据并输出结果的运行原理、数据处理过程及保存提取方法是否完整可靠,法院无从也无意了解,更遑论对算法生成证据进行实质审查,"其原本的证据认定主体地位在科学技术面前遭遇'滑铁卢'"。[①]

三、技术正当程序原则对行政行为算法应用司法审查的理念调适

面对行政行为算法应用与传统正当程序司法审查之间的张力,司法一方面要坚持传统正当程序的审查基本原则和要求,另一方面要以理念的调试为准备,为司法审查提供理论逻辑和法理依据。

(一)技术正当程序的行政规制与司法规制之间的理念调试

1. 技术正当程序的行政规制

当前,最早的技术责任否定观,已经逐渐过渡到技术伦理观乃至技术社会责任观,技术工具论已经跃迁到了技术价值论。技术中立理念已经不再符合社会存在决定社会意识的一般规律,对技术应予审查的必要性和紧迫性越发受到广泛关注。传统行政程序在算法行政适用场景中失去了原有效用,技术正当程序正是基于此提供了思考框架和规制路径。

技术正当程序所追求的价值目标包括透明、准确、负责、参与、公平等,覆盖了自动化决策规则的制定和基于算法的个案决定,这些价值目标

[①] 谢佳利.自动化行政视角下的行政诉讼证据认定研究[C]//上海市法学会.上海法学研究集刊: 2021 第 4 卷.上海:上海人民出版社, 2022: 119-124.

是对传统正当程序价值目标的进一步延伸。[①]算法行政有可能使参与者丧失理解行政过程的能力，弱化行政行为的可问责性；尤其在具有裁量空间的算法行政中，行政机关对裁量权的让渡必须尤为审慎，这关乎权力外溢和人沦为客体的现实风险。关于技术正当程序的完整内涵具体可展开为原理公开、全程参与、充分告知、有效交流、留存记录、人工审查六方面，目前以上六方面主要集中在行政行为管理领域被广泛讨论。其中始终贯穿着一个核心主线，即面对人与算法在认知能力和控制能力上的日益失衡，有必要增强人挑战算法的可能性，避免人的权利义务被其操控和决定。

2. 技术正当程序的司法规制

与上述技术正当程序的行政规制相对应，行政审判是以行政行为合法性审查为中心或围绕行政法律关系而展开，因此在讨论算法行政的司法审查时，都应参照技术正当程序的主线和方法，在司法实践中予以融会和把握。对于涉技术问题审查，司法机关总显得要么底气不足，要么信心不够，要么找不到合适的着力点。对于一般性涉技术问题的审查尚且如此，当面对知识壁垒高企的算法时，司法审查的理念亟须建立、司法审查的能力亟待加强、司法审查的路径亟须明确。值得庆幸的是，司法规制并不需另辟蹊径去寻找一条人无我有的审查路径。上述技术正当程序蕴含的理念与方法，在相关法律法规、行政规范性文件尚未明确之时，可作为司法处理算法行政争议的裁量基准和框架指引。

（二）程序正当的司法规制与技术正当的司法规制之间的理念调试

1. 程序正当司法规制的理念守正

经由对行政程序进行规制的司法审查，传统行政行为被要求至少具备三方面取向，即透明化、参与化和论辩化。[②]数字政府建设中，算法等数字

[①] 苏宇.数字时代的技术性正当程序：理论检视与制度构建[J].法学研究，2023，45（1）：91-107.

[②] 张涛.自动化行政对行政程序的挑战及其制度因应[J].华中科技大学学报（社会科学版），2022（5）：60-89.

技术已经、正在、必将对行政行为进行流程再造和机制解构，以上三方面要素都面临动摇甚至瓦解的境地。算法决策下行政行为的现有变化和发展趋势，要求司法审查亦应保有与之同步的规制理念，才可能准确回应受此类算法行政影响的相对人权益保障诉求。然而，算法在行政执法中属于工具地位，[①]究其本质仍然是一种"技术人造物"，是行政机关意思表示和表现行为的延伸。[②]据此，我们在思考如何规制行政行为的算法应用时，仍需从回溯上述三方面要素入手。

透明化方面，传统行政程序的透明化取向，即通过向相对人交互行政信息，彰显行政决定的基本结构，使相对人得以知悉预见其义务及其法律效果。但在算法行政中，透明性要素首当其冲遭遇危机。因此，对此类行政行为的司法规制，也需从修补透明度不足的路径出发。

参与化方面，一般认为，具有参与化取向的行政程序机制，意在通过在行政行为过程中设置让相对人参与的环节和途径，以提供关键信息，吸纳重要意见，强化相对人对政府的信任。算法决策减少甚至排除了人作为主体的介入，与行政程序关于参与化的要求背道而驰。因此，司法规制的导向就应更加着眼于相对人的参与和交涉。

论辩化方面，尤其作出对相对人可能产生不利影响的行政行为时，需要说明该行政行为的事实根据、法律依据及自由裁量考虑的要素，并充分听取相对人的意见。然而，在算法行政中，技术中立的固有思维与技术壁垒叠加，"论"与"辩"的前提不复存在。因此，司法审查的要点就在于算法决策下的行政行为是否经得起疑问、探究和回溯。

2. 技术正当司法规制的理念更新

在法律的算法规制、行业的算法规制成为普遍趋势的背景下，算法规制的理念和路径已在算法侵权民商事审判中初露端倪。然而，面对算法

[①] 陈景辉.算法的法律性质：言论、商业秘密还是正当程序？[J].比较法研究，2020（2）：120-132.

[②] 陈敏.行政法总论[M].9版.台北：新学林出版股份有限公司，2016：699.

应用越发普遍的行政执法领域，算法规制在行政审判实践中的体现尚不明显。这有待转变行政审判理念，将针对传统行政行为（如行政处罚、行政许可等）的单向度审查，扩展到兼顾传统行政行为领域和个人信息权益领域的双向度审查。但是不得不承认，面对行政权力与算法权力的结合形态，[1] 司法审查的力所能及始终是有限的。司法既要尊重行政权行使的效率和裁量要求，又不可无视算法权力的壁垒和黑箱特征。因此，算法行政的司法审查可依托的途径，是要善于将技术实质审查，经由正当程序转化为技术正当审查。

第一向度，行政执法的算法应用具有"行政行为性"，需接受源自行政行为法的司法规制。算法在行政执法中的部署实施由行政机关主导，对算法"翻译"和适用法律法规的过程由行政机关委托，一般而言算法应用的行政执法领域也属于行政机关法定职责范围，且可推导出算法应用出现偏差的责任应由行政机关承受。概言之，行政行为的算法应用仍紧紧围绕行政机关实现公共管理和服务的组织目标。[2] 算法的介入并未改变行政活动的行为性质，其仍具有鲜明的行政性，故不应游离在行政行为法意义上的职权及程序合法性控制之外。

第二向度，行政执法的算法应用还具有"权益处置性"，需接受源自个人信息保护法体系下技术正当的司法规制。目前，对算法的法律规制集中于个人信息保护法，确立了公私并立的算法法律规制模式，作为个人信息处理者的行政机关理应纳入规制范畴。根据该法，行政机关处理个人信息的正当性基础，至少可以从权限正当和过程正当来理解。关于权限正当，司法应着眼于算法应用是否为行政机关履行法定职责或法定义务所必需且未超限度，从而审查对相对人"同意"的豁免是否合法，[3] 这是审查过程正当的前提。关于过程正当，涉及的是行政机关在有权处理的前提

---

[1] 张凌寒. 算法权力的兴起、异化及法律规制[J]. 法商研究，2019（36）：63-75.
[2] 王锡锌. 行政机关处理个人信息活动的合法性分析框架[J]. 比较法研究，2022（3）：92-108.
[3] 赵宏. 告知同意在政府履职行为中适用与限制[J]. 环球法律评论，2022（2）：36-51.

下，如何进行程序安排。个人信息保护权利本质上是工具性和程序性的权利。① 因此，是否充分告知、有效同意，是否为平衡信息不对称提供必要途径（解释算法、听取申辩），是否为人的主体性彰显提供合理保障（拒绝算法、人工介入），均是司法审查算法行政技术正当与否的着力点。

（三）行为结果的被动审查与行为过程的能动审查之间的理念调试

1. 对结果的被动审查难以覆盖算法行政全貌

最高人民法院院长张军明确提出，为推进行政审判理念现代化，要牢固树立双赢多赢共赢理念，把监督就是支持，支持就是监督贯彻到行政审判全过程各方面，支持和促进政府加强对重点领域矛盾纠纷、潜在领域矛盾纠纷的源头治理，进一步健全行政执法和司法审判衔接联动机制。② 按照以上行政审判理念的指引，若我们面对的是具有信息输入、处理和输出等强大能力的算法行政，那么个案司法审查就不能无视行政机关与技术主体、行政机关与相对人之间发生的行政事实行为、行政准备行为。③ 否则，算法应用一旦存在错误或偏差，就会产生相较于传统行政执法方式更为广泛、更加深远的权益侵害和权力公信危机。并且，司法应当重新审视在审查传统行政专业认定时所坚持的司法谦抑原则，毕竟行政机关在算法系统构建及应用方面的专业性并不见得高于行政法官，过分尊重行政权力的司法审查，也难以覆盖涉及算法应用的新兴复合型行政活动的全貌。

2. 对过程的能动审查方能有效支持算法行政

算法在行政行为中的应用，是数字政府建设背景下的典型性和创新性尝试，在提升行政执法效率、统一行政裁量尺度方面优势明显，行政审判理应监督和支持。当面对行政行为的算法应用时，司法应该更加主动，正

---

① 王锡锌. 行政机关处理个人信息活动的合法性分析框架［J］. 比较法研究，2022（3）：92-108.
② 最高人民法院院长张军在国家法官学院2023年春季开学典礼上的讲话.
③ 周文清. 过程论视野下自动化行政行为的司法审查［J］. 行政法学研究，2022（1）：105-118.

视相对人就算法行政过程的合理怀疑，通过举证责任分配等形式，要求行政机关对决定作出的过程和理由进行说明，接受关于过程公正和信息公正的回溯和检视。适当拓宽审查视野，从原先单纯的事后控制扩展到事前、事中及事后多要素控制，才能更好地约束行政权力，支持和规范行政行为，保障相对人合法权益。唯有司法审查将算法行政建设纳入更为精细的法治化轨道，才有可能实质性监督和支持数字政府建设进程。

四、基于技术正当程序原则的算法应用司法审查规则

面对算法行政与传统司法审查之间的龃龉，应当经由对技术运用程序正当性的司法审查，实现对算法行政的主动规制。司法不仅要审查行政机关运用算法行使权力的目的是否符合实质性正当程序要求，还应审查其流程安排是否符合程序性正当程序要求，其核心在于事先进行适当的公开、事中保障相对人的程序参与、事后为相对人提供救济途径。

（一）基于权限合法性要求的算法应用目的正当审查

一般认为，"现行有效的法规范，其指向的对象实际上只是具有生命体征之真人，而并没有把机器作为公权享有主体而纳入考量范畴"。[①] 因而，算法行政不仅应有行为法上的依据，还应具有将行政职权付诸算法作为履职手段的权限合法性基础。前者是依法行政应有之义，在此不作讨论，本文着重讨论后者，以确保权力行使方式符合实质性正当程序要求。

1. 履职手段获得法律、行政法规授权

应当通过法律明确授权，对运用算法执法的活动范围划定界限，以期从根源上防堵行政权力滥用。首先，遵循法律保留原则审查职权依据，即审查行政机关提供的职权依据中有无关于应用算法技术进行执法的明确规定，否则应视为超越职权。其次，前述"法律"依据应放宽至行政法规，

---

① 陈锦波.自动化行政合法性证成的基本逻辑［J］.法学论坛，2023（3）：50-62.

即行政法规层面的明确授权也应成为算法应用合法性审查的依据，行政机关可依据具体管理领域行政法规规定的权限、程序、方式等运用算法技术履行法定职责。① 最后，审查是否具有行政管理领域以外有关算法应用的法律依据。如规制行政机关处理个人信息活动的法律也应作为算法行政正当性的裁判依据。②

2. 取得行政相对人同意

算法行政过程，实质也是行政机关处理个人信息的过程，应受有关保护个人信息权益规范的约束，也可从《中华人民共和国个人信息保护法》规定中获得权源依据。告知同意乃个人信息处理者处理个人信息活动的核心规范，即使尚无法律、行政法规对履职手段明确授权，如果运用算法实施行政管理活动取得了相对人同意，那么也可视为权力行使方式具有正当性基础。但即使取得相对人同意，行政机关也不得超越行为法上的授权领域和范围运用算法技术。

3. 为履行法定职责所必需

要求算法行政一概征得相对人同意，既不现实，也不利于行政效能的提升。即使未获相对人同意，也应赋予行政机关一定的运用算法履行法定职责的空间，但应受到"所必需"限制，这也是行政行为合理性要求的应有之义。③

关于"所必需"内涵，可运用调整手段与目的之关系的比例原则审查，即行政机关运用算法应当满足适当性、必要性、均衡性要求。手段适当性，要求行政机关采用的算法能够实现行政管理目标，行政机关应明确算法是基于何种行为法授权、为了何种具体行政管理目的、被应用于履职

---

① 《中华人民共和国行政处罚法》第四十一条规定，行政机关可依照法律、行政法规规定利用电子技术监控设备收集、固定违法事实。
② 《中华人民共和国个人信息保护法》第十三条关于个人信息处理者处理个人信息的规定也可作为行政机关的行权依据。
③ 《中华人民共和国个人信息保护法》第十三条规定，个人信息处理者为履行法定职责或法定义务所必需方可处理个人信息。

的哪一环节。手段必要性，指行政机关应确保其运用算法处理个人信息的范围、方式等，为实现行政管理的必要条件，并且采取了对相对人影响最小的方式。手段均衡性，则要求行政机关衡量算法应用行为对公众合法权益的损害与所能达到的收益之关系，收益高于损害时，算法应用方才具有正当性基础。

4. 完全替代人工执法的排除情形

即使符合前述条件，基于对公民基本权利和公共秩序维护的需要，应当根据行政事项特点和权益影响程度，对完全运用算法替代人工的执法范围设置必要界限，以避免人的主体性被淹没在追求技术效率的目标之下。根据受法律约束程度不同，行政行为可分为羁束行政行为和裁量行政行为。

对于羁束行政行为，因法律规范内涵及外延相对确定，并不涉及自由裁量因素或裁量空间有限，只要相关事实被正确涵摄到法律构成要件中，无论是人类还是算法决策，得出的结果将是唯一确定的，因而在该领域完全适用算法决策并无不当。

对于裁量行政行为，行政行为的作出涉及不确定法律概念解释、法律效果裁量等因素，算法系统无法收集所有信息，也难以为此类问题都预先设定好明确的羁束性规则，故需将以下两种情形排除在无人参与的算法行政范围之外：其一，可能影响人身自由、人格尊严等自然人基本权利的情形。此时一旦决策失误，或带来系统性社会风险，且难以通过事后补救等方式弥补，应将此类事项最终决策权保留给行政机关工作人员行使，由其根据具体情境寻求最利于个案正义的解决方案。其二，可能需要适用听证程序处理的情形。如在传统执法方式下须适用听证程序方可作出行政决定，就不应因执法的自动化而剥夺当事人本应享有的与执法人员直接接触、言辞陈述的机会，故此类行政决定不应完全交由算法行政。

（二）基于信息透明要求的算法应用前程序正当审查

应用算法决策前，将符合正当性要求的算法委托事项及算法运行原理向社会公众进行充分告知，不仅有利于提高算法应用透明度，保障社会公众知情权，也是审查算法决策正当性的重要依据。行政机关若未有效履行公开义务，则可能导致行政行为存在效力瑕疵。

1. 算法委托事项的公开义务

公开算法委托事项，不仅是向公众展示算法应用可资信赖的重要途径，也是法院审查行政机关是否尽到对算法委托事项审慎监管义务的重要内容。

关于算法委托内容的审查。具体包括：其一，对于受委托技术主体资质的审查，如其是否获得相关资质资格，技术人员是否具备行政管理与法律复合背景。其二，对于个人信息保护影响评估的审查，是否对运用算法的管理目标、运用算法执法的范围和方式的合法、正当、必要进行了评估，是否采取了措施以避免可能的影响和风险。其三，对于算法运行公正性和稳健性的审查，如技术架构是否符合科技伦理和行业技术标准、是否存在潜在偏误或歧视，技术主体是否具备对算法运行监督纠偏的风险评估机制等。

关于算法委托过程的审查。算法行政实质是在某领域设定了一种可能对不特定公众产生法律效力的规则，有无保障公众参与直接影响算法委托有效性。因此，应当在此阶段为社会公众提供了解情况、发现问题、表达诉求甚至反对的公开渠道，且公开形式应与算法应用对于公众的权利影响范围、程度及行政成本等因素相匹配。

2. 算法运行原理的公开义务

除基于公共安全、国家安全等保密需要外，行政机关应向社会公众解释算法运行原理，提升算法决策的可预见性。

关于公开内容的审查。公开算法系统的通用功能、整体设计、基本规则，例如算法对法律规范的转译原理，将抓取数据转译为特定事实原理，系统中内嵌的考量因素及其对行政决策的占比权重。

关于公开形式的审查，可参照前述算法委托事项公开过程的审查。为保护技术主体商业秘密，此处并非要求公开算法技术源代码，而应公开算法设计与行政执法结合的主观意图。

（三）基于参与论辩要求的算法应用中程序正当审查

算法应用价值主要体现在其对行政效能的提升，但这不应成为牺牲当事人程序权利的正当理由，再复杂的技术也不应从法治国家的规范中逃逸。对相对人不利的行政行为，即使以算法技术作出，也应事先告知和听取意见，否则即使结果不影响相对人实体权利，也会导致行政行为程序瑕疵。

1. 决定作出前的有效告知义务

算法行政不仅应当设置告知程序，还应确保告知有效，尽管为提高效率、节约成本而广泛采用电子化告知，但简化形式并不代表可以简化内容。

关于告知内容的审查。算法行政机关应在作出最终决定前，向相对人告知拟作决定的内容、事实理由及法律依据、算法生成的结果等。保障相对人获得必要信息，便于其陈述申辩。

关于告知形式的审查。第一，基于告知形式"功能等效"[①]的审查。即综合考量送达成本、权利影响程度、相对人接受程度等因素，当电子告知能够实现对书面告知的替代时，方可认定合法有效。实践中，行政机关多以信息登载互联网代替送达决定前告知，这实际将行政机关的主动告知义务，转换成了相对人的主动查询义务。尤其对于特殊群体而言，应将告知是否"功能等效"、是否变相增加程序负担作为审查标准。第二，基于相对人同意后告知形式的审查。如告知形式取得相对人同意，即视为告知合法有效，但关于"告知形式"的说明应以显著突出、清晰易懂的方式呈

---

① 张涛.数字化行政中书面形式的困境与出路：兼论数字行政程序的法定化［J］.比较法研究，2023（1）：171-186.

现，且在首次告知后还应以适当频率强化，避免相对人因遗漏告知而失去知情机会。

2. 听取相对人的陈述和申辩意见

通知与申辩始终是行政行为生效的必经程序，因此参与论辩程序必须嵌入算法行政之中，但履行告知义务并听取陈述和申辩意见，并不意味着这一程序的完结，对于相对人提出的有助于准确认定事实和适用法律的申辩意见，行政机关应复核并反馈，体现对陈述和申辩的切实尊重。

（四）基于权利救济要求的算法决策后程序正当审查

技术正当程序，要求赋予相对人对抗算法决策的权利，保证其在事后有获得救济的机会。即应为请求救济的个体提供算法决策的理由，或根据情况赋予个体请求免受算法决策约束、要求人工介入的权利。

1. 相对人个案算法解释请求权的保障

行政机关负有依相对人申请，对算法决策结果如何得出进行解释说明的义务，只有相对人获得个案的解释才能实现个案的救济。

关于请求解释事由。算法应用前，行政机关已就算法运行的基本原理向社会公众进行了公开，在一定程度上起到向相对人解释说明决策理由的作用。若相对人仍有异议，则需提出初步证据或理由证明算法结果悖法或失当，方可启动解释程序，以避免权利滥用。

关于解释内容。解释内容应与相对人所面对的具体自动化决策相关，说明产生该算法结果的理由、依据。解释用语应能为相对人所理解，行政机关提供的解释内容应以清晰平实语言作出，能够为一般公众所理解。解释标准应与相对人所受权利影响程度相适，所涉权利越重要，解释标准越高。

关于解释不能的后果。算法解释是法院审查算法决策正当性的重要依据，行政机关应提供事先形成、不可更改的算法运行记录或日志文档，如无法提供，应说明理由；未说明理由或解释不符合标准，视为没有理由，可能导致算法行政行为无效或被撤销。

2. 相对人免受算法约束请求权的保障

如个案解释仍无法使相对人信服，应赋予其对于是否继续适用算法决策的选择权。考虑到行政效率和权利影响程度等因素，免受算法约束请求权行使应限定条件：首先，该请求权仅适用于完全自动化决策方式作出的行政决定，即无执法人员实质参与；其次，该决定对个人权益具有重大影响，法院应根据算法的前期个人信息保护影响评估和相对人举证情况，综合考量。需注意的是，即使算法应用已经相对人事先同意，也不应排除该权利的适用，因为在公法上不对称权力势差下所作"同意"的真实性、自主性仍有待审查。满足条件并行使该请求权的相对人，可以要求执法人员介入并重新作出决策。

关于上述审查是否会造成过高行政成本的问题。本文认为，上述审查材料是确保算法行政结果可信赖、可追溯的必然要求，主要以行政机关及技术主体已存记录和资料为依据，无须额外准备和生成，因而不会对行政机关造成额外过高负担，且法院还可通过在诉讼中听取技术主体专业意见的方式进行辅助审查。

余　论

人民法院在理顺上述算法行政的司法审查路径后，应继续加强与行政机关的交流协作，保持对前沿算法行政创新的实时关注。一方面，对个案审判发现的算法行政问题，通过裁判说理、司法建议等形式，引导数字政府在创新中保持守正，避免算法行政违背法治精神和人文精神。另一方面，还需把握司法审查的适度感和与行政权力的界限感，在能够延展司法审查的领域积极作为，通过府院联动，助推算法行政建设的自我完善和优化。

司法大数据应用事务外包的风险与防范

——以数据和外包两大风险来源叠加为视角

刘连康 北京市东城区人民法院法官

摘　要： 近年来，司法大数据应用外包工作持续深化。外包模式在解决法院内部资源匮乏、推动司法大数据发挥最大价值的同时，也因区域建设统筹不足、管理模式粗疏等因素而备受争议。司法大数据的利用关涉发挥数据价值、助力社会治理、提高国家竞争力等核心命题，故本文尝试从风险角度进行剖析并提出防范路径。

关键词： 司法大数据应用；事务外包；风险；防范

引　言

习近平总书记强调，要建立健全大数据辅助科学决策和社会治理的机制，推进政府管理和社会治理模式创新，实现政府决策科学化、社会治理精准化、公共服务高效化。[①] 当前，数据已成为数字经济的基础性战略资源，数据治理能力成为国家竞争力的体现。聚焦到司法大数据[②] 领域，无论是建设智慧法院、提升司法公信力，还是促进社会治

---

① 2017年12月8日，习近平总书记在中共中央政治局第二次集体学习时的讲话。
② 目前对于司法大数据的定义尚未达成共识，本文所探讨的司法大数据主要是指全国法院在司法工作中形成的审判流程、执行信息、法律文书、庭审活动、司法政务等数据的综合及其关联关系。

理、满足人民群众日益高涨的司法期待，都存在对司法大数据再利用的现实需要。相对匮乏的审判资源已经难以实现多样化利用司法大数据的愿景，而技术外包模式在将法院从不擅长的计算机技术解放出来的同时，也给法院带来诸多风险。总体来看，主要有两大风险来源：一是基于外包模式而给数据开发利用带来的挑战，二是基于数据本身的特性在外包模式下衍生出的风险，数据和外包的叠加构造、相互作用，融合形成了一种需要特殊防范的风险。如何在探索发挥司法大数据最大价值的过程中避免或及时修正风险，为司法大数据效能的发挥打开一条技术赋能路径，是法院在司法大数据应用过程中最应关注的地方。本文选取京苏冀黔陕五地法院为样本，[①] 在对司法大数据应用事务外包实践现状剖析的基础上，着眼于风险点，以有针对性地探求解决路径。

一、实践检视：司法大数据应用事务外包的现实图景

在我国，各地法院结合自身情况，不断通过外包模式探索具有区域特色的司法大数据应用路径。笔者通过对五个省市公开数据的整理、分析，认为法院对司法大数据的利用存在以下趋势：

（一）外包模式加剧司法大数据应用的风险和挑战

1. 大数据管理利用集中化明显

目前，最高人民法院可视化数据集中管理平台汇集了 1.33 亿件案件数据，实现了对全国四级法院案件信息集中管理和审判态势的实时生成。[②] 各高级人民法院亦建立数据中心，负责区域内法院的数据汇集。基本上可以

---

① 样本法院数据来源于最高人民法院网站智慧法院建设模块、"智慧法院进行时"微信公众号及各地法院微信公众号等。
② 李林，田禾.中国法院信息化发展报告 No.2（2018）[M].北京：社会科学文献出版社，2018：117.

说在技术外包模式基础上，我国已经构建了从数据采集、归集、整合、共享、开放到应用等数据全生命周期的大数据资源平台，形成了覆盖全国法院的司法大数据枢纽。数据的集中统一管理类似于"把所有鸡蛋都放在一个篮子里"，并且是放在外包模式的"篮子里"，随之而来的是司法大数据安全风险由分散转为集中、由可预见转为不可预见，增大了数据安全风险防范和化解的难度。

2. 地方建设协同不足趋势加剧

在智慧法院建设的过程中，最高人民法院往往给出概括性和原则性的顶层设计，地方法院拥有充分的改革自主权，在实践中结合本地的实际情况加以"创新"。以司法大数据平台为例，各地根据本区域内外包技术能力，采用了不同的技术标准，因地制宜开发建设了不同类型的平台（见表1），但区域协同不足、数据标准化存在差异。

表1 样本法院司法大数据平台建设情况

法院	司法大数据平台
北京高院	大数据可视化展现平台
江苏高院	江苏法务云
河北高院	数据集中管理平台
贵州高院	司法大数据系统
陕西汉中中院	司法数据中台

3. 应用范围全面化导致风险多点分布

通过调研样本法院可知，司法大数据的应用范围既包括助力司法管理、提升审判质效等法院内部事项，也包括预测社会风险、助力社会治理等法院外部事宜，整体上后者比前者的开发难度更大。基层、中级及高级等不同层级法院均结合自身情况，推出了不同类别的司法大数据应用系统，涉及审判职能的方方面面。以河北法院为例（见表2）。

表2 河北法院司法大数据应用情况

类别	法院	应用
司法公开	河北省高级人民法院	信访举报工作平台
辅助审判	河北省石家庄市中级人民法院	智慧审判系统
司法管理	河北省保定市中级人民法院	法官负面行为预警系统
辅助审判	河北省衡水市中级人民法院	智能化系统

4. 司法场景融合性程度较低

技术在司法领域中多以普适性实践为基础，大部分技术未与司法专门需求进行深度融合。在对司法大数据挖掘的过程中，技术对于数据要素的结构化认知尚未建立，其应然性作用尚未发挥，智能技术存在瓶颈，场景设置缺失，导致在利用计算机技术挖掘司法大数据时存在壁垒。

（二）司法大数据应用中的外包管理风险

1. 管理意识的被动性与数据的高风险性不相称

样本法院中对司法大数据应用的风险管理，多依赖外包公司提供的系统自身安全防护能力，而忽略了网络环境的特点、司法大数据属性及自身数据安全能力建设。样本法院尚未引入第三方公司对司法大数据的应用安全进行专项监管，这也从侧面反映出法院的管理理念尚未及时转变，与数据本身的高风险性相悖。

2. 购买路径的依赖性与数据开发的多样性不相称

实践中，司法大数据应用外包多采用公开招标的方式进行，同一家商业公司中标多家法院多个项目的情形较为常见。法院对于外包企业的选择倾向于互相学习效仿。购买路径的依赖性导致无法发挥比较优势，与数据开发的多样性不相称。某公司在北京法院部分业务一览见表3。

表3　某公司在北京法院部分业务一览

产品名称	分类	建设法院
执行指挥中心	执行指挥中心	北京法院
诉讼服务平台	司法公开及诉讼服务	
睿法官	审判支持	
智汇云	审判支持	
12368人工语音诉讼服务平台	司法公开及诉讼服务	
数字法庭	科技法庭及远程提讯接访	
数据分析平台	审判支持	

3. 外包管理的粗疏性与数据权益的密集性不相称

从现有资料来看，样本法院对于外包人员尚未建立精细化的管理细则。大部分依据合同细则约束外包公司，依靠外包公司内部管理约束外包人员。法院对于公司的运营模式、人员录用、系统开发的具体情况等知悉程度甚低，约束管理力度较为薄弱。而司法大数据承载着人格利益、财产利益、公共利益等多重权益，相较于卷宗扫描等事务性工作，所承载的利益关系更为复杂。

4. 监督评价方式的碎片化与数据的体系性不相称

司法大数据来源于人民群众，其开发目的、价值应用等也直接反作用于人民群众，关乎人民群众的根本利益。因此，司法大数据的应用不仅要合乎法律，更要合乎伦理。绝大多数样本法院仅依靠实践反馈来对系统修修补补，尚未建立学者、法官、律师等群体对于应用项目的反馈评估机制，也未建立伦理验证、群众监督等监督评价方式。监督评价方式的单一性与数据所承载的深层价值相违和。

（三）小结

通过对司法大数据外包应用现状的分析可以发现，法院在司法大数据利用管理方式上尚存欠缺。法院应以管理利用方式不足为起点，深挖司法大数据应用外包模式背后的风险因素，兼顾数据安全与数据利用，找准国家、社会与个人共赢的数据治理立足点，保障司法大数据应用的健康、可持续发展。只要存在未知的事物，便有风险的存在。[①] 而如何在一个肯定有风险的环境里把风险可能造成的不良影响减至最低，[②] 笔者认为最重要的是做好风险识别，探寻风险根源，积极应对风险挑战。

二、风险识别：司法大数据应用事务外包的隐患排查

风险识别的准确度和全面性是制定风险防范措施的前提。识别外包项目风险的特点，不但要识别司法大数据应用本身存在的风险，还要结合外包模式的特点来识别风险因素。只有这样，合作方才能根据风险大小预测项目的成本、收益及自身的风险承受能力，才能帮助法院决策者作出合理的决策。风险的最终来源有两个：一个是自然环境，另一个是人为环境。[③] 落实到司法大数据应用事务外包模式中，笔者试从数据与外包模式互相作用的角度分析风险因素。

（一）基于外包模式下数据自身维度的分析

1. 数据主体复杂风险

大数据产业发展目前面临着数据权利的类型模糊、数据权利所涉的主体复杂、数据权利的边界不明确以及数据权利保护困难等四个难题。[④] 司法大数据不仅涉及姓名、年龄、案情信息等当事人个人信息，还包括法官通过庭审、撰写法律文书等司法过程加工后产生的衍生数据，以及法院在行政管理中产生的数据。理论界对于间接的、隐性的司法大数据所有权尚存

---

① 刘燕.风险管理及其模型[M].郑州：郑州大学出版社，2015：1.
② 刘新立.风险管理[M].2版.北京：北京大学出版社，2014：3.
③ 刘新立.风险管理[M].2版.北京：北京大学出版社，2014：50.
④ 张吉豫.大数据时代中国司法面临的主要挑战与机遇：兼论大数据时代司法对法学研究及人才培养的需求[J].法制与社会发展，2016，22（6）：52-61.

争议。权属问题是数据运用的正当性基础。《中华人民共和国民法典》规定，国家机关及其工作人员不得泄露或向他人非法提供自然人的隐私和个人信息。[1]可见，司法大数据的运用领域也非个人信息保护规则的法外之地。司法大数据主体复杂，关涉当事人，极易侵犯当事人的个人信息。

2. 数据质量失真风险

数据质量是司法大数据运用的基础。分析结论的可靠与否离不开数据本身的准确性、及时性、完整性。而有学者认为，在中国裁判文书网上所公布的文书数量可能只是审结案件的50%，且裁判文书延迟公开情况较为严重。[2]同时，部分数据未严格按照人民法院信息化建设标准录入，导致数据未采用统一的数据标准，存在大量不完整、不规范的数据，造成数据"失真"，严重影响对司法大数据的分析。

3. 数据挖掘壁垒风险

数据要素只有流通起来才能产生价值。而现阶段各地法院将司法大数据应用业务外包给不同的商业公司，开发不同的应用软件，导致数据很难实现沟通、交流，无法最大限度地发挥数据价值。同时，法律语言具有多义性、复杂性、模糊性等特点，计算机技术对司法数据要素的结构化认知尚未建立，计算机技术在司法领域的适配度较低，导致产生法律数据挖掘壁垒。

4. 技术宰治风险

吉林大学蔡立东教授表示，数字赋能可能蕴含技术宰治风险。[3]宰治，即掌管和治理。技术本身具有二重性，在利用技术深挖司法大数据巨大价

---

[1] 《中华人民共和国民法典》第一千零三十九条规定：国家机关、承担行政职能的法定机构及其工作人员对于履行职责过程中知悉的自然人的隐私和个人信息，应当予以保密，不得泄露或者向他人非法提供。

[2] 马超，于晓虹，何海波．大数据分析：中国司法裁判文书上网公开报告［J］．中国法律评论，2016（4）：195-246.

[3] 蔡立东教授在由中国人民大学法学院主办、中国人民大学未来法治研究院承办的"数字法学三大体系建设研讨会暨中国人民大学法学院数字法学教研中心成立仪式"上的讲话。

值的同时，也应看到计算机技术在司法领域的不适应性和排斥性。大数据与人工智能技术在其他场景的优势恰恰可能成为颠覆传统司法格局的潜在力量。[1] 与传统的信息化技术相比，司法大数据应用所呈现出来的数据前置性、算法依赖性等特征，已经导致技术知识与传统司法场景中的法学知识产生"碰撞"。这种"碰撞"以司法大数据为基础、以算法等科技为手段，将司法实践各个环节纳入视线范围。用数据打造一套静默化、自动化、可视化的全流程监控系统，实现"科技控权"。[2] 司法独立性的特征也在这种"监控"中被逐渐肢解。

5. 消解法官主体地位风险

"法官才是法律世界的王侯。"[3] 数据前置性和算法依赖性为前提的司法大数据应用系统，极易让人产生司法过程皆可数据化的错觉，这个过程也包括法官作为一种可预测、可控制的客体"被数据化"。整个司法路径极易由"以法官为中心"转变为"以司法数据为中心"。越依赖技术，越容易被技术变相操控，越容易影响法官的主体地位。如部分法院研发的"案件繁简分流智能平台"，可智能地将案件分为繁案、简案，以此来决定案件流向，其中已隐含着法官对案件决策权的部分让渡。

（二）以司法大数据为内容的外包角度分析

1. 数据的无形性易加剧外包模式下权力寻租风险

寻租是政府机关及公职人员利用公共权力寻求超额利润的活动。[4] 在外包事务中，部分法院人员可能会利用公权力为获取个人利益或者部门利益进行寻租。司法大数据本身具有流动性、可复制性、瞬时性等特征，这

---

① 王琦，安晨曦. 时代变革与制度重构：民事司法信息化的中国式图景[J]. 海南大学学报（人文社会科学版），2014，32（5）：1-10.
② 闵凌欣，詹旋江. 智慧法院：释放不一样的司法红利[EB/OL].（2018-04-21）[2024-07-08］. https://www.taihainet.com/news/fujian/gcdt/2018-04-21/2125095.html.
③ 德沃金. 法律帝国[M]. 李常青，译. 北京：中国大百科全书出版社，1996：361.
④ 明燕飞，谭水平. 公共服务外包中委托代理关系链面临的风险及其防范[J]. 财经理论与实践，2012，33（2）：104-107.

些特征在一定程度上会降低权力寻租的可视度，进而导致权力寻租风险增大。

2. 数据治理的专业性易引起外包模式下逆向选择风险

政府合同治理的成效在很大程度上取决于政府选择。[①] 法院由于缺乏外包经验，往往因信息不对称而无法获知潜在公司的全部信息。

外包公司为了获得法院的订单，也更倾向于将自己公司的优势展现出来，而隐藏自己的劣势。法院在与外包公司签署合同时，较易将视野聚焦于数据开发而忽视风险条款。发生纠纷时，易出现责任厘定不清、相互推诿现象，而鉴于身份的特殊性，法院往往也不愿意选择法律手段维护自己的合法权益。

3. 数据承载利益之大易引发外包模式下垄断风险

随着"数据为王"时代的到来，围绕大数据产生的不正当竞争行为、垄断市场行为开始凸显。部分商业公司与法院签署合同进行司法大数据的开发利用后，若合同到期或其他情形，法院欲寻找新的合作伙伴，则会存在技术衔接不畅通、重复建设、数据泄露之风险。实践中更倾向于继续选择同一家公司承建，法院则会在价格协商、方案商定等方面丧失一定程度的主动权。

4. 外包模式粗疏易导致泄密风险

外包人员结构复杂，缺乏司法保密意识。数据的无形性又导致泄密不容易被发现，与泄密带来的巨大收益相比，违反保密义务的惩罚力度稍显薄弱。上述因素极易引发外包人员在工作履职过程中违规使用司法大数据，产生泄密风险。

5. 评估维度单一易引起数据深层价值风险

风险会随着环境的变化而变化。法院仅依靠外包公司系统的安全防护能力，很难做到对风险时时识别、评估进而随时调整风险规制策略。评估

---

① 莱恩.新公共管理[M].赵成根，等译.北京：中国青年出版社，2004：176.

方式、维度单一容易将司法大数据应用的开发焦点聚集在数据价值的功能实现以及外包公司经济价值实现的短期层面，易忽视司法大数据的开发要合乎法律、合乎伦理等更高层面的要求。

（三）小结

司法大数据与外包模式叠加融合会产生新生风险。《中华人民共和国数据安全法》《中华人民共和国个人信息保护法》《中华人民共和国网络安全法》成为拉动数据治理的"三驾马车"。上述法律已经在对数据分级分类保护、政务数据利用流程、个人信息保护等方面作出了规定，但具体到司法大数据应用外包模式的具体开展，尚缺乏管理制度细则。司法大数据的集中利用势必会引起风险集中。在融合数据的流动性、可复制性、瞬时性以及外包模式的粗疏性、不可预见性的情况下，数据利用的风险会更加复杂、多元。因此，对司法大数据从收集到应用，以及外包过程中公司选择、人员管理等方面亟须管理细则予以规制。

三、风险根源：司法大数据应用事务外包的深层透视

"法院的问题是更深刻的公共权力和社会秩序问题的一部分。"[1] 对于司法大数据应用事务外包过程中的风险源而言，背后是否有更深层次的推动因素？笔者仍从数据与外包模式互相作用的角度来分析。

（一）以外包的司法大数据本身为视角

1. 司法大数据的客体范围模糊不清

个人信息边界的难以界定、数据与信息关系难辨等导致司法大数据范围模糊，直接影响其法律属性的确定。数据来源的丰富性、所涉主体的复杂性、构造的层次性以及形态的无形性等特征均导致司法大数据与其包含

---

[1] SARAT A. The role of courts and the logic of court reform: notes on the justice department's approach to improving justice [J]. Judicature, 1981, 64 (7): 300-311.

的个人信息难以有效区分。而对于数据与信息的关系，有学者从数据生命周期的角度分析两者的关系，认为信息是主观认知，数据是汇集信息的载体，数据在生长周期中是不变的，只有其上承载的信息才会变化。也有学者从结构层面区分数据，认为数据内在可区分内容层、符号层和物理层。[①] 学者们为了解数据与信息的关系提供了多重视角、多种维度，但大部分是围绕数据与信息的物理结构和功能进行分析，割裂了数据本身承载的多重利益集合和数据价值由低到高的流转。司法大数据的客体范围不清导致所涉主体复杂，易引起纷争。

2. 司法大数据利益交织复杂

司法大数据承载着人格利益、财产利益以及公共利益等多重属性。利益冲突的调适与解决直接关系到司法大数据的开发和限制。囿于司法大数据所涉主体的复杂性，法院在利用司法大数据时一般持谨慎态度，尽量平衡各方利益。在数据利益与人格利益的关系平衡中，较易忽视个人信息与司法大数据之间的价值归属。个人信息在司法大数据中的作用力导致很难将二者在复杂的权利状态中进行区分，进而难以划定信息主体、法院、外包公司之间的边界；在数据利益与公共利益的关系平衡中，较易忽略数据在不同情境下的形态转化，进而难以清晰厘定司法大数据上所承载的复杂利益。

3. 司法大数据的法律属性多元演变

司法大数据的生成机制包括收集、存储、处理、利用等环节。随着生成机制的推进，计算机技术的介入力度逐渐增强，数据的价值也逐渐增大。而推动数据流转与增值的核心是算法的应用，算法才是勾勒数据权利边界的中心。在不同的场景中，由于算法的着力点不同，数据本身的形态及其所承载的价值也逐渐发生变化。随着算法技术的深度介入，个人信息的可识别性被海量的数据与算法技术稀释，数据人格属性逐渐向财产属性

---

① 姬蕾蕾.企业数据保护的司法困境与破局之维：类型化确权之路[J].法学论坛，2022，37（3）：109-121.

及公益属性转化。数据的人格属性、财产属性及公益属性是数据在不同阶段的性质折射,若不加区分赋予权利,则易出现数据霸权与数据孤岛的极端现象。

(二)以司法大数据外包模式为视角

1. 数据安全理念匮乏引发风险汇聚

"大数据挖掘分析得越精准、应用范围越广阔,个人隐私和数据安全保护就会变得越紧迫。"[①]司法大数据的安全关系国家安全、经济安全、个人安全。然而鉴于司法大数据本身的隐蔽性、无形性等基本特征,网络的边界感已经消失,传统的安全思路已经无法解决司法大数据的安全问题。而无论是司法部门之间的数据交流,还是外包科技公司对数据的收集、处理、整合,都不应忽视技术之外风险的存在,在数据安全的前提下去探讨数据利用。样本法院多将重点放在司法大数据的开发利用上,较易忽视数据安全。理念是行为的先导,指引实践行动,数据安全理念的匮乏会导致司法大数据的外包事务工作保障缺失。

2. 信息不对称导致实质沟通缺乏

司法大数据的开发利用是跨学科、多维度、多领域的综合命题。只有具备既精通法律,又能熟悉运用信息技术、掌握大数据管理的复合型人才,才能驾驭司法大数据时代的机遇和挑战。而目前,审执业务是法院的基本业务,法院尚缺乏兼具法律知识与计算机知识的人才。在不具备专业知识、存在知识壁垒,又缺乏第三方监管的情况下很容易在与外包公司交流时处于弱势地位,缺少主动权和话语权。而一线工作人员使用者与技术人员之间欠缺充分的讨论和论证,实际使用人的价值诉求无法充分表达,在艰深晦涩的技术面前主动性略显不足。

3. 无序竞争加剧数据挖掘风险

司法大数据应用开发过程中地方试点自成体系,缺乏统筹,呈现出明

---

① 新玉言,李克.大数据:政府治理新时代[M].北京:台海出版社,2016:111.

显的竞争倾向。部分法院为了走在司法大数据开发、利用的前沿，未采用区域内同级法院甚至上级法院的既有成果，在特定领域投入精力、财力，另起炉灶不断"推陈出新"。然而，不同的数据开发应用程序给数据的流通、共享、开发利用等造成天然壁垒。呈现内卷趋势的竞争成为数据价值释放路上的绊脚石。

（三）小结

客体范围模糊不清、数据利益交织复杂、法律属性多元演变等成为司法大数据权益保护的现实障碍，也成为司法大数据进一步开发利用的绊脚石。外包模式在解决司法大数据开发利用方面技术难题的同时，也因理念欠缺、信息不对称、无序竞争等特点被人诟病。司法大数据的开发利用需以技术为基本支撑，外包模式是司法大数据开发利用的必经之路。探求数据的基本性质及外包模式的风险根源，能够厘清深层次风险，进而针对深层次风险提出更为精准的风险防范举措。

四、风险防范：规制司法大数据应用事务外包之运行

风险管理是一个动态的过程，由于外部环境及内部因素不断发生变化，风险应对过程中也应根据风险状态的变化及时调整风险管理策略。在司法大数据应用外包的过程中，法院应始终坚持底线思维，增强忧患意识，将风险理念贯彻始终，积极构建司法大数据应用事务外包的防火墙。

（一）唤醒兼具数据安全与数据权益的风险管理理念

1.树立以安全为核心，兼顾创新、和谐的多元价值目标

司法大数据应用本身的不确定性、结果的不可预测性已足以引起法律、伦理等规范规制的必要性，再叠加外包模式的客观风险，更应将安全作为司法大数据应用外包过程中的核心价值规则，这是对整个法律秩序乃至社会秩序的维护；创新是防范司法大数据应用外包风险的有效手段。只

有不断增强技术创新，提高技术在司法大数据应用领域的适配性，在规制中发展，才是科学技术的价值灵魂；和谐是司法大数据应用的最终价值追求，只有当人与技术、司法与社会之间实现一种适当、协调有序的理想状态，才能促进司法大数据应用外包产业的良性发展。

2. 确立以全面性、专业性为基准的风险防控基本原则

法院不能仅仅从某一项业务的角度考虑风险，要实行全面风险管理。全面性是指法院要将风险管理提到战略管理的高度，基于系统性视角，从司法大数据采集、管理、存储、应用等各个环节均实行风险管理，建立全面的风险管理体系；同时，要做到风险防控的专业性，在具体执行风险管理措施时要由专门机构、专门人员负责。法院应严把风险防控的全面性和专业性，为司法大数据产业的健康发展保驾护航。

3. 转变风险管理理念，厘定对风险的容忍度

传统的安全管理主要依靠系统的自身防护能力及日常的维护等方式。这种被动的、防御式的安全管理方式很难应对司法大数据应用过程中出现的新情况、新问题。法院应转变理念，以主动发现和解决问题为目标，建立起"主动管"的安全运营管理模式。在明确司法大数据应用事务外包风险偏好的前提下，从背景、目的、公众接受度等方面厘定对风险的容忍度，由此确定公权力介入的范围和尺度。

（二）构建权责清晰的制度规范

1. 以数据生成机制为导向，区分保护数据权益

司法大数据内涵及数据权利体系在理论界尚未达成共识。数据作为一种新型资源，所涉利益错综复杂。不同阶段的数据理应区别对待，以实现数据外包规则构建的准确与周延。因此，笔者建议以数据的生成机制为导向区分保护模式，即将数据的收集、存储、处理、利用等场景区别对待。在个人信息可识别的场景，如在诉讼中表现出来的姓名、居民身份证号、家庭状况等可以单独或者关联起来识别到具体个人的，应以数据原生主体的人格利益保护为先；在对数据处理后，切断了数据主体对数据的法律关联，又融入法院技术、网络、人力等因素产生出来的衍生数据，可以在使用目的符合公共利益的前提下进行开发，但开发利用过程必须坚持社会主义核心价值观及技术向善原则，保证运用过程及结果符合真实的公共利益。司法大数据在运用的过程中应始终保持谨慎，以必须收集、使用为限度进行数据开发利用，谨防过度开发使用。

2. 明确技术工具地位，深入落实司法属性

一是深化落实审判独立、司法公开属性。大数据技术的运用引起了技术伦理与司法传统伦理之间的互动。技术对于审判过程全方位地介入与审判内在的独立性要求产生冲突，削弱了审判的独立性价值。司法大数据应用过程中要充分尊重审判的独立性，对于庭审过程、裁判环节等涉及审判决策的核心环节要谨慎介入；尊重司法的公开性和透明性，即指裁判结论在形成过程、根据和理由方面的"公开"，也即司法裁判的透明。[1] 要提高算法的透明度，赋予外包公司释明义务，释明算法背后的理论、原则及推理过程等，并以公众可理解的方式呈现出来。

二是强化法官主体地位，明确科技工具属性。人工智能还难以应对人类主观意识影响的社会文化和意识领域的各类问题。[2] 数据分析无法揭示司法数据背后复杂的社会关系和价值选择，无法根据地区差异作出不同应对，更无法在个案中替代法官的自由裁量权作出公平的判断。如对特殊群体的保护，对新原则、新秩序的倡导等方面更显无力，不适宜用"一刀切"的算法模型来解决。应时刻把握技术的工具属性，让法官来管理和修正司法大数据的预测结果，将对技术的决定权把握在法官手里，实现技术辅助定位与法官主体地位之间的平衡。

3. 以比例原则为宗旨，科学圈定外包范畴

比例原则又可细分为适当性判断、均衡性判断和必要性判断三个层

---

[1] 陈瑞华. 司法权的性质：以刑事司法为范例的分析 [J]. 法学研究，2000（5）：30-58.
[2] 吴月辉. 人工智能会取代人类吗 [N]. 人民日报，2017-07-07（20）.

面。[1]首先要进行适当性判断，即司法大数据在该领域的运用是否符合改革者及普通公众的预期；其次要进行均衡性判断，要在应用可能带来的司法红利与风险之间进行价值权衡，若风险可控，则可在控制风险的基础上进行适用，若风险不可控，则果断放弃；最后要进行必要性判断，最大限度降低技术不确定性所带来的风险，减少对法官权益的影响。对明显以诉讼投机为核心诉求的应用，或者易引发民族歧视、地域歧视等的数据分析要列入负面清单，并及时上报最高人民法院，为全国范围内的司法大数据应用提供指引。

4. 以十项尽职调查为手段，建立行业准入机制

多角度、全方位对外包公司的履职能力进行系统性考察，是确保司法大数据应用外包工作效果的必要前提。法院应开展尽职调查机制，从外包公司实力的硬性指标及能否提供服务质量好坏相关的软性指标进行科学考察，建立行业准入机制、准入标准（具体调查项目见图1）。整个招投标过程要按照《中华人民共和国招标投标法》等法律法规做到公开、透明，规范。对于未按照合同约定完成既定项目或者违规使用司法大数据导致泄密的商业公司要拉入"黑名单"，不得参与法院以后项目的招投标。

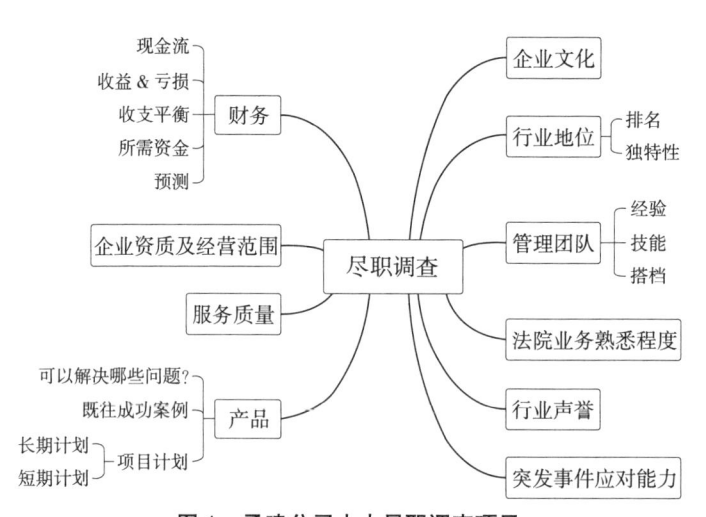

图1 承建公司十大尽职调查项目

---

[1] 王禄生.司法大数据与人工智能技术应用的风险及伦理规制[J].法商研究，2019，36（2）：101-112.

（三）搭建科学高效的流程管控体系

1. 以三道关卡为基准，建立风险管理组织体系

建立一个全面有效的组织体系是风险管理工作顺利进行的重要保障。法院应以"三道关卡"为基准，将风险管理的责任和要求层层分解，落实到人，纵向建立健全风险管理组织体系（见图2）。

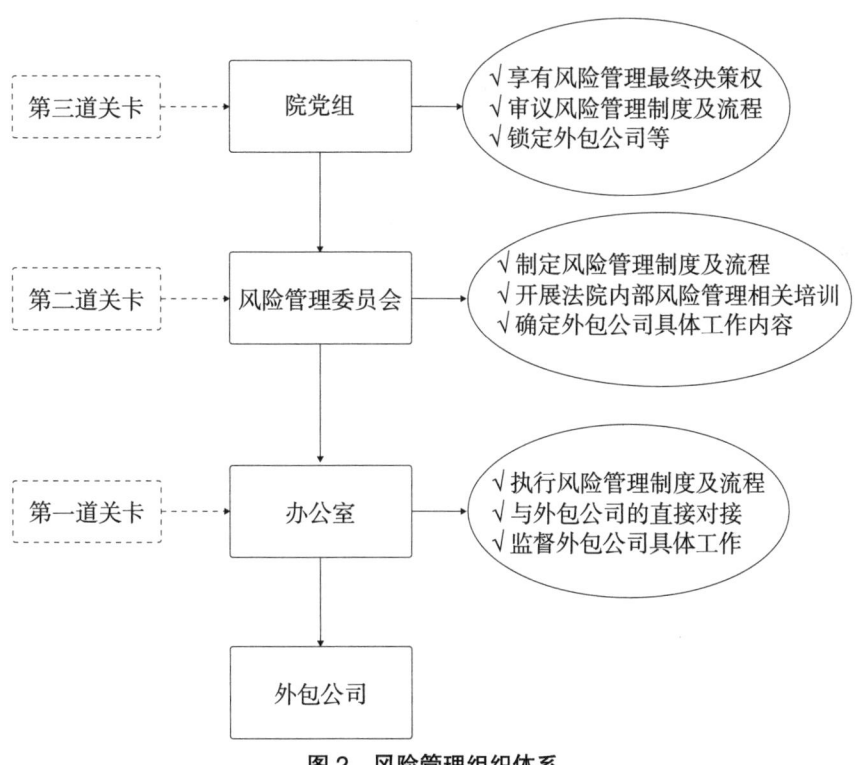

```
第三道关卡 ----→ 院党组
                 √ 享有风险管理最终决策权
                 √ 审议风险管理制度及流程
                 √ 锁定外包公司等

第二道关卡 ----→ 风险管理委员会
                 √ 制定风险管理制度及流程
                 √ 开展法院内部风险管理相关培训
                 √ 确定外包公司具体工作内容

第一道关卡 ----→ 办公室
                 √ 执行风险管理制度及流程
                 √ 与外包公司的直接对接
                 √ 监督外包公司具体工作

              外包公司
```

图2　风险管理组织体系

第一道关卡：办公室——执行部门

办公室是外包工作的直接管理部门，其往往站在风险识别及风险防控的第一线。办公室应设置兼具业务背景和管理背景、技术背景的复合型人才对接外包公司。办公室作为及时感知风险并提出应对方案的执行部门，是风险防范的第一道关卡。

第二道关卡：风险管理委员会——识别部门

在院党组下设置风险管理委员会，负责制定风险管理制度、风险管理培训流程、应急预案，确定外包工作人员的具体工作内容等，直接对院党组负责。风险管理委员会作为司法大数据应用外包过程中风险点的识别部门，是风险防范的第二道关卡。

第三道关卡：院党组——决策部门

院党组作为法院内部最高决策机构，理应作为风险防范的最后一道关卡，主要负责审议风险管理委员会提交的风险管理制度及流程，负责对具体应用项目及外包公司的锁定，享有对司法大数据应用外包的最终决策权。

2. 以数据质量为前提，分级分类开放司法大数据

一是强化数据质量，促进数据挖掘。要充分利用现代化科学技术，加强与其他数据库的对接，减少数据的手动录入。要挖掘新兴智能图像处理技术，以最大限度提取电子卷宗及庭审过程中的半结构化数据，进而强化数据分类、数据清晰提纯、智能纠错等能力，定期淘汰残缺、不准确、已过时的数据；同时，要引进法学、技术复合型人才，在法律专业术语、事实分析、焦点认定等方面提供专业指导，促使传统的关键词检索朝智能语义检索方向发展。提高系统的自学能力，将传统的手工知识库转变为机器学习生成知识库。

二是分级分类开放司法大数据。对司法大数据的分级分类，可以尽快摸清司法大数据的"家底"。司法大数据可能涉及国家秘密、个人隐私、国家安全及公共安全等，有必要对复合型司法大数据实施分类分级开放。根据司法大数据是否涉及国家秘密，可以分为涉密数据和非涉密数据，涉及国家秘密的数据禁止开放共享。非涉密数据根据敏感程度可以划分为四个等级，分别为公开数据、轻度敏感数据（涉及案件主体基本信息）、中度敏感数据（是否涉及未成年人[①]）以及重度敏感数据（涉及国家安全、公共安全、个人隐私及商业秘密）（见图3）。

---

① 法律规定，对于犯罪时未满18周岁，被判处五年有期徒刑以下刑罚以及免予刑事处罚的未成年人犯罪记录，要予以封存。

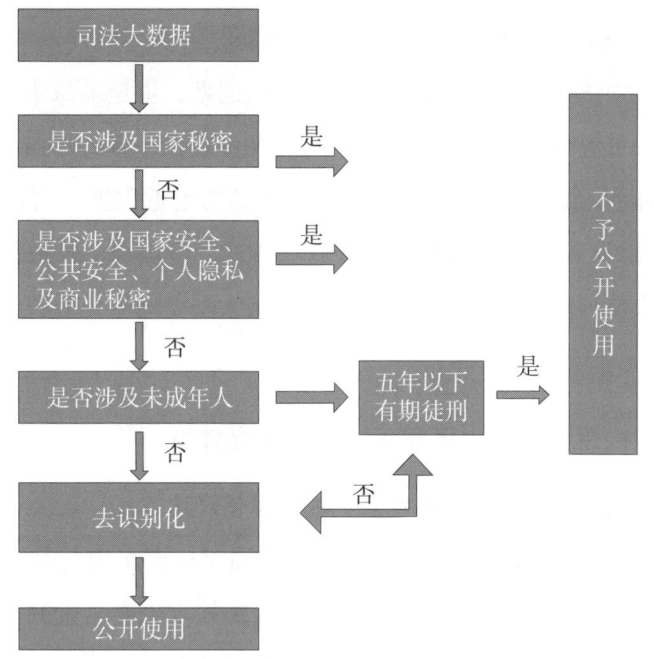

图3 司法大数据分级分类开放框架

3. 以权利义务条款为抓手，审慎合同内容

法院要将风险意识融入合同细则的制定中，设置详细的权利、义务条款。数据安全主要从机密性、完整性、合理授权等维度进行加固，数据安全不仅是指司法大数据要长久地存在，更重要的是要让不该看到数据的人看不到，这就要求通过授权来确保数据不被非法访问，身份确认技术是对用户进行身份确认的重要措施，因此合同中一定要严格限制外包公司访问法院内部数据网站的权限及审批流程、明确法院需求以防止技术算法的"任意而为"，利用留痕技术，保证司法大数据的开发利用路径及时可知；同时，要保留特定情形下终止合同的权利，并且要引入"被遗忘权"[①]制度，一旦外包公司不再与法院续约，则要按照合同约定将所存储的司法大数据清空，保证不外泄或不被私自利用；明确违约条款及惩罚措施，使外包公司对违约惩罚可预期。

---

① 杨立新，韩煦. 被遗忘权的中国本土化及法律适用 [J]. 法律适用, 2015 (2): 24-34.

4. 以规范管理为依托，强化外包人员履职

人员是司法大数据运营管理中最核心的因素，也是最薄弱的环节。通过与外包人员签订保密协议、驻场管理、工位安置等方式加强对外包人员的管控。根据司法大数据距离审判核心事务的远近程度，将区域划分为"红、黄、绿"等不同的数据操作区域。通过人脸识别、权限访问等手段建立常驻人员与流动人员的区别管理，以最大限度地避免外包人员可能带来的风险。

（四）构建全方位、多角度的风险监督体系

1. 加强技术监督，推动法律规则的技术化表达

在对司法大数据应用进行外在规制的同时，要实现与其发展模式相对应的规制范式转换。"当代知识产权的控制技术也在发生调整，更多通过代码而不是法律的手段进行，或者说，法律本身也更多以代码的形式出现。"[①] 内外兼修，确立"过程—结果"的双重规制模式，实现从对司法大数据应用结果的规制转向对应用过程的规制，即将"法律技术化"。通过对代码、算法的标准化设置，实现利用技术防范风险。

2. 加强专业监督，引入第三方监管机构

对司法大数据应用外包模式的安全运营工作采取常态化的监管措施。可引入第三方监管机构，建立健全安全运营监测监管平台，从司法大数据的分级分类、数据访问权限设置、数据风险管理等方面开展全方位、全流程的安全监管。

3. 加强外部监督，搭建外部信息反馈渠道

司法大数据应用外包事务不仅要受到来自法院内部、第三方监管机构的监督考核，更要接受来自人民群众及新闻媒体的监督。通过与人民群众的沟通互动及网络问政，形成"金鱼缸效应"。[②] 将法院司法大数据应用工

---

① 余盛峰.全球信息化秩序下的法律革命［J］.环球法律评论，2013，35（5）：106-118.
② 即像鱼缸中的金鱼一样时刻受到公众的审视和评判。

作置于阳光下，确保内、外部风险被及时感知和发现，实现司法大数据应用外包中安全管理水平的不断提高。

结　语

善弈者谋势，善谋者行远。未来科技是风险的游乐场。只要存在未知的事物，便有风险的存在。必须认清司法大数据应用事务外包风险防范工作任重道远，道阻且长，行则将至。只有抓住风险的本质，着眼全局，统筹兼顾，坚持以风险理念为先导、以制度为抓手、以实施管理为核心、以监督评价为支撑，才能正确识别风险并作出恰当的风险管理决策，进而提升司法大数据应用事务外包的安全防护能力，在未来的竞争中稳步前行。

AI 生成内容的著作权归属及其保护机制构建

赵永刚　江苏省南通市通州区人民法院法官

摘　要：随着人工智能的广泛应用，其生成内容是否属于版权意义上的作品及其著作权归属及保护，已成为亟待解决的问题。从人工智能生成内容的智力成果属性、独创性和可复制性方面进行分析，人工智能生成内容可以成为版权意义上的作品。人工智能在本质上不具有法律人的属性，而是人类的创作工具。关于人工智能作品的著作权归属，主要有人工智能本身、编程设计者、公有领域和人工智能使用者四种观点，但均有失偏颇。构建人工智能作品著作权保护机制：首先，从创造主义、所有权主义和约定主义三个维度综合确定著作权归属；其次，建议区分"注册版权"和"自然版权"两个层级进行著作权保护；最后，合理设定人工智能作品著作权的强制署名制度和法定许可制度。

关键词：人工智能；人工智能生成内容；作品；著作权归属；独创性

引　言

在 21 世纪的科技浪潮中，人工智能技术的迅猛发展不仅引领了技术创新的潮流，更在深刻重塑着人类社会的结构和日常生活。人工智能技术的广泛应用已经渗透到工业自动化、医疗诊断、个性化教育等领域，极大地提高了生产效率和服务质量。而在传统的文学、艺术等创作领域，人工智能甚至展现出了独立生成内容的潜力，它能够创作音乐、绘画甚至编写文章，而这些创作活动曾经被认为是人类独有的智力活动。

人工智能的核心优势在于其高效率和低成本的创作能力。例如，新闻机构可以使用人工智能来自动撰写财经报告或体育新闻，而数据分析公司可以利用人工智能来生成详细的市场研究报告。这种自动化的创作过程不仅节省了大量的人力资源，还减少了人为错误的可能性，提高了内容的准确性和一致性。

然而，人工智能的进步也带来了一系列复杂的法律和伦理问题，尤其是对现有的著作权法体系提出了前所未有的挑战。著作权制度诞生以来，一直是以人类为中心构建的。它保护的是作者对其创作的文学、艺术和科学作品所拥有的一系列权利。[1] 人工智能生成的内容在形式上与人类创作的作品无异，但它们是由算法和数据驱动的，除了人类发出的指令，整个创作过程均由人工智能独立完成。因此，在人工智能创作背景下，这种以人类作者为基础的法律框架似乎有所动摇。

首先，人工智能生成的作品是否能够满足著作权法对于独创性的要求？独创性是著作权保护的核心要素之一，它要求作品必须源于作者的独立创作，而不是抄袭他人的成果。然而，人工智能的创作过程往往是基于大量现有作品的分析和学习，通过算法生成新的内容。这种创作方式是否能够被视为独创性的体现？如果人工智能仅仅是在已有作品的基础上进行组合和改编，那么这些作品是否应当受到著作权法的保护？如果受保护，那么保护的范围和程度应当如何界定？

其次，需要明确人工智能的法律地位。人工智能是否应当被视为具有法律人格的创作主体？如果人工智能不能被视为法律意义上的作者，那么其生成的作品的著作权应当归属于谁？是人工智能的开发者、所有者还是

---

[1] 焦和平，梁龙坤.人工智能合成音乐的著作权风险及其化解［J］.知识产权，2023（11）：103-125.

使用者？现行法律并未提供明确的答案。如果人工智能的开发者被视为作者，那么这可能会导致一系列新的问题。例如，当多个开发者共同参与人工智能系统的开发时，如何分配著作权？如果人工智能的所有者或使用者被视为作者，那么这是否意味着任何购买人工智能软件的人都可以声称对其生成的作品拥有著作权？

最后，这些问题不仅涉及法律层面的讨论，还触及更深层次的伦理和社会价值。一方面，如果人工智能创作的作品不受著作权法保护，那么这可能会抑制对人工智能技术在创作领域的投资和研究，[①]从而阻碍创新的发展。另一方面，如果过度保护人工智能生成的作品，可能会损害人类作者的利益，甚至可能导致人类创作者的作品被人工智能作品所取代。

总之，人工智能在创作领域的应用引发了一系列新的法律问题和挑战，这些问题的解决需要法律专家、技术开发者、创作者和政策制定者的共同努力，以确保在人工智能时代能够平衡创新与权益保护的关系，构建一个公平、合理的版权保护生态环境。

一、揭秘人工智能：算法与内容生成的奥秘

人工智能是一门模拟和扩展人类智能的技术科学，它通过算法和机器学习赋予机器执行复杂任务的能力，如视觉识别、语言理解和决策制定。人工智能的核心在于其算法，这些算法利用数学模型和逻辑规则来模拟人类的认知过程，实现如数据分析、模式识别和自主决策等功能。基于机器学习的算法，尤其是深度学习，通过训练大量数据集来优化参数，提升决策的精确性和效率。[②]人工智能的生成机制包括自然语言处理、图像识别和强化学习等领域，每个领域都采用特定的算法设计和实施策略，共同推动

[①] 陈凤鸣.挑战与应对：人工智能生成内容的著作权保护进路［J］.出版发行研究，2023（6）：20-28.

[②] 丁晓东.著作权的解构与重构：人工智能作品法律保护的法理反思［J］.法制与社会发展，2023，29（5）：109-127.

智能系统的发展和应用。

（一）人工智能生成内容的技术路径分析

人工智能生成内容技术的演进可从生成过程和内容类别两大视角审视，前者聚焦于技术的动态演变，后者则关注最终成果的静态分析。

1. 人工智能内容生成流程：从数据采集到智能创作

在数字时代，数据、算法和算力构成了核心的生产要素，它们共同推动了人工智能生成内容技术的发展。人工智能生成内容技术路径可概括为三个阶段：数据输入、机器学习和内容输出，每个阶段都是前一阶段的延伸和深化。

首先，数据输入阶段是人工智能生成内容技术的起点，它涉及数据的收集、清洗和标注。高质量的数据输入是确保内容输出质量的前提。通过这些步骤，人工智能系统能够识别和理解数据模式，为后续的机器学习打下基础。其次，机器学习阶段是人工智能生成内容技术的核心，它决定了内容生成的质量和智能性。最后，内容输出阶段是人工智能生成内容技术的成果展现。在这一阶段，人工智能根据输入的指令和已有的语言模型，预测并生成连贯、合理的文本序列。以自动驾驶汽车为例，汽车通过摄像头、雷达等传感器实时采集道路和交通数据，这些数据经过预处理后输入深度学习模型中。模型通过机器学习算法，如卷积神经网络，分析和学习数据中的模式，从而识别道路标志、车辆、行人等。[1] 学习后的模型能够根据输入数据作出驾驶决策，如变道、停车或避障，并通过车辆控制系统执行这些决策，确保行驶安全顺畅。

随着人工智能技术的不断进步，人工智能生成内容技术正朝着多模态发展，实现文本、语音、图像和视频等不同数据模态之间的转换与生成。[2]

---

[1] 徐家力.人工智能生成物的著作权归属［J］.暨南学报（哲学社会科学版），2023，45（4）：37-49.

[2] 王素娟.新时代知识产权理论与实践问题的法律分析［M］.北京：中国政法大学出版社，2021：220.

展望未来，人工智能生成内容技术的数实融合趋势预示着触觉、嗅觉等感官数据也将被纳入多模态序列。元宇宙作为数实融合的终极载体，将受益于人工智能生成内容技术的无限复刻性和自主生成性，从而构建一个元素丰富、体验真实、沉浸感十足的虚拟世界。

2. 内容生成的分类：从复制到创新

随着人工智能技术的进步，内容生成的类型不断增加和应用范围不断扩大，从精确的信息复制到完全的创新创作，人工智能正逐步成为内容输出的重要力量。根据人工智能对输入指令的处理程度和创造性的不同，内容输出可以被划分为孪生内容、伴生内容和原生内容三种类型。

孪生内容代表了人工智能对输入指令的直接复制，其中人工智能的贡献微乎其微，而输入指令占据了绝大部分。这种内容的关键在于保持原始信息的精确传递，常见于需要高度准确性的应用场景，如体育赛事的手语播报和天气预报。伴生内容则体现了人工智能对输入指令的部分差异化处理，人工智能和输入指令的贡献大致相等。这类内容的特点在于人工智能对原始信息进行二次编辑，以满足特定的表达需求，广泛应用于影视制作和剧本编辑等行业。[1] 原生内容则是人工智能创造性地对输入指令进行解读和表现，人工智能在这一过程中发挥主导作用。原生内容的特点是全新创作，人工智能基于模糊的概念自主生成作品，这种类型的内容在图像生成和文本创作等领域得到了广泛应用。

（二）人工智能的本质

1. 技术表达：人的意志力延伸

人工智能的技术进步尤其是深度学习，依托于复杂的神经网络，通过多层次的非线性处理，赋予人工智能从海量数据中提取特征并进行预测的能力。在这一过程中，输入层接收原始数据，输出层输出预测结果，中间

---

[1] 王影航.人工智能创作物信息披露问题的著作权法规制［J］.中国出版，2022（21）：38-43.

的隐藏层则负责提取关键信息。随着隐藏层中神经元数量的增加，人工智能的处理复杂性和规律提炼能力得到显著提升。人工智能与传统软件的根本区别就在于其学习能力。传统软件遵循预设规则执行任务，人工智能则能通过学习数据，自主寻找解决问题的最优策略。

尽管人工智能在决策过程中表现出一定程度的"主动性"，在数据处理和分析方面表现出高效能力，但这种自主性并不等同于独立于人类的创作能力，其缺乏对规律本质的深层认知和思辨能力，无法超越人类预设的框架进行真正的创新。人工智能的程序设计、算法训练以及人机交互均离不开人类的控制和指导，其所谓"学习"和"决策"实际上是人类设计和算法训练的结果，反映了人类的意志和技术目标。[①]科学家们致力于将人工智能的学习目标设定为模拟人类大脑的工作机制，通过迭代和抽象过程优化机器学习算法。这一目标的设定进一步确认了人工智能技术是人类智慧的延伸，而非独立实体。

2. 法律表达：不具有法律人格

在法律视角下，"人"这一概念首先指向自然人，其本质特征在于具备孔子所言的"仁"的美德。马克思和恩格斯进一步阐释，人的本质体现在其复杂的社会关系中，是社会关系的总和。在文学艺术创作领域，自然人因其劳动而享有著作权，这是对其创造性劳动的法律认可。西方哲学家如康德、费希特和黑格尔等，从人的目的性出发，强调了人的理性、自由和自我意识，将人视为目的本身，具有绝对的价值。[②]与此相对照，人工智能尽管具备模拟人类感官的能力，但其本质上是由算法、软件、数据库和神经网络等构成的机器，无法具备孔子所说的"仁"，也无法实现马克思和恩格斯所描述的社会关系总和，更不具备斐奇诺所说的营养和感觉能

---

① 汪勇，于世忠. 网络时代的知识产权刑法保护问题研究 [M]. 厦门：厦门大学出版社，2020：258.
② 王文敏. 人工智能对著作权限制与例外规则的挑战与应对 [J]. 法律适用，2022（11）：152-162.

力。即使是强人工智能，虽然在智能水平上接近甚至超越人类，能够进行复杂的思考和学习，但它作为一种非自然存在的实体，缺乏独立的意志和情感特质，因此也不符合"人"的法律主体资格。

人工智能也不是法律意义上的"拟制人"。在法学领域，"拟制人"是一种法律构造，它通过赋予特定主体一系列抽象属性，创造出具有法律地位的虚构实体。法人，作为"拟制人"的典范，涵盖了公司、政府机关和非营利组织等，它们被法律赋予了类似于自然人的权利与义务，并能独立承担法律责任。法人制度的设立旨在满足组织参与经济活动的法律需求，法人之所以能被视作"拟制人"，在于其拥有承担法律后果所需的独立意思能力、行为能力和财产权。相较之下，人工智能尚缺乏成为"拟制人"所需的上述要件，故其不具备成为"拟制人"的法理基础。

3. 伦理表达：人类的工具

康德主张人类伦理的核心在于道德行为的普遍性和理性原则，强调行为的正当性超越结果和目的。[①] 他提出"绝对命令"概念，要求行为必须基于能成为普遍法则的原则，以此维护理性、自由和个体尊严，并确保行为的道德性。人工智能的"拟主体性"表现在其执行任务的能力上，尽管人工智能在模拟人类的决策和认知方面取得了显著进步，但这并不等同于拥有自我意识和自由意志，人工智能的决策和行为本质上仍受自然人的预设和操控，因此它不能被赋予与人类相同的伦理地位，无法成为权利主体，其"物"的属性是明确的。在法律框架内，人工智能作为人类智慧的产物，本质上应被视为一种增强人类能力的工具，旨在辅助人类实现各种目标，而非法律权利的承载者和竞争者。当然，随着人工智能的持续发展，法律体系可能作出相应的调整，以确保人工智能的发展方向符合人类社会的长期利益。

---

① 郭万明.人工智能生成成果的法律性质及著作权保护[J].出版发行研究，2022（5）：58-64.

二、人工智能生成内容的著作权归属

随着人工智能在多个创作领域的活跃表现及其拟人特征的增强，法律界正面临一个新的挑战：人工智能创作成果的可版权性及其著作权归属。该问题的复杂性在于，其不仅涉及著作权法的技术性调整，还触及法律伦理和哲学的根本讨论。

（一）人工智能生成内容是否构成作品

在学术界，关于人工智能生成内容是否应被认定为著作权法意义上的作品，主要有三种观点。第一种为肯定说，认为人工智能生成内容在外在表现形式上满足了著作权法对作品的最低创造性要求，其主动学习能力和独创性判断标准适用于其生成内容的著作权认定，故应受著作权法保护。持该种观点的专家如吴汉东、易继明、熊琦等教授。[1] 第二种为否定说，认为人工智能产出的内容仅是算法和规则的应用，缺乏自然人创作的个性和独创性，故不应被视为作品。持该种观点的专家主要为王迁教授。[2] 第三种为折中说，认为尽管当前人工智能生成内容尚不符合著作权法的作品定义，但随着技术进步，未来可能需要对法律进行修订，以适应人工智能独立创作的现实，持该种观点的学者主要有陶乾等。[3]

笔者认为，《中华人民共和国著作权法实施条例》明确了作品的定义，要求作品必须具有独创性并以有形形式复制的智力成果。据此，在分析人工智能生成内容是否构成作品时，我们需要从其智力成果属性、独创性及可复制性三个方面进行考量。

---

[1] 刘平. 知识产权诉讼法律制度若干问题研究 [M]. 北京：中国政法大学出版社，2019：191.

[2] 雷丽莉，朱硕. 人工智能生成稿件权利保护问题初探：基于 Dreamwriter 著作权案的分析 [J]. 传媒观察，2022（5）：62-69.

[3] 刘琳. 人工智能生成成果的法律定性：以著作权法与专利法的异质性为视角 [J]. 科技与法律（中英文），2022（3）：93-99.

一是人工智能的智力成果属性。人工智能的搭建目标是对人脑智力活动的模仿与执行，其生成内容在实践中展现出与人类智力活动相似的创造性。人工智能生成内容的智力成果属性可以从其外在表现形式和内部运行原理两方面理解。外在表现形式上，人工智能生成内容能够向受众传递清晰的信息与思想，与人类创作的文字作品特征高度一致。内部运行原理上，人工智能的创作过程体现了认知、经验运用和问题解决的综合能力，与人类智力活动本质相同。因此，人工智能生成内容作为模仿人类智力活动所形成的知识产品，应当被认定为著作权法意义上的智力成果。

二是人工智能生成内容的独创性分析。在著作权法领域内，独创性作为作品获得保护的关键要素，其内涵在我国法律体系中常被解读为包含"独"与"创"两个维度，即作品需独立创作且展现一定程度的智力创造性。面对人工智能生成内容的独创性问题，学界意见不一。一种观点认为人工智能生成内容缺乏个性特征，不符合独创性要求；另一种观点主张独创性的判断应关注表达本身，而非创作过程。笔者赞同第二种观点，在独创性的判断上，应坚持"内容决定主义"，即不考虑内容的生成主体和过程，仅从内容本身判断是否构成著作权法意义上的作品。

鉴于人工智能生成内容的特点，其独创性标准在不同权利体系中存在差异。在作者权体系中，独创性主要体现作者个性的表达；而在著作权体系中，其更多作为基本准入门槛。因此，不同类型作品的独创性标准亦有所不同。[①] 例如，对人工智能大量生成的摄影和视听作品，可设定较高标准，尤其是在司法实践中，可作为调节机制，平衡版权市场，限制低质量作品的涌入；而对通常由人类创作的戏剧和曲艺作品，应坚持"最低限度的创造性"标准，即只要作品与现有作品不构成实质性相似，就可认定其具备独创性。[②] 这种差异化处理有助于维护版权市场秩序，同时激励高质量作品创作。

---

① 冯晓青.知识产权制度中的公共领域问题研究：第2卷［M］.北京：中国政法大学出版社，2023：451.
② 宣喆.论分类保护视角下人工智能创作的著作权合理使用［J］.出版发行研究，2022（3）：81-87.

例如，亚马逊的人工智能语音助手 Alexa，不仅可以回答各种问题，还能理解用户的语气和情绪，给出相应的反馈。当用户生气时，它会用更温和的语气回应，而当用户高兴时，它会用更活跃的语气互动，展现了其特有的情感理解和反应能力。又如，IBM 的超级计算机沃森，不仅能解决复杂的数学问题，还能理解和解析人类的语言，甚至能创作音乐和诗歌。沃森曾在一次音乐会上，根据观众的情绪和反应，实时创作出一首首符合气氛的音乐作品，展现了其特有的创新思维和艺术创作能力。

三是人工智能生成内容的可复制性。在著作权法语境下，可复制性是作品获得保护的基本条件之一。这一特性要求作品能够通过实体媒介实现复制，无论是通过传统的印刷方式如图书、报纸、期刊，还是现代的音像制品如唱片、磁带、幻灯片，抑或通过艺术手法如临摹、照相、雕塑、雕刻等。作品的可复制性确保了其能够被公众客观感知，而非仅存在于创作者的主观思维或情感之中。

随着人工智能技术的发展，人工智能生成的作品，包括新闻报道、诗歌，甚至人工智能创作的音乐和美术作品，均已证明可以在数字领域及物理世界中实现内容可复制性，以实体形式予以展示。如《爱德蒙·德·贝拉米肖像》是由一个名为 Obvious 的巴黎艺术团体使用人工智能算法创作的艺术作品。这幅作品在 2018 年于纽约佳士得拍卖会上以 43.25 万美元的价格售出，远高于 1 万美元的预估价。① 这幅画作是人工智能创作的艺术作品首次进入传统艺术拍卖市场，取得了显著成功。这样的人工智能创作不仅证明了其在数字领域的可复制性，也反映了其在现实世界中实体展示的可能性。

（二）人工智能生成内容的著作权归属的多元主张解析

1. 属于人工智能本身

该观点认为，应将人工智能生成内容的著作权归属于人工智能本身，

---

① 于雯雯.再论人工智能生成内容在著作权法上的权益归属［J］.中国社会科学院大学学报，2022，42（2）：89-100，146-147.

即赋予人工智能虚拟法律人格。这一观点与公司法中赋予公司法人资格的做法类似，且与公众对人工智能的类人认知相契合。欧盟和美国学者都曾提出相关立法草案和理论，支持人工智能作为著作权的主体。然而，这一观点忽略了人工智能作为人类工具而非"人"的本质，以及当前法律体系尚未准备好赋予人工智能以法律主体地位的事实。[①] 人工智能的创作过程虽然复杂，但其背后的算法和程序仍由人类设计，因此当前条件下，人工智能难以成为独立的著作权的主体。

2. 属于人工智能编程设计者

该观点认为，编程设计者通过编写算法和程序，赋予人工智能创作能力，这都是编程设计者的智慧成果，因此编程设计者应被视为作品的创造者。然而，在多人合作的情况下，确定著作权归属变得复杂。合作者可能在不同阶段、不同方面对人工智能的创作能力进行不同程度的参与。此外，当人工智能产品的所有权发生变更时，如通过转让或继承，新的权利持有者可能会对人工智能生成的作品主张权利。用户付费使用人工智能创作服务时，用户可能对人工智能的输出有一定的期望和要求，甚至可能对生成过程施加一定的控制，这可能使用户对最终作品也拥有一定的权利。可见，该观点既未能解决多人合作开发人工智能时的著作权归属问题，也未考虑到人工智能产品的所有权变更和用户付费使用等情况。

3. 属于公有领域

该观点主张人工智能生成的作品应当被视为公共领域的财产，不应受到著作权法的保护，理由有三：一是基于知识产权体系旨在平衡个人权利与社会公益的核心原则；二是将人工智能创作的成果置于公共领域有助于促进技术的自由流通、加速知识创新，从而推动社会的整体进步和发展；三是人工智能生成的内容是基于算法和数据处理的结果，而非传统意义上的人类创造性劳动。

---

① 张大伟，王梓.人工智能出版物著作权立法的国际竞争与战略意义[J].中国出版，2021（13）：58-62.

然而，该主张可能会对人工智能开发者和投资者的积极性产生负面影响。如果人工智能创作的成果不能为创作者带来经济上的回报或法律上的保护，可能会降低他们进行研究和开发的动力。此外，这种观点可能忽视了人工智能开发过程中人类智慧的贡献，包括算法设计、数据集构建和系统训练等，这些都是需要投入大量时间、精力和资金的创造性劳动。

4. 属于人工智能使用者

该观点强调，将著作权归属于使用者，是基于其与作品的直接联系和对创作过程的实际控制。这种模式支持利益分配的合理化，因为使用者通常是作品的直接受益者，能够从作品的使用中获得经济或其他形式的利益。[①] 然而，该立场未能充分考虑劳动理论对著作权保护的影响，即著作权保护应当基于创作过程中投入的劳动。如果仅仅因为使用者与作品的密切联系就赋予其著作权，可能会导致著作权保护范围的不必要扩大，从而影响其他潜在权利人的利益。此外，以该逻辑推演，设备提供者和电力提供者等其他参与创作过程的主体是否也可主张著作权？在人工智能创作中，这些参与者提供了必要的物质基础和技术支持，对作品的生成同样至关重要。如果顾此失彼，可能会导致对创作过程中劳动和资源投入的不公正评价。

三、人工智能作品的著作权保护机制构建

在探索人工智能作品著作权保护的构建路径时，关键应基于整合法律与技术的视角，以确立人工智能创作的原创性标准和归属规则。这一进程要求我们不仅确认人工智能作为创作工具的法律地位，而且要拓展现有的以人类为中心的著作权法框架，以充分考量并兼顾各利益相关方的贡献。通过制定适应技术发展的新法律规范，确保权利归属的明确性，同时推动

---

① 林秀芹.人工智能时代著作权合理使用制度的重塑［J］.法学研究，2021，43（6）：170-185.

知识共享与技术创新,实现著作权保护与社会进步的双赢。

(一)人工智能生成内容著作权的判定原则

在人工智能创作成果的著作权归属问题上,应采取多维度分析方法。首先,创造主义,侧重成果的原创性贡献;其次,所有权主义,关注物权转移后的权益分配;最后,约定主义,尊重各方主体间的事先协议。① 这种综合评定方法避免了单一标准,确保了著作权判定的灵活性与公正性。

1. 创造主义

在人工智能生成内容的著作权归属问题上,创造主义原则提供了一个关键的法律分析框架。根据这一原则,人工智能的编程设计者,即那些赋予人工智能创作能力的人,应被视为作品的作者,并享有相应的著作权。这种观点突出了创造者在人工智能创作过程中的艺术性和技术性贡献,以及这些不同贡献与最终作品之间的因果联系。

人工智能技术的复杂性意味着创作过程通常涉及多个参与者的合作,包括数据收集、算法设计等环节,这使确定单一创造者的身份变得复杂。以一部由人工智能创作的小说为例,其创作过程可能涉及多个环节和参与者。② 首先,数据科学家负责收集和处理用于训练人工智能的大量文本数据,这些数据可能包括经典文学作品、新闻报道甚至社交媒体上的帖子。其次,软件工程师设计和编程人工智能的算法,使其能够理解和模仿人类的写作风格。③ 再次,项目经理和编辑团队负责监督人工智能的训练过程,确保其输出的内容符合预期的质量和风格。最后,市场营销团队可能会对人工智能生成的内容进行最终的审查和调整,以确保其符合市场需求。在这个过程中,每个参与者都对最终作品有所贡献,但各自的贡献性质和程度各不相同。

---

① 万勇. 人工智能时代著作权法合理使用制度的困境与出路[J]. 社会科学辑刊,2021(5):93-102.
② 冯晓青. 知识产权保护论[M]. 北京:中国政法大学出版社,2022:519.
③ 杨利华. 人工智能生成物著作权问题探究[J]. 现代法学,2021,43(4):102-114.

在人工智能生成内容由多方共同参与完成的情况下，若无明确约定，应根据各方的创作贡献程度来确定著作权归属。据此分析，人工智能生成内容的形成依赖软件所有者提供的知识基础和使用者输入的指令。在创作过程中，所有者的贡献应被视为前置因素，使用者的贡献则被视为介入因素。同时，确定贡献程度时，应当根据生成内容独创性的不同程度而具体分析。对于孪生内容，由于缺乏独创性，不构成作品，也就无须探讨著作权归属问题。对于伴生内容，既包含演绎作品的特点，也符合合作作品的定义，故所有者和使用者应共同享有著作权。而对于原生内容，完全由所有者的智力活动产生，具有独创性，应认定所有者独享著作权。若使用者提供的输入指令本身构成作品，该输入指令的著作权便应归使用者所有。

2. 所有权主义

在当代知识产权法律体系中，所有权主义在人工智能生成内容的著作权归属问题上也扮演着重要角色。《中华人民共和国著作权法》明确规定了权利主体包括作者以及其他享有著作权的自然人、法人或者非法人组织，体现了著作权的主体的多样性和灵活性，为权利的转移和重新分配提供了法律保障。《计算机软件保护条例》进一步强调了投资和开发活动在知识产权归属中的重要性，明确软件或实物的原始版权归属于开发者，但均可通过合同或非合同行为进行变动。[①]据此，新的权利人通过合法途径获得人工智能产品后，由其所产生的生成内容的著作权则应当归属于新的所有者。例如，一位音乐制作人在软件开发者手中购买了一款人工智能音乐创作软件，之后使用该软件创作出音乐作品，那么该音乐作品的著作权应归属于该制作人，而非软件开发者。

3. 约定主义

在人工智能产品著作权归属的讨论中，约定主义作为一种灵活的解决

---

① 刘维. 人工智能时代著作权法的挑战和应对[J]. 上海交通大学学报（哲学社会科学版），2021，29（2）：40-49.

方案，特别适用于人工智能产品无偿提供或租赁的情况。这种方法允许人工智能程序的开发者与使用者通过合同自由约定著作权的归属，类似于电影产业中常见的投资者与创作者之间的权利分配模式。根据《中华人民共和国民法典》第五条规定的自愿原则以及《中华人民共和国著作权法》第十条第三款关于版权转让的规定，双方可以通过合同设定权利义务关系，除非协议内容违反法律的强制性规定。

《中华人民共和国民法典》规定，除非有其他约定，天然孳息归所有权人所有，但这对人工智能产品似乎不适用。人工智能与自然资源使用权的根本区别在于，后者不依赖创造性劳动即可产生价值，而人工智能产品需要通过用户操作方可创作新作品。故在人工智能产品的租赁使用中，人工智能创作软件根据承租人指令生成作品，软件所生产的作品著作权应依据租赁协议确定；若无约定，则著作权应归承租人所有。

综上，人工智能生成内容的著作权归属问题复杂且多维，需要综合考虑创造主义、所有权主义、约定主义等因素，结合具体情况进行判断。在著作权归属的制度设计中，笔者建议以使用者为中心，建立一般原则，同时保护投资者利益，并尊重各方之间的约定。[1] 这一机制为人工智能产品的开发者和使用者提供了明确的法律指导，有助于推动技术的创新和应用，也确保了著作权法律制度的适用性和灵活性。同时，对于投资者的利益，应通过法人作品、委托作品、职务作品等特殊规定予以保护。例如，在写作型人工智能创作的情形中，若作品系由公司研发的人工智能软件生成，体现投资者意志并由其承担责任，则构成法人作品，著作权自然归法人所有。

（二）构建分层保护的著作权制度

随着人工智能技术的飞速发展，传统的著作权保护体系面临着前所未有的挑战。人工智能创作的作品在形式和内容上与人类创作者的作品越来

---

[1] 王涛.人工智能生成内容的著作权归属探讨：以"菲林案"为例［J］.出版广角，2020（7）：71-73.

越难以区分，现行著作权法的适用性和保护机制似乎难以奏效，为此，笔者认为可尝试构建一个人工智能作品著作权的分层保护机制。这是一种旨在适应人工智能技术快速发展的法律框架，它通过区分不同类型的著作权保护，以满足不同创作主体和作品特性的需求。这一机制的核心在于区分"注册版权"和"自然版权"两种保护层级，从而为人工智能创作物提供更加精细化的著作权保护。

自然版权，又称自动版权，是指作品一经创作完成，即便未经任何登记手续，也自动获得的著作权保护。这种保护基于作品的创作事实，无须额外的形式要求。[①] 对于人工智能创作的作品而言，自然版权提供了基础的法律保护，确保了作品在创作时即享有基本的著作权利益，如复制权、发行权等。然而，自然版权的保护力度和范围相对有限，特别是在跨国维权和法律诉讼方面。

注册版权则要求作品的创作者或权利人主动向版权管理机构进行登记，提供作品的详细信息和创作过程说明。注册版权为作品提供了更强的法律保护，包括在侵权诉讼中提供更有力的证据支持，以及可能的额外权利，如法定赔偿。对于人工智能创作的作品，注册版权的申请过程可能需要特别考虑人工智能的创作特性，如算法的独创性、训练数据的合法性等。

分层保护机制的优势在于它能够平衡创新激励与公共利益，同时适应人工智能创作的特殊性。注册版权的设立有助于鼓励人工智能技术的创新和商业化，通过明确的著作权归属和法律保护，激励开发者投入资源进行技术研发；自然版权则保障了人工智能作品的基本版权利益，即使在未进行著作权登记的情况下，也能为人工智能创作提供一定程度的法律保护。

然而，这一机制也面临着挑战。如何划分人工智能创作的作品与人类创作的作品之间的界限，以及如何确保人工智能创作的作品满足著作权

---

① 陈虎.论人工智能生成内容的可版权性：以我国著作权法语境中的独创性为中心进行考察[J].情报杂志，2020，39（5）：149-153，128.

法中的独创性要求，这些问题都需要进一步加以完善和克服。此外，这一方案可能与现有的国际著作权法框架特别是《保护文学艺术作品伯尔尼公约》的相关规定存在冲突。《保护文学艺术作品伯尔尼公约》作为国际著作权条约，旨在确保作品的作者在签署国之间享有最低限度的著作权保护。[①] 根据该公约，任何缔约国都不能为著作权保护设定额外的登记要求，这意味着一旦作品在作者的国籍国或首次发布国获得保护，它就应在所有其他缔约国自动获得同等的保护。而构建分层保护机制，特别是引入注册版权的概念，可能会与《保护文学艺术作品伯尔尼公约》中的自动保护原则发生冲突。

总之，人工智能作品著作权的分层保护机制是一个动态发展的法律框架，它旨在为人工智能生成内容提供更加全面和适应性强的著作权保护，同时促进人工智能技术的健康发展及其创新活力的持续激发。随着人工智能技术的不断进步，需要对现有法律体系作出深入分析和适时修订，并加强在国际层面上的协调和合作，以适应新技术带来的挑战。

（三）强化署名义务

鉴于人工智能生成作品与传统自然人创作作品的本质区别，市场上流通的人工智能作品若不进行明确区分，可能导致其在法律保护上与非人工智能作品享有同等的权益，这可能与保护人工智能作品著作权的立法初衷相悖。为了确保人工智能作品的身份识别，建议通过法律赋予人工智能生成内容作者强制性署名义务。

署名权作为作者的一项基本权利，通常包含署名与不署名。在此背景下，引入强制性署名义务，不仅有助于明确人工智能作品的权利主体，而且具备技术上的可行性。例如，通过水印等技术手段，可以在作品上标明人工智能的生成属性，从而对权利主体作出法律上的明确界定。某知名新闻机构使用自动化新闻生成软件编写报道，并在文章底部明确标注"本文

[①] 刘银良.论人工智能作品的著作权法地位[J].政治与法律，2020（3）：2-13.

由自动化新闻生成软件撰写";某在线内容平台使用算法生成的音乐作品，在音乐发布时，平台在作品信息中注明"此音乐作品由××音乐生成算法创作"。①

这些案例表明，通过在作品发布时明确标注生成工具或软件的信息，权利主体能够有效地管理和维护其著作权，同时也为法律界提供了判断著作权归属的依据，有助于平衡创作者、使用者和公众的利益。强制性署名义务不仅是对现有著作权法体系的必要补充，也是适应技术发展、促进知识共享与创新的重要法律措施。

（四）设定法定许可模式

在著作权法的架构内，对排他性权利的适度限制对于实现个人权益与公共利益之间的平衡至关重要。法定许可制度作为平衡这一关系的法律工具，不仅有助于调和权利人与使用者之间的利益冲突，还促进了市场的高效运作。从交易成本理论的视角分析，法定许可通过简化权利持有者与潜在使用者之间的协商流程，降低了交易成本，提升了版权市场的效率。在法定许可的体系下，尽管权利人无法阻止他人对其作品的使用，但可以通过收取许可费用获得经济补偿，从而确保其智力成果得到合理的经济回报。

法定许可的适用性同样扩展到了人工智能生成内容领域。在传统创作实践中，作者为创作新作品而接触他人作品通常被视为合理使用，不构成侵权。然而，人工智能的数据处理能力可能导致对现有作品的广泛复制，这对人类作者的权益构成了潜在威胁。②法定许可通过允许人工智能在支付使用费的前提下使用他人作品，巧妙地规避了侵权风险，同时确保了在先作品权利人的合法权益。例如，通过法定许可，人工智能写作机器人的训练者可以向其提供大量文本素材，而无须担心侵权问题，只需向权利人支付报酬即可。这种模式不仅保护了在先作品权利人的收益，也降低了人工

---

① 俞风雷. 中日人工智能生成内容的著作权保护立法研究［J］.科技与法律，2020（1）：1-7.
② 崔皓. 人工智能生成内容的著作权问题研究［J］. 出版广角，2019（14）：35-37，62.

智能生成作品的法律风险，促进了人工智能领域创新作品的产生，实现了权利人与社会公众之间的利益平衡，对于推动著作权法的现代化和适应数字化时代的需求均具有重要意义。

结　语

人工智能在创作领域的潜能引发了各界对著作权法律制度的深刻反思。本文通过对人工智能与著作权制度的互动进行探讨，旨在提出一个既能促进技术创新又能维护法律秩序的框架。应当看到，尽管人工智能在创作方面展现出巨大潜力，但它仍然是人类智慧的延伸，而非替代。因此，著作权法的现行体系需要适应这一新现实，确保人类创作者的权利得到保护，同时允许人工智能生成的作品在法律允许的范围内被利用。未来的著作权法律制度必须在保护创作者权益与促进知识共享之间找到平衡点，制定既能激励创新又能适应技术发展的新规则。例如，可以考虑为人工智能生成的作品设立特殊的著作权类别，既承认其独创性，又适当限制其权利范围，以防止对传统著作权制度造成过大冲击。

同时，我们也必须确保人工智能的发展遵循伦理原则，避免技术滥用带来的风险。这需要建立一个全球性的伦理框架，确保人工智能的应用不会损害人类的尊严和权利。国际社会应当共同努力，制定一套公正、透明且有效的国际规则，以指导人工智能技术的健康发展。

展望未来，我们期待在法治的引领下，人工智能能够成为推动社会进步的强大动力。笔者坚信，通过合理的法律调整和伦理指导，人工智能在尊重人类创作者的同时，必将为社会带来更广泛的知识共享和文化繁荣，最终进入人机协同、跨界融合、共创分享、科技与伦理和谐共生的智能时代。

人工智能创作的著作权挑战及应对

陈 茜 浙江省庆元县人民法院法官助理

摘 要：人工智能技术的发展日新月异。人工智能生成内容的原理是机器通过深度学习海量数据，抓取信息并整合，形成专有模板，输出使用者需要的图片、文字或音乐等。这种方式能够最大限度地延伸使用者的技能水平，在极短的时间内拥有可以和专家媲美的绘画、写作或者作曲能力，将自己脑中的想法具象化、现实化。但是，人工智能生成内容和其他新生事物一样，也面临着许多问题。例如，人工智能生成内容是否能够拥有著作权，著作权的归属问题，样本数据的读取、输入是否会侵犯他人合法权利，如何规制人工智能生成内容，等等。笔者参考国外判例以及国内理论、实务界的做法，提出了解决对策：一是赋予人工智能生成内容著作权；二是著作权应归属于使用者；三是样本数据的读取输入应适用合理利用原则，不构成对他人著作权的侵犯；四是规制人工智能生成内容的具体措施，使用者、设计者、平台以及主管部门都需要尽到相应义务。

关键词：人工智能生成内容；著作权；权利归属；侵权规制

引 言

生成式人工智能是算法的前沿方向，而由此技术产生的侵权也具有"大规模微型侵权"的特征。北京互联网法院在2023年8月24日公开审理了一起人工智能著作权侵权纠纷案件，被称为"AI生成图片著作权第一案"，最终判决认定借助生成式人工智能创作的图片可以受到著作权保护。但是，判决书中也指明"文生图"是否体现了个性化表述，是否具有独创性也需要个案判断。无论是从经济发展的角度而言还是从科技进步的要求来说，人工智能生成技术的发展都是必不可少的。生成内容的品质在人工智能算法的推动下也逐步提升，有些甚至可以称为"佳作"。对于人工智能生成内容能否拥有著作权的资格存在较大争议。退一步思考，即使认可其拥有著作权，关于权利的归属问题也难以统一。许多著作权人都以自己的作品被纳入人工智能生成软件中作为样本数据使用为由进行起诉。人工智能生成软件在没有得到许可的情况下使用是否可以看作一种侵权行为值得商榷。毕竟人工智能生成内容的基础是大量的数据样本，很难判断其中一个样本是否对于生成内容最终的形态起到了决定性作用或者辅助性作用。有学者提出可以将此种样本使用纳入合理使用或者法定使用的范畴，以此解决侵权争议。但是，如果使用者能够自动调整参考样本，以某位画家、作家或者音乐制作人的大量作品作为样本，生成出具有特定风格的作品，这样的作品很可能也会构成侵权。因此，对人工智能生成内容的发展进行监管，需要多主体共同发力。例如，相关部门需要出台相应的制约规则，使用者需要以合法方式使用人工智能生成内容，设计者需要尽到释明义务，发布平台需要尽到审核和通知义务，等等。

一、人工智能生成内容的概念界定

（一）人工智能生成内容的概念

人工智能生成内容包括以ChatGPT、Runway、Midjourney、Adobe Firefly、Deep fake、Stable Diffusion为代表的高级别人工智能通过大量数据样本分析生成的各类作品，包括文学作品、美术作品等等。其中，ChatGPT目前已经发展到了第四代，Midjourney V5也进入了大众视野，有些科学家认为随着此项技术的不断更迭换代,可能会使目前的弱人工智能时代提前进入强人工智能时代。此项技术的关键就在于海量的数据样本以及在此基础上的算法分析,基于软件本身所设定的模型架构,再通过系统内预设的自我注意机制(Self-attention Mechanism)以及全方位注意机制(Multi-head Attention)产生大量多样化的内容。新技术不可避免会带来新的问题,涉及道德和法律的各个方面,这也是法律人所必须正视和回答的问题。弱人工智能的情况下,使用者只是借助计算机的信息处理能力完成特定的动作,遵循"设计—执行"的行动方式。在科学家设想的未来强人工智能时代中,人工智能软件能够熟练运用"深度学习"并形成具有一定艺术价值的"作品"。

(二)人工智能生成内容的算法原理

人工神经网络是以人工神经元结构为启发形成的抽象数学模型(M-P Model)(见图1)。

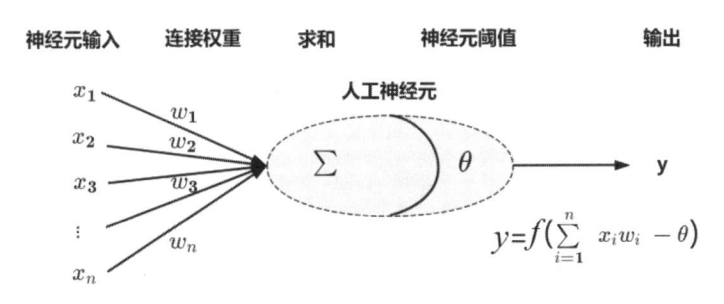

图1 M-P 模型

通过树突输入层的神经元 x_i 接收数据,并由隐藏层的神经元突触权值 w_i 进行连接,由人工神经元系统对以上数据进行加权求和数据处理,经由输出层的激活函数控制输出,最终输出的结果 y 又作为下一个神经元进行输入。输入的数据有三种类型:一是结构化数据,即有标准输入方法的数据;二是非结构化数据,即图像、音频、视频等,需要让人工智能自主搜索数据并处理信息;三是半结构化数据,即 JSON、CSV、XML 等格式文件。算法则是人工智能生成的核心。人工智能正是依靠算法这一数学程序进行学习改进并解决问题的。现下主流的算法包括：线性回归、决策树、K-均值聚类和数据森林。线性回归是以线性函数来演示自变量和连续型因变量关系的模型。线性关系可以表示为 ($Y = \beta_0 + \beta_1 X_1 + \beta_2 X_2 + \cdots + \beta_n X_n + \varepsilon$)，其中：$\beta_0$，$\beta_1$，…，$\beta_n$ 为回归系数；X_1，X_2，…，X_n 为自变量；ε 为误差数。决策树指的是有监督分类模型，可通过选择最大信息增益的特征值分割输入数据，用于建立模型以预测目标变量的值。它通过树状图的形式呈现决策规则和可能的结果，从而帮助进行决策。而分析的基础就是信息增益，信息增益的基本公式如图 2 所示。

$$\text{信息熵}(S_j) = -\sum_{i=1}^{n} p_i \log_2(p_i) \quad (1)$$

$$\text{信息增益} = \text{信息熵(总体)} - \sum_{j=1}^{m} \frac{N_j}{N} \times S_j \quad (2)$$

图 2　信息增益基本公式

K-均值聚类指的是创建数据集群并找到每个集群的中心以根据输入识别模式。随机森林是一个多决策树的组合分类器，随机主要体现在两个方面：数据选取的随机性和特征选取的随机性。以上多种算法构成了人工智能生成内容运行的基础。

二、人工智能生成内容的侵权责任规制困境

（一）人工智能生成内容的著作权有无

人工智能生成内容是否能被纳入著作权保护的范围一直是学界争议较大的问题。

持肯定观点的学者认为，人工智能生成内容应该属于作品，受到著作权法的保护。诸如 ChatGPT 之类的软件能够生成各种不同的文章，字符之间的排列组合和逻辑变换都是使用者自身意识的投射。除此之外，支持此种观点的学者认为 2023 年 11 月北京互联网法院针对人工智能生成图片著

作权纠纷作出的一审生效判决也是此种观点在法律实务中的运用表现。该案是人工智能生成图片相关领域的第一案。案情主要如下：原告使用人工智能生成案涉图片之后发布于小红书 App，后发现被告发布的文章中使用了自己的图片。在判决书中，法院对于智力成果、独创性和作品的认定都作出了相应解释。一是智力成果，法院认为原告从构思到最终在众多生成图片中选定案涉图片的整个过程中，都进行了一定程度的智力投入。例如，原告设置相关参数、排列关键词的顺序等。① 二是独创性，法院认为原告对于生成内容的选择和安排，在不断调整和修正的过程中体现了他的审美选择和个性判断，生成内容并不是机械性智力成果。三是作品的认定，法院认为在利用人工智能模型生成图片时，本质上仍然是人在利用工具进行创作。鼓励创作也是公认的著作权制度核心目的，只要能体现出人的独创性智力投入，就应当被认定为作品。②

  持反对观点的学者主张，是否被认为作品既要看其形式，也要关注内在。一个作品之所以拥有著作权，很大程度上是因为它凝聚了作者的智慧结晶，是人类脑力劳动成果的体现。而人工智能在生成一个"作品"时，并没有相应的主体意识，只不过是基于程序的内在设定，机械地重复工作。换言之，此类生成内容并不是人类思想的现实转化，不具有独创性，自然不属于作品。在真正的作品制作完成前，作者、画家或作曲者在脑海中已经有了模糊的大概轮廓，而且最终的作品与制作者先前脑中的"模型"并没有太大区别。但是，使用人工智能生成工具的人在最终作品生成时，脑中并没有大概的轮廓，最终的生成内容是未知的状态。目前，我们仍然处于弱人工智能时代，著作权创作者必须是自然人。在当前阶段人工智能是辅助和增强人类能力的工具，只是算法的执行者，无法对自己的侵权行为进行答责。

---

① 王文敏. 人工智能对著作权限制与例外规则的挑战与应对 [J]. 法律适用，2022（5）：152-162.
② 丁晓东. 著作权的解构与重构：人工智能作品法律保护的法理反思 [J]. 法制与社会发展，2023，29（5）：109-127.

其实两种观点的分歧主要为是否具有独创性。换言之，也就是使用者的输入行为是否可以被视为创作行为。例如，现在有些作品可以模仿其他作者的文风或者绘画风格，通过这种"模仿"而得到的"作品"使生成内容的属性变得模糊不清。[①] 例如 AP News（美联社新闻）就报道过，Kelly McKernan、Karla Ortiz 和其他艺术家，对 Stable Diffusion 制造商 Stability 人工智能公司提起诉讼。这些艺术家认为人工智能图像生成器通过摄取大量数字图像，再制作与原件竞争的衍生作品。本案仍然在诉讼中，但是许多评论家都认为这些艺术家的诉求并不能被认可。正如无限猴子定理，大量的数据样本同样能产生近似体量的生成内容，以自己是样本所有人为由来起诉，诉讼理由并不充分，版权作品是可以作为训练数据来使用的。

（二）人工智能生成内容的著作权权属定论

即使人工智能生成内容可以拥有著作权，学界对于其权利归属也众说纷纭。

第一种观点认为，著作权应归属于使用者。在实务中，有许多人工智能的设计公司在章程中明确规定：生成物的内容应该属于用户，同时用户也应当承担侵权的相应责任。设计公司认为，使用者对于数据的选择和关键词的输入等都是其智力活动的体现，具有独创性。而自己只是为使用者提供了一个更为便捷高效的工具。早在 1982 年，世界知识产权组织就发文建议将人工智能生成内容的著作权赋予使用者，以认可其创造性的努力。

第二种观点认为，著作权应属于设计者。算法编程的设计者赋予了人工智能生成作品的能力，在深度学习海量输入数据后，输出符合其偏好的生成内容。可以说，设计者为生成内容的产生打下了基础，之后所有的生成内容都是在已设定好的模板下形成的。

---

① DASGUPTA D. A review of generative AI from historical perspectives [J]. TechRxiv, 2023（2）: 61-66.

第三种观点认为,著作权应当属于人工智能生成软件本身。如果独创性的要求是严格限定自然人的身份,那这个问题就已经盖棺论定了。但事实上,在其他法律适用中,很多非自然人都被授予了拟制人的地位。人工智能从发展现状及前景来看,是具备成为法律拟制人条件的。首先,人工智能已经可以做出类似于人类的表达。比如,ChatGPT已经可以自行发现输入端的关键词内容与自身海量数据库资源间的相关性,将这些素材筛选出来,再通过深度学习,输出相应内容。其次,人工智能生成内容具有人格要素。换言之,数据的输入、处理与输出设定都需要人类意志的参与,算法的深度学习和训练也需要一次次的程序修改,使之符合合理的取舍标准,本质上并没有什么不同。

第四种观点认为,著作权应该属于投资者。持此种观点的人将人工智能生成内容看作类似于职务作品的存在,投资者就是单位,设计者则是单位被赋予工作任务的人。投资者在人工智能产品研发的过程中,投入了大量人力、财力、物力,而使用者仅仅是使用投资者的产品而已,产出物的权利自然也应该属于投资者。

以上四种观点各有利弊,权利人在获得权利的同时,也意味着义务的承担。

(三)海量数据样本能否看作合理使用

不可否认的是,人工智能生成内容对数据样本的依赖度极高,需求量也极大。在此情况下,不可避免地面临可能侵害他人著作权的可能性。根据著作权法的一般规定,在使用他人仍在受保护期内的作品时,需要征得著作权人的同意。在此情况下,人工智能生成内容在生成过程中使用的作品是否可以适用著作权法的例外规则,就值得商榷了。若能够将其归入合理使用的范畴,就能够免除许多纠纷,但是这种类型的合理使用也有一定风险。例如,人工智能生成内容的使用涉及商业用途并借此获利,很容易产生纠纷。因为有些人工智能生成软件是以几个已知作品为主要依据,以其他作品为辅助参考对象而设计的。在此情况下,主要的涉案图片著作权人自然会有相关的争议存在。如果不能解决这些问题就会影响作品后续的使用，最终甚至可能阻碍人工智能技术的发展。不仅国内有类似的纠纷，国外诸如此类的案件也有很多。

（四）人工智能生成内容的侵权监管缺位

人工智能作为一项新生事物，发展日新月异，它的发展自然伴随着诸多利益，也会存在一些灰色地带。例如，学术论文由人工智能代写的情况应该如何判定。我国法院对于生成式的图片承认了其具有著作权，但是如果对学术论文等文献类生成内容也给予相同的权利，则会带来一系列影响，例如，是否会给学术教育带来不利影响以及是否要对图片和文章给予不同的判定方法，人工智能生成的文章是否具有著作权的判定要比图片更加严格，等等。

对于新技术，尤其是对我国经济发展有重大助力的技术，社会对这种技术上的"错误"有必要具备较高的容忍度。比如"技术中立原则"就强调技术的特性之一就是中立性，只要技术的使用者没有实质性将其用于侵权用途，就不能把相应的侵权责任归于他们。[1] 受其影响，欧美等国家和地区一般认为例如 TikTok 或者 Facebook 作为一个提供网络服务的平台，在侵权过程中不存在主观过错，仅仅起到传输或者展示的作用，不需要进行赔偿。[2] 如果人工智能生成的作品侵犯了他人的权利，那么究竟是追究发明人的责任，还是追究生成者的责任。有学者认为一个人工智能作品的产生，既需要设计者提供算法模型，又需要使用者输入相应的算法，可以将其作为二元主体共同承担责任。但是责任的分化也可能最终会导致担责落空、相互推诿。

---

[1] 张凌寒. 搜索引擎自动补足算法的损害及规制［J］. 华东政法大学学报，2019，22（6）：31-45.

[2] 郑鹏. 网络服务提供者"避风港"的"中立"前置要件研究［J］. 北方法学，2020，14（4）：32-41.

三、国外相关法律实践的比较分析

（一）美国相关判例

美国华盛顿的一家法院在判例中明确指出，完全由人工智能创作的作品没有著作权。拥有人类身份的作者才能够获得著作权保护。同时，法官对于分析上亿张图片经过深度学习之后输出的不同内容是否侵犯著作权也保持怀疑。Jason Allen 在使用 Midjourney 软件生成了一幅名为《太空歌剧院》的画作。据他所说，其至少经过了 624 次调试之后才得到了初稿，初稿完成后又使用 PS 软件去除不满意的部分并且增添了新的内容，最后再通过 Gigapixel AI 软件提升图片的清晰度并调整大小。美国版权局援引"Thaler v. Perlmutter"案的判决，认为法院已将"作品"的创作人限定为人类。[1] 虽然 Jason Allen 所生成的画作，确实是包含了人类的智力成果，但是美国版权局认为仍然无法判断 Allen 在"作品"中的贡献占比。2023年 3 月，美国版权局颁布的《版权登记指南：包含人工智能生成材料的作品》(*Copyright Registration Guidance: Works Containing Material Generated by Artificial Intelligence*) 中不仅强调创作者自然人的身份，还申明在包含人工智能生成手段的"作品"时，需要简要说明自己在"作品"中的贡献度，从而判断是否具有独创性。之所以拒绝人工智能生成的内容是因为用户很难提供证据说明这种贡献度，算法黑箱的存在也导致这种贡献度很难量化。[2] 总体来说，美国对于人工智能生成内容是否拥有著作权还是持较为保守的态度。

---

[1] ABBOTT R. Second request for reconsideration for refusal to register a recent entrance to paradise［EB/OL］.（2022-02-14）［2024-07-05］. https://www.copyright.gov/rulings-filings/review-board/docs/a-recent-entrance-to-paradise.pdf.

[2] 舒菲. AI 机器人的版权主体资格辨析：法理问题、国外实践与国内司法选择［J］. 传播与版权，2023（1）：116-118.

（二）日本相关法律

日本早年间就根据《知识产权基本法》的相关规定设立了知识产权战略本部，并在 2017 年由新型数据资产研究委员会发布专门报告书。在报告书中，该委员会指出人工智能生成内容的使用者为作者。[①] 同时，他们认为人工智能生成内容能否构成作品需要依据具体情况进行判断，并不是绝对否定其具有著作权的可能性。在判断时应该考虑累计的贡献度，而不是单纯看使用者投入的劳动。具体可以体现为以下四个要素：一是输入的提示词数量和内容，如果数量过少或内容过于单一则不能认为其具有著作权；二是尝试的次数，次数也是使用者脑力劳动深度的体现之一；三是在众多结果中的选择，这种选择必须是使用者在考量相关因素后审慎作出的；四是对生成内容的加工修正，在生成内容初步形成后，使用者需要对其进行一定程度的修改。

（三）欧洲国家相关制度

关于"作者"一词的定义，欧盟各国均未对此作出专门解释。在各国判例中，采用了"人类中心主义"的理念，认为只有拥有创作能力的人类才能够成为创作者，因为只有自然人才能够完成脑力劳动创作。但从法院的判决中同样可以看出：如果是人类使用其他工具（比如摄影机或者相机等）完成的作品就可以受到著作权法的保护。对于人类利用人工智能软件或者系统完成的生成内容是否可以认定为作品，法院并没有详细说明。换言之，人工智能软件能否被视为工具仍然没有定论。同时，欧盟大部分国家认为，设计者还是需要承担一部分义务，例如对于数据样本的真实性等需要采取基本的注意义务以及预防措施。[②] 意大利设计师 Chiara Biara Biancheri 与 RAI 广播电视公司之间的著作权纠纷案件中，法院认定

---

① 新型数据资产研究委员会. 新型数据资产研究委员会报告书. [EB/OL]. （2023-04-23）[2024-07-05]. https://www.kantei.go.jp/jp/singi/titeki2/tyousakai/kensho_hyoka_kikaku/2017/johozai/houkokusho.pdf.

② 吴汉东. 人工智能生成作品的著作权法之问[J]. 中外法学, 2020, 32（3）: 653-673.

Biancheri 使用人工智能算法软件生成的 The scent of the night 体现了其独创性，拥有著作权。尽管广播电视公司提出上诉，上诉法院在 2020 年 11 月判决驳回上诉。2021 年 1 月广播电视公司又提出了再审请求，意大利最高法院历时两年后，于 2023 年作出裁定，驳回再审请求，并确认判断时是否能够得到著作权保护的关键，在于有无体现个人的独创性，无须拘泥于创作过程中使用的技术手段。

四、人工智能生成内容侵权责任规制对策

（一）具有一定人类参与度的人工智能生成内容具有著作权

著作权的构成要件是具有独创性、可复制性，并且是作者的思想或者情感的具体体现。学者们和司法实务中的主要争议在于是否满足独创性，独创性可以从内容和思想两个方面考量，即使用者的输入行为和选择行为能否使生成内容具有和其他作品的差异性，是否能够体现使用者的独立构思，只要满足其中一点即可。人工智能在生成一项"作品"时，是基于深度学习并挖掘大量的数据样本输出多样式的特定内容。需要注意的是，即使是以同样的数据作为样本，不同的人工智能生成内容也是不尽相同的，这同早期刚起步的机械式生成相比有了很大进展。

笔者认为，人工智能生成内容是否具有著作权不能采取"一刀切"的做法，而要看人类在生成内容产生过程中的参与度。如果人类在智能生成内容产生的过程中没有付出任何劳动，而是完全由人工智能自动生成的，那么自然不能够赋予其著作权。同样地，如果人类在人工智能生成内容产生的过程中，付出较低的劳动（如只是输入一个关键词并且生成了一幅图片），这幅图片就不具有著作权。就像前述美国判例一样。最高人民法院案例的独特之处在于，原告使用的人工智能生成软件 Stable Diffusion 并不是一款简单操作的软件，此类大模型的绘图工具，需要使用者花费一定时间来学习运行和使用的方法，一张生成图可能需要几十次甚至上百次的测

试和选择。

所以"参与程度"是判断是否具有著作权的关键，但是，究竟由谁来判断这个参与程度呢？若开发专门的软件进行判断，以机器来评判机器是否合理？若设置类似于公证处的机关进行评价，公证处之类的机构是需要收费的，需要固定评判标准和收费标准，而且使用者是否愿意缴纳费用证明自己拥有著作权、公众是否认可公证机构的判断以及怎样才能获得评判资格都是需要商榷的。如果都由法院通过裁判的方式对使用者的参与程度进行判断，不仅会增加法院的工作量，而且在诉讼过程可能会较长，在此期间被侵权人的权益可能难以得到保护。在目前这个阶段，出具专门制度来规定何种程度的参与可以算作具有独创性的做法是最具性价比的。待施行一段时间后再根据实务中的具体情况进行相应的补充调整。

关于参与程度的规定，笔者认为可以参考北京互联网法院"文生图第一案"的判例。如果使用者以三个以上的关键词进行输入，并且在生成内容最终生成之前进行多次调整，就可以认定其具有一定的参与程度，不是完全依靠人工智能生成。这种较为宽松的规定，既考虑到对于人工智能技术的保护，也是为了最大限度地发挥人工智能生成软件的工具性作用。有学者认为这种判定方式可以用在画作上却不能用在文字作品中。因为如果要求生成的是上千甚至上万字的作品，但是使用者只是输入几个关键词，参与度明显过低。因为现在有些人工智能生成软件已经能够达到上述要求，如果将这种生成内容当作"作品"，不仅和著作权法的规定相冲突，也不利于文学的发展。但是，即使是上百人同时输入相同的关键词，也会生成不同的作品，并不会失去独创性。在这种情况下，人工智能其实只起到了工具的作用。它延伸了人类的技能，使一些原本不擅长画画或者写作的人，通过人工智能可以省去他们漫长的练习时间，使其迅速获得可以和"专家"相媲美的技能。从实务案例中可以看出，司法对于人工智能生成内容的性质认定，也经历了从不认可其具有著作权到认可其享有著作权的过程。与之不同的是，人工智能生成软件自动生成的"作品"当然不能算作具有著作权,因为在此情形下,这只是机器深度学习的表现而已。由于人工智能的特殊性,其著作权权利也需要与一般著作权相区分。一是权利内容。使用者所拥有的权利范畴应该小于著作权的范畴;二是权利保护期限。因为人工智能创作的特殊性,很大程度上是依托生成软件的功能,所以权利保护期限也需要和人工智能保护期限相同。

(二)人工智能生成内容应当属于使用者

人工智能生成"作品"的第一步是收集海量的素材作为"创作"的基础,但是这种收集是以数字化的方式进行数据抓取,有学者将其称为"机器阅读"。这些素材对于人工智能的创作,就像无数字词相对于一部长篇巨作一样。[1]例如2017年"小冰"所创作的《阳光失了玻璃窗》就是在学习了近千位诗人的作品之后的训练作品。现在的人工智能可以对海量数据根据作品种类、风格等进行分类,从中提炼基础数据的各式模型,再将模型运用到相应的创作场景中,并且根据使用者的要求不断进行改造和优化。例如,荷兰国际银行就和微软公司进行了一项人工智能生成内容的合作。伦勃朗是荷兰著名的画家,人工智能通过大量学习其作品,发现了作品的特有风格和创作规律,最终生成的作品竟然让普通大众无法区分是人工智能所作还是伦勃朗本人所作。[2]作品毫无疑问是智力成果的表现形式,只有自然人才能进行智力活动,将脑中的思考具象化并在现实中重现。而生成作品最关键的一环在于"机器学习",也就是对搜集出的数据进行一系列处理与分析。人工智能的发展的确是日新月异,但是它并不具有相应的主体地位。同时,因为目前相关立法还不够完善,如果将人工智能生成内容的设计者也视为共同作者,关于权利义务的问题将会变得更为复杂。

---

[1] 林秀芹.人工智能时代著作权合理使用制度的重塑[J].法学研究,2021,43(6):170-185.

[2] KASAP A. Copyright and creative artificial intelligence(AI)systems:a Twenty-First century approach to authorship of AI-generated works in the United States[J]. Wake forest journal of business and intellectual property law,2022,19(5):339-342.

随着人工智能技术进一步提升，如果人工智能可以实现自主创作，是不是可以让人工智能设计者也拥有共同作者的身份，也需要进一步探讨。

（三）对于海量数据样本的使用可以视为合理使用

合理使用是指他人可以无偿使用著作权人的相关作品，而不需要征得相关权利人的同意的使用方式。在人工智能生成系统运作的过程中，不可避免地要大量使用他人拥有著作权的作品。合理使用的许可看似是一个两难的问题。一方面，人工智能需要深度学习大量的作品才能够形成自己的模板，并根据使用者的指令生成相应作品；另一方面，如此海量的作品，如果一一去征询作者的同意是很不合理的，但是司法实践中，国内外已经有许多相关的著作权人向法院提出诉讼，要求维护自己的权利。若是对此种情况避而不谈，则可能会打击相关著作权人创作的积极性。针对这个问题，有学者提出，采取合理使用的方式解决是最符合技术发展要求和社会长远利益的。①例如，日本为了便利人工智能的合理使用，在2009年、2018年分两次对著作权法进行修改。②从添加例外条款，认为以电子计算机提取大量信息为目的的情况下，可以适当改编或者记录作品到扩展对于数据使用的范围，除了改编、复制，还可以向公众提供，也不限定使用目的。美国《版权法》对于合理使用从四个方面进行规制，而且并不需要同时满足该四要件，从而为合理使用留下了足够的空间。

笔者认为，如果一一征询著作权人的同意，既耗费时间，可行性也不高。在合理使用的规则中，明示了不得影响参考作品的正常使用，不得损害著作权人的合法权益。在此种规制下，如果著作权人认为其权益受到侵害，是可以通过诉讼等方式维权的。例如，大量使用同一作者的作品作为样本，从而使生成内容与该作者的其他作品极度相似，甚至会使普通大众认为其就是该作者所创作的作品。在此种情况下，其实是以人工智能生成工

---

① GORDON W J. Fair use as market：a structural and economic analysis of the Betamax case and its predecessors［J］. Columbia law review，1982，82（8）：1600-1657.
② 日本知识产权法［M］. 杨和义，译. 北京：北京大学出版社，2014：50.

具为依托,对特定作者的风格进行模仿,极可能构成侵权行为。

合理使用类似于非商标性使用和非展示性使用,可以构成不侵权抗辩的理由。[①]以此种方式使用作品,并不是用作品的独创性表达来获取利益,产生具有替代性的竞品,不会影响原作品权利人的权益。例如谷歌公司将作家协会的图书进行扫描,并将数据引入数字图书馆的行为并不能被法院认定为著作权侵权。又如 AIVA 人工系统也是通过分析大量音乐作品产出自己的配乐作品,并成为有认证资格的虚拟作曲家。另外,在审判过程中,依据"谁主张谁举证"的规则,原告如何举证该人工生成内容是侵权产生的,也是一大问题。算法的基础是海量的数据,而其他人的作品在这些数据中占了大量比例。对于这些作品的使用是否构成侵权是一个充满争议的问题。毫无疑问,在现有的技术条件下,人工智能生成内容和作为基础数据的样本作品并不相同,关键在于其是否具有独创性。设计者是否需要更加积极地寻求相关知识产权人的授权。如果构成合理使用,则不必再大费周章寻求诸多作者的授权,而且对海量作品的作者寻求授权也是不现实的。对于某些重要领域,应加大追责力度。

(四)落实多主体责任共同监管侵权行为

人工智能的设计者和使用者以及相关平台和有关主管部门都需要共同规制利用人工智能生成系统侵权的行为。笔者认为,设计者、使用者的关系类似于购物平台和商家的关系。购物平台为商家提供售卖的场所,设计者为使用者提供相应技术,让其将头脑中的思考具象化。例如,使用者将脑中构思的关键词以特定排列顺序输入系统,人工智能系统根据预先设定好的程序算法输出图片或文字内容。人工智能在此种情况下可以看作是一种"技能延伸的工具",它将使用者的文字能力等艺术能力延展至最大限度,使之具有专业水准,有些甚至可以模仿大师的风格。

设计者的义务主要是释明,对于人工智能生成内容需要以水印等方式

---

① BORGHI M,KARAPAPA S. Non-display uses of copyright works:Google Books and beyond [J]. Queen Mary journal of intellectual property,2011,1(1):21-52.

注明其为人工智能生成。在生成内容生成的同时，水印等显著标识也附着于生成内容之上。此类标识并不是普通附着于生成内容表面的，而是内嵌于作品之中，以代码或其他形式存在。通过添加水印、加密和过滤技术，起到释明的作用。例如，谷歌已经将自身独有的"水印"嵌入人工智能生成的音乐中，而这种方式是人耳无法察觉的，也不会影响聆听体验。还有些音乐作品，可以将音频波的转换生成专门的水印。这也为署名标识义务的履行奠定了技术基础。署名标识义务是指在系统内自动嵌入标识功能，当使用者生成作品后，系统会自动在作品中嵌入人工智能生成内容的使用者名称。笔者认为既然著作权已经属于使用者，那么没有必要将署名权单独分割出来与设计者"共享"。在技术能够满足的情况下，系统后台需要有生成过程的备份。如果以后有著作权纠纷，法院可以向设计者调取相关数据，用以佐证使用者的参与程度。

类似于购物平台的角色，除了设计者，还有小红书、抖音等发布平台也有相应的审核和通知义务。一是审核义务，平台应该配备识别软件，自动识别上传的作品是否可能为人工智能生成。如果有此可能，则需要在醒目位置标注，向其他用户释明此视频中的内容乃是人工智能生成，以防公众混淆。二是通知义务，如果接到盗用等投诉，在形式审核过后，确定其有较大盗用可能，则需要及时通知发布者，要求下架相关视频。如果拒不下架，则发布平台可利用后台下架。同时，要将处理结果在合理时间内告知投诉方。投诉方不限于著作权人本人，若其他公众发现有侵权行为也可以举报，可以效仿类似于闲鱼之类的平台，设置"小法庭"，请公众讨论相似程度，看是否构成侵权。

使用者的义务是指生成内容需要符合社会的公序良俗，不得违反法律规定。不可故意调整参数或者输入特定关键字，对特定著作权人的作品进行模仿。例如，利用人工智能生成工具模仿知名作家莫言的写作风格，生成莫言式的小说作品。因此，需要在法律上增设条文，将合理使用的扩大条款设置在《中华人民共和国著作权法》上，"如果是利用计算机算法进行信息搜集与分析，以产生新的知识为目的使用他人已经在先发表的作品，也视为合理使用。但是为了模仿特定作者风格而大量使用其作品作为样本的除外"。

结　语

人工智能生成内容是否具有著作权仍然需要具体情况具体判断，而当务之急是出台相关标准，让使用者和设计者能够依据相关准则判断自己的生成内容能否构成作品。通过实施标准在社会中形成判断生成内容是否具有著作权的通识。标准可以从生成提示词的个数、后续修改的次数等进行综合判断。除了准则，还需要出台法律对侵权行为进行规制，明确罚金的标准以及何种情况需要赔礼道歉等。某些采用人工智能换脸技术生成的作品可能涉及侵犯他人肖像权甚至有损公序良俗，对于此种情形应该加大处罚的力度。将著作权赋予使用者主要是出于推进人工智能生成技术发展的考虑。目前仍然处于弱人工智能时代，在技术发展没有达到一定程度的情况下，将设计者纳入著作权人范畴很可能会导致权利混淆以及责任推诿。尽管有学者认为可以将著作权的部分权利分给设计者，采取类似于职务作品的规定对人工智能生成内容的权属进行规制，但是使用者并不是受设计者雇用生成作品的。恰恰相反，他们的作品都是自己意志的体现。当然，使用者在享有权利的同时，也必须承担遵守社会公序良俗、尊重他人著作权的义务。设计者需要在软件中内置"水印"功能并尽到释明义务，生成内容相关的发布平台需要尽到审核和通知义务。只有多主体共同发力，共同监督人工智能生成内容的使用与传播，才能使此项技术实现飞跃式发展，在未来进入强人工智能时代。

人工智能技术在影视创作中的应用场景及其法律风险分析

吕烨馨 中国传媒大学文化产业管理学院博士研究生

摘 要：随着人工智能技术的不断发展，在各个领域均有所应用，尤其体现在文化产业领域中的影视创作及其产业。在影视作品的创作中，人工智能技术的应用场景主要分为影视创作的过程和影视创作的结果两个方面，具体而言即在影视创作过程中应用人工智能技术的算法预测、虚拟合成和自动化处理等，而在影视创作的结果上，人工智能技术的应用软件已经可以直接生成影视作品。本文根据前述人工智能技术在影视创作中的应用场景，分析其中存在的数据安全、人格权益及知识产权的侵权问题和伦理规范等法律风险。

关键词：人工智能；影视创作；AI 影视应用；AI 影视创作法律风险

引 言

人工智能在 1956 年达特茅斯会议上被首次定义，指的是开发用于模拟、延伸和扩展人的智能的理论、方法及应用系统的科学，是一门研究计算机系统如何模拟和执行类似人类智能活动的技术科学。[1] 人工智能科学技术的目标是使计算机具备感知、学习、推理、问题解决和自主决策的能

---

① 姚明. 我国人工智能创作影视作品法律规制初探：基于 ChatGPT 快速发展背景［J］. 电视研究，2023（7）：59-62.

力。目前，人工智能技术主要基于数据库、计算机算法和算力、人工逻辑链等科技进行机器学习、深度学习及自然语言处理等，以模仿和改进人类的认知过程，能够实现算法预测、数字模拟、虚拟合成、智能识别等人工智能技术应用。并随着ChatGPT、Sora等人工智能技术应用软件的出现，人工智能技术应用开始逐渐涉及各个领域，尤其给影视创作领域带来了新的挑战和冲击。

2023年5月，美国编剧工会（Writers Guild of Amercia，WGA）发起大规模罢工，美国好莱坞约1.15万名影视编剧走上街头进行罢工抗议，表示"必须提高对于编剧的基础薪资保障，拒绝为人工智能打工"。随着编剧罢工持续进行，7月中旬发展为包含美国演员工会（Screen Actors Guild-American Federation of Television and Radio Artists，SAG-AFTRA）在内的更大范围罢工，好莱坞共有16万名演员参与其中，堪称近年来最大规模的好莱坞罢工。这场罢工运动的主要诉因之一即为要求约束对人工智能的使用。演员们担心制片公司会在没有支付酬劳或获得批准的情况下使用人工智能来制作他们肖像的数字复制品，或者对他们的表演进行数字化修改；编剧们则担心制片公司会使用人工智能来生成剧本初稿，再让编剧修改润色AI的初稿，编剧的酬劳将变得更少。① 由此可见，人工智能技术及其应用已然给影视行业带来了影响和改变。

一、人工智能技术在影视创作中的应用场景

根据人工智能技术在影视创作中发挥的不同作用及其具有的功能，本文将其分为在影视创作过程中的应用场景和直接应用人工智能技术进行影视创作两种情形加以阐释和讨论。

---

① 萧达，陶短房，柳玉鹏，等.好莱坞大罢工抵制"AI入侵"[N].环球时报，2023-07-15（8）.

（一）影视创作过程中的应用场景

1. 算法预测

算法预测，通常指的是运用人工智能技术中基于计算机数字化处理的强大算法、算力、深度学习模仿人类进行分析和决策并不断进行自我优化的功能等进行影视创作过程中需要进行预测的工作。例如影视作品创作前期在策划阶段的选角预测、题材预测、观众喜好度预测，以及在作品创作完成后期的市场收益预测、播出时间段预测等。人工智能技术基于对所收集获取的大量数据，能够根据设定模型的需要进行有针对性的信息筛选、排列组合、对比分析等数据处理，从而实现相较于自然人预测更为全面、准确的算法预测，为影视作品在创作过程中的决策和判断提供更加具有可视化、可量化的分析参考。同时，应用人工智能的算法预测对影视作品制作的投资、成本和收益的量化分析更有助于创作出受市场欢迎并且有效规避风险的优质影视作品。

2. 虚拟合成

虚拟合成，通常是指运用人工智能技术中基于计算机视觉的智能识别、深度学习强化的生物性特征识别以及自然语言处理等，从而能够实现对特定自然人的面部、声音、行为动作进行信息识别、数据收集、分析模仿并最终达成虚拟合成效果，生成与被模仿对象基本一致的虚拟数字产物。虚拟合成在影视作品的创作过程中又被称为虚拟制作，常见于影视拍摄中的场景搭建、道具美术和画面特效等情形。例如中国古装玄幻题材电视剧《苍兰诀》中大量应用了虚拟制作的拍摄背景和画面特效，作品播出后广受观众喜爱，其中虚拟制作的画面场景也多获好评。此外，虚拟合成在影视创作过程中广泛应用于演员的声音合成和面部合成，此类应用场景主要在影视作品拍摄完成后需要进行补充、修改部分台词配音或动作画面的情形。再者，对于近年来出现的演艺人员存在违法或失德行为影响影视作品创作的问题，随着人工智能技术的不断进步和成熟，应用"AI换脸"

对演员戏份进行调整也成为解决问题的可行性对策之一。

3. 自动化处理

自动化处理，通常是指基于人工智能技术的知识图谱、深度学习和自然语言处理能够对大量的数据和信息进行收集、识别、分析和自动处理。这一技术主要应用于影视作品创作过程中需要耗费大量人力进行的重复性、机械性的劳动，由此替代人工，从而提高效率、降低成本。例如影视作品进入后期剪辑阶段，需要挑选出具有相同特点或规律的某类镜头或画面进行再次编辑，如果全部由自然人完成则需要耗费大量的时间和精力，采用AI自动化处理辅助这项工作更加直接高效。再者，近年来有众多影视项目在实践中采用人工智能的自动化处理进行编辑或剪辑并取得了较好的成果，例如在2021年的平遥国际电影展中，影视艺术家与人工智能科学家合作推出了人工智能无线电影（AI–IF）项目，该项目实现了在设定的影片类型和故事情节前提下，使用人工智能按照指示自动生成影视作品的场景、人物对话以及背景音乐等，构建了一个能够在没有剧组人员情况下，实时出品电影并与观众互动的软件系统。[①]

（二）人工智能直接生成的影视作品

随着人工智能技术的不断发展和成熟，人工智能已经实现由影视作品创作过程中发挥辅助作用向发挥主要作用转变，甚至在一些人工智能模型的应用中能够直接生成影视作品。例如在2022年的法国戛纳国际电影节中，一部由计算机艺术家格伦·马歇尔借助OpenAI创建的神经网络CLIP发布指令，由人工智能直接生成出一段动画短视频 *The Crow*，由于其创作方式前所未有并具有独特的艺术性最终获得了短片竞赛单元的评审团奖，这也是人工智能创作的影视作品首次在国际评审中得到认可。[②]

---

① 周婉京.从"蜻蜓之眼"到"AI之眼"：论徐冰《人工智能无限电影》背后的视觉机制[J].北京电影学院学报，2022（9）：50-57.

② 姚明.我国人工智能创作影视作品法律规制初探：基于ChatGPT快速发展背景[J].电视研究，2023（7）：59-62.

在人工智能技术的应用直接生成影视作品方面，不得不提到由 OpenAI 在 2024 年 2 月发布的人工智能应用大模型 Sora。创作者使用 Sora 能够通过简单的文字描述直接生成一段相应内容的视频，视频内容高度拟合现实质感，时长可以达到一分钟。这标志着人工智能技术在文生视频（Text-to-Video）领域取得了突破性进展。例如中国首部文生视频 AI 动画片《千秋诗颂》于 2024 年 2 月在总台央视综合频道播出，该作品基于央视自主开发的"央视听媒体大模型"，应用人工智能技术将中国经典古诗词制作成水墨风格的国风动画，展现出独特新颖的美术风格和动画效果。[①] 文生视频的人工智能应用模型打破了文本、图片、音乐和视频之间相互独立的创作生态，将影视作品创作过程的环节通过人工智能捏合在一起，实现了多形态交互的创作。这意味着人工智能技术将在未来的影视领域中对作品形式、创作流程和艺术表达等方面产生重要影响。

二、人工智能技术应用于影视创作中存在的法律风险

基于前文所述，目前人工智能技术应用于影视创作是新机遇也是新挑战，人工智能为影视产业带来诸多便利的同时也存在法律上的风险。

（一）数据安全风险

"数据"是人工智能技术得以形成并应用于实践的基础和关键。在影视创作领域中，无论是算法预测、虚拟合成还是自动化处理，人工智能技术得以成功应用于现实问题的基础和关键就在于数据的支持。如何使用人工智能技术，可以约等于如何使用数据。以影视创作中的算法预测为例，使用人工智能技术进行某一影视作品开拍前期的策划和选角工作时，就需要提前获得大量的相应题材影视作品的基本信息和演员的基本信息用以进行分析和决策。而在这一过程中，应用人工智能对数据的使用就会存在两

[①] 张蓝姗，徐瑷桐. 变革与重构：Sora 在影视创作中的应用与挑战［J］. 中国电视，2024（4）：84-91.

方面重要的法律风险，一是数据来源，二是数据泄露。数据来源方面，提供给人工智能进行深度学习和分析的数据应当是通过合法渠道获取、经由合法授权并可被使用的数据。在这一方面，如果人工智能技术模型自动在网络上进行收集和获取数据则会存在数据来源侵犯他人权利或违反法律规定的风险。数据泄露方面，在人工智能技术对数据进行收集、处理、分析等过程中，需要保障所使用数据不被泄露、不被盗取、不被篡改等，尤其是在影视创作领域中涉及他人隐私的个人信息或商业秘密等，此类风险不仅可能涉及违法犯罪也会对影视创作造成多方面的损失。

为了降低这些法律风险，在数据来源方面，在收集和使用数据前，明确该数据的渠道来源、使用目的、范围及保护措施，并取得数据源或权利相关人的明确同意。在人工智能技术应用过程中，随时排查是否存在非法使用数据的情况并及时进行处理，确保影视创作内容合法合规。在数据泄露方面，创作者在使用人工智能技术进行影视创作时，建立起数据安全管理机制，采取限制性数据访问方式，对数据使用开启访问权限，对存储的数据进行加密处理，定期备份重要数据并建立数据丢失、损坏等问题的快速恢复机制。同时，为数据泄露、盗取、篡改等制定应急处理方案，明确工作人员权责，在法律规定的基础上最大限度降低数据安全风险。

（二）违法侵权风险

人工智能技术在影视创作领域的应用中，大部分情况下最需要注意和防范的是违反法律规定从而侵犯他人合法权利的风险。此类风险主要涉及的两大侵权问题就是人格权益和知识产权。

1. 人格权益

人格权益，是指自然人在法律上所享有的，与其人格尊严、自由、平等和安全等密切相关的权利与利益。具体而言，主要包括姓名权、肖像权、名誉权、隐私权等具体人格权以及基于人身自由、人格尊严产生的其他人格权益，如声音权益等。在人工智能技术应用于影视创作的过程中，涉及创作工作人员，尤其是演艺人员的部分会存在侵犯其人格权益的法律风险。例如，应用于影视作品后期剪辑中的虚拟合成技术，可能涉及对演艺人员的肖像权、声音权益构成人格权侵犯的法律风险。

在肖像权方面，在影视创作的过程中，如果需要使用虚拟合成演员饰演的人物角色的面部图像或修改原有画面中的人物形象则需要获取演员本人的肖像权授权许可，如若擅自使用人工智能技术进行创作则会构成对演员的肖像权侵权；再者，如果使用人工智能技术直接生成影视作品中的人物形象，可能在其中存在以公众人物或知名演员为原型的虚拟形象，其中也存在未经本人授权许可使用肖像权而构成侵权的风险。在声音权益方面，人工智能技术能够通过生物性特征识别及深度学习对某一特定对象的声音进行识别、分析和模仿从而生成与该对象在人类听觉上几乎一致的声音。在影视创作中，人工智能技术虚拟合成演艺人员的声音用于后期剪辑的情况并不罕见，如果未经演艺人员授权许可使用其声音而擅自使用人工智能技术合成，则会构成声音权益的侵权问题。

2. 知识产权

知识产权，又称智力成果权或智力财产权，主要包括著作权、商标权和专利权。人工智能技术在影视创作中可能存在的侵犯知识产权的法律风险则相应分为著作权、商标权和专利权三个方面。

在著作权侵权风险方面，主要分为两大类问题。一是对于在影视创作过程中应用人工智能技术所涉及的数据中存在受到著作权保护的内容，例如在进行虚拟制作时需要人工智能分析大量的文字、图片、音乐和视频资料以得出符合创作者需求的内容。如果人工智能使用这些内容未经作者授权许可或不符合著作权法规定的合理使用情形，则可能构成著作权侵权。二是对于在影视创作中人工智能技术所生成的产物存在著作权归属和原创性争议，由于人工智能生成内容在创作过程当中大概率基于其他作品的数据进行分析和学习而来，最终生成的作品是否具有受法律保护的著作权仍然存在争议。

在商标权侵权风险方面，主要在于人工智能技术在影视创作应用中需要注意是否存在未经授权许可而使用他人已注册登记的商标或标识，例如影视作品中常见的名牌、品牌 Logo 等。

在专利权侵权风险方面，主要在于人工智能技术本身就是一项新的技术发明，基本上存在专利保护，在使用人工智能技术进行影视创作中需要注意合法使用问题，避免未经授权许可使用而构成的专利侵权。

为了降低这些法律风险，在使用人工智能技术进行影视创作时，应尊重他人的合法权益，事先获得相关权利人的许可，并明确许可的范围和条件。在影视创作过程中，遵守相关的法律法规，如《中华人民共和国民法典》《中华人民共和国著作权法》等，确保作品的合法性和合规性。对于使用人工智能技术进行影视创作的行为，应加强技术监管和审核，防止因技术滥用而侵犯他人的合法权益。

（三）伦理规范风险

人工智能技术在影视创作中的应用需要更加注意创作内容的合法性和合规性。由于人工智能技术是基于人工智能基础模型的设定发挥作用，因此人工智能开发者最初的设定为后续应用于现实问题定下了基调。假若模型最初的设定中存在意识形态的问题或者价值观偏差的情况，则会影响人工智能的学习和训练，从而在某些情况下产生带有偏见或误导性的内容，可能违反社会公序良俗，甚至存在影响公众的伦理取向和价值判断的风险。

再者，人工智能技术在影视创作过程中可能无法完全理解和遵守人类社会的道德、伦理和法律规范，从而生成含有不良内容（如暴力、色情、恐怖等）的作品或内容。这些作品或内容可能违反相关的法律法规，导致创作者面临法律风险或承担法律责任。此外，人工智能生成的影视内容可能包含误导性信息，如虚假新闻、不实广告等，这些信息可能对公众产生误导，影响社会稳定和公共利益。这些都属于人工智能技术在影视创作中需要避免出现的伦理规范方面的法律风险。

为了降低这方面法律风险，在选择使用人工智能技术进行影视创作时，需要建立人工智能应用的伦理审查机制，对涉及人工智能生成内容的项目进行伦理评估，确保其内容符合社会公德和伦理道德要求。提高科研工作者和影视创作者的科技伦理意识，对从业者进行职业伦理教育，提升其在工作中的伦理风险意识，使其在使用人工智能技术时能够自觉遵守伦理规范。同时，在相关法律规定或职业规范中明确列出责任条款用以划清界限。

结　语

随着人工智能技术的不断发展，其在各个领域均有所应用，尤其体现在文化产业领域中的影视创作及其产业。在影视作品的创作中，人工智能技术的应用场景主要分为影视创作的过程和影视创作的结果两个方面，具体而言即在影视创作过程中应用人工智能技术的算法预测、虚拟合成和自动化处理等，而在影视创作的结果上，人工智能技术的应用软件已经可以直接生成影视作品。本文根据前述人工智能技术在影视创作中的应用场景，分析其中主要存在数据安全、人格权益及知识产权方面的侵权问题和伦理规范等方面的法律风险并相应提出了防范风险的对策。

人工智能技术的出现，为影视创作、作品、行业以及整个产业生态都带来了新的机遇，开辟了新的道路也创造了新的可能。与此同时，必然带来新的挑战和新的问题，也存在需要特别注意防范的风险。面对这些现实生活中已经发生了的现象、改变和趋势，作为关注影视行业发展以及相关问题的研究者应当积极面对，发现其中存在的问题，总结经验和规律并以知识化解担忧、指明方向。因此本文与其说是对人工智能技术在影视创作中的应用及法律风险之探讨，更是对该领域研究问题的抛砖引玉，希望更多业界人士和研究者关注到此方向的问题并产生更多有益的思考和成果。

AI 对文化产业的影响与著作权法保护分析

王雪妍　中国传媒大学文化产业管理学院硕士研究生

摘　要： 人工智能、大数据等技术的飞速发展对文化产业产生了深远影响，新兴技术为文化产业注入了新活力，拓宽了产业边界，促进了新业态的迅速发展，但人工智能等技术也带来了挑战，稀释了文化内容生产的独创性，产生新的著作权法保护问题。本文浅析人工智能生成内容版权性和数据训练过程中的数据使用行为，探究平衡技术创新与著作权保护的手段，确保文化产业的可持续发展。

关键词： 人工智能；文化产业；著作权法；合理使用

一、人工智能对文化产业的影响

人工智能、大数据和虚拟现实等技术的快速发展，对文化产业各个环节层面产生了一定程度的影响，对各个生态链条造成了不同的新技术冲击，文化资产的数字化收集转化与利用，文化内容创作的 AI 化，文化商品和服务的数字化消费等环节均有人工智能的参与。人工智能带来的冲击对文化产业业态既有利好也有挑战。

（一）技术对文化产业的推动作用

这些新兴技术不仅拓宽了文化产业的边界，还显著提高了文化产品与服务的供应水平和消费体验。在文化产业内容生产中，强调创意因素与技术因素是相结合的,它们之间存在着既定的界限和联系。文化内容生产展现出符号性、艺术性、创意性等特点,技术则表现出功能性、共同性等特征,这两者体现了主客观间的不同。对于文化产业来说,技术是实现文化创造的手段,它们之间相互联系并相互作用,这为它们融合并推动文化产业的质量和效率提升提供了实际的可能性。

1. 人工智能、大数据和虚拟现实技术发展给文化产业企业带来新质生产力

国家统计局文化数据显示,据对全国 7.6 万家规模以上文化及相关产业企业(以下简称"文化企业")调查,2024 年第一季度,文化新业态特征较为明显的 16 个行业小类[①]实现营业收入 12633 亿元,比上年同期增长 11.9%,快于全部规模以上文化企业 3.4 个百分点。[②]文化新业态行业对全部规模以上文化企业营业收入增长的贡献率为 55.5%,很大程度上推动了传统文化企业的转型与发展。其中,互联网搜索服务、多媒体游戏动漫和数字出版软件开发、互联网广告服务三个行业小类营业收入同比增速较高,分别为 25.4%、19.9% 和 18.5%,这与 2024 年第一季度各类生成式 AI 快速发展有密不可分的关系。随着创新科技的快速发展,文化产业正经历着前所未有的变革。人工智能和虚拟现实等前沿技术不仅为文化领域带来了创新的商业模式和多样化的产品,还促进了新业态的迅速发展。这些技术在虚拟现实、数字动画、在线娱乐旅游以及文化数据管理等多个领域的融合,为文化产业注入了新活力。新技术的应用显著缩短了文化产品的生产和分发时间,加速了文化产业的数字化转型。

---

① 文化新业态特征明显的行业小类具体包括广播电视集成播控,互联网搜索服务,互联网其他信息服务,数字出版,其他文化艺术业,动漫、游戏数字内容服务,互联网游戏服务,多媒体、游戏动漫和数字出版软件开发,增值电信文化服务,其他文化数字内容服务,互联网广告服务,互联网文化娱乐平台,版权和文化软件服务,娱乐用智能无人飞行器制造,可穿戴智能文化设备制造,其他智能文化消费设备制造。

② 国家统计局.2024 年一季度全国规模以上文化及相关产业企业营业收入增长 8.5%[EB/OL].(2024-04-29)[2024-07-06]. https://www.stats.gov.cn/sj/zxfb/202404/t20240429_1948773.html.

2. 新兴技术重塑文化消费市场，转变文化消费模式

在当前数字经济的浪潮中，新兴技术正重塑文化消费市场，推动其朝着绿色、健康、可持续的方向发展。人工智能和虚拟现实等技术不断演进，激发了新的消费群体、消费欲望和消费模式的诞生，从而促进了文化产品与服务的消费。

首先，数字化转型加速了文化内容从线下到线上的迁移，丰富了线上文化供给的种类。线上文化消费迅速崛起，成为主流消费形态。其次，大数据、AI等技术通过精准用户画像，实现智能推送与分发，促进了数字化消费转型。云计算技术的发展，如云旅游、云展览等数字场景，结合VR技术，催生了数字文化产业新业态，提供了藏品触手可及与沉浸式体验。

（二）人工智能给文化产业发展带来的问题

人工智能为文化产业带来了前所未有的机遇，提高了内容生产的效率，促进了创新，同时也使文化产品更加多样化和易于获取。然而，这些机遇背后也隐藏着挑战，如对传统文化产业模式的冲击，以及对人类创造力的依赖减少等。

1. 人工智能稀释文化内容生产的独创性，影响创作者内容生产方式

AI的发展使文化生产变得更简单、快速，非专业人士也可以通过使用AI软件进行文化内容生产，机器可以快速生成大量的文化内容，如长短视频、音乐、艺术画作等。然而，由于AI强弱程度不同，生成的内容也参差不齐，总体来说AI生成的内容较为简单同质，缺乏艺术深度和情感价值，导致文化产品的同质化现象。文化产品同质化不仅减少了文化产品的多样性，也削弱了文化的独特性和吸引力。另外，人类创作者在这一过程中的角色和地位也受到了挑战。大量AI作品的出现也削弱了专业人士进行文化内容创作的激情，相较于使用原有工具按部就班地进行创作，专业人士也会一定程度上使用AI软件进行创作，这就会降低专业人士在所创作的文化内容中的创意比重，久而久之就会形成创作者不再愿意创作的现象。不仅影响了创作者的就业，也对创作者的创作动力和创作自由产生了影响。如何在人工智能时代保护和提升人类创作者的价值，成为一个亟待解决的问题。

2. 人工智能带来的著作权问题

人工智能生成内容的著作权归属是一个复杂的伦理和法律问题。在文化产业中，AI 的介入引发了关于著作权归属、责任归属、数据隐私和伦理等一系列法律问题。

著作权法旨在保护人类创作者的智力成果，AI 生成内容引发了著作权归属的问题。即 AI 生成内容是否构成著作权法中的"作品"，如果属于"作品"，在 AI 不能成为法律意义上的"作者"的前提下，AI 作品应该归属于谁。AI 生成内容引发侵权争议时，对于 AI 技术开发者、AI 技术提供者、AI 技术使用者等主体的责任归属界定模糊。如何确保数据的流通和被合理利用、平衡著作权人利益和公共利益，是现有法律需要解决的问题。下文主要对人工智能著作权问题展开分析。

二、人工智能生成内容是否可版权性分析

（一）人工智能生成内容著作权定性现状

从本质上说，著作权法保护的是人类创作所产生的智力成果，著作权意义上的作品必须符合作品的构成要件，即必须有独创性，这也是著作权法制度设计的初衷。[①] 对于人工智能生成内容的可版权性讨论主要集中在其独创性的判断上，虽然人工智能模型本身并不是自然人，但不能因为有机器参与就笼统地将所有生成内容都排除在作品之外。人工智能生成成果过程中，人的参与程度使生成内容性质是否可以构成"作品"产生了影响。

"春风"案是中国生成式人工智能著作权侵权第一案，具有参考价值。

---

① 吕雨谦，杨旭. 论人工智能生成物在著作权法上的定性和权利归属 [J]. 秦智，2024（3）：10-12.

法院经审理认为，原告在创作图像时，不仅提供了详尽的指令，还设置了特定的参数。在初步生成图像后，原告根据生成结果，进一步增加了指令并进行了调整。在整个创作过程中，原告投入了大量的智力劳动。原告对图像的要求具有明确的个性化描述，对所需的元素进行了深入的构思，并通过不断调整，展现了自己的审美和个性判断，满足了"独创性"的标准。

学界关于人工智能生成内容是否构成著作权法意义上的作品存在很大争议，法律层面上，我国未出台相关法律或司法解释针对人工智能生成内容进行明确，且司法案例较少，法官判决较为保守，很难起到明晰作用。同时，由于人工智能生成内容的类别较多，在没有明确法律规定的前提下，要讨论其是否可版权性需要根据文化产业中的不同文化生产形态进行分类。以"文生文""文生图""文生视频""文生音频"为生成逻辑的不同类型生成内容之间的模型学习方式不同，且随着人工智能技术的发展，近期AI音乐节的"Chatgpt"Suno官方发表声明称"声音生成声音"的功能即将上线，"声音生成声音"的生成逻辑意味着机器学习的机制会更复杂，可以通过机器学习模仿节奏和韵律，这会对判断人工智能生成内容是否构成作品产生更大挑战。

（二）人工智能生成内容著作权定性分析

在当前著作权领域的主流理论中，有关生成内容的著作权作品属性的观点，主要可分为"否定说"（否定生成内容是作品，否定其应受到著作权法保护）、"肯定说"（肯定生成内容是作品，肯定其应受到著作权法保护）和"折中说"（生成内容中的独创性内容应受到保护）三种学说。[①]

在当前的司法实践中，大多数国家对人工智能生成内容是否具有版权性持保守态度。例如，在我国的"腾讯与盈讯著作权纠纷案"和"菲林与百度著作权争议案"中，法院均未承认AI生成内容的版权性。在美国，

---

① 薛铁成.综述与评鉴：人工智能创作作品的现状及法律保护路径初探[J].中国海洋大学学报（社会科学版），2019（5）：123-132.

也有类似的案例，如"泰勒诉美国版权局AI绘画版权登记案"和"《黎明的扎里亚》版权注册案"，这些案件同样未给予AI作品著作权保护。

涉案生成内容均是通过AI与人类共同创作完成，但传统AI生成内容更倾向于被认定为著作权法意义上的作品，原因是传统AI更符合人类主导创作，AI为工具辅助创作，AI在作品创作过程中所占比例小，因而作品更易被认定为具有独创性。生成式AI作品的生成模式决定AI自主生成的生成内容，人和AI在生成内容创作过程中独创性表达所占比例很难判定，因而在判断该类生成内容是否作品时需要判断生成内容是否基于人的个性化表达而生成的差异化结果。对于该点判断，在上述"春风"案中，法院肯定了原告个性化表达而产生的差异化结果，但是美国在此问题的判定上否定了这一观点。

在"Theatre D'opera Spatial"案中，作者Allen向美国版权局递交了"Theatre D'opera Spatial"二维美术作品的登记申请。在创作过程中，Allen借助Midjourney文生图AI模型，通过至少624次的提示词输入和调整，完成了画作的初步构思，后运用PS对初始版本进行精细处理，去除了瑕疵并增添了新的视觉元素，并采用Gigapixel AI技术增大了画作的分辨率和尺寸。经过两轮复议，美国版权局以画作中包含了超出"微小"量的AI生成内容为由拒绝了Allen的申请；在"SURYAST"案中，美国版权局认为，主张权利人Sahni只向RAHGAV提供了这三个输入词，所以决定如何根据风格转移值对基础图像和风格图像进行插值的贡献在于RAGHAV应用程序，而不在于Sahni。作品包含日落、云彩和一座建筑物是使用一种AI工具的结果，在这个过程中Sahni并未控制这些元素应该放置在何处，它们是否会出现在输出中，以及应该使用什么颜色——这些都是由RAGHAV控制的。

同时，在既有判例中，美国版权局认为虽然人对提示词的使用体现了人对生成内容的独创性表达，但由于输入同样的提示词时，AI输出的生成内容也不完全相同，即人无法控制机器对于生成内容的安排与生成，因而无法达到独创性标准，不构成作品。

综上所述，在AI生成内容是否构成著作权意义上的作品方面，我国和国外判例的观点存在不同，但共同点都是在判断人在AI生成内容生成过程中起到的作用是否达到独创性或支配性标准。具体而言，判断AI生成内容是否构成作品应该看使用者在使用AI模型过程中设置提示词的精确程度、不同AI模型运作原理和自动生成程度、AI模型研发者对模型参数设置的支配控制程度等，综合考虑可能对AI生成内容产生支配控制的因素进行类案判断。

三、人工智能著作权侵权问题分析

人工智能模型的生成过程一般可划分为"数据输入—机器学习—结果输出"三个步骤。其中数据输入环节可分为收集、清洗、标注三个步骤，分别对应数据收集、数据预处理和数据注释三种行为，机器学习依据数据训练内容分为预训练和精调两步骤。模型训练需要大量的自然语言数据，因此要搭建一个训练数据库。这些数据大多从互联网、电子书、报纸杂志等多个来源中进行收集。生成式人工智能对相关受著作权保护作品数据的使用会消解该作品潜在的著作权价值。在上述清洗、标注、预训练、精调阶段均涉及对被收集作品的署名权、保护作品完整权、演绎权等著作权侵权，涉及是否构成对被收集作品的合理使用定性问题。

（一）数据训练过程中的侵权问题

未经许可使用他人享有著作权的作品，构成著作权侵权行为，构成合理使用或法定许可等情形除外。然而，文生AI的数据训练不可避免使用他人作品。模型生成的技术环节包括输入原始文本、图片或视频等作品，该行为实际上在大模型深度学习和使用作品前，构成著作权法意义上的复制行为。

《中华人民共和国著作权法》第二十四条列举合理使用著作权作品的

几种情形，其中第一项是"为个人学习、研究或欣赏"，而这里第一项的表述能否拓展到大语言模型的训练存在争议。我国《生成式人工智能服务管理暂行办法》在第七条中列举生成式人工智能服务提供者在进行模型训练时应当遵守的基本要求。[①] 可以看出，该规定并没有给生成式人工智能模型训练中合理使用著作权保护的数据提供例外的空间。

由于机器并非自然人，机器学习一般不构成《中华人民共和国著作权法》第二十四条对合理使用的规定中"个人学习、研究或者欣赏"的行为，也不适用于合理使用规定中明确规定的合理使用条款；同时，机器学习并未被包含在有限的法定许可范围内，难以满足合理使用或法定许可的要求。因此，在训练数据过程中未经他人许可利用他人作品的行为，可能被认定为著作权侵权行为。

在目前法律框架下，大模型投资者将面临两种选择。第一种是致力于实现使用在先作品的著作权合法性；第二种是仅使用不构成作品的数据或放弃对大模型领域的深耕，这意味着在当前数字环境下难以适用先授权后使用的常规模式。

（二）人工智能模型训练过程中数据使用行为定性的域外经验

首先，2018年，日本对《著作权法》进行了修改，其中第三十条第四款[②]设置了新的合理使用条款，规定"不以欣赏作品原有价值为目的的利用"均构成合理使用。日本文部科学大臣长冈惠子表示：日本《著作权法》认为，大模型在进行数据训练时对版权材料的使用构成合理使用，大

---

① 具体包括三个方面，即"不得侵害他人依法享有的知识产权""涉及个人信息的，应当取得个人同意或者符合法律、行政法规规定的其他情形""采取有效措施提高训练数据质量，增强训练数据的真实性、准确性、客观性、多样性"。
② 对作品的利用并非为了使自己或他人享受作品所表达的思想或情感时，在使用的必要范围内，可以以任意方式使用作品。但根据作品的种类和用途，作品的使用方式会对著作权人利益产生不当损害的情况下，不适用本规定。
（1）用于与作品的录音、录像或其他使用相关的技术开发或实用化试验情形；
（2）用于信息分析的情形；
（3）除上述两种情形以外，在电子计算机信息处理过程中对作品表达所进行的不被人类感知和识别的使用情形，但不包括电子计算机执行计算机程序作品的行为。

模型训练对版权材料的抓取无论是出于非营利目的还是商业目的，无论是复制还是复制以外的行为，均不构成侵权。

美国也在判例中体现了对于训练数据行为定性的态度。在"*Westlaw v. Ross Intelligence*"案中，美国特拉华州联邦地方法院认为如果人工智能只是研究语言模式，以学习如何产生司法案例引文，那么它就是具有转化性的中间复制，更容易被法院认定为合理使用。美国人工智能法学领域知名学者马修（Matthew）教授认为在受著作权保护的作品上训练生成式人工智能应当纳入合理使用范畴，因为它并不属于表达类使用。根据 Matthew 教授的论证，既然法院在处理逆向工程、搜索引擎和剽窃检测软件等技术时，认为这些非表达性使用属于合理使用，那么训练大语言模型也应当同理，因为生成式人工智能并不是为了复制原创而设计的。

其次，合理使用构成要件中要求使用作品的目的为非商业性使用，但人工智能训练数据的最终目的大部分为商业性质，且训练数据可以看作对在先作品特点提取进而生成易产生替代作用的生成内容，容易对在先作品造成实质性损害。域外在关注到数据训练困境后对"非商业性使用"目的进行了适应变化，例如，欧盟《数字单一市场版权指令》第四条突破了数据挖掘中非商业性使用目的的限制。

（三）模型训练过程中数据使用行为构成合理使用的合理性分析

AI 模型训练涉及新兴产业，AI 模型在数据训练阶段离不开利用他人的作品进行训练，对于大模型来说，这种对作品的利用往往是海量的，而实际上处于公有领域的数字化的图片非常少，这不可避免地会利用到受著作权保护的作品。（在人工智能引发全球范围内的社会生产力变革和全球价值链重构的背景下，无论缩小数据使用范围还是放弃大模型投资，都可能导致我国失去人工智能技术发展的历史机遇，甚至受到发达国家人工智能产业的不利冲击。）

企业在训练模型过程中，如果只是将他人作品用于模型训练，即单纯的数据学习，而不以再现他人作品为目的或手段进行训练，此时，数据训练行为并没有侵犯著作权法保护的著作权人的合法权利,且在企业训练过程中也未涉及商业利用的目的,此时认定为合理使用是存在一定合理性的。需要注意的是,认定为合理使用需要一定的情形标准,并不是所有的数据训练行为都能被纳入合理使用,应综合考虑利用数据的必要性、数据训练方式、数据处理措施等情形等进行判定。

(四)模型训练过程中数据使用行为构成合理使用的法理分析

首先,人工智能深度学习的过程本身不具有著作权法意义上的价值性,而只有在输出内容后,才能判断是否有价值,[①] 训练数据时单纯学习的过程不会将原作品再现,其形成的训练后价值独立于作品的原本价值,只要训练模型不是对原作品的再现,基本上不会影响原有作品的使用和原有作品著作权人的利益。

其次,可以将训练数据的行为认为是"转换性使用"进行理解,在"谷歌图书馆"案中,美国联邦第二巡回上诉法院认为,谷歌公司未经授权就将他人享有著作权的书籍进行扫描、设立有关搜索功能并将上述书籍的内容在互联网上显示的行为,构成转换性使用,属于不侵害著作权的合理使用行为,并不会对原作品构成实质性替代。需要注意的是,只有非表达类数据训练才能构成"转换性使用"。

总体而言,当前不宜将训练数据完全排除在合理使用制度之外,也不可将其完全纳入,而应针对具体案例中的具体学习情况进行个案分析,但进行个案分析的前提是有明确标准,即通过立法或司法解释对训练数据构成合理使用的情形进行规定。

结　语

人工智能技术的飞速发展,对文化产业的影响日益显著,不仅推动了

[①] 徐小奔,杨依楠.论人工智能深度学习中著作权的合理使用[J].交大法学,2019(3):32-42.

文化内容的创新和多样化，而且文化产品从传统的线下消费模式转变为线上的多元化供给，极大地丰富了文化消费的形态和内容，也带来了AI生成内容著作权、数据训练侵权等一系列问题。判断人工智能生成内容是否可版权应根据不同生成逻辑、人在创作过程中的独创性占比等要素进行分析，判断数据训练是否构成合理使用需要综合考虑利用数据的必要性、数据训练方式、数据处理措施等因素进行判断。

展望未来，人工智能技术将继续深刻影响文化产业的发展。为了应对挑战，我们需要在保护人类创作者权益的同时，探索AI生成内容的著作权保护机制，平衡创新与保护的关系。同时，我们也需要对AI模型训练过程中的数据使用行为进行合理规范，确保数据的合法、合规使用，促进人工智能技术的健康发展。

人工智能生成内容的可版权性检视与反思

陈宏浚　中国传媒大学文化产业管理学院法律硕士

摘　要：目前，人工智能技术在内容创造上展现出高度创造力，其著作权法定性理论争议存在可版权论和不可版权论两种观点，通过分析人工智能生成内容是否符合作品构成要件发现，智力创造仍应认定专属于人。著作权法既需要考虑生成内容的表达在客观上是否符合作品构成，也要考虑在主观上这种表达是否来源于人的创作。基于此，可版权论在独创性证成中提出的结果主义应用于判定作品的可版权性存疑，难以符合著作权法对作品的要求，即便在过程主义框架下，可版权论关于独创性来源于研发者和使用者的论证也均经不起推敲，其一，研发者对人工智能生成的内容仅有间接影响，其二，使用者的意向性相比人工智能生成的随机性过于微弱，很难具备用创造性支撑保护的正当性。因此，对于人工智能生成内容应考虑从传统的著作权法框架之外探索新的法律路径，让子弹再飞一会儿。

关键词：人工智能生成内容；智力创造；独创性；不可版权性

一、问题的提出

近年来，人工智能技术的飞速发展在理论基础与多领域的应用实践中取得了显著进展，特别是在内容创造方面的应用，人工智能技术通过智能程序和算法自主生成的内容在未经人类后续调整的情况下，已经与人类所创作作品的相似度达到了惊人的高度。在文字写作领域，2023年10月，清华大学新闻学院沈阳教授团队利用AI创作的《机忆之地》荣获第五届江苏省青年科普科幻作品大赛二等奖。① 在音乐创作领域，日本推出的自动作曲软件"Orpheus"也展现出了强大的创造能力，在用户输入歌词后能够自动作曲并生成与歌词紧密贴合的伴奏。在视觉艺术领域，2022年8月31日，美国游戏设计师Jason Allen利用Midjourney技术创作的数字油画《太空歌剧院》在科罗拉多州博览会的美术竞赛中荣获一等奖。可见，基于人工智能内容创造的强大能力，目前人工智能在没有人类直接参与的情形下，能够生成诸如上述类型的文学艺术和其他领域的成果，甚至有时比人类作品的质量更高，部分人工智能生成的内容已经与人类作品难以区分，是否能够利用著作权法来保护人工智能生成的内容成为理论界的核心议题之一。

然而，人工智能生成内容的著作权法定性在学术界引发了激烈的争论，目前已有的司法实践也与传统著作权法理念存在一定出入，存在可版权论和不可版权论两种截然对立的观点。争论焦点在于，AIGC的独创性认定究竟采用结果主义模式还是过程主义模式，其间涉及知识产权制度正当性的基本理论、著作权法的立法目的以及独创性概念的源流发展和现实理解。因而，本文拟结合生成式人工智能的技术特点与原理，从可版权论与不可版权论中关于"智力成果"和"独创性"的争议点出发，厘清作品保护的规范意蕴和创作过程中所谓作者"意志""思想""情感"等要素的地位，对人工智能生成内容是否构成作品予以判断。

二、人工智能生成内容可版权性争议的分析与纠正

人工智能生成内容指的是计算机程序或算法产生的涵盖文学、艺术以

---

① 新黄河.文学史上第一次！AI写的小说获文学奖，会不会冲击文学的未来？[EB/OL].（2023-10-19）[2024-05-18]. https://new.qq.com/rain/a/20231019A06VX900.

及其他多种表现形式的成果，其内容生成过程不涉及人类直接参与，完全基于模型和数据分析，并且，该过程效率极高，人工智能能在极短时间内分析海量数据，并基于此生成新内容。

根据《中华人民共和国著作权法》第三条之规定，著作权法意义上的"作品"是指在文学、艺术和科学领域内具有独创性并能以一定形式表现的智力成果。基于此，持不可版权论观点的学者认为，传统著作权法所涉及的作品均源自自然人的创造活动，而人工智能生成内容的创作过程是基于算法、规则和模型的应用，非自然人的智力创造，因而缺乏独创性，不应视为智力成果。鉴于以人为中心的作者观念深深根植于著作权法基本理论中，故不可版权论的观点也得到了长期实践的验证，具有很强的说服力。与此相对应的是，可版权论也得到了一众学者的支持，他们主张智力成果的完成并非必须与人类行为挂钩，独创性的判断应当秉持客观标准，认为人工智能生成内容并非经由简单复制或抄袭而来，与在先作品存在差异，生成成果具备作品外观，满足独创性要件。其中，部分持可版权论的学者在肯定独创性应当体现人的创造性劳动的前提下，对设计者或使用者在人工智能创作过程中的贡献进行了阐明，相应地，持不可版权论的学者对此进行了驳斥，认为在我国以作者中心主义为核心价值的著作权体系中，人工智能的生成过程中人无法发挥实质性贡献，直接决定和控制所生成的内容，具有随机性。

就上述理论争议，管见认为，可以归结为两个问题：第一，现行著作权制度下"创作"的主体（此处非指权利归属意义上的作者主体资格，而指向智力创造的来源）是否必须是人。第二，若肯定上述前提，在人工智能生成内容中人的智力创造性如何体现，采用结果主义模式（作品仅需客观具备形式上的独创性，不必考量过程中是否体现了作者的个性化表达）对于其他作品是否具有普遍解释力，是否符合著作权法的基本理论与立法目的。

(一)智力创造是否专属于人

笔者认同智力创造专属于人的观点,即著作权法既需要考虑生成的表达在客观上是否符合作品构成,也要考虑在主观上该表达是否来源于人的创作。

首先,根据《中华人民共和国著作权法》的规定,"作者"是指"创作作品的自然人","创作"是指"直接产生文学、艺术和科学作品的智力活动",也就是,著作权法上的智力活动是独属于自然人的,独创性是专属于自然人的创造性思维在作品中的表现形式。因此,从文义解释的角度,若智力成果直接由动物或机器产生,则该成果不得称作"作品",因此不享有著作权保护。例如,猕猴无意中拍摄的具有美感的照片,猕猴当然也是有智力的,否则也不会模仿摄影师的动作按照相机的快门,但由于非人类的智力创造,不能受著作权法保护。相反,若人类通过选择特定的角度、光线和布局拍摄的猕猴的照片,则该照片符合著作权保护的要求。值得注意的是,虽然《中华人民共和国著作权法》第二条第一款规定的"中国公民、法人或者非法人组织的作品,不论是否发表,依照本法享有著作权",允许法人或非法人组织拥有著作权,但这是基于法律意义上的作者概念,其创作过程仍依赖于人类智慧。

正如《中华人民共和国著作权法》第一条阐述的立法目的,"鼓励有益于社会主义精神文明、物质文明建设的作品的创作和传播,促进社会主义文化和科学事业的发展与繁荣",通过赋予创作者一定的法律权利,不仅促进了个人创作动力提升,也有助于整个社会文化和科技的繁荣发展。著作权法通过设定专有权利,旨在激励创作,鼓励作者从创作活动中获得经济收益。这些专有权利包括复制权、发行权和信息网络传播权等,它们为作者的作品提供了法律保护,确保作者可以通过许可或其他形式从他人使用其作品中获得收益。高质量的作品越受关注,作者获得的收益越多,声誉也会越高,这会进一步促进作者持续创作。同时,专有权利的设置更是形成了一种保护屏障,未经作者许可,他人不得复制、发行或通过信息网络传播作品。如若违反，原则上构成侵权，需要承担相应的法律责任。显然，人工智能无法理解或被激励遵守著作权法，著作权法只保护基于人类心智的创作能力而产生的智力劳动成果，自然人创作完成仍应是著作权法上作品的必要条件。

（二）人工智能内容生成中人的独创性贡献探究

独创性是最核心的作品构成要件，从比较法视角审视，国内外学者已多次尝试厘清"独创性"概念。然而，由于不同国家的立法传统、保护水准存在显著差异，且受历史因素导致的路径依赖影响，确立独创性标准成为著作权法领域内最根本且极为复杂的议题之一。我国著作权立法因融合了大陆法系的作者权法传统与英美法系的版权法传统，使在此基础问题上的界定展现出特别的复杂性。

前已述及，独创性的著作权法原则与自然人相关联，智力创造反映了个人的个性，人类作者必须成为知识产权制度的基础，我们需要以人为本的人工智能法学分析方法，从而确保其仍作为服务于人类共同利益的工具。目前，美国版权局在审查人工智能生成的艺术品版权注册申请时，重点仍然强调人的贡献。我国法院在人工智能生成内容著作权侵权案件中也着重分析了在生成过程中人的选择与安排是否具有独创性。[1] 可见，在人工智能生成成果中确定人类在创作过程中的参与和独创性贡献程度是将著作权法应用于人工智能生成内容的关键挑战之一。

持可版权论的学者在独创性证成上主要存在两类意见：第一类是认为独创性的判断应采客观说，强调作者个性表达的观点很难解释人工智能计算机时代创造活动的特点。应当坚持读者中心主义，不考虑创作过程，仅

---

[1] 参见北京菲林律师事务所诉北京百度网讯科技有限公司著作权侵权纠纷一案（2018）京0491民初239号民事判决书、（2019）京73民终2030号民事判决书。参见深圳市腾讯计算机系统有限公司诉上海盈讯科技有限公司侵害著作权及不正当竞争纠纷案（2019）粤0305民初14010号民事判决书。参见李某诉刘某侵害作品署名权和信息网络传播权纠纷案（2023）京0491民初11279号民事判决书。

判断生成成果是否具备最低限度的创造性。[1]第二类在肯定不能完全采纳结果主义的前提下,又因独创性来源于研发者(设计者和训练者)或使用者而区分为两种观点。一是认为人工智能生成内容的创造力来源于人工智能系统的研发,设计者和训练者所投入的独创性劳动在于人工智能创作过程的规则和指导性方针,因为程序的设计者和训练者决定了人工智能的功能,人工智能生成的模型基础就在于设计者在机器学习阶段中传达的价值选择、逻辑推论、最终目标等。[2]二是认为在人工智能生成内容过程中,使用者对该过程具有实质性的控制,人的创造性是在人工智能创作过程中使用者通过选择、安排、提示等一系列方式显现出来的,体现的是使用者的意志。[3]

然而,第一类意见将结果主义应用于判定作品的可版权性存疑。首先,我国的独创性兼采作者权体系和著作权体系下的独创性的标准,但我国著作权法基本理念更趋近于作者权体系,因而对作品的可版权性进行评判时,应对客观表现形式以外的创造性要素提出要求。结果论者认为,对独创性的判断不应限于要求"作品反映人格",而只应当针对生成的客观表达本身,这种观点本身已经忽视了独创性表达所内含的主体性的意向。创作(抑或称"创造")都是一个和主体相关联的概念,正是人的自由意志才产生了这种创造。我们在肯定作品应当源于人的前提下,探讨非源于人的成果的独创性,采用结果论是不妥当的。这种完全基于客观表现形式的权利授予忽略了著作权法的激励功能,难以说明为什么不保护如动物所

---

[1] 参见易继明.人工智能创作物是作品吗?[J].法律科学(西北政法大学学报),2017,35(5):137-147;李扬,李晓宇.康德哲学视点下人工智能生成物的著作权问题探讨[J].法学杂志,2018,39(9):43-54;孙正樑.人工智能生成内容的著作权问题解析[J].清华法学,2019,13(6):190-204.

[2] 参见熊琦.人工智能生成内容的著作权认定[J].知识产权,2017(3):3-8;徐小奔.论算法创作物的可版权性与著作权归属[J].东方法学,2021(3):41-55.

[3] 参见崔国斌.人工智能生成物中用户的独创性贡献[J].中国版权,2023(6):15-23;张春艳,任雪.人工智能创作物的可版权性及权利归属[J].时代法学,2018,16(4):22-28;丛立先.人工智能生成内容的可版权性与版权归属[J].中国出版,2019(1):11-14.

"创作"的内容、大自然形成的具有美感的景观等缺乏内在要素的作品，这不仅令著作权的客体标准混乱，还可能引发权力寻租和著作权及人格权的流失。其次，在我国目前涉及人工智能创作的案例中，法院在考量作品的表现形式外，均对创作过程中人的智力创造进行了评估，不考虑创作过程的结果论实有逃避论证之嫌。

就第二类涉及设计者、训练者和使用者的独创性贡献观点而言也仍存在诸多值得商榷之处。

其一，关于训练者、设计者（此处统称为"研发者"）的贡献问题。管见认为，当然不可否认研发者在模型算法研发阶段所投入的智力创造，但就成果生成而言，并没有体现出研发者的独创性，即应当区分模型/算法和模型/算法生成内容二者的创造性。从技术层面来看，对作品整体而言也不可能剥离研发者在模型算法研发独创性的部分与人工智能的创作部分，如果不考虑独创性贡献比例问题，直接让研发者权利延及人工智能创作部分，则可能出现人的劳动与其收益不构成对价的情况。再者，人工智能的研发者对人工智能生成的内容仅有间接影响，[1] 研发者没有实施创作行为。对于每一个产生的特定成果而言，因为算法黑箱问题，人工智能通过深度学习和自我适应不断进化，研发者不可能凭其意志直接决定最终生成什么内容，他们对于这些算法究竟是否在最终生成过程中起到作用及起多大作用实际上一无所知。在人工智能所生成成果绝对超出研发者的预测时，是无法论证该成果能否体现研发者的取舍、判断和选择的。

其二，关于使用者的贡献问题。先抛开使用者提示工程量微乎其微的部分不谈，即使是使用者对 AI 输出的细节进行反复选择和修正的过程，实际上使用者的意向性相比人工智能生成的随机性也仍然过于微弱，很难具备用创造性支撑保护的正当性。使用者无论对提示词进行多么精细的选择和安排，都无法凭借其自由意志决定人工智能呈现的内容，不构成著作

---

[1] 参见王迁.再论人工智能生成的内容在著作权法中的定性［J］.政法论坛，2023，41（4）：16-33；王迁.论人工智能生成的内容在著作权法中的定性［J］.法律科学（西北政法大学学报），2017，35（5）：148-155.

权法意义上的"创作"——直接产生文学、艺术和科学作品的智力成果。[①]尽管人可以通过设置参数等操作指导人工智能输出,但正是人工智能系统使用神经网络作出了独立决策,就如同美国版权局所认定的那样,"使用者并不具有'最终的创造性控制力',他们无法决定人工智能如何理解他们的提示词以及最终如何生成内容"。可见,可版权论的具体理由还经不起更加细致的推敲,若被立法或司法所采纳,必然意味着打破著作权法原有的理论预设与架构。

结　语

从权利人与作品使用人的角度来看,著作权法仍旧是一种垄断性的权利。对任何事物实施排他性的保障,其上都可能会产生利用价值,进而产生经济效益。而在人工智能创作时代,这种新形式的创造和创新本质上没有新的想法和创造产生,都是基于先前的作品和创意。当前,传统的著作权法框架主要针对人类作者设计,直接适用于人工智能生成内容确实存在不少问题和挑战。人工智能生成的作品在创作过程中缺乏传统意义上的"人类创造性"。作为工具,其输出的内容更多是基于算法和大数据分析的结果,与传统的人类创作活动有明显区别,人工智能生成内容确与著作权法意义上的"作品"存在根本差异,因此,将人工智能生成内容纳入现有的著作权法体系确实会造成"水土不服"。可版权论基于利用著作权法激励人工智能产业发展和新的创作形式的美好愿望,并不是让著作权法对人工智能生成内容予以保护的充分理据。鉴于此,对于 AIGC 应考虑从传统的著作权法框架之外,探索新的法律路径,"让子弹再飞一会儿"的策略可能更有助于避免因过早制定法规而导致的技术发展受阻或法规过时的问题。

[①] 参见王迁.再论人工智能生成的内容在著作权法中的定性[J].政法论坛,2023,41(4):16-33;王迁.论人工智能生成的内容在著作权法中的定性[J].法律科学(西北政法大学学报),2017,35(5):148-155.

浅析人工智能生成内容的可版权性及权利归属

罗 楠 中国传媒大学文化产业管理学院法律硕士

摘要：近年来，人工智能不断发展并逐渐进入文学、艺术创作等领域，部分人工智能生成内容已经难以和自然人直接创作的作品相区分，传统的著作权保护体系遭受冲击。出于促进人工智能产业持续健康发展以及完善著作权理论体系的现实需求，明确人工智能生成内容是否属于著作权所保护的客体以及其权利归属成为当下亟待解决的重要问题。本文拟从人工智能生成内容的可版权性以及权利归属方面进行探讨。

关键词：人工智能生成内容；著作权；可版权性；权利归属

引 言

1956年，John McCarthy首次提出了人工智能的概念。经过多年的发展，人工智能技术取得了重大突破。从数字计算到图像识别，从自然语言处理到智能决策支持，人工智能在许多方面已经超越了人类的极限。同时，人工智能在艺术创作领域所展现的能力愈来愈突出，EMI创作的音乐专辑《明由暗生》、小冰创作的诗集《阳光失了玻璃窗》等都展现了一定的艺术价值，并且在表达形式上已经难以与人类作品相区分。

但这也给传统的著作权制度体系带来了前所未有的挑战。传统的著作权制度是基于人类作品而制定的，对于人工智能生成内容的保护存在空白。一方面，人工智能生成内容在表达形式上已经具备了著作权保护客体的外观，从某种程度上讲，这些作品似乎应当享有与人类作品相同的著作权保护。另一方面，人工智能生成内容的过程与自然人创作存在本质区别，人工智能通过算法运作和数据分析生成内容，自然人的创作则是基于个人的情感和思想。

基于对人工智能生成内容进行司法保护的实然性需要，人工智能生成内容的可版权与否及其权利归属的问题也引发了讨论热潮。

一、人工智能生成内容的可版权性之证成

（一）人工智能生成内容的创作主体仍然是人

持否定说的学者否认人工智能生成内容构成作品的可能。一方面，人工智能生成内容仅仅是算法运作的数个结果中的一部分，并不能体现创作者的个性，不具有独创性。另一方面，人工智能生成内容的创作者是人工智能本身，不符合著作权法对于作者主体的要求，因而不能构成作品。[①] 但这一观点不能成立。

且不论"人的参与"是不是作品的隐性要件尚未有定论，退一步讲，即使认为"人的参与"是构成作品的必要条件，现有的人工智能生成内容也完全符合这一要求。

目前，人工智能技术尚处于弱人工智能阶段，人工智能的"智能"仍停留在分析信息、演绎预测、执行指令等操作层面，即人工智能的智慧仍限于解决问题方面，而发现和定义问题仍然依赖人类的智慧与灵感。人工智能生成内容往往是自然人与人工智能交互作用下的产物，尽管我们难以

[①] 参见王果.论计算机"创作作品"的著作权保护[J].云南大学学报（法学版），2016，29（1）：20-25；罗祥，张国安.著作权法视角下人工智能创作物保护[J].河南财经政法大学学报，2017，32（6）：144-150.

判定人工智能和人类对于生成作品的贡献孰高孰低，但可以确定的是，其中一定凝结着人类的智慧。

尽管人工智能在人工智能生成内容创作的过程中扮演了重要角色，但我们必须认识到，人工智能仍未脱离创作辅助角色的范畴，执行的是人类的智慧意志。[1]与动物拍摄行为不同，人工智能生成内容从算法设计到内容生成的设定及材料来源均体现了人类的深度参与。[2]与机械拍摄不同的是，人工智能的"自主性"更高。[3]但人工智能参与创作与工匠用电钻帮助雕刻的过程并无实质差异，差别仅在于电钻这种机械替代的是人类的体力劳动，而人工智能这一技术替代的是人类的脑力劳动。

当然，"人工智能生成内容的创作主体仍然是人"这一判断是在弱人工智能的语境下作出的。对于学者假设的、具有独立意识和思考能力、能够脱离人的参与、完全独立地生成内容的强人工智能和超人工智能，其生成内容是否具有可版权性则与独创性判定的标准以及法律是否赋予强人工智能和超人工智能以法律主体地位有密切关联。法是第二性的，社会现实才是第一性的。[4]对法律现象的评判应当基于社会现实，因而对于尚未出现的强人工智能和超人工智能生成内容的可版权性与权利归属问题，本文持保留态度，暂不深入探讨。

（二）激励艺术创作与技术创新的必然要求

有学者认为，若将著作权保护扩展到人工智能生成内容，那么市场上的版权作品数量将显著增加。在需求不变的情况下，鉴于人工智能生成内容的高效率与低成本，自然人在版权市场的定价能力将会遭到挑战。人类作者虽然不至于在市场中完全消失，但他们无疑将面临更为激烈的竞争环境，承受来自人工智能作品带来的巨大压力。[5]

---

[1] 王利明.人工智能时代提出的法学新课题［J］.中国法律评论，2018（2）：1-4.
[2] 吴汉东.人工智能生成作品的著作权法之问［J］.中外法学，2020，32（3）：653-673.
[3] 参见北京知识产权法院（2017）京73民终797号民事判决书.
[4] 李琛.知识产权片论［M］.北京：中国方正出版社，2004：5.
[5] 曹源.人工智能创作物获得版权保护的合理性［J］.科技与法律，2016（3）：488-508.

管见以为，这一逻辑不能自洽。不具有著作权的人工智能生成内容大概率比具有著作权的人工智能生成内容的成本更低，如果因为肯定人工智能生成内容的可版权性而担忧低成本的人工智能作品会削弱人类作者的定价能力，那么，如果不给予它们著作权保护，这些无著作权的人工智能作品很可能以更低的成本进入市场，反而使人类作者在版权市场中处于更不利的地位。

在人工智能生成内容的语境下，著作权这一排他性的权利可以有效增强创作者对未来合理回报的预期，进而激励其持续投入智力和时间等成本，创作出高质量的作品，[①]并且，忽视人工智能生成内容的著作权保护将会助长"搭便车"的现象，不利于文化艺术产业的健康发展。同时，著作权是人工智能生成内容经济价值的重要来源，若否认人工智能生成内容的可版权性，则其经济价值将大幅下降，使投资者的回报预期降低，这无疑会严重削弱他们的投资热情，进而制约人工智能领域的创新发展。

有学者认为，随着科学技术的发展，人工智能的创作将变得更加简单，其创作活动也会增多，相应地，大量的人工智能生成作品会成为孤儿作品，人们确定著作权人的成本将会提升，这无疑不利于创作工作的展开。对于这一问题，世界范围内已有较为完善的立法例可以予以解决。例如，英国1988年《版权、设计和专利法》第五十七条第一款确定的法定许可模式：在使用人尽到了善意的查找义务而无法确定著作权人时，使用该作品的行为将被合法化。[②]

（三）肯定人工智能生成内容可版权性的法律实践

目前已经行之有效的法律制度和司法判例可以对人工智能生成内容的可版权性予以佐证。例如，英国1988年《版权、设计和专利法》第一百七十八条定义了"computer-generated"，认可了计算机生成内容的

[①] 李谢标.人工智能生成物版权保护路径探析[J].中国出版，2024（5）：49-55.
[②] 参见英国1988年《版权、设计和专利法》第五十八条："经过合理调查（reasonable inquiry）仍不能确定作品权利人身份，并且有合理的理由推定版权保护期已过，或者作者应该于50年或更长的时间以前就去世了，那么对作品的利用就不属于侵权行为。"

可版权性。在腾讯诉盈科侵害著作权纠纷案中,法院认为,Dreamwriter只是写作的"助手",腾讯公司主创团队在数据输入等方面的安排和选择才是与涉案文章的特定表现形式具有直接联系的智力活动,进而认定Dreamwriter软件生成的涉案文章属于文字作品[1]在我国首例人工智能生成图片著作权侵权案中,法院认为,"人工智能生成图片,只要能体现出人的独创性智力投入,就应当被认定为作品,受到著作权法保护"。[2]

综上所述,肯定人工智能生成内容的可版权性具有法理、经济和实践方面的合理性。

二、人工智能生成内容作品属性的判定标准

关于人工智能生成内容作品属性的判定标准,易继明老师认为,应当以"额头流汗"原则判断人工智能生成内容是否属于作品。[3]张春艳、任霄二位学者认为,随着技术的不断发展,著作权法也在不断适应新的时代要求,在此过程中,作品中的作者个性强调也在不断减弱。因而只要人工智能生成内容中存在个性判断和选择,就可以认定其在事实上构成智力成果,具有可版权性。[4]

"额头流汗"原则自身具有极大的缺陷,其意味着作者可以通过"创作"时所付出的劳动获得著作权,而并不需"原创性"要件,不当地扩大了著作权的保护范围。著作权作为法定垄断权,若削弱作品的创造性要求,将导致公共领域中大量的简单创作及劳动成果被个人垄断。这种门槛过低的垄断不仅可能引发版权保护实践的混乱,还会抑制优质作品的创作。因此,"额头流汗"原则不宜作为判断人工智能生成内容作品属性的

---

[1] 参见深圳市南山区人民法院(2019)粤0305民初14010号民事判决书。
[2] 参见北京互联网法院(2023)京0491民初11279号民事判决书。
[3] 易继明.人工智能创作物是作品吗?[J].法律科学(西北政法大学学报),2017,35(5):137-147.
[4] 张春艳,任霄.人工智能创作物的可版权性及权利归属[J].时代法学,2018,16(4):22-28.

标准。

同时,"作者个性标准"可以作为判断作品独创性的考虑因素,而不能作为必要条件,因为如若适用这些判定条件,计算机软件作品等显然应受著作权法保护的作品将被错误地排除在作品的范围之外。

如前所述,人工智能生成内容的创作主体仍然是人,这满足了著作权法对于作者主体的要求。因此,对于人工智能生成内容是否构成作品的问题则只需考虑其是否满足著作权法意义上的"独创性"要求,即,为作者独立完成,与现有作品相比存在差异性表达,[①]且具有最低限度的创造性。[②]

有学者认为,若采用"最低限度的创新"的判定标准,将会给予人工智能生成内容过分的保护,交易成本的增加不仅会阻碍人们对人工智能生成内容的利用,而且会阻碍创新。[③]这一观点是不合理的。一方面,著作权法所要求的独创性是与其他作品的区分度而非创作高度;另一方面,如果仅仅以交易成本问题即提升作品的判定标准,将部分人工智能生成内容归入公共领域,则无疑会打击人工智能研发者和投资者的热情,同样不利于创新。

三、人工智能生成内容的权利归属

(一)学术争议

就人工智能生成内容的权利归属问题,学界尚未达成一致,目前共有以下七种主要观点。

1. 权利归属于人工智能

人工智能作者说支持人工智能对人工智能生成作品产生的决定性作用,支持将人工智能生成作品的著作权归于人工智能自身。

---

① 王迁. 知识产权法教程[M]. 7版. 北京:中国人民大学出版社,2021:59.
② 《知识产权法学》编写组. 知识产权法学[M]. 2版. 北京:高等教育出版社,2019:40.
③ 刘影. 人工智能生成物的著作权法保护初探[J]. 知识产权,2017(9):44-50.

将人工智能生成内容的著作权归属于人工智能，这肯定了人工智能在创作过程中的重要作用，具有一定的积极意义，但其不足之处也十分明显。

首先，人类在人工智能生成作品产生过程中的重要作用被忽略，这显然是不合理的。

其次，将人工智能视作法律主体，意味着人工智能可以像人一样享受权利和履行义务，"拟制"的方式看似合理，实际会对现行的法律和哲学体系造成颠覆。并且这种创设新的法律主体的解决路径，显然需要耗费高昂的成本和繁杂的程序，相较于通过挖掘整合现有的法律资源的应对办法，其效率显然是低下的。当然，这里必须强调，效率低下仅为补充论证，其并非否认该路径的单独论据。人工智能的自主意识能力和情感感知能力是无法与人类相比较的。人工智能自身创新能力的来源是人工智能程序的开发和升级，并非其自身的主体身份。[1]

再次，将人工智能生成内容的著作权归属人工智能也与著作权法的激励理论相悖。一方面，人工智能自身区别于自然人，其创作并不需要精神激励；另一方面，如若人工智能生成作品的著作权归于人工智能自身，则会使人工智能的研发者、投资者和使用者等主体无法获得创作激励，著作权法的创作激励作用也就无从实现。

最后，将著作权归属人工智能自身所有后，其著作权所得收益的后续分配问题将变得十分困难，尤其是现阶段的弱人工智能如何占有财产？如何保证拥有收益的人工智能不会被人类"剥削"？

2. 权利归属于人工智能的研发者

有学者认为，人工智能生成作品的著作权应当归其研发者所有。首先，人工智能是其研发者所付出的创造性劳动的成果，没有研发者的劳动，人工智能就不会诞生，人工智能生成作品也就无从谈起。其次，人工智能研发者是在人工智能生成作品产生过程中唯一投入了智力劳动的主

---

[1] 马驰.谁可以成为法律主体：兼谈人工智能的法律主体资格问题[J].甘肃社会科学，2022（4）：129-141.

体，尤其是与人工智能生成内容的使用者与投资者相较而言，其研发者投入的劳动显然更具创造性，将其确立为著作权归属者也具有充分的合理性。最后，将著作权归属于人工智能研发者，也有助于鼓励其进行更多的创造活动，有助于推动人工智能技术的进步和人工智能生成作品的多样化。

但将权利归属于人工智能的研发者也有明显的弊端。一方面，人工智能研发者的智力劳动并未超越智能程序本身，而对于人工智能的程序，其研发者本身即享有排他的著作权，如若研发者可以获得人工智能生成作品的著作权，这无疑使研发者通过付出一项智力劳动而收获了双重的知识产权奖励。如果将人工智能生成内容的著作权直接赋予研发者，无异于鼓励研发者进行算法研究之后即可"一劳永逸""不劳而获"，这无疑会抑制文化市场与科学技术的创新与活力。另一方面，研发者不能将人工智能生成内容界定为衍生作品并据此主张著作权。从本质上来看，智能程序预先设定的算法和程序更类似于创作工具，其功能属性与传统的创作媒介并无本质区别。因此，研发者对智能程序的设计与开发，并不构成其主张人工智能生成作品归属的权利基础。

3. 权利归属于人工智能的使用者

支持权利归属人工智能使用者的学者认为，人工智能生成作品的著作权应当归属于人工智能的使用人。英国立法即采纳了这一观点。[①] 这一学说的合理之处在于：

第一，人工智能的使用者是人工智能生成作品能够产生的前提，是将其通过一定形式表达出来的帮助者，同时，使用者通常还会对生成作品进行增删完善。人工智能使用者所付出的劳动使其能够获得人工智能生成作品的著作权具有合理性。第二，人工智能生成作品可以体现使用者的意图，因为人工智能运作的基础数据以及产生作品的形式都有赖于使用者的

---

① 参见英国 1988 年《版权、设计和专利法》第一百七十八条："为计算机所生成之作品进行必要程序者，视为该计算机生成之作品的作者。"

选择，将使用者视为作者也符合著作权法要求作品能够体现作者创作意图的要求。第三，将著作权归属人工智能的使用者同样可以激励其更多地运用人工智能进行创作，有助于人工智能生成作品的增加。

但是，这一学说也存有明显弊端。将人工智能生成内容的著作权归属于使用者所有可能会产生"搭便车"的问题。相较于人工智能的研发者和人工智能自身所投入的创造劳动而言，其所作的贡献显然较小，如若仅因为这部分微不足道的努力即赋予使用者排他的著作权，其付出和收益不成比例，显然不利于社会公平正义，也不利于智力劳动的激励，对于科学技术的进步和文化多样性的发展也会起到消极作用。当然，因为贡献过于微小，使用者往往也无法成为著作权法所承认的作者。

4. 权利由人工智能的研发者与使用者共同所有

人工智能研发者与使用者为共同作者说实质上将人工智能生成内容认定为合作作品。由上文所述，人工智能研发者与使用者同样在人工智能生成作品产生的过程中作出了现实贡献，由此将其界定为合作作品，不失为一个具有可行性的解决方法。

但从实践角度出发，将人工智能生成作品认定为合作作品容易导致研发者和使用者之间的著作权纠纷。例如，在分配著作财产权时，二者均需证明其对人工智能生成作品所投入的劳动和资源以及贡献的份额，对此作出证明和认定是十分困难的。此外，合作作品应当包含"合作的合意"以及"合作的行为"两个要素。没有人工智能研发者的创新工作就不可能有使用者的创作活动，在此意义上，人工智能研发者和使用者间可能存在"事实上的合作关系"，但二者间是否存在共同创作的合意仍待商榷，这一问题也从根本上动摇了人工智能生成作品认定为合作作品的合理性根基。

5. 权利归属于人工智能的投资者

也有部分学者认为，人工智能生成作品的著作权应当由投资者享有。[①]

---

① 李胜利，武颖怡.论人工智能生成内容的著作权保护：以两大体系为视角[J].黑龙江工业学院学报（综合版），2022，22（7）：133-138.

这一路径也具备合理性：首先，将投资者认定为著作权人有助于提升其继续投资的积极性；其次，投资者投入了巨额资金，在人工智能生成作品的过程也作出了贡献，例如，对市场动向的关注、对创作数据的收集、对创作工作的组织等，具有能够与收入对等的付出；最后，权利归属于投资者可以有效降低人们寻找著作权人的成本，降低孤儿作品产生的概率。但是，将著作权归属于投资者的做法无疑会削弱对创作者保护。[①]

6. 权利归属于人工智能所有者或用益物权人

值得一提的是，有学者从人工智能生成作品这一活动的自然属性进行分析，认为其满足天然孳息的构成要件，将人工智能生成内容视为依据人工智能的性质而产生的一种知识财产收益（人工智能生成内容的产生具有连续性且无损于人工智能的本质）。参照孳息的归属规则，其权利应归属于人工智能的所有者或用益物权人。与知识产权的原始取得有所不同，孳息方式的财产所有权原始取得无主体特定身份的要求。[②] 以孳息路径解决人工智能生成内容权利归属的问题，回避了作者主体身份和作品认定的争议，但这一路径在精神权利的规制方面存在短板。

7. 权利归属于公有领域

将人工智能生成作品纳入公有领域的观点具有一定的合理性。一方面，这一路径有助于解决人工智能生成作品的作者认定难题，且十分简便高效。另一方面，这一方法可以有效降低其他社会成员利用这些作品的成本，实现对这些作品的自由接触和利用，有助于激励社会成员的创作活动。

但这一学说也具有明显的不足：一方面，不可否认这些主体对于人工智能生成作品的产生均付出了个人劳动，而将人工智能生成作品归入公有

---

① 李晓宇.人工智能生成物的可版权性与权利分配刍议[J].电子知识产权，2018（6）：31-43.
② 黄玉烨，司马航.孳息视角下人工智能生成作品的权利归属[J].河南师范大学学报（哲学社会科学版），2018，45（4）：23-29.

领域将使人工智能的研发者、使用者、投资者或其他主体均无法获得人工智能生成作品的著作权，这无疑会打击他们对于技术改进等智力劳动的热情。另一方面，著作权制度设计的目的即为授予作者排他性的权利以激励其创造活动。公有领域的扩张不仅不利于激励智力创造，也无益于资源的充分利用，容易导致公地悲剧的发生。

（二）权利归属

1. 一般作品适用"人工智能使用者说"

对于一般类型的作品，采用"人工智能使用者说"的权利归属路径在我国切实可行。

一方面，著作权法的立法目的即为鼓励有益于社会主义精神文明、物质文明建设的作品的创作和传播。相较于将人工智能生成作品的著作权赋予人工智能本身抑或纳入公有领域而言，"人工智能使用者说"显然更能发挥著作权法激励人类创造活动的作用。毕竟，没有独立思考能力的人工智能并不会因为法律赋予其排他的著作权而创作出更多的作品，而人工智能的使用者作为自然人，著作权法赋予作者的著作人身权和财产权的鼓励可以使其更加积极地利用人工智能进行作品创造。

另一方面，从人工智能生成作品的实质贡献角度而言，人工智能研发者的贡献仅限于对智能程序的设计研发，单就人工智能生成作品的过程来看，研发者既无创作意识，也没有实质贡献。何况，人工智能的研发已经就智能程序享有了著作权。人工智能使用者通过付出一定的经济成本获得对人工智能的使用权，进而通过设定基础数据等，对人工智能生成作品的内容和形式进行选择，在这之后对所产生的作品进行修改完善以使其真正具有财产价值。人工智能使用者对于人工智能生成作品的产生具有决定性的作用，同时，经过数据设置、信息录入等操作，使用者的意志和个性也可体现出来。由此，由人工智能使用者享有著作权更具合理性和合法性，即谁利用人工智能进行创造活动，人工智能生成内容的著作权就归属于谁。

有学者质疑在一般类型的人工智能生成作品的著作权归属问题当中适用"人工智能使用者说"忽略了对人工智能投资者的激励问题。笔者认为，这一质疑并不成立。在适用"人工智能使用者说"的基础上，尽管人工智能投资者不能主张对生成作品的著作权并由此获利，但这一问题可以很好地通过研发者与使用者的事先约定予以解决。例如，约定每次使用人工智能收取固定费用，约定人工智能的使用费用为使用者自生成作品获利的固定比例，等等。另外，鼓励使用者更多地运用人工智能进行创造活动，人工智能研发者显然也可以由此获取更多的使用费用，这对研发者也起到了一定的实质激励作用。

2. 特殊类型作品适用著作权法之规定

如前所述，将人工智能生成内容的著作权归属于人工智能使用者具有合理性。但《中华人民共和国著作权法》规定了法人作品、职务作品和委托作品等类型作品的特殊权利归属规则。

以法人作品为例，在人工智能生成作品属于法人作品时，机械地将著作权归属于人工智能使用者产生了诸多弊病：首先，不符合《中华人民共和国著作权法》的规定；其次，尽管具体操作和使用人工智能的主体是具体的自然人，但作品整体反映的是法人或非法人组织意志；最后，法人或非法人组织往往投入了巨额资金，对人工智能生成作品的产出具有积极的推动作用，仍然坚持一般作品的"人工智能使用者说"显然不利于公平，也会在一定程度上影响其投资热情，不利于人工智能产业的长远发展。管见以为，当人工智能生成内容属于法人作品时，应当依照《中华人民共和国著作权法》的规定，将人工智能生成内容的著作权归于法人或非法人组织所有。

同理，当人工智能生成内容属于委托作品、职务作品等特殊类型作品时，其著作权归属应当优先遵循《中华人民共和国著作权法》的具体规定，而非一概依"一般规定"归属于"人工智能使用者"。例如，若人工智能生成内容属于职务作品，人工智能使用者的权利就需要受到相应的限制：需"容忍"相关法人或非法人组织在其业务范围内优先使用该生成内容等。

结　语

强大人工智能的崛起可能是人类遇到的最好事情，但也可能是最坏的事情。[①] 人工智能可以高效地完成人们所交予的工作任务，但现阶段人类在人工智能的运作过程中占据主导地位，人工智能技术的发展仍然处于弱人工智能阶段。我们应当正确认识人工智能的"创作辅助工具"地位，肯定人工智能生成内容的可版权性，同时综合考量人工智能生成内容参与者的贡献与产业发展需求，在现有著作权法的制度土壤上合理安排其权利归属。

---

① 中国新闻网. 霍金再次强调人工智能可能"毁灭人类". ［EB/OL］.（2016-10-21）［2024-05-26］. http://world.people.com.cn/n1/2016/1021/c1002-28797275.html.

人工智能生成内容的刑法规制路径

——以侵犯著作权罪为视角

陈一诺　中国传媒大学文化产业管理学院法律硕士

摘　要： 当今时代是人工智能技术蓬勃发展的时代。人工智能技术在高速发展的同时，也对法律规制提出了全新的挑战。然而，民事法规或行政法规对于侵犯人工智能生成内容的规制震慑力是有限的。尽管这些法规可以提供一定的法律制裁和惩罚，但对于一些特别严重的侵犯行为威慑力就显得捉襟见肘。刑法是法益保护的最后一道防线，在上述情况下，我们就必须诉诸更为严厉的刑罚。

如今，关于人工智能生成内容能否受到刑法规制尚未有明确的定论，但随着人工智能技术的飞速发展，人工智能生成内容大量进入市场，并在各个领域得到广泛应用。这一现象背后所潜藏的风险和问题，亟须刑法予以关注和应对。因此，本文以《中华人民共和国刑法》第二百一十七条[1]中规定的

---

[1] 《中华人民共和国刑法》第二百一十七条：【侵犯著作权罪】以营利为目的，有下列侵犯著作权或者与著作权有关的权利的情形之一，违法所得数额较大或者有其他严重情节的，处三年以下有期徒刑，并处或者单处罚金；违法所得数额巨大或者有其他特别严重情节的，处三年以上十年以下有期徒刑，并处罚金：（一）未经著作权人许可，复制发行、通过信息网络向公众传播其文字作品、音乐、美术、视听作品、计算机软件及法律、行政法规规定的其他作品的；（二）出版他人享有专有出版权的图书的；（三）未经录音录像制作者许可，复制发行、通过信息网络向公众传播其制作的录音录像的；（四）未经表演者许可，复制发行录有其表演的录音录像制品，或者通过信息网络向公众传播其表演的；（五）制作、出售假冒他人署名的美术作品的；（六）未经著作权人或者与著作权有关的权利人许可，故意避开或者破坏权利人为其作品、录音录像制品等采取的保护著作权或者与著作权有关的权利的技术措施的。

侵犯著作权罪为视角，探讨现行法律背景下人工智能生成内容的刑法规制路径。

关键词：人工智能生成内容；侵犯著作权罪；作品；著作权归属

引　言

1956 年，John McCarthy 在达特茅斯学院暑期会议上首次提出了人工智能的概念。但此后的四十余年间，人们并未给予人工智能过多的关注。直到 1997 年，IBM 研发出的人工智能 DeepBlue 战胜了当时的国际象棋世界冠军加里·卡斯帕罗夫，由此，人工智能才真正地走进大众的视野。2017 年，第一部完全由人工智能"自主"完成的诗集《阳光失了玻璃窗》正式出版。2018 年佳士得的拍卖会上，AI 绘画作品《埃德蒙·德·贝拉米肖像》拍出了 43.25 万美元。随着科学技术的飞速发展，人工智能的"身影"逐渐活跃在文学、艺术、科学等各个领域。

时间进入了 2023 年，随着基于生成式人工智能技术的聊天机器人模型 ChatGPT 在全球爆火，国际上引发了新一波的人工智能技术研发热潮。人工智能赛道热点频现，迎来了前所未有的爆炸式发展。无论是在国内还是在国外，一系列围绕生成式人工智能开展的新技术与成果相继落地。从 AI 智能写作到 AI 生成图片再到 AI 建模等，各式各样的 AI 大模型横空出世，且加速迭代。人工智能技术进入了迭代加速升级的新纪元，其为人类社会经济的高质量发展注入了新动力，此"人工智能热"也为全球经济的复苏和社会进步提供了源源不断的动力。阿里巴巴集团董事局主席兼 CEO 张勇在 2023 年的阿里云峰会上就表示，所有行业都值得基于人工智能技术重做一遍。同年 5 月，百度 CEO 李彦宏也发表观点称，"大模型即将改变世界"。腾讯、字节跳动、快手、滴滴、拼多多等互联网大厂也都纷纷跟进 AI 业务。人工智能技术现已成为全球新一轮科技革命和产业变革的着力点。

一、人工智能生成内容引发的著作权法律规制问题

在人工智能技术呈指数级速度发展的同时，其生成内容也为传统的著作权法律规范秩序带来了全新的挑战。实际上，科学技术与著作权一直紧密相连，保罗·戈斯汀就曾言："著作权从一开始就是技术之子。"[①] 可以说，从信息网络到人工智能，科技发展不断对著作权的法律保护提出挑战。不过，此前的技术发展对著作权的影响主要体现为传播行为的改变，而人工智能的出现却不止于此。人工智能可以通过反复学习人类已有的文化成果，在原有的基础上进行再创作。这意味着人工智能技术在创作领域已经摆脱了机械的模仿而开始进行全新的生成内容的创造领域。这对著作权的法律规则、理论基础产生强烈挑战。徐珉川认为："现有著作权法的规范体系延续'作者—作品'的权利框架，使得人工智能生产物上的著作权规则体系陷入了权利规范秩序缺失的困境。"[②]

2023 年 7 月 10 日，国家网信办等七部委发布了《生成式人工智能服务管理暂行办法》。其是全球首个全面监管生成式人工智能的立法文件，体现了我国在国家层面规制生成式人工智能技术方面的探索。但长期以来，对于人工智能生成内容法律体系的保护和完善都有些忽略了刑法的强制力作用。而事实上，刑法是法益保护的最后一道防线，刑事立法应是人工智能领域的立法体系中不可缺少的重要组成部分。在著作权领域，随着技术的不断进步，新型的受害对象和侵害方式层出不穷。面对这些复杂多变的情况，仅仅依靠民法进行规制往往显得力不从心。当民法的制裁力度不足以威慑违法行为时，就需要借助刑法的力量来惩治严重侵害行为，并起到警示潜在类似行为的作用。

---

① 戈斯汀. 著作权之道：从谷登堡到数字点播机 [M]. 金海军, 译. 北京：北京大学出版社, 2008：22.
② 徐珉川, 马文博. 论人工智能生成物著作权权利的秩序重构 [J]. 东南大学学报（哲学社会科学版）, 2019, 21（5）：76-86, 147.

刑法作为维护社会秩序和保护公民合法权益的重要工具，具有更为严格的制裁措施和惩罚力度。因此，当行为人违反著作权法的规定，实施严重侵犯著作权的行为时，就应当通过诉诸法律来对此侵害著作权的行为进行刑事制裁。具体来说，就是有可能构成相应的著作权犯罪。以下笔者便以刑法中规定的侵犯著作权罪为视角，来探讨现行法律背景下人工智能生成内容的刑法规制路径。

二、人工智能生成内容属于侵犯著作权罪中规定的"作品"

对人工智能生成内容进行刑法上的保护，涉及的主要罪名是侵犯著作权罪。《中华人民共和国刑法》规定的侵犯著作权罪，是著作权保护法律体系的重要组成部分。也就是说，此罪名的犯罪对象是以《中华人民共和国著作权法》为基础，对严重侵犯著作权的行为进行刑事处罚的罪名。

要探讨人工智能生成内容是否能成为侵犯著作权罪的对象从而是否有资格纳入现行刑法体系进行规制的问题，对于其"作品"属性的界定是第一步，即其是否属于《中华人民共和国刑法》第二百一十七条规定的"作品"。要探究人工智能生成内容是否属于受刑法规制的"作品"，则需要借助于著作权法等相关法律进行分析和明确。

由于著作权的法定性，侵犯著作权罪的犯罪对象必须是著作权法中所规定和保护的作品。《中华人民共和国著作权法》第三条①明确规定了作品的定义。从此定义中我们可以得知，受著作权法保护的"作品"，需要具有"独创性"，并且需要"能以一定的形式表现"。简言之，即若人工智能生成内容具备这两个属性，则可以将其认定为"作品"，从而纳入著作权法乃至刑法的保护体系和规制路径之中。

---

① 《中华人民共和国著作权法》第三条规定：本法所称的作品，是指文学、艺术和科学领域内具有独创性并能以一定形式表现的智力成果。

（一）具备独创性

根据现行著作权法的规定，作品必须具有独创性。作品的独创性是其受著作权法保护的实质性核心要素。[1]"独创性"是"作品"区别于其他人类劳动成果的关键，是"作品"的本质特征。[2]独创性是作品获得保护的实质要件。[3]论证人工智能生成内容是否为"作品"，首先就要论证其是否具有"独创性"。

在著作权法上，作品认定中的"思想和表达二分法"是一项重要的判断标准，此标准对于区分作品的保护范围和公共领域的界限具有至关重要的作用。这一原则的基本含义是，著作权法所保护的是作品的表达形式，而非思想本身。这意味着，创作者对其作品的表达方式拥有独占性的权利，但公众对于作品所蕴含的思想可以进行自由研究和利用。

因此"独创性"的内涵，主要在于作品的外在表达与其他作品存在差异。最高人民法院认为，"判断一部作品是否具有独创性，应当从是否独立创作以及在表现形式上是否与公有领域其他作品存在一定程度的差异两方面进行分析判断"。[4]

在人工智能技术高度发展的今天，人工智能生成内容明显具有"独创性"。一般来说，一项劳动成果在两种情形下符合"独创性"的要求：一是劳动者从零开始独立构思并创作完成的全新的创作内容与形式；二是劳动者在已有作品的基础上展开创作活动，其关键在于能够生成一项既包含原作品元素又显著区别于原作的全新作品。此新作品与原作之间应具备可被明确辨识的、较为显著的差异性，从而证明其不只是简单的复制或模仿，还融入了新的贡献。这两类情形共同构成了一项劳动成果符合"独创性"要求的基石。

---

[1] 刘鹤挺. 人工智能生成物侵犯著作权罪的规制逻辑与完善面向 [J]. 河北法学, 2020, 38（6）: 121-127.

[2] 王迁. 知识产权法教程 [M]. 北京：中国人民大学出版社, 2016: 25.

[3] 张胜先. 试论著作权客体：作品的分类及其法律特征 [J]. 湖湘论坛, 1995（3）: 60-64.

[4] 参见最高人民法院（2016）民申第 2136 号。

随着深度学习技术和生成式人工智能算法技术的不断更新与不断升级，人工智能的创作模式已经不同于机器的简单重复学习和对信息的简单收集与整合，而是在海量信息与数据中自主选择创作同时在数据库数据的基础上进行逻辑推理。经过设计者对拟设定好的算法进行分析与加工，形成蕴含设计者思想倾向的特定表现形式。而人工智能技术在获取和整合有效信息的基础上的生成内容正是拥有"独创性""表达"的体现。在最高人民法院发布的 2020 年 50 件典型知识产权案例中，"腾讯诉上海盈讯科技侵害著作权及不正当竞争纠纷案"的判决书指出，人工智能生成内容具有其特定的文字表现形式、独立的艺术判断和艺术选择，符合《中华人民共和国著作权法》对作品独创性的保护范围的规定。[1]

（二）可以一定的形式表现

作品由表现形式所反映，通过表现形式能够基本确定作品属于哪一种类型。例如，文字作品表现为单个文字的组合；美术作品表现为各种具有审美元素的组合。目前已经达成共识的是，在内容和表现形式上，人工智能生成内容与传统作品并无差异。当人工智能生成内容以图片、文字等客观物质载体形式传达作者独特的思想情感时，虽然公众无法从作品本身判断来源是人工智能还是人类，但同样能够通过欣赏图片、阅读文字等方式实现精神追求和知识积累。因此，人工智能在文学、艺术和科学领域内生成的创作内容属于能以一定形式表现的智力成果。

综上，笔者认为人工智能生成内容主要符合《中华人民共和国著作权法》中"作品"要求的"独创性"特征，并在形式上符合《中华人民共和国刑法》侵犯著作权罪中规定的"作品"，是侵犯著作权罪的保护对象，应纳入刑法体系加以规制。对其以营利为目的复制发行、通过信息网络等手段传播并达到较大的数额或者有其他严重情节的，亦可以构成侵犯著作权罪。

---

[1] 安然.人工智能时代侵犯著作权罪的法益嬗变与刑法应对[J].扬州大学学报（人文社会科学版），2022，26（3）：63-76，128.

三、人工智能生成内容在侵犯著作权罪中的责任主体归属

既然人工智能生成内容属于《中华人民共和国刑法》第二百一十七条规定的"作品",那么对其的使用就有可能产生侵权责任。但是,《中华人民共和国刑法》第二百一十七条也设定了一个重要的出罪要件,即"获得著作权人的许可"。这一规定意味着,如果行为人在复制、发行或以其他方式使用人工智能生成内容时,已经获得了该生成内容著作权人的许可,那么其行为将不会被认定为犯罪。同时,人工智能生成内容也有可能侵害其他相关主体的合法权益,需要在法律上明确其侵权后承担民事责任乃至刑事责任的责任主体。因此,肯定人工智能生成内容属于《中华人民共和国著作权法》所指称的"作品"后,还需要进一步分析人工智能生成内容的著作权归属问题。

(一)人工智能本身不属于著作权主体

笔者认为,在目前的弱人工智能时代下,人工智能本质上属于"机器人",尚不具备权利主体的资格,其并不能像自然人作者或法人作者那样去行使权利。同时,根据公认的著作权保护原则,其保护对象为智力劳动成果,但人工智能本质上是一种根据人为设计的程序进行运行的机器,这些程序由人类程序员根据特定的算法规则编写。尽管人工智能有可能在某些任务上表现出了高度的智能化,但其智能的来源仍然是人类的编程和设计。[①] 因此,人工智能并不具备作为著作权主体的智力劳动要素。即人工智能在现阶段仍是创作工具,运作过程并未脱离人类作者之算法预设。将人工智能生成内容的著作权主体归属于人工智能本身是不合适,也是无法进行有效的法律保护的。

---

① 王小夏,付强.人工智能创作物著作权问题探析[J].中国出版,2017(17):33-36.

（二）人工智能生成内容的著作权主体应属于设计者

在否定了人工智能本身作为人工智能著作权主体之后，还必须进一步确定人工智能生成内容的真正著作权主体。熊琦指出，可以比照著作权法中视法人为作者和将著作权归属于投资者的规定，将人工智能的"所有者"视为作者，[①] 刘宪权赞同此观点。[②] 王文亮等学者也认为，人工智能生成内容在著作权法意义上具备了可以视为人工智能所有者意志的创作行为的基础。[③]

至于应当将谁视为人工智能生成内容的"所有者"从而将其确定为著作权主体，笔者认为，在当前背景下，人工智能生成内容的所有者应属于该人工智能技术的设计者。

在我国首例"大模型 AI 文生图"著作权侵权案[④] 中，北京互联网法院认为人工智能在创作过程中仅仅充当的是使用者的工具，生成内容体现的应当是使用者的创作思想，换言之，即北京互联网法院认为生成式人工智能的著作权主体是使用者，但笔者认为，人工智能生成内容的前提是设计者将信息筛选、取舍的价值观传达给了机器。在生成式人工智能依据设计者预设的程序创造机制中，其核心程序几乎完全决定了生成内容的表达性要素，并主导了最终生成内容的具体细节。相比之下，虽然使用者是这一过程的启动者和参与者，但他们对于最终生成内容的具体细节并不具备直接决定性的控制力。同时，随着人工智能技术的不断发展和变化，使用者即使反复输入相同的提示词，人工智能生成的内容也可能展现出极大的差异性，不可能每一次都完全一致，这进一步印证了使用者根本无法直接决定最终生成的具体内容。我们甚至还可以换一个角度举例分析，若一位

[①] 熊琦.人工智能生成内容的著作权认定［J］.知识产权，2017，（3）：3-8.

[②] 刘宪权.人工智能生成物刑法保护的基础和限度［J］.华东政法大学学报，2019，22（6）：60-67.

[③] 王文亮，王连合.将法律作为修辞视野下人工智能创作物的可版权性考察［J］.科技与法律，2017（2）：60-66.

[④] 参见北京互联网法院（2023）京 0491 民初 11279 号。

不具备绘画技能的"请求者"向一位画家提供了特定的提示词、参数设置及布局构图等辅助信息，请求画家据此创作一幅画作。针对这幅画作的著作权归属问题，其答案应当是毋庸置疑的：该画作系由画家依据其艺术才华与技艺独立创作完成的，因此，著作权应归属于画家本人。我们不应因为"请求者"在创作过程中提供了某些辅助素材或思路，就错误地将画作视为其创作成果。画家的创作过程融入了其独特的艺术视角、技巧及情感表达，是作品得以诞生的核心因素。人工智能生成内容中的"请求者"亦是同理。人工智能生成内容较多体现的是设计者的主观意志和主体价值。可以说，人工智能生成内容的表达形式是设计者程序设计的结果，具备独创性要素的人工智能生成内容的表达来源是人工智能设计者独创性的智力劳动。①

综上，笔者认为人工智能生成内容的著作权应当归属于该人工智能技术的程序设计者。在刑法层面，如果使用该人工智能技术的生成内容能够取得该人工智能程序设计者的许可，就可以成为侵犯著作权罪的出罪理由。若该人工智能技术设计者在研发过程中严重侵犯了他人的合法权益，也应当由其来承担刑法上侵犯著作权罪的法律责任。

四、侵犯著作权视角下刑法对人工智能生成内容的规制

如前文所述，人工智能生成内容符合著作权法意义上作品的定义，并可以成为侵犯著作权罪所针对的客体，从而确立了刑法为其提供保护的法律基础。然而，鉴于人工智能生成内容作为新兴事物的特质，将其纳入侵犯著作权罪的保护范畴内尚需进一步明确具体的保护路径与适用细节。

（一）扩张解释人工智能生成内容的作品性质

人工智能生成内容可成为侵犯著作权罪的犯罪对象，而这一类作品属

---

① 季连帅，何颖.人工智能创作物著作权归属问题研究［J］.学习与探索，2018（10）：106-110.

于何种作品尚未统一认知。学界有部分观点认为,除了《中华人民共和国刑法》第二百一十七条明确列举的侵犯著作权行为类型,还应增设一项即"以其他方法侵犯他人著作权的"作为开放性的兜底条款规定;也有部分观点认为,鉴于人工智能技术在创作领域的广泛应用与潜力,应考虑在第二百一十七条中增设一项"人工智能作品"作为一种新的法定作品类别。但笔者认为尚不必如此麻烦,修改法律的成本过高也没有必要。在刑法视角下规制人工智能生成内容,完全可以通过扩张解释的方式来解决刑法解释的问题。将人工智能生成内容纳入刑法的保护框架之内,其本质并非要求立法层面的全新创设,而是侧重于法解释学领域内对现有法律条文的合理解读与适用拓展。这一处理方式旨在确保法律体系的稳定性,在不变动基本法律框架的前提下,实现对新兴技术产物的有效保护。

从解释路径的角度来说,可以将《中华人民共和国刑法》第二百一十七条的犯罪对象扩张解释,使之包含人工智能生成内容。例如,将条文中的"美术作品"解释为"人工智能美术作品"及"传统美术作品",其他人工智能生成内容由此类推。扩张解释的方法具有合理性,一方面,将"人工智能美术作品"解释为"美术作品"并未逾越"美术作品"一词所固有的语义边界,即它仍被合理地涵摄于"美术作品"的广义范畴之内,从而遵循了刑法解释所遵循的基本原则,确保了解释的合法性与合理性。

(二)纳入刑法保护的人工智能生成内容需要更加严格的界定标准

刑法具有谦抑性,因此以侵犯著作权罪对人工智能生成内容进行保护需要严格界定标准,即并非所有的人工智能生成内容都值得刑法保护,这样既能够有效保护著作权人的合法权益,又不至于对技术创新造成不必要的限制和阻碍。因此,必须在其他法律手段(如民事赔偿、行政处罚等)无法有效保护人工智能生成内容著作权时,再考虑《中华人民共和国刑法》第二百一十七条的适用。同时在对其行为是否能适用为侵犯著作权罪的认定中,必须结合行为人的主观故意、客观行为、损害结果以及行为与结果之间的因果关系等综合考虑。通过严格限定刑法对人工智能生成内容的适用，可以在保障著作权人权益的同时，也为人工智能技术的创新和发展预留足够的空间，实现法律与技术的平衡。

结　语

当今时代，人工智能已成为提高人类生活品质的关键技术，并为国家的经济发展带来了前所未有的重要机遇；但是，技术发展总是与风险相伴，人工智能在发展的同时也对著作权保护等法律规则提出了挑战。随着人工智能技术的飞速发展，对于人工智能生成内容所涉及的著作权法律问题有从侵权责任扩及刑事责任的倾向。对其是否能够受到《中华人民共和国刑法》第二百一十七条侵犯著作权罪的规制成为重要问题。

笔者认为，若人工智能生成内容符合著作权法上规定的"作品"的属性，就应将其认定为"作品"并纳入刑法侵犯著作权罪的规制路径之中。同时，应将人工智能设计者认定为人工智能生成内容的著作权主体，以此成为承担民事责任以至于刑事责任的责任主体。在使用侵犯著作权罪规制人工智能生成内容的同时需要扩张解释《中华人民共和国刑法》第二百一十七条下人工智能生成内容的作品性质；同时基于刑法的谦抑性，将人工智能生成内容纳入刑法规制还应当采取更加严格的界定标准。

将人工智能生成内容纳入刑法侵犯著作权罪进行保护，有利于利用刑法的威慑性提高人工智能生成内容领域内的著作权侵权成本，从而更好地激励公众向人工智能领域进行投资，推动人工智能知识创新行业健康发展，进而让人工智能更好地为技术发展和文化繁荣注入活力，为增进人类福祉服务。

虚拟数字人的著作权保护

——以马栏山多豆乐数字人公司为例

谷 伟 北京市君泽君（长沙）律师事务所

摘 要：AIGC时代，虚拟数字人一经问世，便如一枚深水炸弹，激起巨大浪花，作为一种新兴业态，虚拟数字人活力、潜力、热力满满，与现有知识产权体系兼容调适还有很大的探索空间，尤其是在探讨虚拟数字人著作权的归属问题时，首先需要明确，虚拟数字人本身并非法律上的主体，而是一个由人类创作并操控的虚拟形象。因此，其著作权的归属不能简单地归结于虚拟数字人本身，而应深入分析创作过程、技术实现以及商业应用等各个环节，从而确定著作权的真正归属。

关键词：虚拟数字人；著作权；权利保护；法律问题

引 言

（一）虚拟数字人带来了什么

"每个人都值得拥有一个数字人""每个企业都需要一个数字人"[1]，元宇宙时代的Slogan煽动人心。在湖南，多豆乐数字人公司CEO声称，该平台拥有中外300个公模数字人，全球最多。有人不禁要问，"世界有80

---

[1] 多豆乐数字人. 每个企业都需要一个数字人 你准备好了吗［EB/OL］.（2023-06-02）［2024-06-13］. https://baijiahao.baidu.com/s?id=1767575592067089637&wfr=spider&for=pc.

亿人，我们为什么还需要制造数字人？"①

试想，你有这样一个专属智能化"助理"，能够帮你实现工作汇总、服务集中、知识管理，全天候 24 小时在线解决问题、提升效率，实现应用场景的创新和无限拓展，作为主人的你是不是会觉得很惬意？2024 年 4 月 16 日，由京东云言犀打造的"采销东哥"数字人刘强东开启上线直播，"大家好，好久不见，我是你们的老朋友东哥……"②短短 30 分钟时间，直播间观看人数破千万，40 分钟内，直播间整体订单量破 10 万。③要知道数字人可是不用休息的，采用数字人直播对企业来说"多快好省"。2024 年的 5 月 2 日，乌克兰外交部甚至起用了一名 AI 虚拟发言人，代表乌克兰外交部发布消息。乌方认为这样做是为了节省时间和资源，"真正的外交官将能更有效地专注于旨在为公民提供援助的其他任务"。④随着爆火的数字人生产与应用，新兴业态的虚拟数字人必定会给著作权保护带来挑战。

（二）现有法律框架在著作权保护上的不足

从法律主体上说，虚拟数字人作为作者创作工具的身份，本身并不具备作者身份。学界通常认为，虚拟数字人不能被认为是法律意义上的主体，当然也就不享有著作权。⑤这使在涉及虚拟数字人创作的作品时，难以明确著作权的归属。虽然 AIGC 大模型可以生成具有独创性、能够称为作品的内容，但这些作品的创作过程和结果往往受到算法、数据和编程的限制。这导致人工智能创作的作品在智力创作空间上有限，难以达到传统著作权法对"创造性"的要求。由于虚拟数字人的特殊性质，其创作行为和

---

① 世界有 80 亿人，我们为什么还需要制造数字人？［EB/OL］.（2022-04-25）［2024-06-13］. https://www.zhihu.com/question/529785757/answer/2456176534.
② 刘强东．AI 首秀 - 电商又开数字人"战局"［J］．中国商人，2024（5）：12-13.
③ 澎湃新闻．"刘强东"数字人直播带货首秀：观看超 2000 万，网友称"少了些感情"［EB/OL］.（2024-04-16）［2024-06-13］. https://baijiahao.baidu.com/s?id=1796503194761981705&wfr=spider&for=pc.
④ 中国新闻网．乌克兰外交部首次使用 AI 虚拟发言人［EB/OL］.（2024-05-03）［2024-06-13］. https://m.gmw.cn/2024-05/03/content_1303728452.htm.
⑤ 黄琳．虚拟数字人使用要厘清权利归属［N］．中国新闻出版广电报，2023-06-15（7）.

作品形式与传统创作方式存在显著区别，使其在适用法律时存在较大的不确定性。随着技术的不断进步，虚拟数字人的创作能力和表现形式不断提高，使其在著作权保护方面需要不断适应新的技术和创作方式。然而，现有法律框架往往难以跟上技术发展的步伐，导致在著作权保护方面存在滞后性。

（三）虚拟数字人著作权保护的重要性与紧迫性

对于虚拟数字人而言，虽然其创作过程依赖于人工智能技术和算法，但背后同样凝结了开发者、训练者以及可能的人类艺术家的智慧和努力。保护虚拟数字人的著作权，可以确保这些努力得到应有的回报，进一步激励相关领域的创新和发展。随着虚拟数字人技术的不断进步，其创作能力日益增强，涉及的作品类型也越来越广泛。明确虚拟数字人作品的著作权归属，不仅有助于维护创作者的合法权益，还能为作品的后续利用和商业化运作提供明确的法律依据。虚拟数字人技术的广泛应用将带动相关产业的发展，如虚拟现实、增强现实、游戏、影视等。加强虚拟数字人著作权保护，可以为这些产业的发展提供坚实的法律保障，从而促进公平交易和市场秩序的维护。

一、虚拟数字人法律概述

（一）虚拟数字人的定义

数字人（Digital Human/Meta Human），是指运用数字技术创造出来的、与人类形象接近的数字化人物形象。[①]打破物理界限提供拟人服务与体验是其核心价值，超写实、工具化、强交互是发展趋势。在《虚拟数字人发展白皮书 2020》中，对数字人进行了明确的概念界定"虚拟数字人是指具有数字化外形的虚拟人物。与具备实体的机器人不同，虚拟数字人依赖

---

① 武朝尉.AI 助力数字人拓展政府应用［J］.数字经济，2023（合刊 2）：14-17.

显示设备存在。虚拟数字人宜具备以下三方面特征：一是拥有人的外观，具有特定的相貌、性别和性格等人物特征；二是拥有人的行为，具有用语言、面部表情和肢体动作表达的能力；三是拥有人的思想，具有识别外界环境，并能与人交流互动的能力"。① 白皮书所概括的三个特征只是强调"虚拟数字人"具有"人"的特征，并未指出"数字虚拟人"的本质是基于计算机图形学（Computer Graphic，CG）技术创造出来的数字化形象，② 也未明确数字虚拟人的存在场所不是现实生活，而是以代码与数据的形式在计算设备上运行。

综上，对数字虚拟人的定义应当概括为：通过计算机图形学技术、动作捕捉、图形渲染、语音图像识别、人工智能等技术创造出与人类形象接近的数字化形象，赋予其特定的人物身份设定，并以代码与数据的形式在计算设备上运行。③

（二）虚拟数字人的分类

数字人研究起源于1989年美国国立医学图书馆可视人计划，其原理是基于人的数据，通过计算机图像技术建造虚拟人体，主要应用于医学、生物力学、人体工效学等研究。从应用的角度，如果要对数字人进行分类，可以划分为以下三种类型：第一种是服务型数字人；第二种是身份型数字人；第三种则是表演型数字人。④ 服务型数字人，顾名思义，其功能在于提供服务，比如人文关怀、亲情陪伴、聊天顾问、事务处理等等，较常见的有银行、通信领域的虚拟客服，文旅行业的虚拟导游等。身份型数字人则娱乐趣味性较强，是真人在虚拟世界的"替身"与真人相对应，用

---

① 虚拟数字人发展白皮书2020［EB/OL］.（2021-12-06）［2024-06-13］. https://www.digitalelite.cn/h-nd-1243.html.
② 颜卉.算法驱动型虚拟数字人涉侵权纠纷的规范解决路径［J］.重庆大学学报（社会科学版），2024，30（2）：182-194.
③ 颜卉.算法驱动型虚拟数字人涉侵权纠纷的规范解决路径［J］.重庆大学学报（社会科学版），2024，30（2）：182-194.
④ 河北新闻网.聚焦2022中国国际数字经济博览会｜"数字人"或将成为5G大规模商用重要场景［EB/OL］.（2022-11-16）［2024-06-13］. https://m.hebnews.cn/hebei/2022-11/16/content_8902667.htm.

于满足消费者在虚拟世界中的化身需求。表演型数字人是指从事各种演艺活动的数字人,包括虚拟偶像等,如初音未来、洛天依、小冰公司的虚拟男友和虚拟女友、万科公司虚拟员工"崔筱盼"等,主要以主播、偶像等身份出现,以吸引人的形象和性格为主打卖点。数字人的诞生,催生了多个领域的迭代升级,可被广泛应用于教育、金融、文旅、传媒、游戏、文娱、工业等领域。发展空间巨大,市场前景广阔。多豆乐数字人运营公司作为马栏山文创视频产业园的明星企业,2022年进入元宇宙赛道,致力于提供数字人全栈式解决方案,包括数字人代运营、数字人直播。其旗下的数字人方小锅,脱胎于二次元漫画人物,粉丝量级突破1000万,成为集演艺、主持、形象代言等众多功能于一体的数字人偶像。2023年4月还成为湖南省长沙市开福区文旅形象大使。多豆乐数字人公司CEO刘主力认为,作为元宇宙世界的一个新起点,虚拟数字人有望成为我国数字经济发展的新增长点。

(三)虚拟数字人的发展趋势

2021年10月20日,国家广播电视总局发布《广播电视和网络视听"十四五"科技发展规划》指出:"推动虚拟主播、动画手语广泛应用于新闻播报、天气预报、综艺科教等节目生产,创新节目形态,提高制播效率和智能化水平。"[①]从政策层面为功能型数字人的发展指明了方向。

多豆乐制作一款虚拟数字人,首先要从模型绑定开始,穿上"动捕服",上面戴有30多个传感器,覆盖头、手臂、腿部、膝盖、脚……在工作人员的指令之下"双臂上举、两手交叉……"进行动作捕捉,大模型再根据采集的动作信息进行动画解算、实时渲染等步骤,运用现实增强、虚拟制片等高科技前沿技术。一个2D动漫形象数字人,一般需要一个月才能完成。想要精致逼真,则需要花费更长时间,尤其是制作写实性强的

---

① 《广播电视和网络视听"十四五"科技发展规划》印发[J].中国有线电视,2021(10):1021.

3D数字人，从角色设计到完成渲染需要至少三个月。①需要在工作人员不断的指令下，进行动作校准，反复录入动作，才能制作一个自己同人替身的虚拟数字人。

2022年10月28日工信部等五部委联合发布的《虚拟现实与行业应用融合发展行动计划（2022—2026年）》要求"强化虚拟现实与5G、人工智能、大数据、云计算、区块链、数字孪生等新一代信息技术的深度融合，叠加'虚拟现实+'赋能能力"②；2023年发布的《2023数字人产业发展趋势报告》指出，随着交互智能技术的加速发展，虚拟数字人已开始从技术创新走向产业应用。③艾媒咨询《2022—2023年中国虚拟人行业深度研究及投资价值分析报告》称，在娱乐需求增加、人工智能等技术不断迭代的背景下，中国虚拟数字人产业迎来高速发展期，预计2025年中国虚拟人带动产业市场规模达6402.7亿元。④

二、虚拟数字人的著作权归属

（一）创作过程中的著作权归属

在虚拟数字人的创作过程中，通常涉及多个环节的参与者，包括设计师、程序员、艺术家等。这些参与者各自在数字虚拟人的设计、编程、建模、动画等方面作出了贡献。根据著作权法的基本原则，每个参与者对其创作的部分享有独立的著作权。然而，在虚拟数字人这一整体作品中，如何划分各参与者的贡献并确定著作权的归属，是一个复杂的问题。马栏山

---

① 叶子.越来越多虚拟数字人"上岗"了[N].人民日报海外版，2022-12-30（8）.
② 国家广播电视总局等五部门联合发布《虚拟现实与行业应用融合发展行动计划（2022—2026年）》[J].中国有线电视，2022（11）：85.
③ 腾讯研究院.腾讯研究院：《2023数字人产业发展趋势报告》（全文）[EB/OL]．(2022-12-13)[2024-06-13]. http://www.100ec.cn/detail--6621783.html.
④ 艾媒产业升级研究中心.艾媒咨询｜2022—2023年中国虚拟人行业深度研究及投资价值分析报告[EB/OL].（2022-06-09）[2024-06-13]. https://www.iimedia.cn/c400/86015.html.

多豆乐数字人公司通常是采取以下三种方式：一是合同约定：在创作初期，各参与者可以通过签订合同的方式明确各自的权益和责任。合同中可以规定每个参与者对虚拟数字人的具体贡献、著作权的归属以及使用方式等。这种方式可以确保各参与者的权益得到充分保障，并减少后续的纠纷。二是共同创作：如果虚拟数字人是由多个参与者共同创作的，可以考虑将其视为共同作品。在共同作品中，各参与者共同享有著作权，并可以协商确定著作权的行使方式。这种方式可以确保各参与者的贡献得到认可，并促进合作的顺利进行。三是委托创作：在某些情况下，虚拟数字人可能是由一方委托另一方进行创作的。在这种情况下，委托方与受托方之间可以通过合同约定著作权的归属和使用方式。通常情况下，委托方会享有虚拟数字人的著作权，但也会根据合同约定向受托方支付相应的报酬或提供其他形式的补偿。

（二）技术实现中的著作权归属

在虚拟数字人的技术实现过程中，也可能涉及著作权的归属问题。例如，虚拟数字人的动作捕捉、语音合成等技术可能使用了第三方软件或算法。在这种情况下，就需要分析这些技术是否构成著作权法意义上的作品，以及这些技术的著作权归属情况。如果投入大量研发资源，利用先进的3D建模、动作捕捉和语音合成技术，通过复杂的技术流程和创意设计，使虚拟数字人具备独特的外貌、声音和动作，这些技术实现均体现了创作者的独创性表达，就符合著作权法对于作品的要求。在这种情况下，虚拟数字人的著作权通常归属于其创作者，即使用第三方软件制造虚拟数字人的个人或实体。

在制造虚拟数字人的过程中，如果使用第三方软件的技术或算法进行了实质性的修改或创新，那么这些修改或创新可能构成对原始软件的衍生作品。在这种情况下，衍生作品的著作权归属需要根据具体情况来确定，可能归属于原始软件的开发者或著作权所有者，也可能归属于进行修改或创新的个人或实体。在使用这些技术时，需要遵守相应的许可协议或版权声明，以确保不会侵犯他人的著作权。

（三）商业应用中的著作权归属

在虚拟数字人的商业应用中，著作权的归属问题就更为复杂。2023 年 4 月，杭州互联网法院审结的我国首例涉及虚拟数字人侵权的案件就颇具代表性。2019 年 10 月，上海某公司通过公开活动发布了数字人"Ada"，并分别于同年 10 月、11 月通过某网络平台发布了两段视频，一段用于介绍 Ada 的场景应用，另一段则用于记录真人演员与 Ada 的动作捕捉画面。2022 年 7 月，杭州某网络公司未经授权发布了两段含有 Ada 的视频画面。[1]法院认为，该案中主要争议包含虚拟数字人著作权及邻接权的认定、数字人形象及相关视频是否属于著作权法保护的客体等问题。[2]虚拟数字人虽然并非法律意义上的表演者，不享有表演者权，也不享有视听作品的著作权或录像制作者的邻接权，但是，上海某公司作为该虚拟数字人的制作方以及真人演员所属公司，依法或依约拥有该虚拟数字人相关的权利。[3]此外，虚拟数字人的虚拟形象满足"以线条、色彩或者其他方式构成的有审美意义的平面或立体的造型艺术作品"[4]，可被认定为美术作品，应当获得著作权保护。被告杭州某网络公司未经许可使用并传播了相关视频，这种行为侵犯了原告上海某公司的美术作品、视听作品、录像制品以及表演者的信息网络传播权，杭州某网络公司利用这些视频进行引流营销，并在展示过程中加注了商标标识，对消费者的决策产生了一定误导，构成了虚假宣传和不正当竞争。经过审理，杭州互联网法院一审判决杭州某网络公司构成著作权侵权及不正当竞争，为原告公司消除影响并赔偿经济损失（包含维权合理费用）12 万元。[5]

---

[1] 惠宁宁. 警惕虚拟数字人潜在风险［J］. 法人，2024（2）：37-39.
[2] 黄琳. 虚拟数字人使用要厘清权利归属［N］. 中国新闻出版广电报，2023-06-15（7）.
[3] 马丽杰. 浅议虚拟人在新闻传播中的应用［J］. 全媒体探索，2023（11）：109-111.
[4] 芦琦. 虚拟数字人 IP 化法律问题及其知识产权保护应对［J］. 科技与法律（中英文），2023（3）：57-67.
[5] 钱颜. 首例涉虚拟数字人案被判著作权侵权［N］. 中国贸易报，2023-05-16（6）.

无独有偶，苏州互联网法庭近期也审理了一起虚拟主播形象损失纠纷案。苏州一家 MCN 机构为史某提供虚拟数字形象，史某提供动作、声音、情绪等进行直播带货，因史某无故停播，与史某绑定的虚拟数字主播也就罢工了，公司不得已向苏州互联网法庭起诉要求赔偿损失，法庭综合考虑虚拟形象贬值、重新运营成本、预期利益损失等多方面，作出一审判决，史某应向公司支付违约金 6200 元。①

在虚拟数字人的商业化推广、表演、展览等活动中，需要明确著作权的归属和使用方式。通常情况下，数字虚拟人的商业化应用需要获得著作权人的许可或授权。如果未经许可擅自使用数字虚拟人进行商业活动，可能会侵犯著作权人的合法权益并引发法律纠纷。虚拟形象涉及他人权利的应取得授权，比如参照了真人建模的虚拟数字人，必须首先取得真人对其肖像权的授权，授权链路应当清晰，以保证后续使用的权利基础；如果是委托专门的设计团队设计虚拟形象，应当在委托设计协议中明确知识产权归属；如果是员工创作，应当在书面协议中充分约定知识产权归属，同时做好商业秘密的保护工作。

在运营过程中，不同类型虚拟数字人的不同业务模式要关注的事项各有侧重。对于偏重 IP 价值的虚拟数字人，如虚拟偶像、虚拟代言人、虚拟主播等，主要关注在商业代言、影视开发、游戏开发、周边衍生品开发等合作中需要明确授权的类型、范围、期限等事项。对于支持用户生成内容创作的虚拟数字人，允许用户在其虚拟形象的基础上进行二次创作或"捏脸""捏人"，侧重于关注二次创作的授权规则，以及用户二次创作作品的权利归属。好的授权规则既能直接保护版权方的商业利益，又能激励粉丝二次创作，持续增强品牌的影响力，创造更多的商业价值。

---

① 孙扬，刘琼．首例虚拟主播形象损失纠纷案宣判 苏州互联网法庭："身份同一性"是损失认定关键［EB/OL］．（2024-03-20）［2024-06-13］．http://hq.szhqfy.gov.cn/article/detail/2024/04/id/7878408.shtml.

三、虚拟数字人著作权保护的对策与建议

虚拟数字人的著作权归属问题是一个复杂而重要的问题。创作、技术实现和商业应用等环节都需要充分考虑著作权的归属问题并采取相应的措施来确保各方权益得到充分保障。通过合同约定、共同创作、委托创作等方式明确著作权的归属和使用方式,可以有效减少法律纠纷并促进数字虚拟人产业的健康发展。

目前,学界已经明确虚拟数字人在法律上的地位,将其视为一种具有独创性的作品,从而受到著作权法的保护。[1]但实践中,对虚拟数字人创作的内容是否应受到著作权法的保护存在争议——是应当进入公有领域还是仅享有邻接权?[2]在法律适用上,能否将虚拟数字人创作的内容归入既有法定作品类型或以兜底条款涵盖?[3]司法实践中亟待探索建立虚拟数字人著作权登记制度,明确虚拟数字人的著作权人、创作时间、创作内容等信息,以便为后续的著作权保护提供有力证据。马栏山多豆乐数字人公司采用数字水印、加密技术等手段对虚拟数字人进行保护,防止其被非法复制、传播和使用。利用技术手段加强虚拟数字人的著作权保护可以作为重要对策之一。此外,还可以利用人工智能等技术手段对侵权行为进行监测和追踪,提高维权的效率。虚拟数字人行业也应加强自律和规范,制定行业标准和规范,明确虚拟数字人的创作、使用、传播等方面的要求和规定。行业组织或协会应加强其内部的沟通和协作,共同维护虚拟数字人的著作权保护。只有通过法律、技术、行业自律等多方面入手,综合施策,才能全面提升虚拟数字人的著作权保护水平。

---

[1] 熊进光,贾珺.论元宇宙视域下虚拟数字人的法律主体地位[C]//《法学前沿》集刊2024年第1卷:第十二届京津沪渝法治论坛文集.南昌:江西财经大学法学院;景德镇:江西省景德镇市中级人民法院,2023:40-52.

[2] 赵国庆.论虚拟数字人技术下生成内容的著作权法规制[C]//《新兴权利》集刊2023年第2卷:生成式人工智能法律问题研究文集.北京:中国人民大学法学院,2024:182-192.

[3] 吴汉东.论人工智能生成内容的可版权性:实务、法理与制度[J].中国法律评论,2024(3):113-129.

以真人为原型生成 AI 虚拟数字人的人格权侵权问题研究

龚泊榕　中国传媒大学文化产业管理学院硕士研究生

摘　要：随着人工智能和虚拟现实技术的发展，虚拟数字人作为新兴产业的重要组成部分，在提供新互动体验和营销平台的同时，也对现行法律体系提出了挑战，特别是 AI 复活技术，虽然具有潜力，但也存在法律风险和伦理风险，可能侵犯逝者的人格权。本研究聚焦于 AI 虚拟数字人技术及其引发的人格权侵权问题，探讨了虚拟数字人的技术内涵、特征，并分析了真人原型与 AI 虚拟数字人之间的法律关系。本文首先界定了虚拟数字人的概念，深入分析真人原型在肖像权、名誉权、隐私权等方面的权益保护，以及与 AI 虚拟数字人可能产生的人格权冲突。在此基础上，提出了结合法律与技术手段、行业自律、公众教育等多维度的法律政策防范策略，旨在确保虚拟数字人技术的合法合规运营，并保护真人原型的人格权利不受侵害。

关键词：真人原型；AI 虚拟数字人；人格权侵权；技术伦理

引　言

作为国家"十四五"规划中数字经济的关键领域，"人工智能"与"虚拟现实、增强现实"技术正推动着新兴产业的发展。虚拟数字人，涵盖虚拟偶像与服务型数字人，得益于动作捕捉与渲染技术的进展，为元宇宙的构建提供了现实基础，成为人工智能领域的一个重要分支。虚拟数字人技术的兴起，不仅为用户带来了全新的互动体验，也为品牌营销和文化传播提供了新的平台和手段。然而，虚拟数字人的广泛应用也对现有的法律制度提出了挑战。

近期，网络博主运用人工智能技术实现已故名人的数字化再现，引发了公众的广泛关注。通过先进的图像和音频合成技术，已故明星如李玟、张国荣、乔任梁等得以以视频数字人的形式"复活"。随着生成式人工智能技术的迅猛发展，未来可能出现具有高度互动性和一定自主意识的智能数字人。

从应用角度审视，AI复活技术具有显著的潜力与价值。它为失去亲人的家庭提供了一种新的哀悼方式，为粉丝带来了与偶像数字形象互动的新情感体验，并能够激励年轻一代传承英雄人物的精神力量。然而，AI复活技术也存在法律风险与伦理风险。技术的滥用可能侵犯逝者的人格权，包括肖像权、名誉权和隐私权等。此外，未经授权使用逝者形象可能涉嫌违法犯罪行为。因此，如何在法律框架内合理运用AI复活技术，保护逝者及其家属的合法权益，防止技术滥用，是当前亟待解决的问题。

一、以真人为原型生成 AI 虚拟数字人的概念

（一）虚拟数字人的技术内涵与特征

在当代数字经济的浪潮中，虚拟数字人作为一种新兴技术现象，其定义与技术实现方式日益受到学术界与产业界的关注。虚拟数字人，是指利用先进的计算机图形学、自然语言处理（NLP）、计算机视觉（CV）、深度学习、图形渲染、动作捕捉和语音合成等技术手段，构建出具有人类外貌、声音和行为模式的虚拟角色。这些技术的综合应用，使虚拟数字人不仅在视觉上与真人原型高度相似，还能模拟真人的语言、动作和表情，实现与用户的自然交互。

虚拟数字人的制作技术主要分为两个方面：建模与驱动。在建模阶段，根据真人原型或虚构角色的需求，通过三维扫描、动作捕捉等技术获取数据，并构建相应的虚拟形象。在驱动阶段，虚拟数字人的行为和表情则通过两种主要方式实现：算法驱动和真人驱动。

1. 算法驱动型虚拟数字人

算法驱动型虚拟数字人依托人工智能技术，通过集成多种计算模型生成视听内容、数字形象和语音。例如，Fable Studio 公司的虚拟人物项目背后，就是由 GPT-3 语言模型提供支持，实现了用户与虚拟人物之间的自然对话。在这一过程中，首先由基础的生成对话文本模型产生对话内容，其次通过语音模型生成对应的语音，最后由运动模型匹配人物的动作、神态和口型。这一技术路径的核心挑战在于实现语音与人物动作、神态的自然匹配，以及通过大量的文本对话、人类语音数据和面部及身体动作数据训练模型，以达到逼真的效果。

2. 真人驱动型虚拟数字人

真人驱动型虚拟数字人则依赖于真人演员的实时表演。通过动作捕捉技术和识别算法，真人演员的表演被实时转化为虚拟数字人的行为和表情。这种方式降低了对技术的依赖，提高了制作的灵活性，并有助于降低成本，加速技术的普及。真人驱动型虚拟数字人可以快速适应不同的应用场景，如虚拟直播、虚拟路演等，为观众提供更加丰富和真实的互动体验。

（二）以真人为原型生成 AI 虚拟数字人的定义与特点

以真人为原型生成 AI 虚拟数字人，是利用人工智能技术，基于现实生活中具有明确身份和特征的个体，通过数据收集、特征提取和模型训练等步骤，创造出在外貌、动作、声音乃至情感层面与真人原型高度相似的虚拟形象。这一过程不仅需要精确捕捉真人原型的面部特征、身体形态、语音模式和行为习惯，还需要通过深度学习和模式识别技术，实现对真人原型特征的精确建模。

生成的 AI 虚拟数字人具有以下显著特点。

1. 高度逼真性

通过高精度的数据捕捉和模型构建，虚拟数字人在外观和行为上能够高度还原真人原型的特征，实现逼真的视觉和听觉体验。

2. 个性化特征显著

每个真人原型的独特身份和个性在虚拟数字人中得到充分体现，无论是性格特点的展现还是行为习惯的模拟，都能呈现出与真人原型相似的个性化特征。

3. 情感与故事背景的赋予

通过深入分析真人原型的性格特征、生活经历和情感状态，制作团队能够将这些元素融入虚拟数字人的设计中，使其更加贴近真人的情感表达和行为模式，增强与观众的情感共鸣。

二、以真人为原型生成 AI 虚拟数字人人格权侵权法律分析

（一）真人原型的权利与义务

《中华人民共和国民法典》第九百九十条规定，人格权是民事主体享有的生命权、身体权、健康权、姓名权、名称权、肖像权、名誉权、荣誉权、隐私权等权利。真人原型，作为其形象、声音、个性等特征被用于 AI 虚拟数字人创作的主体，首先在法律上享有一系列不可侵犯的人格权利。这包括但不限于肖像权，它赋予真人原型对其形象使用的绝对控制权，任何未经授权的使用均可被视为侵权行为；名誉权，保护真人原型免受诽谤和侮辱，确保其社会评价不受虚拟数字人的不当行为影响；隐私权，保障真人原型的私生活信息不被非法收集、使用或公开，维护其生活的私密性；以及知识产权，若真人原型的创造性成果被 AI 虚拟数字人采纳，其

相应的著作权和商标权亦应得到法律的承认和保护。

同时，真人原型亦承担着相应的法律义务。在与 AI 技术开发者或使用者的合作过程中，真人原型负有确保提供信息的真实性和合法性的义务，避免误导公众或参与非法活动。此外，真人原型应遵循社会公德，其行为和言论应符合普遍接受的道德标准，以免对 AI 虚拟数字人的形象造成负面影响。在合同框架下，真人原型还应履行保密、授权使用的合作义务，并在参与 AI 虚拟数字人创作或决策过程中承担相应的责任。

（二）真人原型与 AI 虚拟数字人的人格权冲突

1. 真人原型与 AI 虚拟数字人的肖像权冲突

在法律的严谨框架下，真人原型与 AI 虚拟数字人之间的肖像权冲突问题显得尤为突出。肖像权作为自然人对自己形象所体现的人格利益享有的一种基本人格权，其法律地位在民法典中得到了明确的界定与强化。《中华人民共和国民法典》第一千零一十九条规定，任何组织或者个人不得以丑化、污损，或者利用信息技术手段伪造等方式侵害他人的肖像权。未经肖像权人同意，不得制作、使用、公开肖像权人的肖像，但是法律另有规定的除外。这一规定，不仅涵盖了直接的侵权行为，也包括了未经授权的使用行为，从而为真人原型提供了更为全面的法律保护。

肖像权的侵权行为，通常包括两个核心构成要件：一是未经肖像权人同意，二是行为人实施了利用他人肖像的行为。这意味着，无论出于何种目的，只要未经肖像权人的明确同意，任何对其肖像的使用都可能构成侵权。这一点在民法典的相关条款中得到了进一步的明确，特别是删除了以往法律中"以营利为目的"的限制条件，从而扩大了肖像权保护的范围。

此外，《中华人民共和国民法典》还对肖像权的合理使用进行了明确的规定。① 在一些特定情形下，如个人学习、艺术欣赏、课堂教学、科学研究、新闻报道、履行国家机关职责、展示特定公共环境等，可以在不经肖像权人同意的情况下使用其肖像。这些规定既体现了对肖像权人合法权益的保护，也考虑到了社会公共利益的需要。②

在 AI 虚拟数字人的应用实践中，真人原型的肖像权保护面临着新的挑战。2024 年初，音乐人包小柏就用 AI "复活"了已故爱女。尽管当时也曾引发广泛讨论，但这场舆论最终并未达成任何共识。对于逝者近亲属以技术"复活"亲人，借"数字虚拟人"满足对亲人的思念，以及粉丝以技术"复活"偶像，如果不传播或公开，仅用于私密性的个人情感伴随，局限于私域行为，目前并不在法律禁止之列。

《中华人民共和国民法典》第九百九十四条规定，逝者配偶、子女、父母或其他近亲属在逝者的肖像权受到侵害时，有权要求侵权行为人承担相应的民事责任。③ 这一法律条文体现了对逝者人格尊严的尊重及其死后形象使用的法律约束，即使真人原型已经去世，其肖像权的保护并不随之消失，④ 而是通过其近亲属的法律行动得以持续。

在法律实践中，逝者肖像权的授权使用引发了诸多争议和讨论，尤其是在商业利益驱动下的使用情形。尽管《中华人民共和国民法典》第

---

① 《中华人民共和国民法典》第一千零二十条规定：合理实施下列行为的，可以不经肖像权人同意：
（一）为个人学习、艺术欣赏、课堂教学或者科学研究，在必要范围内使用肖像权人已经公开的肖像；
（二）为实施新闻报道，不可避免地制作、使用、公开肖像权人的肖像；
（三）为依法履行职责，国家机关在必要范围内制作、使用、公开肖像权人的肖像；
（四）为展示特定公共环境，不可避免地制作、使用、公开肖像权人的肖像；
（五）为维护公共利益或者肖像权人合法权益，制作、使用、公开肖像权人的肖像的其他行为。
② 卢震豪. 我国《民法典》个人信息合理使用的情形清单与评估清单：以"抖音案"为例[J]. 政治与法律，2020（11）：136-149.
③ 《中华人民共和国民法典》第九百九十四条："死者的姓名、肖像、名誉、荣誉、隐私、遗体等受到侵害的，其配偶、子女、父母有权依法请求行为人承担民事责任；死者没有配偶、子女且父母已经死亡的，其他近亲属有权依法请求行为人承担民事责任。"
④ 王鹏静.《民法典》肖像权条款对商标注册工作的影响[J]. 中华商标，2020（8）：4-6.

九百九十四条赋予了逝者近亲属或继承人在逝者人格权受到侵害时追究侵权行为人民事责任的权利，但法律并未明确规定近亲属有权授权使用逝者肖像进行虚拟形象的"复活"。这一法律空白导致了实践中的不确定性和伦理困境。例如，音乐家周杰伦获得邓丽君亲属授权，创造邓丽君虚拟形象进行共演的案例，虽然在法律框架内获得了授权，却引发了公众对逝者形象商业化使用的广泛讨论。这一事件凸显了法律与社会伦理之间的张力，以及对逝者尊严保护的考量。

当开发者出于商业利益或其他可能的不当目的与逝者近亲属协商使用逝者肖像时，可能存在利益冲突和伦理风险。近亲属在经济利益的驱动下，可能未能充分考虑逝者形象的保护，导致授权使用偏离逝者的个人意愿和尊严保护的初衷。这种情况下，逝者肖像权的授权使用可能被视为对逝者人格权的侵犯，即使法律未明确禁止此类授权。

针对逝者肖像授权使用问题，法律界和社会各界需要深入探讨和审视。一方面，法律应当明确逝者肖像权授权使用的界限和条件，本文认为使用虚拟数字人复活"逝者"技术，从情感需求出发的私域非商业化行为符合法律伦理的要求，且并未对逝者造成负面影响，而以营利为目的使用逝者形象的商业行为，无论是否经过逝者亲属同意都应禁止；另一方面，需要加强对逝者近亲属授权行为的监管，防止滥用授权。同时，应当鼓励开发和使用逝者肖像的透明和负责任的做法，确保逝者形象的使用不会损害其名誉和社会公共利益。此外，法律监管在逝者肖像权授权使用的领域可能存在不足，授权过程可能缺乏必要的透明度和公正性，从而无法确保逝者的人格尊严得到充分尊重。在没有明确逝者生前意愿的情况下，近亲属的授权行为可能与逝者的个人意愿相悖，进而引发道德和伦理上的争议。

2. 真人原型与 AI 虚拟数字人的名誉权冲突

《中华人民共和国民法典》第一千零二十四条明确规定，民事主体享有名誉权。任何组织或个人不得以侮辱、诽谤等方式侵害他人的名誉权。

名誉权的侵害不仅限于直接的侮辱或诽谤，也包括通过虚构事实、传播谣言等手段对个体名誉造成的损害。

名誉权侵权的构成要件包括四个方面：首先，行为人的行为必须是违法的，即通过侮辱、诽谤等形式毁损了特定自然人或法人的名誉；其次，毁损名誉的行为必须指向特定的对象，不能是泛指或含混不清的；再次，该行为需为第三人所知悉，即具有公开性；最后，必然导致受害人的社会评价降低，这是名誉权侵权的实质性损害。

在名誉权侵权案件中，违法行为的特定指向性是确立侵权责任的关键。原告需证明行为人的行为具有特定指向性，明确侵害了特定个体或实体的名誉。若行为缺乏明确的指向性，仅为泛指或含混不清，通常不足以构成名誉权的侵害。损害事实的认定需综合考量行为内容、违法性、违法程度及行为对象的特殊身份等因素，同时考虑行为是否为第三人所知悉及其传播情况。此外，名誉权侵权责任的成立基于过错责任原则，区分故意与过失，故意为预见后果而希望或放任，过失为应预见而未预见或自信能避免。法院需综合行为人的职业、身份、能力等因素，判断其是否存在降低受害人社会评价的直接恶意或过失。

随着自媒体的兴起，新闻报道、舆论监督的行为人已经从专业媒体扩展到普通公民个人，这要求行为人在进行报道或监督时，需承担合理的核实义务。同时，民法典对文学、艺术作品侵害名誉权问题进行了规定，强调了信用评价纳入名誉权保护的范畴，并规定了信用评价人的及时核查及采取必要措施的义务。

在探讨逝者"复活"实践中，亲属复活、粉丝复活等行为虽未对逝者名誉造成不良影响，且不满足法律中侵权构成要件，从而不构成侵权，但这一现象引发了对逝者保护是否充足的讨论。法律对于逝者肖像权的保护，特别是在私域行为中的使用，存在一定的模糊性。尽管法律未明令禁止这类行为，但对逝者保护的潜在不足仍值得关注。

首先，逝者无法为自己的权利主张，依赖近亲属或粉丝的道德自律可能不足以形成充分的保护。在没有明确法律规定的情况下，逝者的形象可能被用于各种目的，包括一些可能与逝者生前形象和价值观不符的情景。其次，即使私域行为未对逝者名誉造成明显损害，也可能存在对逝者尊严的潜在侵犯。法律对于人格权的保护不仅限于名誉权，还包括肖像权、隐私权等其他人格利益。在逝者"复活"的实践中，若未经深思熟虑，可能会无意中损害逝者的这些人格利益。再次，法律的滞后性可能导致对新兴技术手段的监管不足。随着技术的发展，私域行为的界限和影响可能发生变化，而现有法律可能未能及时更新以应对这些变化。最后，法律对于逝者保护的不足还可能体现在对近亲属情感利益的忽视上。近亲属在情感上可能对逝者形象的使用有特殊的期待和要求，而目前的法律框架可能未能充分考虑和保护这些情感利益，且社会对于逝者形象使用的接受度和道德标准也在不断演变。法律需要适应社会观念的变化，确保对逝者的保护既符合当前的道德标准，又能够适应未来可能出现的新情况。

3. 真人原型与 AI 虚拟数字人的隐私权冲突

隐私权的核心在于保护个体对其私人生活安宁的追求，以及对私密空间、私密活动和私密信息等私生活安全利益的自主控制。这一权利的法律基础在《中华人民共和国民法典》第一千零三十三条中得到明确，该条规定自然人的隐私权受法律保护，禁止任何组织或个人通过非法手段侵害他人的隐私权。

隐私权侵权的构成要件严谨而明确，首先，行为人主观上具有过错，无论是故意还是过失，均须承担相应的侵权责任。其次，违法行为的存在是侵权责任成立的前提，包括侵扰私人空间和侵害私人信息的行为。损害事实的发生是认定侵权的另一要素，不仅包括财产损失，更涵盖人格利益受损和精神痛苦。最后，因果关系的确立是判断侵权责任的关键，即违法行为与损害事实之间存在直接的引起与被引起的联系。

在隐私权侵权责任的构成中，违法行为多以积极作为的方式呈现，包括侵入侵扰、监听监视、刺探、搜查干扰、披露及公开宣扬等侵害行为。①这些行为未必局限于公共场合,即便在私密空间发生,受害者若能证实侵害行为的存在,亦足以认定侵害隐私权。损害事实的判定着重于隐私被非法探查、私人活动遭监视、私人空间受侵入、私人信息被公开等情形,其损害通常体现为精神层面的苦楚,如情绪低迷、焦虑等心理状态。因果关系的确立需基于社会常识和经验,突出违法行为与隐私损害之间的直接联系。依据过错责任原则,侵权行为人的主观过错,无论是故意还是过失,均为责任成立的要件。受害者需承担相应的举证责任,证实行为人的过错及其他侵权责任构成要素。

以真人为原型创建虚拟数字人时,确实需要深度模拟真人的多种特征,包括外貌、声音、行为习惯等,这通常涉及对个人信息的收集和使用。即便某些个人信息已经公开,真人原型可能仍然保有对其进一步公开或使用的控制权,尤其是当这些信息用于创建虚拟形象并被广泛传播时。即便个人信息已经公开,真人原型也应具备对自己隐私权的合理期待以及信息控制,即使某些个人信息已经为公众所知,真人原型可能仍希望控制这些信息的使用方式和使用范围,并对这些信息的进一步使用和公开仍可能存在合理的隐私期待,未经同意使用其信息创建虚拟数字人,则侵犯真人原型对自己信息的控制权。此外,即使在法律允许的范围内,使用真人原型的个人信息创建虚拟数字人也应当考虑道德和伦理问题,尊重个人意愿和隐私权。

4. 真人原型与 AI 虚拟数字人的其他人格权冲突

在数字化时代背景下,虚拟数字人的兴起引发了对一系列新兴人格权利的法律探讨,除最为突出的肖像权、名誉权、隐私权保护外,保护声音权和姓名权的重要性也日益凸显。

《中华人民共和国民法典》第一千零二十三条第二款②为自然人声音的

---

① 刘忆成.电子身份认证中生物辨识技术法律问题比较研究[J].信息网络安全,2011(3):31-33,36.
② 《中华人民共和国民法典》第一千零二十三条第二款规定:"对自然人声音的保护,参照适用肖像权保护的有关规定。"

保护提供了法律依据，其保护参照适用肖像权的有关规定。随着深度学习和人工智能技术的飞速发展，声音复制与合成技术也日益便捷，这在音视频内容创作领域体现得尤为显著。网络上出现了大量基于知名歌手声音素材合成的音视频片段，这些未经权利人许可的使用行为，可能涉及声音权的侵犯。例如，在近期的 AI 声音侵权案件中，北京互联网法院的一审判决指出，如果通过人工智能合成的声音被一般社会公众或相关领域的公众识别为特定自然人的声音，该声音即具有可识别性。在该案例中，被告公司虽对录音制品享有著作权等权利，但并未获得授权他人对原告声音进行 AI 化使用的权利，因此其未经许可使用原告声音的行为被认定为侵权。

此外，姓名权的保护同样不容忽视。姓名权是指自然人对自己的姓名享有使用和保护的权利，未经许可使用他人姓名可能构成对该自然人姓名权的侵害。在最高人民法院发布的《民法典颁布后人格权司法保护典型民事案例》中，"AI 陪伴"软件侵害人格权案便是一例。该案中，被告未经原告同意，在其运营的软件中使用原告的姓名和肖像创设 AI 角色，北京互联网法院审理后认定，被告的行为构成了对原告姓名权、肖像权、一般人格权的侵害。

法律对于声音权和姓名权的保护，旨在维护个体的人格尊严和合法权益，防止技术滥用导致的人格权利受损。虚拟数字人的运营方在商业活动中，应当严格遵守法律规定，尊重并保护自然人的声音权和姓名权。通过合法授权和合规使用，可以在推动技术发展的同时，确保个体权利得到充分尊重和保护。

三、AI 虚拟数字人侵权问题的法律政策和防范手段

（一）促进法律手段与技术手段的结合

法律手段与技术手段在解决 AI 虚拟数字人侵权问题中具有显著的互补性。法律手段为侵权行为提供了明确的处罚措施且明确了法律责任，是

维护权益的基础。

第一，在法律中明确 AI 虚拟数字人的定义，以及其权利和义务，确保其在法律框架内的合法运营。首先，法律需要明确虚拟数字人的定义。虚拟数字人可以定义为"具有数字化外形的虚拟人物"，它们通过技术手段展现出类似人类的外观和行为，法律中的定义应当涵盖虚拟数字人的技术基础、表现形式以及与人类交互的能力。同时，法律应当区分虚拟数字人和它们可能基于的真实人物原型。如果虚拟数字人是基于某个真实人物创建的，那么需要明确真实人物对于其虚拟形象的权利，包括但不限于肖像权、名誉权和隐私权等。此外，法律还需要规定虚拟数字人的权利和义务。虚拟数字人目前不具备法律主体资格，因此不能直接享有法律权利或履行法律义务。[①] 然而，虚拟数字人的行为可能对他人产生影响，因此需要规定其创造者或运营者的权利和义务，以确保虚拟数字人的行为不会侵犯他人权利或违反法律规定。

第二，制定明确的规则，规范 AI 虚拟数字人的内容生成、分发和使用，确保真人原型的数据不被非法获取和使用，并且规定数据保护措施，保障真人原型的个人信息安全。同时对 AI 虚拟数字人的运营方实施资质管理，确保其具备合法运营的资格和能力，建立持续监督机制，对运营方的行为进行定期审查，确保其持续遵守法律法规。此外，还应确立 AI 虚拟数字人侵权责任的归属原则，明确技术开发者、运营方和使用者在侵权行为中的责任，规定在侵权行为发生时，各责任主体应承担的法律责任和义务。制定严格的法律责任追究机制，对侵权行为进行有效的制裁和惩罚。包括民事赔偿、行政处罚和刑事责任等，确保真人原型的权益得到实际保护。

（二）加强行业自律与标准化建设

提出加强行业自律、制定相关标准以规范 AI 虚拟数字人制作和使用

---

① 孙凯，鲍海跃. 互联网法治 | 弱人工智能视域下虚拟数字人的法律性质界定［EB/OL］.（2024-03-14）［2024-06-28］. https://new.qq.com/rain/a/20240314A01IKI00.

的建议。加强与行业协会、标准化组织等的合作，推动制定 AI 虚拟数字人行业的自律规范和标准，成立独立的技术伦理委员会，由法律专家、技术专家、伦理学家等组成，负责评估 AI 技术发展对人格权的潜在影响。委员会应提供定期的法律建议和伦理指导，确保技术发展与人格权保护相协调。

（三）加强公众法律教育与提升公众法律意识

强调提高公众对 AI 虚拟数字人侵权问题的认识，增强法律意识和版权意识。通过线上线下相结合的方式开展普法宣传活动，提高公众对 AI 虚拟数字人侵权问题的认识，制作并分发关于 AI 虚拟数字人法律知识的宣传材料，如手册、海报等。同时，在学校教育中增加关于 AI 技术和法律知识的课程内容，从小培养学生的法律意识。

算法推荐机制下网络平台的注意义务探究

崔璐瑶　中国传媒大学文化产业管理学院硕士研究生

摘　要：互联网技术飞速发展，算法推荐机制虽然提升了用户体验，但也引发了版权风险。网络平台作为信息传播的关键角色，应履行相应的注意义务，包括确保推荐内容的合法性、准确性和透明度。本文通过我国法律针对判断注意义务是否提高的标准，即"通知条款"和"知道条款"来分析算法推荐机制对于网络平台注意义务的影响，从而提出引入过滤义务作为应对挑战的有效手段，并对引入过滤义务的合理性与可行性进行了研究。平衡技术创新与法律责任是网络平台发展的关键，这需要实践中的具体平台和理论中的学者共同努力，同时网络平台应不断提升自身技术能力，完善审核机制，以维护网络秩序和用户权益，促进健康有序的内容生态系统的发展。

关键词：算法推荐；网络平台；注意义务；过滤义务

引　言

随着信息技术的飞速发展，算法推荐技术已被广泛应用于各类网络平台，在不同类型的平台中如社交媒体、新闻资讯、电子商务等范围内都能看见算法推荐机制的运用。算法推荐机制通过收集用户的个人信息、浏览记录等数据，分析用户的兴趣和偏好，为用户提供个性化的内容推荐，实现更高效率的内容推送。这种机制的出现极大地提升了用户体验，同时也帮助网络平台吸引了大量用户。

然而，算法推荐机制在带来便利的同时，也引发了一系列问题。其中最引人关注的就是著作权问题，由于算法推荐涉及大量内容的自动筛选和推送，倘若在这样的过程中平台未能充分履行其注意义务，可能导致侵权内容在平台上广泛传播，对原作造成不可估量的侵害。这不仅损害了原作版权人的合法权益，也影响了网络平台的声誉和算法推荐机制市场的长远发展。

此外，算法推荐机制的应用也对现有的法律法规提出了挑战。传统的法律法规通常是在人工推荐模式的基础上进行制定的，难以适应算法推荐机制下的新问题。例如，如何界定平台在算法推荐过程中的责任？网络平台的注意义务是否在算法推荐机制的运用下产生了变化？作为网络平台注意义务提高的对策，过滤义务是否有一定引入的必要性？这些问题都需要在法律法规层面进行深入研究和完善。因此，实务界和学术界对算法推荐机制下网络平台的注意义务进行了一系列的讨论和探索。因此，基于算法推荐机制的广泛应用、网络平台注意义务问题的凸显以及新技术对于法律法规的挑战，本文围绕算法推荐机制下网络平台的注意义务探究这一问题展开探索。通过对这一问题的深入研究，有助于明确网络平台在算法推荐过程中的责任边界，促进网络平台的健康发展，维护版权人的合法权益，同时也为法律法规的制定和完善提供有益的参考。

一、算法推荐技术的原理及运用

（一）算法推荐技术的原理

算法（Algorithm）系数学（算学）和计算机科学术语，指的是一套明确且有限的步骤或指令序列，这些步骤或指令能够被计算机执行以达成特定的目标或任务。[1] 常被运用在计算、数据处理和自动推理中。算法推荐机

---

[1] 参见北京市海淀区人民法院民事判决书，（2018）京 0108 民初 49421 号。

制的运行原理主要基于对用户行为、内容属性以及用户与内容之间的关联性的深度分析。通过收集和分析用户的历史数据，如浏览记录、点击行为等，算法能够构建出用户的兴趣偏好模型。同时，对内容进行标签化处理是一项至关重要的步骤。这种处理方式基于商品或服务的属性、类型、价格等关键信息，对它们进行分类和明确的标注，有助于更深入地理解内容的特点和属性。推荐系统的核心作用在于建立用户与信息之间的桥梁。一方面，它旨在帮助用户从海量信息中筛选对他们有价值的内容；另一方面，它也让信息能够精准地展示给对其感兴趣的用户，从而实现信息消费者与信息生产者之间的双赢局面。[①]

目前，算法推荐系统主要涵盖三大类别：协同过滤、基于内容的推荐和关联规则推荐。其中，协同过滤推荐系统尤为关键，它进一步细分为基于记忆的（Memory-Based）协同过滤和基于模型的（Model-Based）协同过滤两种技术。基于记忆的协同过滤主要依据的是用户的历史行为数据，即如果两个用户在过去对产品的喜好表现出相似性，那么系统会预测他们现在对产品仍有相似的喜好。这种技术侧重于分析用户之间的相似性，并据此进行推荐。基于模型的协同过滤则侧重于构建用户和产品之间的模型。它假设如果用户过去喜欢某种产品，那么该用户现在很可能仍然喜欢与此产品相似的其他产品。这种技术通过机器学习或统计模型预测用户的喜好，并据此生成推荐。[②]基于内容的推荐，即根据用户历史项目进行文本信息特征抽取、过滤，生成模型，向用户推荐与历史项目内容相似的信息。最后一种是关联规则推荐，即基于用户历史数据挖掘用户数据背后的相关关系，以分析用户的潜在需求，向用户推荐其可能感兴趣的信息。随着互联网技术的飞速发展，用户需求的多样性和内容分类的复杂性日益增加，单独依赖某一种算法推荐技术已经难以全面满足这些需求。因此，在

---

① 喻国明，韩婷.算法型信息分发：技术原理、机制创新与未来发展［J］.新闻爱好者，2018（4）：8-13.
② 邓晓懿，金淳，韩庆平，等.基于情境聚类和用户评级的协同过滤推荐模型［J］.系统工程理论与实践，2013，33（11）：2945-2953.

实际应用中，各大平台纷纷采用融合多种算法推荐技术的策略，以提供更加精准、个性化的服务，从而满足用户的多样化需求。

（二）实际中网络平台对算法推荐技术的运用

当下网络平台应用的推荐算法主要是协同过滤算法和内容推荐算法。尽管两种模式客观上都运用"推荐"，但是算法推荐依赖用户上传内容、由用户决定数据来源的原理，以及自动化运行无须人工干预的特点，明显有别于网络平台识别并理解特定作品后进行的"主动选择和推荐"。在实际生活中，不同类型的网络平台使用的推荐机制有不同的偏向。在电子商务领域，算法推荐技术用于向用户推荐商品，亚马逊和淘宝等平台会根据用户的购物历史和浏览行为推荐商品，以提高用户满意度和购买率。在新闻聚合应用方面，如今日头条 App，向客户推荐的内容一般基于用户的阅读偏好和行为模式。[1] 因此，有观点认为，从实际商业模式、平台风险控制能力、收益风险一致性等维度考察，相较于传统的网络平台，算法推荐模式下的网络平台应当履行更高的注意义务。[2]

二、算法推荐机制对网络平台注意义务的影响

（一）算法推荐与人工推荐

算法推荐与人工推荐是两种不同的内容推荐机制，有各自的适应场景。在个性化程度方面，算法推荐通常能够提供高度个性化的推荐，通过分析用户的历史行为、偏好和前后的文本信息来向用户定制针对其的推荐内容。人工推荐则需要依赖编辑的判断和经验，或许无法敏锐地察觉到每个用户细微的偏好，但可以基于更广泛的视角进行推荐。在质量控制方

---

[1] 张凌寒.专家解读｜平台算法治理制度的中国方案：《互联网信息服务算法推荐管理规定》解读［EB/OL］.（2022-01-05）［2024-07-05］. https://www.cac.gov.cn/2022-01/05/c_1642983970927235.htm.

[2] 张鑫.算法推荐模式下短视频平台的合理注意义务判定［J］.重庆开放大学学报，2023，35（2）：48-53.

面，算法推荐可能存在推荐质量不稳定的问题，如推荐内容的同质化或"过滤泡泡"的现象。人工推荐在推荐质量方面可以更好地控制内容质量，可能在一定程度上防止侵权内容的传播，因为编辑可以根据专业标准和价值观对内容进行筛选。

（二）算法推荐机制可能引起网络注意义务的提高

算法推荐机制的运用是网络服务者所提供的，鉴于网络服务提供者具有只提供平台服务，不提供具体内容的功能，《中华人民共和国民法典》《信息网络传播权保护条例》也参照美国《数字千年版权法案》（Digital Millennium Copyright Act，DMCA），引入"避风港"规则，即只要网络服务提供者基于"通知—删除"规则，在收到权利人通知后采取必要措施制止了侵权行为，则不承担责任。[①] 结合《最高人民法院关于审理侵害信息网络传播权民事纠纷案件适用法律若干问题的规定》和《最高人民法院关于审理利用信息网络侵害人身权益民事纠纷案件适用法律若干问题的规定》的细化规定来看，这一规则的核心在于：当权利人向网络服务提供者发送了符合法定要求的侵权通知时，即视为网络服务提供者已"知悉"了相关的侵权事实。在此前提下，如果网络服务提供者在经过审慎判断后，及时采取了删除、屏蔽或断开链接等必要的措施，那么他们将被视为已尽到合理的注意义务，从而可能免除其原本可能承担的法律责任。[②] 然而"避风港"规则并不代表平台作为网络服务提供者可以放任平台中的侵权内容横行，而不履行应有的注意义务，《中华人民共和国民法典》第一千一百九十五条和第一千一百九十六条在此基础上对"避风港"规则进行了细化完善，以"红旗"规则[③] 限缩了网络服务提供者"应当知道"的

[①] 《中华人民共和国民法典》第一千一百九十五条，《信息网络传播权保护条例》第二十三条。

[②] 刘金瑞. "避风港"规则的实践困境与完善路径［J］. 云南社会科学, 2024（1）: 24-33.

[③] 当侵权活动像红旗一样显而易见时，就可以认定互联网服务提供商对网络上的侵权活动或内容存在"应知"或"明知"，从而排除"避风港"规则的侵权责任豁免庇护。

情形。[1] 由此，我国网络服务提供者版权层面的注意义务制度呈现"二元模式"：一是"通知条款"，即收到通知后未采取措施；二是"知道条款"，即"应当知道"侵权的存在。[2] 一般认为，"通知条款"作为"避风港"规则的体现，是对网络服务提供者的特殊保护，而"知道条款"作为"红旗"规则的体现，是该保护的限制适用。[3] 也有观点认为，"避风港"规则是"红旗"规则是例外情形。[4]

随着互联网技术的发展和用户需求的变化，网络平台的注意义务也有所改变。探究算法推荐机制的影响下网络平台注意义务，是否可能提高时，网络平台不能简单地将责任归咎于算法推荐机制，而应该从是否存在应知情形和被侵权方通知后侵权方是否采取有效措施来综合判断。算法推荐机制是网络平台提供个性化服务的重要工具，它通过分析用户的行为和偏好来推荐内容。然而，算法的设计和应用是由网络平台进行安排的，它需要遵循一定的道德和法律标准，确保推荐的内容是安全、健康和合法的。因此，网络平台在设计和应用算法时，需要履行相应的注意义务。所谓网络平台是否存在应知情形，是指网络平台能否在合理范围内预见到某些内容可能存在问题，或者知道某些内容存在问题。部分学者认为，网络平台的注意义务边界划定应综合考虑侵权危害的严重性、行为效果以及采取措施的成本，并强调当平台主动选择、编辑和推荐热门视频时，其主观上应构成"应知"，从而需要履行更高的注意义务，应当主动识别和处理不当内容。[5] 当网络平台不具备应知条件时，则应该通过网络平台是否在被

---

[1] 在传统侵权责任规则下，法院采用"正常合理人"标准来认定注意义务程度，以在个案中灵活调整相关主体间的权利义务配置。参见崔国斌.网络服务商共同侵权制度之重塑[J].法学研究，2013，35（4）：138-159.
[2] 李文博.算法时代网络服务提供者的义务扩张进路[J].电子知识产权，2023（11）：42-50.
[3] 王利明.侵权责任法研究：下卷[M].北京：中国人民大学出版社，2011.
[4] 吴泽勇.网络服务提供者帮助侵权责任诉讼的证明责任问题[J].当代法学，2023，37（1）：120-134.
[5] 喻国明，韩婷.算法型信息分发：技术原理、机制创新与未来发展[J].新闻爱好者，2018（4）：8-13.

通知侵权后，采取了有效的必要措施来判断其是否履行了注意义务。在判断网络平台注意义务是否提高时，不能简单地因为算法推荐机制认为平台对被推荐内容一概不知，而应当从网络平台是否存在应知明知情形、是否采取必要措施以及必要措施是否有显著成果等方面进行综合判断。

也有学者反对算法推荐机制提高了网络平台注意义务标准的观点，并提出在处理涉及算法推荐的案件时，不能采取"一刀切"的简单方式，而应深入了解算法的具体技术类型、运行机制及其与潜在侵害结果之间的关联程度，进而确立合理的注意义务标准。[①] 值得注意的是，算法推荐技术通常并不直接涉及作品的具体内容，而是向特定用户提供满足其需求的内容链接服务，而非内容本身或面向所有公众的全面展示。因此，在评估责任时，需要充分考虑这些技术特性和服务模式的差异。[②] 目前的司法实践中，对于网络平台在算法推荐机制下的注意义务认定并没有统一的标准。算法推荐机制下网络平台是否具有更高的注意义务认定标准，需要根据具体情况进行综合分析和判断。

（三）技术中立原则的适用与例外

算法推荐技术本身是中立的，所以使用算法推荐机制并不必然地导致网络平台注意义务标准的提高，而该技术的应用不一定中立，也存在例外情况。著作权法上的技术中立原则最早出现在美国1984年索尼案中，该原则意在保护技术发展，指出技术本身是无价值判断及偏向的。[③] 网络平台首先是商业主体，保证其生存、获利、不断发展的基础就是它所采取的商业模式。不同的网络平台通过不一样的算法推荐技术模型吸引特定人群，潜移默化公众思想。在这个层面，网络平台应当对其并非迎合所有大众群体的行为履行更高的注意义务。除此之外，平台是最接近"危险源"的

---

① 张鑫.算法推荐模式下短视频平台的合理注意义务判定[J].重庆开放大学学报，2023，35（2）：48-53.
② 熊琦.移动互联网时代的著作权问题[J].法治研究，2020（1）：57-64.
③ 刘兴华.数字全球化时代的技术中立：幻象与现实[J].探索与争鸣，2022（12）：34-44，210.

人，越靠近危险源，越能够控制危险的方式。[1]算法推荐机制使侵权内容得到传播，平台作为服务提供者并非束手无策，网络平台作为技术掌控者应当对算法推荐技术的漏洞、潜在危险更加了解，相较于权利人更能控制侵权内容的传播。同时，在网络环境中，网络服务提供者如果能在开放的虚拟空间中获取超额利益，应当对发生在其管辖领域的侵权行为承担与其获利相一致的合理注意义务。也就是说，网络平台既然获得了算法推荐技术带来的流量红利，那么理应承担起更高的注意义务。

三、过滤义务引入的合理性与可行性

为了应对算法推荐机制可能带来网络平台注意义务提高的问题，网络平台可以考虑引入过滤义务，即采取一定的技术和管理措施，对推荐内容进行审查和过滤，防止违法违规内容的传播，保护用户的合法权益。过滤义务通常指的是网络平台或服务提供者采取一定措施，防止侵权内容在其平台上出现或传播的法律义务。这种义务要求网络平台在知晓或应当知晓侵权行为发生时，采取措施阻止侵权内容的传播，包括但不限于删除侵权链接、屏蔽侵权内容等。[2]影视音像巨头公司发布联合声明，共同呼吁引入过滤义务，让短视频平台和公众账号生产运营者尊重原创、保护版权。[3]引入过滤义务的内容筛选流程：推荐内容如果属于"重点作品版权保护"就采取"事前自动启动保护预防"，旨在预防性地启动保护机制。倘若推荐内容不属于"重点作品版权保护"的范围，但通过"过滤特别声明"而进行"事后通知过滤"，那么后续处理同上，平台过滤将结果反馈给权利人，

---

[1] 吴汉东.论网络服务提供者的著作权侵权责任[J].中国法学，2011（2）：38-47.
[2] 何炼红，戴欣.论网络平台版权内容过滤义务的适用与实施[J].科技与法律（中英文），2024（2）：64-76.
[3] 2021年4月9日，中国电视艺术交流协会、中国电视剧制作产业协会等15家协会联合爱奇艺、腾讯视频、优酷视频、芒果TV、咪咕视频等5家视频平台和正午阳光、华策影视、柠萌影视、慈文传媒等53家影视公司联合发布了《关于保护影视版权的联合声明》。

由权利人采取后续行为。当过滤系统并未识别推荐内容造成侵权情形，而"权利人发出删除通知"时，如果确认存在侵权行为，平台应采取有效措施阻止侵权内容的继续传播。

（一）合理性

随着算法推荐技术的快速发展，网络平台对用户接触的内容具有越来越大的影响力。正如前文提及，网络平台可能因主观设计具有特定推送目的的算法推荐模型而获得特定利益，例如网络平台使用的视频分区算法推荐功能能够将该段时间内的热播剧引至推荐首页，在算法推荐技术的加持下视频内容进一步传播，从而使平台获取广告费、服务费等高额利润。在这种情况下，未经过人工审查的内容被大量投放到平台，平台从中获利的同时也可能导致含有侵权内容的短视频不断扩散。因其短期内难以删除，极易产生无法挽回的后果，使著作权人的合法权益受到威胁。[①] 网络平台应当承担与其技术能力相匹配的注意义务，以确保推荐内容的合法性和适宜性。此外，算法推荐机制存在一定的危害性，可能导致用户接触到不当内容，如网络用户上传的侵权内容、虚假信息等，导致网络平台可能因算法推荐机制传播而侵犯他人著作权，造成用户受到不良信息的影响，引入过滤义务可以在一定程度上解决该问题。与此同时，网络平台通过算法推荐机制影响着网络信息的传播和用户的在线行为，引入过滤义务可以促进网络平台积极履行维护网络秩序的义务，从而有助于网络平台建立起更加健康有序的内容生态系统，促进平台的长期发展。

（二）可行性

在数字科技的助力下，网络服务提供者对成本、效率的控制使版权过滤技术成为可能。[②] 从技术角度而言，随着网络科技的发展，过滤技术也在

[①] 全燕.算法驱策下平台文化生产的资本逻辑与价值危机［J］.现代传播（中国传媒大学学报），2021，43（3）：141-146.

[②] 胡神松，熊健桥.算法推送视角下短视频平台的版权侵权责任研究［J］.合肥工业大学学报（社会科学版），2023，37（5）：51-59.

不断进步。目前，已有多种技术可用于识别和过滤侵权内容，如数字指纹技术、图像和视频识别技术等，在技术上为过滤义务的引入提供了支撑。同时，引入过滤义务可能会给网络平台带来显著的经济成本，包括技术投入、人力资源以及可能的误判成本。因此，网络平台需要权衡过滤义务带来的潜在经济收益与成本，确保商业上的可行性。考虑到法律政策以及公共利益方面，政策制定者需要提供明确的指导和支持来促进过滤义务的实施，并建立有效的监管框架，确保过滤义务的合理执行，并监督其效果。而过滤义务可能会影响用户获取信息的自由，因此网络平台还需要将平衡著作权保护与言论自由的关系纳入考虑范围，对用户的接受程度和反馈进行测试。

结　语

随着信息技术的飞速发展，算法推荐技术已成为网络平台提升用户体验的关键，算法推荐机制基于用户行为和内容属性的深度分析，实现为用户精准推送信息，但这也带来了著作权法上网络平台注意义务变化的问题。算法推荐技术涵盖多种算法，不同平台根据其数据类型和商业模式选择推荐机制。尽管算法推荐具有自动化、数据驱动的优势，但这也要求网络平台在提供个性化服务时，更加注重对用户需求的精准把握，并承担更严格的注意义务。

我国在法律层面引入了"避风港"规则，要求网络服务者在接到侵权通知后采取必要措施，网络服务者需尽到合理的注意义务，平衡技术创新与法律责任，确保算法推荐的透明度和公正性。网络平台不能单纯将产生的法律责任归于算法，而应根据技术类型、运行机制及其与潜在侵权结果的关联程度，判断网络平台的注意义务是否有所提高。同时，引入过滤义务，采取技术和管理措施审查过滤内容，不失为应对网络平台注意义务标准提高的一项重要举措。

总而言之，算法推荐技术为网络平台带来了便利，但也带来了挑战。网络平台应充分履行注意义务，引入过滤机制，平衡技术创新与法律责任以促进网络生态的良性发展。同时，政策制定者和相关学者也应持续关注和研究这一问题，为网络平台的健康发展提供有力支持。

论算法推荐下网络服务提供者在著作权侵权中的注意义务

林 鹏 复旦大学国际法学硕士研究生

摘 要：算法推荐服务给网络服务提供者在著作权侵权中注意义务标准的设定带来了挑战。一方面，算法的黑箱性质导致司法实践对算法推荐的技术特征考虑不足；另一方面，学界对是否应考虑算法推荐的技术特征莫衷一是。基于技术中立实践发展与侵权法上注意义务设定规则的考察，网络服务提供者著作权侵权中注意义务的设定应当充分考量算法推荐的技术特征。在考量过程中，可以借鉴美国侵权法上的"三步检验法"，结合算法推荐各个环节的技术特征评估"可预见性""邻近性""公平、公正、合理性"，考察网络服务提供者在算法推荐下对侵权内容的预见能力、控制能力及其履行特定高度注意义务的影响，以合理设定网络服务提供者的注意义务。

关键词：算法推荐；注意义务；网络服务提供者

引 言

针对网络服务提供者著作权责任的认定，我国现已形成以注意义务为核心的法律框架。《最高人民法院关于审理侵害信息网络传播权民事纠纷案件适用法律若干问题的规定》（以下简称《信息网络传播权规定》）在

《最高人民法院关于审理涉及计算机网络著作权纠纷案件适用法律若干问题的解释》（已失效）的基础上，将网络服务提供者过错的范围从"明知"扩展至"明知或者应知"。[①] 当今司法实践则主要围绕"应知"要件展开，而"应知"的判断有赖于对行为人注意义务的设定。关于网络服务提供者注意义务的设定，《信息网络传播权规定》明确了积极行为、消极行为两个方面的考量因素。[②] 积极行为方面包括网络服务提供者对热播影视作品等以设置榜单、目录、索引、描述性段落、内容简介等方式进行推荐等；消极行为方面包括网络服务提供者未尽到与其管理信息的能力相称的义务，未积极采取预防侵权的合理措施等。

算法推荐是互联网平台通过处理用户信息、内容信息，分析用户与内容交互关系，并借由算法为平台用户提供的精准自动化信息推荐服务。[③] 算法推荐不仅帮助内容生产者有针对性传播作品，更有利于提升互联网平台的用户黏性与平台日活。然而当今算法推荐技术壁垒高、应用范围广的特点对现有法律框架提出了挑战。算法推荐是否属于《信息网络传播权规定》中列举的"积极行为"，提供算法推荐服务的网络服务提供者是否应承担更高标准的"消极义务"等问题引起了司法实践与学界的争议。

诚然，我们可以根据不同考量因素设定算法推荐下网络服务提供者著作权侵权注意义务，但算法推荐服务的技术架构隐藏着服务提供者的真实主观状态，算法推荐的技术特征不仅是其与传统推荐方式的根本区别，[④] 也是区分不同类型算法推荐的关键，其应当成为设定算法推荐下网络服务提供者著作权侵权注意义务的关键。因此，本文试图从算法推荐的技术特征切入，提出基于算法推荐下网络服务提供者著作权侵权注意义务的设定

---

① 《最高人民法院关于审理侵害信息网络传播权民事纠纷案件适用法律若干问题的规定》第八条。
② 张吉豫，汪赛飞.数字向善原则下算法推荐服务提供者的著作权注意义务[J].知识产权，2022（11）：54-74.
③ 卢海君，徐朗，由理.互联网平台算法推荐的法律规制[J].中国出版，2022（13）：22-28.
④ 钟晓雯.算法推荐网络服务提供者的权力异化及法律规制[J].中国海商法研究，2022，33（4）：63-72.

路径。本文首先梳理了司法实践与学界关于算法推荐下，网络服务提供者著作权侵权注意义务是否应当考量算法技术特征的争议；其次结合技术中立原则的实践发展与侵权法的注意义务设定规则阐释算法推荐技术特征应作为设定网络服务提供者的著作权侵权注意义务时的考量因素的理由；最后提出在设定算法服务提供者的著作权侵权注意义务时考量技术因素的建议。

一、算法推荐下网络服务提供者著作权侵权注意义务设定主要争议

算法推荐的技术复杂性对设定网络服务提供者的著作权侵权注意义务提出了挑战，在面对这一挑战时，司法实践出现了对算法推荐的技术特征考虑不足的现象，学界对于是否应考虑算法推荐的技术特征存在不同意见。

（一）司法实践中对算法推荐的技术特征考虑不足

认定网络服务提供者"应知"时应当综合考量的因素包括积极行为、消极行为；但对于算法推荐下网络服务提供者的注意义务，我国现阶段司法实践中存在重视分析消极行为因素而对积极行为关注不足的现象。此外，各法院在分析网络服务提供者的积极行为时还存在对算法推荐的技术特征考虑不足的问题。

在目前我国相关案例中，各法院对算法推荐下网络服务提供者应用技术的积极行为关注较少。根据《信息网络传播权规定》第九条，法院在衡量网络服务提供者应尽的注意义务时，应基于网络服务提供者提供服务的性质、方式及其引发侵权的可能性大小，考虑网络服务提供者应当具备的管理信息的能力。网络服务提供者对算法推荐技术的具体应用情况属于"提供服务的方式"的内容，但是在目前的司法实践中，鲜有法院对被告所采用的算法推荐技术进行分析。在北大法宝（https://www.pkulaw.com/）

以"算法推荐"为全文关键词，勾选"知识产权与竞争纠纷"为案由进行检索，仅筛选出 5 篇相关案例判决书。

（二）学界对于是否应考虑算法推荐的技术特征存在不同意见

关于算法推荐下网络服务提供者的注意义务设定，学界对是否应考虑算法推荐的技术特征莫衷一是。

1. 否定说

否定说主张坚持技术中立原则，应当平等对待网络服务提供者，不能因算法推荐等新技术的使用，提高网络服务提供者注意义务的标准。其中，有学者基于技术中立原则，认为应以宏观的法律观对待技术，使不同的技术处在同一法律环境，无论软件开发者和提供者使用了怎样的技术，都不能影响其承担的责任程度。[1] 有学者进一步提出，在算法推荐下应该坚持技术中立，如果算法推荐技术不是专为侵权行为而设计，就不应认定网络服务提供者存在过错，这样才能保障具有"实质性非侵权用途"的新技术的适用空间，避免挫伤互联网产业创新的积极性。[2]

2. 肯定说

肯定说强调算法推荐不同于传统推荐方式的技术特征，但是对于是否应当区分算法推荐技术内部的具体类型并适用不同的标准存在分歧。

肯定说的第一种观点认为无论算法推荐技术如何，使用算法推荐技术的网络服务提供者都应承担更高的注意义务。有学者认为，各种算法或多或少都内嵌着设计者的价值观，这导致算法推荐网络服务提供者的权力异化，法律应当强化其注意义务以应对这种权力异化现象。[3] 还有学者认为，现阶段算法技术已经发展到一定水平，网络服务提供者信息管理能力增

---

[1] 吴伟光. Peer To Peer 技术对版权法的挑战与对策 [J]. 电子知识产权, 2006（3）: 26-30.
[2] 熊琦. "算法推送"与网络服务提供者共同侵权认定规则 [J]. 中国应用法学, 2020（4）: 125-136.
[3] 钟晓雯. 算法推荐网络服务提供者的权力异化及法律规制 [J]. 中国海商法研究, 2022, 33（4）: 63-72.

强，平台主动审查成本开始小于侵权损害损失，理应提高使用算法推荐技术的网络服务提供者的注意义务标准。①

肯定说的第二种观点不仅关注算法推荐不同于传统推荐方式的技术特征，还强调不同算法推荐技术内部的差异，该观点支持在设定算法推荐下网络服务提供者注意义务时，考虑不同算法推荐的技术特征。有学者提出，网络服务提供者的类型及其使用的算法推荐技术的特征，会影响其在应用算法过程中承担的具体注意义务。如果网络服务提供者未尽到与其服务类型及技术相应的注意义务，则其应被法院认定为具有过错，并承担著作权侵权责任。②

（三）对算法黑箱的畏难情绪与对价值判断的逃避

对算法黑箱的畏难情绪约束了司法实践对算法推荐下网络服务提供者侵权责任的有效认定。根据前述的司法实践现状，许多法院未能综合各方面因素进行全面、深入的考察。无论是逃避分析积极行为的趋势，还是对算法推荐具体技术特征的分析少的问题，都是源于对算法推荐技术原理的陌生，其中根源在于算法推荐技术具有黑箱性质。"黑箱"指人们只能得到其输入值和输出值，而无从了解其内部复杂结构的系统。③ 在算法推荐从输入数据到运算，再到输出推荐内容的过程中，网络平台用户仅能接触输入数据与输出内容，至于算法推荐服务内部的运算规则，普通用户无从得知。这样的算法黑箱让各法院在认定算法推荐下网络服务提供者的著作权侵权责任时，对复杂的内部技术望而却步，进而逃避对网络服务提供者运用算法的积极行为的深入考察，仅围绕输出结果的外在表现进行浅显的分析或直接避而不谈积极行为。在这种情况下，分析算法推荐下网络服务提供者的著作权侵权注意义务仍然沿用传统分析方式，无法回应算法技术的特殊性。

---

① 徐家力，杨森.算法时代网络平台版权责任刍议［J］.中国出版，2022（19）：18-22.
② 张媛媛.智媒时代算法推荐的版权风险与协同治理［J］.中国出版，2022（19）：29-34.
③ 王雨田.控制论、信息论、系统科学与哲学［M］.北京：中国人民大学出版社，1986：94.

依托技术中立原则、拒绝根据算法技术特征设定注意义务的观点是对价值判断的逃避。算法技术特征背后隐藏着网络服务提供者的价值倾向。在具体的利益和价值取向的影响下，部分网络服务提供者可能会在算法推荐的设计中嵌入以自身商业利益最大化为导向的价值倾向，并不注重对侵权内容的控制，甚至放任、促进侵权内容的传播。与此同时，也有网络服务提供者能够秉持作为"善良管理人"的注意义务，在算法设计的过程中顾及对侵权内容的识别与控制。因此，在个案中设定网络服务提供者的注意义务，判断其主观过错时，不能适用"一刀切"的标准，而需要结合不同类型算法推荐的具体技术特征，考察隐藏在技术后的网络服务提供者主观状态。

二、设定算法推荐下网络服务提供者注意义务应考虑技术特征

设定算法推荐下网络服务提供者的著作权侵权注意义务需要澄清著作权法上的技术中立原则，并回归侵权法上的注意义务设定规则。

（一）技术中立并非不考虑技术特征的依据

回顾技术中立原则在美国的实践情况可以发现，技术中立原则并非完全排除对技术特征的考察。

首先，适用技术中立原则不能脱离以主观过错为基础的侵权法责任规则。技术中立原则的前身为《美国专利法》上的通用商品原则或实质性非侵权用途原则。[①] 通用商品原则作为专利法上间接侵权的责任限制条款，强调间接侵权的客体专门用于制造或改装出被诉侵权产品、生产被诉侵权产品是客体的唯一用途，其不属于具有其他实质性非侵权用途的通用商品。但是其适用条件包括行为人不构成明知该物品专用于侵权用途，美国相

---

① 35 U. S. C. § 271（c）.

关案例也曾对此适用条件予以强调。在"MGM Studios, Inc. v. Grokster, Ltd."案中，被告辩称该软件能够实现实质性的非侵权用途，例如在公共领域下载作品，因此应该适用技术中立原则。但是最高人民法院认为适用技术中立原则不能脱离以主观过错为基础的侵权责任规则，本案被告存在引诱用户侵犯版权的主观意图，应承担间接侵权责任。这是因为证据表明被告除了知悉软件存在广泛的侵权行为，还明确向用户说明了软件复制作品的能力，甚至将自己宣传为另一款曾因涉嫌为侵犯版权提供帮助而被版权持有人起诉的文件共享服务的替代品。[1]

其次，技术中立原则的适用建立在对技术具体应用情况的分析之上。随着作品传播技术的发展，诞生于传统录像机领域的技术中立原则受到P2P等新传播技术、传播模式的挑战与修正。在"A&M Records, Inc. v. Napster, Inc."案中，美国第九巡回上诉法院认为地方法院不合理地将分析的视角局限于当前的用途，忽略了未来的用途以及系统的功能。于是，上诉法院根据涉案技术的具体情况，将 Napster 提供的服务拆分为系统架构服务和为用户交换音乐提供的运营服务，分析不同技术服务中技术提供者的义务，承认单纯的系统架构服务可以落入技术中立原则的豁免范围，但持续支持侵权行为的相关技术服务不能适用技术中立原则。[2]因此，在个案中考虑是否适用技术中立原则时，美国法院注重对技术具体应用情况的分析，综合各方面因素全面考察网络服务提供者的主观意图。

（二）侵权法中注意义务的确定要求考虑算法推荐的技术特征

算法推荐下网络服务提供者的著作权侵权注意义务建立在侵权法的基础之上，对注意义务的具体设定应回归侵权法中的规则。布里奇（Bridge）法官在"Caparo Industries PLC v. Dickman"案中提出了英美法系确定注意义务的"三步检验法"，即设定被告的注意义务需要依次考量的三个要件。一是可预见性（foreseeability）：被告预见损失的可能性；二是邻近性

---

[1] MGM Studios, Inc. v. Grokster, Ltd., 545 U. S. 913, 1046 (2005).

[2] A&M Records, Inc. v. Napster, Inc., 239 F. 3d 1004, 1021-1022 (2001).

(proximity)：原被告双方之间的关系紧密程度；三是公平、公正、合理性(fair, just and reasonable)：为原告的利益对被告课以特定范围的注意义务是否符合公平、公正且合理的要求。①

在设定注意义务的第一步，需要考察"可预见性"。可预见性通常指行为人对其行为可能造成他人民事权益受损的合理预见能力。②对于算法推荐下的网络服务提供者，对其"可预见性"的评估实质上是考察其在运用算法技术向用户推荐个性化内容的过程中对推荐内容是否存在侵权的预见能力。这种能力不仅受到作品知名度的影响，也取决于网络服务提供者对算法推荐技术与机制的具体设计，若网络服务提供者在推荐系统的设计中加入了识别侵权内容的算法，例如 YouTube 的 Content ID 系统，发现侵权内容的可能性提高，因而需要承担更高标准的注意义务。

在设定注意义务的第二步，需要考察"邻近性"。"邻近性"关注行为人对损害或者危险的控制力。"邻近性"不局限于指代原被告之间的关系，还包括被告与损害或者危险之间的联系。③在特定情况下，即便行为人能够预见自己的行为可能对他人权益造成损害，行为人也有可能根本没有能力预防、控制该损害结果，此时对其课以较高的注意义务不具有正当性。对于算法推荐下的网络服务提供者，对"邻近性"的评估需要分析其在算法推荐过程中对他人直接侵权行为的控制能力，这种能力同样受到算法推荐技术特征的影响。例如，在"爱奇艺诉字节跳动案"中，被告在算法推荐的过程中加入了人工复审环节，对侵权内容的控制能力提高，因而需要承担更高标准的注意义务。

在设定注意义务的第三步，需要考察"公平、公正、合理性"。经过前两个步骤后，"公平、公正、合理性"通过衡量对行为人课以注意义务可能造成的影响，以检验注意义务标准的高低是否满足公平、公正且合理

---

① HORSEY K, RACKLEY E. Tort law [M]. 4th ed. Oxford: Oxford University Press, 2015: 66.
② 程啸. 侵权责任法 [M]. 3 版. 北京：法律出版社，2021：295.
③ Caparo Industries PLC v. Dickman [1990] 2 A.C. 605, at 574, 585.

的要求，防止注意义务的设定偏离侵权法的宗旨。该环节的评估可以运用英美法上经济分析的方法作为辅助。①侵权法的经济本质要求在设定行为人的注意义务以判断是否存在过失时，运用经济分析法学派的效益分析方法，考虑行为人活动的价值以及预防、控制风险或损害的经济因素。②因此，为了实现侵权法降低损害和避免损害总体成本的目的，需要根据经济分析法学派的汉德公式，比较行为人采取措施以预防损害的成本（B）与损害乘以损害发生的概率（P×L）得出的预期损害。当预期损害大于预防损害的成本，且行为人未采取预防措施时，行为人就存在过失。③在对算法推荐下网络服务提供者的注意义务设定进行经济分析的过程中，预期损害和预防损害的成本同样与网络服务提供者运用的算法技术密切相关。首先，网络服务提供者设计的推荐系统对侵权内容的传播能力越强，那么可能造成的损害越大；其次，如果网络服务提供者在设计推荐系统时，没有引入预防侵权的算法，那么损害发生的概率将会提高；最后，预防损害的成本与网络服务提供者在算法推荐过程中对他人直接侵权行为的控制能力密切相关，如前所述，这种控制能力同样受到算法推荐技术特征的影响。

三、基于技术特征考量下算法推荐网络服务提供者注意义务之设定

算法推荐的技术构成和具体环节与传统方式相比有显著不同。基于技术特征设定算法推荐下网络服务提供者的注意义务标准，需要披露算法推荐技术的复杂构成，并根据各个环节的特殊性设定相应的标准。

（一）算法推荐在技术上的特殊性

《信息网络传播权规定》第九条第三项与第十条设置了认定网络服务

---

① 王利明.侵权责任法研究：上卷［M］.北京：中国人民大学出版社，2010：351.
② 王泽鉴.侵权行为法：第一册：基本理论·一般侵权行为［M］.北京：中国政法大学出版社，2001：263.
③ 程啸.侵权责任法［M］.3版.北京：法律出版社，2021：314.

提供者"应知"时应当考量的积极行为因素，即"主动对作品、表演、录音录像制品进行了选择、编辑、修改、推荐等"与"对热播影视作品等以设置榜单、目录、索引、描述性段落、内容简介等方式进行推荐"，而算法推荐的技术构成和具体环节具有区别于以上传统推荐方式的显著特征。

算法推荐的过程包括内容收集，内容分析、用户标签提取，内容推荐等环节，[①] 各个环节均有区别于传统推荐方式的显著技术特征。

第一，在内容收集环节，算法推荐内容来源具有"去中心化"的特征。在传统推荐行为中，榜单、内容简介等的设置主要由内容平台主导，体现的主要是平台的意思；而在内容平台常用的几种算法技术的内容收集环节中，无论是基于用户的基本信息、过往使用记录还是潜在特征，算法如何进行推荐实际上取决于用户自己。

第二，在内容分析、用户标签提取环节，算法推荐的过程具有被动运行的特征。《信息网络传播权规定》第十条列举的推荐方式，如设置榜单、描述性段落等，均为内容平台的主动行为。大部分算法推荐的内容分析和用户标签提取建立在机器自动筛选的基础上，在算法运行时并没有人工参与。尤其是基于深度学习的算法技术能够自动学习复杂数据，不仅不需要人工介入，反而能完成普通人工难以实现的任务。

第三，在内容推荐环节，算法推荐的呈现结果具有非公开、个性化的特征。《信息网络传播权规定》第十条强调网络服务提供者"主动推荐"行为具有内容推荐结果公开的特点，即"公众可以在其网页上直接以下载、浏览或者其他方式获得"。设置榜单、索引等传统推荐方式面向公众，而在算法推荐中，网络服务提供者为了实现个性化精准推送，其推荐结果仅面向部分平台用户，每个平台用户的"画像"不同，接收到的推荐结果也不同。

---

① 邵红红.算法推荐服务提供者的著作权注意义务探究［J］.苏州大学学报（法学版），2023，10（1）：26-39.

（二）算法推荐下网络服务提供者著作权侵权注意义务的设定

为了回应算法推荐的技术复杂性特征，并解决算法黑箱阻碍法院考察被告积极行为的问题，首先应打破"黑箱"，提高算法透明度。公开透明、全景可视的算法是实现现代程序正义的基本要求。欧盟委员会于2019年4月发布的《可信赖人工智能伦理准则》（Ethics Guidelines for Trustworthy AI）明确提出可信赖的人工智能系统应该满足"透明度"的要求。[1] 对算法技术的应用情况以利益相关方可理解的方式进行公开、解释，法院才能够有效地从积极行为的角度入手，分析服务提供者是否存在主观过错。当然，对算法技术的公开需要有一定限度，以保护企业的商业秘密以及个人信息。

打破算法黑箱后，应结合算法推荐各个环节的技术特征对网络服务提供者进行"三步检验法"评估，综合考察"可预见性""邻近性""公平、公正、合理性"，即评估网络服务提供者在算法推荐下对侵权内容的预见能力、控制能力及其承担特定高度注意义务的影响，以合理设定网络服务提供者的著作权侵权注意义务。

1. 内容收集环节

根据推荐内容来源，算法推荐可分为开放式推荐、策划式推荐和封闭式推荐。开放式算法推荐的内容来源于平台用户的创作和广告商的广告投放等广泛渠道，平台在收集这些内容时的介入程度较低。在内容收集环节符合开放式特征的平台包括抖音、小红书等。策划式算法推荐的内容来源于平台策划、授权外部内容库进入或以其他方式选择的内容库中进行选择，而不是由用户或广告商直接提供或自动从其他地方引入。在内容收集环节符合策划式特征的平台包括运营音乐、影视剧等传统形式媒体的内容平台，如爱奇艺、QQ音乐、网易云音乐。封闭式算法推荐的内容则来源于平台自己制作的内容，例如，新闻机构向用户提供个性化的内容都是由

---

[1] 郭春镇，勇琪.算法的程序正义［J］.中国政法大学学报，2023（1）：164-180.

该机构自己制作或委托制作的。① 在开放式推荐中，平台内容库最大，内容来源渠道丰富，平台收集内容时介入程度低，因而对侵权内容的可预见性和控制能力较低，应在内容收集环节设定较低的注意义务，但是在"公平、公正、合理性"的考察中应当注意到此类型下平台对广泛内容的监管程度有限且内容提供者良莠不齐，著作权侵权发生的概率较大。封闭式推荐与开放式推荐相反，平台对内容侵权与否的预见能力和控制能力都最强，应在此环节设定较高的注意义务，且在"公平、公正、合理性"的考察中应当考虑到此类型下平台内容侵犯著作权的概率相对较小。策划式推荐在内容收集环节的"三步检验法"评估得分则介于前述两者之间。

2. 内容分析、用户标签提取环节

在内容分析、用户标签提取环节，则需要根据披露的算法推荐系统架构，考察其算法架构中是否包含能够在分析推荐内容的过程中识别著作权侵权内容的算法，例如，音乐平台使用的算法推荐系统是否包含检测歌曲相似度的算法。若存在能够识别侵权内容的算法，还需进一步考察该算法识别侵权内容的准确度。若某平台的算法推荐架构中包含准确度较高的侵权识别技术，则其对侵权内容的预见能力、控制能力较高，应对其在此环节设定较高的注意义务。

3. 内容推荐环节

在内容推荐环节，部分平台会采用基于"流量池"的叠加推荐技术，即通过算法对平台初次推荐内容的点击率、点赞数等指标进行权重评估，再根据评估结果进行逐层推荐，当视频的指标得分达到一定标准后，平台便运用大数据算法和人工运营相结合的方式对优质内容进行更大范围的推荐。② 例如在"爱奇艺诉字节跳动案"中，今日头条就曾使用"初审—推

---

① COBBE J, SINGH J. Regulating recommending: motivations, considerations, and principles [J]. European journal of law and technology, 2019: 6.
② 赵辰玮，刘韬，都海虹. 算法视域下抖音短视频平台视频推荐模式研究 [J]. 出版广角，2019（18）: 76-78.

荐—复审—再推荐"式的流量池推荐模式。由于人工介入程度高，采用的"流量池"叠加推荐技术的平台对侵权内容的预见能力和控制能力也较高，因此，应在内容推荐环节设定较高的注意义务。

结　语

在自媒体时代，算法推荐技术不仅为网络服务提供者提高了用户黏性和竞争优势，还促进了广大平台内容创作者作品的传播，起到了激励创作与传播的积极作用。设定算法推荐下网络服务提供者的著作权侵权注意义务，不应武断地提高标准，而应当考虑算法推荐的社会功能及其与传统推荐的不同，分析特定算法技术的具体应用情况，以兼顾著作权人利益和网络服务提供者商业模式的创新、促进网络服务提供者与著作权人合作。

生成式人工智能数据训练的合理使用问题研究

陈昌沛 中国传媒大学文化产业管理学院法律硕士

摘 要：近年来，人工智能取得的突破式发展不断改变人类的生活和认知，并给多数学科的研究和发展带来新的问题。在著作权制度下，人工智能的发展尤其是生成式人工智能的出现对当前著作权制度造成冲击，当前学界主要集中于人工智能生成内容的可版权性问题和权利归属问题进行研究，较少聚焦于其数据训练中的合理使用问题。本文通过对生成式人工智能数据训练中存在的侵权行为进行分析，再探讨适用合理使用的正当性，最后结合域外经验为之后生成式人工智能数据训练的合理使用研究提供参考。

关键词：生成式人工智能；数据训练；合理使用

引 言

2022 年，OpenAI 推出的 ChatGPT 进入大众视野，引领新一轮人工智能浪潮，2024 年，OpenAI 推出的文生视频模型 Sora 再度颠覆大众对人工智能发展的认知。此后，国内外越来越多的生成式人工智能被推出，生成式人工智能也成为当前人工智能研究的前沿。生成式人工智能迅速发展的同时，也给著作权制度体系提出新问题，引发学界的争议，并且实践中也出现了相关案件。从生成式人工智能"输入端"来看，2023年，《纽约时报》起诉OpenAI模型，认为其未经同意，即在机器训练和输出中使用其新闻内容，侵犯其版权。2024年，Brian keene等三位作家起诉英伟达，也认为，未经其同意，将其作品用于模型Ne Mo的训练中，侵犯其版权。这两个案例均说明在数据训练中，未经权利人授权，使用他人作品存在侵权的风险。目前对于生成式人工智能探讨最多的是有关"输出端"人工智能生成内容的可版权性问题和权利归属问题，对生成式人工智能数据训练期间对于大量数据运用可能带来的侵权风险以及法律规制问题的研究较少，数据训练的过程中必然需要大量数据的支撑，其中不可避免会包含受著作权保护的作品，在现有法律框架下，使用他人享有著作权的作品需要授权，但是对于需要大量数据进行训练的开发者来讲，取得大量作品的授权会面临研究成本增加的问题，但若只为新技术的发展，而对大量利用他人作品的行为不进行规制，也会对著作权人的权利造成损害，如何平衡技术发展和著作权人之间的利益成为难点。

合理使用制度作为著作权限制的规则构成，能够有效调节著作权保护与著作权限制之间的关系，为平衡生成式人工智能中著作权人权利和技术开发之间的关系指明道路，但如何在当前合理使用制度下对该问题作出恰当解释或重新建构生成式人工智能数据训练合理使用制度仍然需要进行充足的研究。目前域外许多国家将数据训练中使用他人作品纳入合理使用的范围，通过对域外经验的研究为我国数据训练合理使用的建构提供启发。

一、数据训练的侵权风险分析

生成式人工智能是在大量数据的基础上训练开发出来的，核心技术为深度学习技术，其开发过程可分为数据输入、机器学习和内容输出三个阶段。在数据输入阶段，先收集大量的知识和信息，再将知识和信息转化为计算机可读的数据形式，即数字化。当前知识和信息的数字化可通过两种形式实现，一是开发主体将非数字格式的内容进行数字化，并形成数据格式副本。二是开发主体在他人已进行数据格式转换的基础上通过授权或未授权的方式访问并获取该内容的方式。①《中华人民共和国著作权法》第十条第五项规定，数字化复制行为也属于复制权的涵盖范围，在这一阶段生成式人工智能数据训练在未经著作权人授权的情况下进行数字化复制，会面临复制权侵权的风险。在机器学习阶段，先通过大量无标注数据进行无监督学习构建基础能力，即预训练，之后再使用有标注数据进行有监督的模型"微调"。有学者基于是否输出表达性内容将机器学习分为"表达型机器学习"和"非表达型机器学习"②，生成式人工智能最终以输出新内容为主要目的，因此属于表达型机器输出。在这一步骤中，有学者认为对于数据进行标注会构成对作品的改编，但标记数据是指将包括文本、图片在内的原始数据进行分类、注释等处理。《中华人民共和国著作权法》规定："改编权，即改变作品，创作出具有独创性的新作品的权利。"但在此过程中并未有新作品的产生，因此也不构成侵犯改编权。在内容输出阶段，根据使用者的指令和要求，生成相对应的内容。

综上所述可以发现，在数据训练的三个阶段中，在数据输入阶段会构成对作品的复制权侵权，下文对于能否适用合理使用制度的讨论也是基于该侵权行为进行分析。

二、数据训练适用合理使用的正当性

（一）"授权许可"模式和法定许可不适应生成式人工智能的发展

一般而言，使用他人享有著作权的作品前要经过权利人同意，授权

---

① 张金平. 人工智能作品合理使用困境及其解决［J］. 环球法律评论，2019，41（3）：120-132.
② BENJAMIN L W. Sobel, artificial intelligence's fair use crisis［J］. Columbia journal of law & the arts, 2017, 41（1）: 45-97.

他人在一定期限、一定范围内使用作品，并支付一定的报酬，即"授权许可"模式。在生成式人工智能数据训练的情形下，这种模式面临一定的问题。因为训练过程中使用的数据，数量多且来源广，具有低密度性，以OpenAI研发的ChatGPT模型架构为例，从GPT-1到GPT-4的迭代发展过程中，所使用的数据越来越多，GPT-1由4.8G未过滤的原始数据进行训练，到了GPT-3则是由45T原始数据中过滤的570G数据进行训练。[1]对于开发者来说，采用授权许可的方式主要涉及两个问题。一是无法获得所有权利人的授权，开发者收集数据主要通过购买已建立的数据库、在网络爬取数据等方式，在大量数据面前，其中有他人享有著作权的作品，也有不是作品的一些内容。对于开发者而言，在大量数据中首先要筛选需要取得授权的内容，其次再获得权利人的授权，这一过程不仅难度大且耗时长。二是开发者的成本过高，即使能够获得权利人的授权，但针对海量数据支付许可的费用非常高，特别是对部分处于初创阶段的开发者来讲成本过高，可能高于其预期收益，在高额许可费的压力下，开发者可能会选择中止开发，权利人与开发者之间无法完成交易，形成交易市场壁垒，不利于生成式人工智能领域的发展，也可能铤而走险继续不经授权使用作品，这样可能面临侵权指控的风险。基于这种著作权许可市场失灵的问题，有学者提出在交易成本过高导致无法实现对作品的有效利用时，有必要将相关作品行为视为合理使用，且使用者免费使用作品时并不会实质性损害著作权人的市场利益。[2]同时还有学者指出可以适用法定许可，法定许可虽然不需经过权利人的许可，但仍然需要支付一定的报酬，同样会面临高额成本的问题因此适用合理使用制度有一定的合理性。

（二）生成式人工智能后续发展的考量

当前生成式人工智能的快速发展为人类社会带来了巨大的价值和影

---

[1] 阿里研究院：2024大模型训练数据白皮书［EB/OL］.（2024-06-01）［2024-07-06］. https://www.sohu.com/a/782828132_407401.

[2] GORDON W J. Fair use as market: a structural and economic analysis of the Betamax case and its predecessors［J］. Columbia law review，1982，82（8）：1600-1657.

响，并且不可否认的是其内容输出环节也能够生成有质量的内容，在艺术领域也能够产生重要的影响，例如微软的人工智能小冰所生成的画作进行展览，且其生成的画作并不是对已有图像的复制或拼接，而是新的内容。数据质量是开发生成式人工智能的关键因素，而优质数据往往就是受到著作权保护，需要支付相应的使用费用的作品，若人工智能开发企业为了降低成本和规避侵权风险，选择不使用受著作权保护的数据，更多地依赖公共领域的数据，则会限制最终生成内容的多样性和创新性。并且，公共领域的数据无法全面反映人类最新的智慧成果，加之训练数据的局限性，本身带有一定的价值偏向，势必会导致人工智能生成内容存在隐性偏见，不利于生成式人工智能的发展。

此外，在探讨人工智能创作中的数据使用问题时，我们确实需要关注大型互联网公司与中小型企业在数据获取和使用上的不平等现象。随着"用户创造内容"模式的普及，大量的用户数据被生成，这些数据也会被用来进行训练，大型互联网公司往往通过格式合同的方式，如"服务条款"或"用户须知"，要求用户授权其免费使用这些数据。这种模式为大型互联网公司创造了巨大的竞争优势，因为它们能够利用这些数据来完善其人工智能服务，从而吸引更多用户，形成良性循环。对于中小型企业来说，由于其用户数量有限，能够获取和使用的数据在数量上和质量上都远不及大型公司。[①] 这种不平等的数据获取和使用能力，进一步加剧了市场竞争的不公平性，对中小型企业的生存构成威胁。一方面，我们需要保护用户的权益，确保他们的数据得到合法的使用；另一方面，我们也需要为中小型企业提供更多的机会和条件，使它们能够在人工智能领域中获得公平的竞争环境。因此，从生成式人工智能后续发展的考虑来看，将数据训练纳入合理使用范围能提供更多的数据资源共享和合作机会，为人工智能领域的发展创造一个更加公平、公正、可持续的竞争环境。

---

① 焦和平.人工智能创作中数据获取与利用的著作权风险及化解路径［J］.当代法学，2022，36（4）：128-140.

三、当前适用合理使用制度的困境

我国的合理使用制度在2020年著作权法修正后，在原先规定的十二项合理使用的具体情形基础上，增加了"不得影响该作品的正常使用，也不得不合理地损害著作权人的合法权益"的规定和兜底条款。在修正之后，生成式人工智能的数据训练行为难以适用我国的合理使用制度。

（一）规定在具体情形下无法适用

《中华人民共和国著作权法》第二十四条中规定的十三种情形中能够用来解释数据训练行为的有个人学习研究的情形和科研目的使用的情形，但具体分析来看仍然不能够适用，且第十三项的兜底条款也无法涵盖数据训练的情形。

《中华人民共和国著作权法》第二十四条第一项规定，为个人学习、研究或者欣赏下，使用他人已经发表的作品。从主体来看，要求学习、研究或欣赏的主体是自然人，排除法人、非法人组织等，在数据训练过程中，真正"学习研究"的主体是人工智能，并不是所规定的个人，不符合主体条件。从目的来看，使用行为限于学习、研究或欣赏的非商业目的，但是当前开发生成式人工智能的企业都带有商业性，其研发的生成式人工智能产品也被投入市场使用，例如OpenAI研发的ChatGPT以及百度研发的文心一言，商业使用场景非常广泛。因此，数据训练难以适用"个人学习、研究"的情形。

《中华人民共和国著作权法》第二十四条第六项规定，为学校课堂教学或者科学研究，翻译、改编、汇编、播放或者少量复制已经发表的作品，供教学或者科研人员使用，但不得出版发行。即科学研究的目的应当为非商业性目的，通常指国家全额财政拨款的国家科研机构进行的科研公益事业。在实践中，生成式人工智能领域的开发与研究，其核心驱动力多源自企业的商业利益，这是由该产业所蕴含的巨大经济价值所驱动的，其科研活动往往会伴随一定的商业目的，以确保投资回报和市场竞争优势，所以虽然是进行一定的科学研究，但最终的应用并不是非商业目。此外，该项规定对科研成果要进行"少量"复制，然而，由于数据训练的核心在于对海量数据的处理和分析，其对数据的需求远超传统科研的"少量"范畴。因此，即便是在科学研究的框架内，人工智能也难以完全遵循传统的"合理使用"标准。

《中华人民共和国著作权法》第二十四条第十三项规定被看作合理使用制度的兜底条款，虽然新增了兜底条款，但"其他情形"仍然局限在"法律、行政法规"规定的范围之内，但当前在《中华人民共和国著作权法实施条例》等与著作权相关的法律法规中并未有与数据训练相关的合理使用规定，因此该兜底条款仍有一定的局限性，无法解释新技术下出现的新情况。

（二）"三步检验法"判断的不确定性

我国在 2020 年《中华人民共和国著作权法》的修正中，在第二十四条中新增"不得影响该作品的正常使用，也不得不合理地损害著作权人的合法权益"的规定，从《保护文学艺术作品伯尔尼公约》和 TRIPS 协定中对于"三步检验法"的规定来看，可以将三步总结为，一是在特殊情形之下，二是不与作品的正常利用相冲突，三是不会不合理地损害作品权利人的合法利益。我国对于"三步检验法"的规定并不是完全照搬国际公约的规定，仅仅新增了后两步的规定，而国际公约中的"在特殊情况下"的规定，在我国著作权法规定中则是"在下列情况下"。换言之，单纯从法条规定来看，不得影响作品正常使用和不得不合理损害著作权人的合法权益要在第二十四条规定的十三种情形下进行分析，仍然局限在著作权法规定的具体情形之下，"三步检验法"只能作为具体情形下辅助性考虑因素，而不能依据"三步检验法"在法定列举之外认定包括数据训练在内的其他合理使用情形。[①]

[①] 吴汉东. 人工智能生成作品的著作权法之问 [J]. 中外法学, 2020, 32 (3): 653-673.

在具体实践中，法官会引用四要素标准对案件进行分析，四要素标准虽然在我国没有明确的法律条文作为依据，但其在司法政策层面得到明确认可，最高人民法院在 2011 年发布的《关于充分发挥知识产权审判职能作用推动社会主义文化大发展大繁荣和促进经济自主协调发展若干问题的意见》中，明确提到了四要素标准作为判断某一行为是否构成"合理使用"的参考标准，并明确了在适用该标准时需要考虑的四个要素。[①] 具体对于四要素标准的适用分为两种。一是在具体情形之下利用四要素标准进行判定。在上海某文化发展公司与北京某影视文化传播公司知识产权与竞争纠纷案中，[②] 法院在"适当引用"的情形下，综合考虑涉案作品的知名度、侵权行为的方式、数量、影响范围认定侵权行为不构成合理使用。二是通过四要素标准认定新的合理使用特例，在王某诉北京某信息技术有限公司、某公司著作权纠纷案中，[③] 法院借鉴"四要素标准"将"提供图书检索服务"判定为一种合理使用的情形。可见，我国在具体实践中对于合理使用情形的判定尚未有统一标准，具有个案差异。

四、数据训练适用合理使用的域外经验

（一）各国的具体规定

当前在人工智能发展较快的国家已有针对人工智能使用作品的行为制定了相应的著作权例外规定，但都是在人工智能的大框架下进行规定，并未专门针对生成式人工智能数据训练的行为进行规定，且都具有各自国家的法律传统和制度考虑。

美国在合理使用制度方面采用的是开放式模式，因此在具体适用上具有显著的灵活性。基于合理使用一般规则以及转换性理论，美国司法实践

---

① "四要素"分别为"使用行为的目的和性质、被使用作品的性质、被使用部分的数量和质量，以及使用对作品潜在市场或价值的影响"。
② 参见北京知识产权法院（2021）京 73 民终 1393 号民事判决书。
③ 参见北京市第一中级人民法院（2011）一中民初字第 1321 号民事判决书。

为人工智能领域的创造活动提供了充分的制度适用空间。在 2015 年谷歌图书馆案中，谷歌公司在未得到许可和授权的情况下，对大量图书进行了扫描，对其进行了数字化后将这些作品的检索结果向社会公众公开，并在网上公开展示了作品少量片段内容。二审法院认为谷歌公司对相关作品进行拷贝和使用的行为，提供了从原作不能获得的信息，属于给原作品增加了一些新的内容，并未对原作品造成取代性后果，从性质上而言相当于一种科学研究工具，对社会公共利益同样有益，其营利目的不影响转换性使用的成立。① 但是在 2018 年 TVEyes 案中，法院认为 TVEyes 复制海量电视新闻后为搜索关键词的用户提供片段式浏览的行为侵犯了新闻著作权人的权利，这种共享版权内容的行为可能造成原告网站内容发生被替代的结果，不构成合理使用。可见，对于不同的机器学习或数据挖掘行为的分析并未完全适用合理使用，而是根据最终的生成内容进行具体分析。

日本在 2009 年修订《著作权法》时新增"计算机信息分析"的著作权例外条款，该条款也被视作最早涉及为人工智能数据训练中使用作品行为提供版权例外的立法。② 但该条款仅将数据使用限定在"统计解析"范围内，难以涵盖计算机使用数据的其他情形。③ 2018 年日本修订《著作权法》时参考美国转换性使用理论，将计算机分析目的扩展到提供新的知识或信息领域，若能够满足转换性使用条件且该使用不得损害权利人的利益，那么使用作品行为就可以构成合理使用。

欧盟在 2016 年的《数字单一市场版权指令（草案）》中新增"文本与数据挖掘"的著作权例外条款，只有符合科学研究这一非商业目的的行为

---

① 李国庆. 谷歌图书馆案 The Authors Guild, Inc. v Google, Inc. 判决述评：以合理使用制度为视角［J］. 中国版权，2016（4）：33-36.
② CASPERS M, GUIBAULT L, MCNEICE K, et al. Deliverable D3.3+Baseline report of policies and barriers of TDM in Europe［EB/OL］.［2024-06-20］. https://project.futuretdm.eu/wp-content/uploads/2017/05/FutureTDM_D3.3-Baseline-Report-of-Policies-and-Barriers-of-TDM-in-Europe.pdf.
③ 焦和平. 人工智能创作中数据获取与利用的著作权风险及化解路径［J］. 当代法学，2022，36（4）：128-140.

才构成合理使用，因此被认为是严格的有条件例外模式。[①] 在2019年正式颁布的《数字单一市场版权指令》中，扩大了文本与数据挖掘的适用范围，采用"双轨制"的做法，将文本与数据挖掘区分为以科学研究为目的和不限目的的例外。[②] 规定研究机构和文化遗产机构基于科学研究目的，对于合法获取的文本和数据进行复制和提取的行为不视作侵权，同时规定了有条件的文本和数据挖掘例外，即在尊重权利人意志前提下的具有商业性目的文本和数据挖掘行为可以被纳入合理使用范围。

（二）各国立法对我国的启示

从各国的合理使用制度规定本身来看，美国通过其"四要素"标准，结合转换性使用理论和市场影响因素的考量，能够在其现有法律框架下对数据训练的作品使用著作权问题进行回应。日本则在借鉴美国转换性使用制度的基础上，采取"概括条款+肯定列举+兜底条款"的构造模式。[③] 对于我国来说，现行著作权法已经规定了"三步检验法"的一般条款，可以考虑在保持法律稳定性的同时，一定程度上增加其开放性，以更好地应对人工智能等新技术带来的挑战。具体来说，可以考虑在合理使用条款中增加原则性的规定，如"在新技术发展下，对作品的使用如果符合促进技术进步、不损害著作权人合法权益且对公共利益有益的原则，可以视为合理使用"。同时，也可以借鉴日本的立法模式，在保持概括条款的基础上，增加一些肯定列举的情形，以明确一些典型的合理使用行为。

从设置具体的合理使用条款来看，欧盟将文本与数据挖掘的主体限制在科研机构和文化遗产机构，但是在当前生成式人工智能发展的过程中，绝大多数开发主体是具有强大技术能力的企业，若对主体进行限制，则无法实现适用合理使用的目的。当然，不限制适用主体并不意味着没有

[①] 阮开欣.欧盟版权法下的文本与数据挖掘例外[J].图书馆论坛，2019，39（12）：102-108.

[②] 张惠彬，肖启贤.人工智能时代文本与数据挖掘的版权豁免规则建构[J].科技与法律（中英文），2021（6）：74-84.

[③] 郑重.日本著作权法柔性合理使用条款及其启示[J].知识产权，2022（1）：112-130.

限制，日本在设立计算机信息分析例外时所采取的做法，虽然没有直接对主体进行限制，但设定了"若明知使用行为侵权或对著作权人造成不当损害"等限制条件，通过法律原则和标准来约束不当的使用行为。从使用目的来看，传统著作权法框架下，商业性使用往往不被视作合理使用，但是在转换性使用理论下，作品使用行为具有新的表达形式，能够产生新的价值或信息，转换程度高，在这种情况下即使是以商业目的进行使用，也可以被认定为合理使用。欧盟在其立法中规定了文本与数据挖掘不以科学研究为目的的例外情形，除权利人先行声明保留作品外，可以商业目的进行使用。

结合生成式人工智能的数据训练过程以及实际开发使用情况看，虽然当前该领域内用于商业目的的生成式人工智能开发者很多，并且将其研发的产品投入市场公开使用，但从最终生成的内容来看，大致可分为两种情况：一是生成的内容大比例地复制在先作品的内容，正是大量地复制在先作品，使大多数著作权人发现其作品被用于数据训练，例如在《纽约时报》诉OpenAI的诉状中说明，在OpenAI的产品的生成内容中提供了与《纽约时报》文章中几乎一模一样的内容。二是生成的内容属于创造性内容，例如前文提到的微软小冰，其在学习了其他画作后，能够生成与人类创作无差别且带有艺术性的画作。在两种不同的生成内容下，对于在先作品的使用行为的评价也会有所区别，且由于数据训练带有"黑箱"性质，训练过程中对于作品的"学习"程度如何，或如何进行的"学习"都没有统一的标准，因此若对生成式人工智能数据训练设置专门的条款还需要更进一步考虑。

结　语

本文探讨了生成式人工智能在数据训练过程中的合理使用问题，对数据训练的侵权可能性、合理使用的正当性以及域外经验进行分析。生成式人工智能的快速发展，为社会带来了巨大的变革和机遇，然而，技术的进步不应以牺牲著作权人的利益为代价。合理使用制度的设立，旨在平衡著作权保护与促进知识传播之间的关系。通过分析域外经验，可见不同国家和地区在处理人工智能使用作品的著作权问题时，结合自身著作权制度采取了不同的立法模式，这些经验为我国提供了宝贵的参考，但也提示我们需要根据我国的实际情况，制定符合国情的法律规范。未来，随着技术的不断进步和社会需求的日益增长，生成式人工智能的合理使用问题可能会更加复杂，我们要在尊重创新与保护权利之间找到平衡点，共同推动人工智能的健康发展。

人工智能背景下声音权益的法律保护模式研究

孙一娇　中国传媒大学文化产业管理学院法律硕士

摘　要： 人工智能时代，声音权益的法律属性及其保护问题日益突出，虽然《中华人民共和国民法典》规定对声音的保护参照适用肖像权保护的有关规定，但声音在法律属性上的独立地位尚未明确，其是否应独立存在仍存争议。AI技术的发展使声音模仿变得容易，如"AI孙燕姿"事件和全国首例AI声音侵权案，暴露了现有法律的不足。AI在声音应用上具有巨大潜力，但也带来个人信息保护、声纹信息使用和声音合成作品著作权等新问题。笔者建议完善《中华人民共和国民法典》人格权编中有关声音的规定，以便有效保护声音权益人的合法权益。

关键词： 人格权；声音权益；人工智能；声音克隆

引　言

（一）研究背景

早在我国《中华人民共和国民法典》出台前，学界便对"声音权"的确立问题产生过一系列讨论，认为应当将"声音"确立为一项具体人格权与主张仅应当将"声音"作为一项人格利益进行保护的学者各自进行了论证。

从比较法上看，国际社会上鲜有国家将声音确立为具体人格权，其通常将声音合并于其他具体人格权中进行保护，或不从民法领域入手对声音进行保护。如《加拿大魁北克民法典》将盗用或使用他人的肖像或声音视为对他人隐私的侵犯，通过隐私权对侵犯他人声音的行为进行规制。[①] 美国将人格权的内容分为精神权益与财产权益，通过隐私权保护人格权的精神权益，通过公开权保护人格权的财产权益，声音便属于公开权的保护范围。[②] 英国法律从仿冒侵权的角度对声音进行保护，如果行为人在商业活动中未经授权地模仿他人的声音，使用他人的声音误导公众，使之相信该声音的所有者与某个产品或服务有关联，可能会构成对他人商誉的侵害。[③] 我国澳门特别行政区对肖像与言语进行混合保护，其用"言语"一词将声音本身及其所表达的内容结合起来，参照适用肖像权的有关规定进行保护。《中华人民共和国民法典》规定对声音的保护参照适用肖像权保护的有关规定，笔者认为其否定了"声音"的具体人格权地位，仅将"声音"作为一项人格利益进行保护。在人工智能时代，"声音"的法律属性为何，其现有的保护模式面临怎样的法律困境仍是值得研究的问题。

2023年，"AI孙燕姿"一夜之间火遍全网，此种人工智能深度伪造声音的技术具体而言是利用Sovits-svc开源模型处理被模仿对象的声音，对经过处理所得到的音频数据集进行训练从而得到相应的训练模型，再向模型输入源歌声，从而实现对音色的替换。[④] 人工智能技术的应用使对声音的模仿变得简单而迅速，也再度引起了学界对声音的法律保护问题的思考。

2024年，全国首例AI声音侵权案一经报道便引起轩然大波，若说"AI孙燕姿"只是音乐爱好者与人工智能技术爱好者的狂欢，那么AI声音

[①] 洪伟,郭禹红,胡艳丽.人格商业化利用的法律规制[M].杭州:浙江工商大学出版社,2016:34.
[②] 杨立新.中国人格权法立法报告[M].北京:知识产权出版社,2005:380-381.
[③] 李艳.论英国商标法与反不正当竞争法的关系[J].知识产权,2011（1）:106-111.
[④] 吴济航.AI歌手在音乐传播领域中的侵权问题研究：以"AI孙燕姿"为例[J].乐器,2024（4）:114-117.

侵权案便向更为广大的社会群体敲响了警钟。该案中，被告公司三对原告殷某授权给被告公司二的声音素材进行 AI 化处理，生成文本转语音产品，将该产品出售给被告公司五，被告公司一又采取应用程序接口形式，在未经技术处理的情况下，直接调取并生成文本转语音产品在其平台中使用，原告殷某发现其声音被 AI 化后在被告公司一个平台上对外出售，故将其与另外四家相关公司诉至法院。这一系列利用自然人的声音牟利的行为引起了学界对于在人工智能时代利用 AI 深度伪造他人声音，侵害他人合法权益的行为应当适用何种法律进行规范这一问题的讨论。

（二）研究目标

人工智能技术作为当今世界科技领域最重要的热点之一，在各个领域都有广泛的应用前景，为人类带来更智能和高效的生产、生活方式。而法律具有滞后性，落后于社会发展是法律的基本特征，在人工智能的应用过程中，越来越多的问题发生在法律的调整范围之外，使相关侵权案件出现无法可依的尴尬境地。《中华人民共和国民法典》人格权编第一千零二十三条第二款明确，对自然人声音的保护，参照适用肖像权保护的有关规定。首次肯定了声音在民法上的受保护地位。本文欲从该条款入手，研究人工智能背景下声音的法律属性问题以及对声音的保护参照适用肖像权保护的有关规定这一法律条文在人工智能背景下的可行性问题，并力图使研究结论能够涵盖人工智能背景下对自然人声音的多种侵权方式的解决途径。

一、声音权益的概念及其参照适用分析

（一）人格权与人格利益

在讨论声音权益的概念之前，有必要对人格权与人格利益的概念以及二者之间的关系进行分析和说明。

王利明教授等在《民法学》一书中将"人格权"的概念界定为民事主体专属享有,以人格利益为客体,为维护其独立人格必需的固有权利。人格利益分为一般人格利益、物质性人格利益和精神性人格利益,据此分为一般人格权、物质性人格权与精神性人格权,后两者整体被称为具体人格权。一般人格权以一般人格利益为载体,包括人格独立、人格自由、人格尊严;物质性人格权以自然人的物质载体所体现的人格利益为客体,如生命权、身体权与健康权。精神性人格权以民事主体的精神性人格利益为客体,包括姓名权、名称权、肖像权、名誉权、荣誉权以及隐私权。[1]

王泽鉴教授认为人格权系以人格为内容的权利,人格指人的尊严及价值,人格权以体现人格尊严价值的精神利益为其保护客体;并且重点强调此处的尊严价值不能以金钱衡量,不具有财产性质,如自然人在将其姓名、肖像用于商业广告的过程中受到侵害,其受到侵害的是人格尊严价值,而非具有财产权性质的利益。[2]

结合以上学者的观点,人格权的概念可以理解为民事主体享有的以人格利益为客体的权利;人格利益的概念可以理解为以人格独立、人格自由和人格尊严价值为内容的利益。

(二)声音权益的概念

"权益"即法律所保护的权利与利益,因此,声音权益可以理解为声音权利与声音利益的总称。

声音权利即声音权,学理上存在"声音是否可以独立作为人格权的客体,即声音权是否可以与姓名、肖像权等并列作为一项具体人格权而存在"的争议。杨立新教授早在《中华人民共和国民法典》出台之前便多次讨论声音权独立保护的必要性问题,其在《中华人民共和国民法典》出台后更是指出《中华人民共和国民法典》第一千零二十三条从实际意义上确

---

[1] 王利明,杨立新,王轶,等.民法学[M].6版.北京:法律出版社,2020:881.
[2] 王泽鉴.人格权保护的课题与展望——人格权的性质及构造:精神利益与财产利益的保护[J].人大法律评论,2009(1):51-103.

立了声音权。杨立新教授认为，声音与姓名和肖像一样，都是具有人格标表功能的具体人格利益，能够指代特定的自然人，并且具有应用于市场产生相应价值的因素。[①] 笔者认为，《中华人民共和国民法典》之所以将人格权独立成编，是因为人格权之人身属性远大于其财产属性。因此，将声音同姓名、肖像一样"能够应用于市场产生相应价值"作为其能够作为一项独立的具体人格权进行保护显得说服力不足。并且，仅从人身属性来看，声音虽能够识别特定的自然人，但其识别性远远低于姓名和肖像。因此，杨立新教授的观点不能为笔者所赞同。

陈昶屹法官与杨立新教授观点相同，认为《中华人民共和国民法典》的出台从立法上实际承认了声音作为一种独立的新型人格权，其与肖像一样具有人身属性，通过声音成为识别个人身份的重要依据，标表自然人的人身专属性与人格特征，并戏称声音有了新型人格权"身份证"，只是在权利保护的技术层面采用了参照肖像权保护的模式。[②] 笔者不认同此观点。《中华人民共和国民法典》第九百九十条明确列举了我国现已承认的具体人格权类型，包括生命权、身体权、健康权、姓名权、名称权、肖像权、名誉权、荣誉权、隐私权等权利，虽然本条中适用了"等"字，表示该条文是不周延的，换言之，此条文所列举的并非具体人格权的全部类型，但是，若认为声音与肖像在人身属性等方面无甚区别，二者在人格权编具有同等保护地位，那么"声音权"便应当同肖像权一样，被明确列举在具体人格权中，而非用"等"字一笔带过。因此，本文认为声音权不应当被认定为一项具体人格权，故声音权益也不应当包含"声音权利"的内容。

关于声音利益的概念，根据上文中"人格利益的概念可以理解为以人格独立、人格自由和人格尊严价值为内容的利益"的观点，声音利益可以理解为以自然人的声音的形式所体现的，以人格独立、人格自由和人格尊严为内容的利益。因《中华人民共和国民法典》规定声音的保护参照适

---

① 杨立新.人格权编草案二审稿的最新进展及存在的问题[J].河南社会科学，2019，27(7)：26-35.

② 陈昶屹.人格权编：立法回应新技术发展[N].北京日报，2020-06-03(14).

用肖像权保护的有关规定，因此声音虽尚未且无须被确定为一项具体人格权，但法律已将其作为一项精神性人格权益加以保护。天津大学王绍喜教授亦指出，《中华人民共和国民法典》并没有规定声音权，而只是将其作为一种受法律保护的法律利益，理由是声音无法构成具体的人格权。

二、人工智能应用声音的新场景及其相关法律问题

《中华人民共和国民法典》第一千零二十三条规定，对姓名等的许可使用，参照适用肖像许可使用的有关规定。对自然人声音的保护，参照适用肖像权保护的有关规定。本条文共分为两部分，前半部分是对姓名的许可使用的规定，后半部分是对声音的保护的规定。因此在人工智能时代，并无法律明文规定声音的许可相关问题。但是人工智能时代产生的关于声音的新的应用场景，使相关参照适用规定无法完全满足保护当事人权益的要求。

（一）人工智能技术下与声音有关的问题之研究综述

"声音"的法律属性之问题尚未得到法律上的明确认定，在学界也尚未形成统一观点，而人工智能技术在产生与发展的过程中却面临着一系列与声音有关的难题。

1. 关于人工智能生成声音的侵权行为样态问题

宋海燕博士从娱乐法律师的角度出发，认为"如何在鼓励科技创新的同时妥善保护艺人的声音权益"已成为各国法律亟须回应的问题，并针对AI克隆艺人声音的侵权问题将中美两国立法与司法实践进行了对比。[①]

在美国，AI声音克隆受个人形象权保护，并且以田纳西州为代表的

---

① 宋海燕，肖漪涟. 浅析AI克隆艺人声音的侵权问题：中美新近立法与司法实践对比［EB/OL］.（2024-06-12）［2024-06-21］. https://mp.weixin.qq.com/s?_biz=MzA4NDMzNjMyNQ==&mid=2653370830&idx=1&sn=4a3d01a533d2ef750695823557ea420a&chksm=843b5264b34cdb72681d599abd5280143df1f234541ae3030ee4a482343daa9179b6617d647d&scene=27.

部分州立法详细将 AI 克隆声音相关的侵权行为详细区分为了"未经授权创建及使用 AI 克隆声音""发布、传输、提供 AI 克隆的声音""分发、传输、提供用于克隆声音的算法"等形态，并且，实施上述行为是否具有"商业目的"也会使认定结果有所不同。中国对声音权益的立法尚处于模糊状态，仅明确声音的保护参照适用肖像权保护的有关规定，未提出更加详细的声音侵权行为分类及规制路径。

2. 关于人工智能对声音的克隆和运用是否涉及声音的可识别性问题

在全国首例"AI 声音侵权案"中，主审法官对涉案声音的可识别性进行了分析，认为自然人声音的可识别性是指在他人反复多次或长期聆听的基础上，通过该声音特征能识别出特定自然人。利用人工智能合成的声音，如果能使一般社会公众或者相关领域的公众根据其音色、语调和发音风格，关联到该自然人，可以认定为具有可识别性，那么该行为便侵犯了声音所有者的人身权益。[①] 由此观之，若人工智能生成的声音不具有可识别性会使本案有不同的判决结果，即对声音的运用是否涉及声音的可识别性是人工智能时代判断行为侵犯人格权与否的重要标志。若不涉及声音的可识别性，则或许可以通过其他法律部门进行规制。

3. 关于人工智能时代对声音的保护参照适用肖像权保护的有关规定是否合理的问题

学者严佳颖列举了人工智能时代对声音的侵害方式较前人工智能时代的区别。首先，对声音的丑化和污损变得简单易行，并且，在人工智能技术的运用下，丑化和污损的对象将不再只能针对声音的内容，其可以通过改变音色、响度、音质、添加噪声等方式作用于声音本身。其次，在未经相关自然人允许的情况下，行为人对他人声音的制作、使用与公开可以通过将相关自然人的声音用作训练人工智能的深度伪造技术模型的素材的方

---

① 李宇. JT&N 观点 | AI 时代的声音权益保护［EB/OL］. (2024-05-09)［2024-06-21］. https://mp.weixin.qq.com/s/lg_WezWaFn66pjQv2MYdyA.

式实现，而不再仅仅通过剪辑、拼接等方式。[①]对于未经自然人允许，对其声音进行制作与使用的行为，若相关自然人系声音工作者，制作使用其声音从事生产经营活动可能会触犯《中华人民共和国反不正当竞争法》第二条的有关规定。

另外，人工智能的发展也增加了声音的使用方式，扩大了声音的应用场景，如声音工作者可以将其声音授权于相关企业训练AI，利用该训练结果生成相应的数据，该数据可以作为一定作品的创作素材；但是民法典没有对于声音许可使用的相关规定，换言之，从"保护"的角度看，《中华人民共和国民法典》仅规定了声音权益的消极权能，即在声音权益受到他人非法侵害时能够寻求法律救济的权利，对于声音权益的积极权能则没有法律上的规定，使人工智能时代对声音的许可使用无法可依，相关声音权益主体的权益难以得到救济。

（二）人工智能应用声音的场景

随着科技的飞速进步，特别是声控技术、声纹识别以及人工智能领域的显著发展，声音的应用形式越发丰富多元。在现代生活中，声音不仅可以直接作为指令，用于操控房门、电子设备、电脑、手机乃至汽车的启动，其独特性甚至已可媲美指纹等个人识别标志。然而，一旦声音被非法仿冒，便可能侵犯个人的隐私和权益，进而造成财产上的损失。随着语音识别与仿造技术的不断演进，声音权益遭受侵害的风险与形态亦日趋多样化。特别是，随着人工智能技术的深入应用，生成式AI通过收集与存储海量的个人语音数据，能够自主创造出各式各样的音频和视频内容，这进一步增强了声音权益保护的重要性。

1. 人工智能与有声读物

当前，TTS（文本到语音）技术正逐步展现出其强大的应用能力，它

[①] 严佳颖. 人工智能时代声音参照肖像权保护之适用研究：基于《民法典》第1023条第2款的展开 [J]. 海南开放大学学报，2024, 25 (1): 128-135, 143.

能够根据特定的文本风格和应用场景,将文本内容转化为具备配音员特色的有声读物。这一技术已在广告配音、社交媒体内容朗读、有声读物及有声剧等多个生产领域得到广泛应用。这种基于 TTS 技术的数字出版融合应用,不仅显著提升了用户的阅读体验,而且推动了在线阅读的多元化和多场景发展。

在专业的有声内容生产领域,除了利用 TTS 技术替代真人朗读来制作有声读物和有声剧,喜马拉雅平台也在积极探索新的可能性,如头部主播的 AI 训练或 AI 虚拟形象的运营。在这一应用场景下,借助人工智能技术,我们能够精准克隆并还原任何人的声音,并基于训练完成的声库模型,进行有声读物或有声剧的多样化智能创作。例如,喜马拉雅推出的"单田芳原音重现"项目,就成功利用 AI 技术模拟了评书大师单田芳的独特嗓音。基于 AIGC 的能力,该项目不仅再现了单田芳的经典作品,还创作了新的作品,如使用单田芳嗓音朗读的《明朝那些事儿》,为听众带来了全新的听觉体验。

2. 人工智能与新闻广播智能播报

随着语音合成技术的不断优化,其模型在提升合成语音的表现力和个性化程度上取得了显著成效,为新闻和广播电台等场景带来了更为真实、自然的人声体验。在新闻和广播电台的实际应用中,工作人员只需将新闻稿或热点资讯输入系统,智能语音技术便能自动为这些稿件合成配音,并生成播报音频,这些音频可直接用于电台新闻广播或数字音频广播电台的制作。此举不仅大幅降低了人工播报的成本,还实现了全天候不间断的播报服务。

以北京卫视的数字人主播"时间小妮"为例,它是基于主持人春妮的发音特点和形象表情进行精细化的语言处理和影像采集。通过先进的情绪仿真引擎,为其赋予了高度拟真的语音语调和情感表达,实现了高达 97%的真人相似度,为观众带来了更为沉浸式的新闻播报体验。

3. 人工智能驱动多元需求的后期配音场景

（1）短视频内容的智能化配音创作

随着智能语音生成技术的便捷化，短视频制作已逐渐成为互联网和资本市场内容传播的核心力量。在这一浪潮中，声音作为视频内容的重要组成部分，其创作方式也经历了革新。人工智能配音以其高效和灵活性，成为短视频内容创作的优选方案。通过 AI 配音技术，为视频内容添加人物对话或旁白，极大地增强了有声视频的真实感和吸引力，进一步激发了用户生成内容的活力。

（2）影视作品与动画片的 AI 配音创新

影视作品和动画片同样借助人工智能配音技术，为内容创作注入了新的活力。以纪录片《创新中国》为例，AI 人声模拟技术被用于解说词的改编，为观众提供了对重要画面信息的直观解读。此外，日本动画《魔法禁书目录》的中文配音版本中，AI 技术承担了部分角色的台词配音工作，展现了其在跨语言内容创作中的巨大潜力。

（3）游戏领域的智能语音配音应用

在游戏领域的后期配音中，人工智能技术的引入为项目推进提供了更多可能性。相较于真人配音，智能语音技术能够实现角色声音与真实演员声音的分离，避免了演员个人原因导致的项目延误。以米哈游旗下手游《未定事件簿》为例，当真人配音者因故无法完成后续语音收录时，公司采用了逆熵人工智能技术为游戏角色"莫弈"生成了 AI 配音，确保了项目的顺利进行，并提高了商业稳定性。[1][2]

（三）人工智能应用所涉及的法律问题

以上所列举的都是人工智能合成声音并应用于文化产业的实例，若想

---

[1] 李雅筝，刘宇星．AIGC 技术赋能数字音频内容生产：应用场景、存在问题与应对策略［J］．数字出版研究，2023，2（3）：13-20.

[2] 马瑞萍．AI 语音合成技术的应用和风险与声音权的保护研究［D］．广州：暨南大学，2021.

全面系统地厘清其中涉及的法律问题，还需从人工智能实现声音克隆技术的科学原理入手。

人工智能生成声音的全过程可以被归纳为数据收集、特征提取与建模以及合成输出三个阶段。在数据收集阶段，技术人员通过各种渠道收集到大量的语音样本，这些语音样本可以是日常对话、唱歌录音等内容，采集到的语音样本的音质越高，越有利于后续的特征提取。在特征提取与建模阶段，技术人员利用循环神经网络（RNN）、长短时记忆网络（LSTM）或更先进的 Transformer 模型等深度神经网络对第一阶段所收集的大量语音样本中的声纹特征信息（如音色、语调、节奏等）进行提取，这一阶段运用到了声学模型与声码器，声学模型能够从一系列语音样本中提取声音特征，并将这些特征以参数形式表现出来，声码器将这些参数转换成最终的音频信号。在此阶段中，系统不断将通过特定的声音特征参数生成的音频信号与原始的语音样本进行对比与调试，当系统无法检测出二者之间的区别或二者达到了一定程度的相似后，训练即告完毕，声音生成模型就此产生。在合成输出阶段，技术人员的工作仅仅是将拟"克隆"的声音输入模型中，由模型自行对该声音进行解析，提取出相应的声纹特征并转化为一定的参数，将参数投入其自身的声码器中，便能够生成需要"克隆"的声音。①

这一过程中的每一阶段均可能涉及相关法律问题：在数据收集阶段，大量收集他人声音数据会涉及自然人的个人信息保护问题。《中华人民共和国民法典》第一百一十一条规定对自然人的个人信息受法律保护，即任何组织或者个人不得非法收集、使用、加工、传输他人个人信息。在特征提取与建模阶段，声音克隆技术涉及对自然人声纹信息的提取和使用。国家市场监督管理总局与国家标准化管理委员会 2020 年发布的《信息安全技术　个人信息安全规范》第五条第四项中明确指出："个人生物识别信

---

① 林帅兵. 人工智能开始唱歌了 | 揭秘 AI 如何克隆你的声音！［EB/OL］.（2024-05-31）［2024-06-01］. https://mp.weixin.qq.com/s/-JqSqZx8WLRy9FOaxwe8RA.

息包括个人基因、指纹、声纹、掌纹、耳廓、虹膜、面部识别特征等。"这些信息一旦泄露、非法提供或被滥用都可能危害人身和财产安全。由于声音中蕴含的声纹信息具备可识别性，属于个人生物识别信息，所以其属于敏感个人信息，对敏感个人信息的处理需要遵循《中华人民共和国个人信息保护法》的相关规定。声音的合成与输出阶段涉及什么法律问题取决于如何使用相关声音数据，如果使用人工智能合成的声音表演他人作品，可能会涉及对他人著作权的侵犯，需要运用《中华人民共和国著作权法》进行保护；如果利用明星的声音数据克隆明星声音，并以明星的名义发布相关作品，除了因涉及姓名权等人格权而需要运用《中华人民共和国民法典》进行保护，还可能因抢占了相关自然人的市场份额而需要运用《中华人民共和国反不正当竞争法》进行保护。此外，随着人工智能声音克隆技术的日渐发达、应用场景越来越丰富，声音的许可使用问题亦需要得到法律上的约束和保护。《中华人民共和国民法典》第一千零二十三条仅规定了声音的保护参照适用肖像权保护的有关规定，但并未对声音的许可使用制定一定的参照适用规则，这将会使现实生活中对于声音的授权许可陷入无法可依的尴尬境地。声音的保护以及许可使用，在人工智能背景下是否能够完全参照适用肖像权的相关规定也是本文的讨论内容之一。

三、人工智能背景下声音权益的法律保护模式思考

根据以上内容可知，我国现行法律仅仅对声音采取人格权保护的模式远远无法涵盖人工智能背景下声音的应用场景。本部分欲将研究重点置于人工智能声音克隆技术的运用过程中应当利用哪些法律保护自然人的合法权益。

《中华人民共和国民法典》仅规定对声音的"保护"参照适用肖像权"保护"的有关规定，但对姓名的"许可"规定参照适用肖像权"许可"的有关规定，可见肖像的许可与保护在法律中是分别规定的，而声音的

"许可"并不能或者说并没有被法律所认定其可以适用肖像"许可"的有关规定。那么声音的许可是否有必要得到法律的保护以及肖像权保护的有关规定能否涵盖与声音有关的人格权侵权形态呢?

《中华人民共和国民法典》中关于肖像权"保护"的有关规定见第一千零一十九条和一千零二十条,关于肖像权"许可"的有关规定见第一千零一十八条、第一千零二十一条和第一千零二十二条。根据上文对人工智能声音克隆技术的科学原理所作的说明可知,若利用人工智能技术克隆他人声音进行人格权侵权,如败坏他人名誉,造成他人社会评价降低,则可以运用《中华人民共和国民法典》第一千零一十九条第一款进行保护。

新技术的诞生使不同表现形式的文化艺术产品大量涌现,如有声读物、广播剧或其他需要运用到声音克隆技术的产品等,这时声音权益人会将自己的声音授权许可给另一方提取声纹,构建声音模型,从而实现对声音权益人声音的克隆,这便使声音能够像肖像和姓名一样进行授权许可,而《中华人民共和国民法典》并未对声音的许可进行保护,体现了法律的滞后性。因此,我们可以从声音的许可这一方面对《中华人民共和国民法典》人格权编进行完善。